认罪认罚从宽制度争议问题研究

RENZUIRENFA CONGKUAN
ZHIDU ZHENGYI WENTI YANJIU

韩旭 李松杰 著

中国政法大学出版社

2022·北京

图书在版编目（ＣＩＰ）数据

认罪认罚从宽制度争议问题研究/韩旭，李松杰著. —北京：中国政法大学出版社，2022.3
ISBN 978-7-5764-0406-7

Ⅰ.①认… Ⅱ.①韩… ②李… Ⅲ.①刑事诉讼—司法制度—研究—中国 Ⅳ.①D925.210.4

中国版本图书馆CIP数据核字(2022)第 049917 号

出 版 者　　中国政法大学出版社

地　　址　　北京市海淀区西土城路 25 号

邮寄地址　　北京 100088 信箱 8034 分箱　　邮编 100088

网　　址　　http://www.cuplpress.com (网络实名：中国政法大学出版社)

电　　话　　010-58908586(编辑部) 58908334(邮购部)

编辑邮箱　　zhengfadch@126.com

承　　印　　北京中科印刷有限公司

开　　本　　720mm×960mm　　1/16

印　　张　　22.75

字　　数　　380 千字

版　　次　　2022 年 3 月第 1 版

印　　次　　2022 年 3 月第 1 次印刷

定　　价　　89.00 元

谨以此书献给我的恩师龙宗智先生

少谈点主义，多研究些问题

　　韩旭教授是我们中国刑事诉讼法学研究会的常务理事，我和他早就相识，此次他请我作序，欣然应允。我知道他早年在河南省南阳市中级人民法院工作，对司法实务问题的感觉较为敏锐，问题意识较强。多年来，韩旭教授保持他一贯的学术敏锐，善于从实践中发现问题，并提出对司法实务有参考价值的理论观点。本书是他带领其博士研究生到司法实务部门和律师事务所调研的成果，从本书的书名即可看出其研究的"实践性"和"争议性"。

　　通阅本书，发现该书有如下特点：一是实务性。本书研究的问题具有明显的实务性，例如"认罪认罚具结书的性质和效力""侦查和调查阶段为什么认罪认罚从宽制度适用率低""检察机关究竟是提确定刑量刑建议还是幅度刑量刑建议""'案-件比'对认罪认罚从宽制度实施的影响""认罪认罚案件中量刑建议的调整规则"等等。二是争议性。由于认罪认罚从宽制度实施不久，理论研究尚不成熟，实施中的诸多问题存在争议。例如"被追诉人认罪认罚，辩护人能否作无罪或者量刑辩护""被追诉人认罪认罚值班律师或者辩护人拒绝在认罪认罚具结书上签字情形下认罪认罚的效力""骑墙式辩护是否需要进行规制""同一值班律师能否为共同犯罪案件中的各被追诉人提供法律帮助"等等。这些问题争议性比较大，各地的做法也不一致，及时进行研究确有必要。三是建设性。作者不仅针对现象提出问题，而且提出了具有可操作性的对策建议，这些建议对司法实务部门正确适用认罪认罚从宽制度具有参考价值。四是敏锐性。作者能够及时发现和捕捉实践中的问题，作为研究的对象，这大概与"从实践中来，到实践中去"的研究方法有较大关系，也与韩旭教授过往的法官经历密不可分。较好的问题意识是研究的起点，而敏锐性也是从事学术研究的必备素质。五是预测性。作者在分析"骑墙式辩护"时提出如果无罪判决率仍极低的现状保持不变，"骑墙式辩护"作为一种辩护策略便仍将持续存在。并且提出了检察官作为审前程序中的"准法官"应该更加恪守客观义务，以适应检察官主导责任的需要。

尽管本书具有诸多优点，但也存在以下不足：一是实证案例和数据不足。尽管作者进行了一定的实地调研，但是数据和案例的收集工作并不充分，导致分析论证仍显不到位。二是诸多问题仍有待做更深入的研究。例如，作为求刑权的量刑建议效力与作为裁判权的量刑判决之间的关系、对《刑事诉讼法》第201条规定的"明显不当"的理解、控辩双方在未进行量刑协商的情况下量刑建议的效力、值班律师法律帮助形式化下的被追诉人反悔权正当性问题等等。三是对域外的研究仍显欠缺。虽然本书注意到了域外制度和实践状况，但是大多为翻译文献资料，较少有外文原文原著，由此导致比较研究结论的偏失。

整体言之，本书是一本理论性与实践性相结合、问题分析与学术批判兼具的对司法实务部门和高校理论研究具有参考意义的出版物，相信该书的出版能够为我国认罪认罚从宽制度的正确实施提供智识支持，能够使司法实务工作者和广大律师朋友在该书中找到各种争议问题的答案。

去年10月，韩旭教授已经在中国政法大学出版社出版了其第一本有关认罪认罚从宽制度的专著——《认罪认罚从宽制度研究》。本书是其研究认罪认罚从宽制度的第二部著作。与第一部专著相比，本书更加注重实施问题，实务性更强，对问题的认识也更加深刻。希望韩旭教授能够持续关注我国认罪认罚从宽制度实施中出现的问题，期待他有更多的学术精品问世。

以上感想，是为序！

陈卫东

2021 年 6 月 25 日

认罪认罚案件中应谨防司法冤错

随着 2018 年《刑事诉讼法》[1]修改，认罪认罚从宽制度在立法上得以确立，该项制度正在全国如火如荼地实施。但是，对于这项新制度，我们应充分认识到其在实践中的弊害，那就是可能引发司法冤错，并采取必要的措施加以防范。

认罪认罚从宽制度虽有节约司法资源、减轻司法负荷之优势，但其可能引发的司法冤错不容忽视。公正是司法的生命线，认罪认罚案件也不例外。我们应筑牢防范冤假错案的底线。认罪认罚案件更容易滋生司法冤错，其原因大概有以下几个方面：一是我们应理性对待"两个80%"：我国法院判处的刑罚在三年以下有期徒刑、拘役、管制和单处罚金的案件达80%；所有犯罪案件中被追诉人认罪认罚的案件达80%。这意味着80%的案件都可能适用认罪认罚从宽制度处理，且在法院审判阶段适用刑事速裁程序审理。而适用速裁程序审理的案件，一般不进行法庭调查和法庭辩论，因此通过审判发现和纠正侦查、起诉错误的能力大大下降。二是值班律师难以保障被追诉人认罪认罚的自愿性和合法性、真实性。由于值班律师在认罪认罚具结书签署时在场仅是充当见证人，并不参与讯问全过程，即便是"见证"，也只见证认罪认罚的结果而非过程。实践中，不少值班律师并不与被追诉人进行"辩护协商"，仅仅是在签署认罪认罚具结书时到场见证并签字，在此之前并未见过被追诉人。值班律师作用发挥的不足，增大了认罪认罚从宽制度实施的风险。三是被追诉人认罪认罚具有盲目性。由于被追诉人在制度上并无阅卷权，律

---

[1]《刑事诉讼法》，即《中华人民共和国刑事诉讼法》，为论述方便，本书涉及我国法律直接使用简称，省去"中华人民共和国"字样，全书统一，后不赘述。

师虽有阅卷权，但微薄的值班补贴导致值班律师大多不愿阅卷，更遑论通过核实证据向被追诉人披露证据情况。被追诉人在对控方证据情况事先并不知悉的情况下，又何谈认罪认罚的明智性？由此导致被追诉人认罪认罚的作出并非基于证据情况，而是基于由从宽处理的制度优惠带来的吸引力。四是认罪认罚从宽制度的"权力型"设计使之具有了一种内在的压迫力量。认罪认罚从宽制度是由检察机关为主导实施的，实践中被追诉人大多屈从于检察机关的威胁和利诱而无奈或者被迫认罪认罚。检察官在提出量刑建议时会告诉犯罪嫌疑人，"你如果认罪认罚我们会提出适用缓刑的量刑建议，否则，会提出实刑建议"。慑于检察机关的巨大权力，一些明知自身无罪的犯罪嫌疑人基于牢狱之灾的痛苦会被迫放弃无罪辩护机会而选择认罪认罚。五是检察机关的"案-件比"考核要求导致起诉的案件质量难以保障。检察部门和检察人员为了降低"案-件比"，将本应该退回补充侦查的案件起诉至法院，将其作为"案件事实清楚、证据确实充分"的案件看待。如果审判人员不能发挥最后"把关"的作用，那么"起点错、跟着错、错到底"的司法乱象将难以避免。除此之外，域外被追诉人认罪案件快速处理程序中的教训作为"前车之鉴"也值得我们重视和吸取。例如，美国轻罪案件中由辩诉交易制度导致的"无罪之罚"应为我国所避免。

目前检察机关的绩效考核催生了高比例的认罪认罚从宽制度适用率，对该项制度可能产生的弊害，我们应有清醒的认识，并采取必要的措施减少和防范司法冤错的发生，如此才能提高该项制度的公信力，其实施才可能行稳致远。

第一，充分发挥律师的法律帮助和辩护作用。在检察机关提出量刑建议前，控辩协商应当平等、充分进行，允许辩方"讨价还价"。为此，应当降低审前羁押率，保障控辩双方在协商时地位平等。协商权作为认罪认罚从宽制度的精髓和辩方最重要的程序权利，应得到充分保障。"律师是防范冤假错案不可替代的重要力量。"同时，律师应当提供有效的法律帮助，即不经会见、阅卷，不得在认罪认罚具结书上签字。根据美国律师协会的标准，在辩诉交易程序中，辩护律师应当开展下列工作：①告知被告人有选择进行辩诉交易或者审判的权利；②告知被告人辩诉交易的一般程序以及辩护律师的交易策略；③告知被告人其与检察官交易的实情、检察官重要的答辩提议、该提议的含义以及对被告人的价值；④辩护律师应当坦诚地告知被告人案件的事实情况和法律适用，包括对于审判可能结果的预测，不应当故意夸大或者回避审判的风险，对被告人施加不适当的影响；⑤告知被告人某一特定答辩后果，包括可能的量刑和对于缓刑、假释资格、移民状况的影响；⑥告知被告人关于有罪答辩之前的法庭训示；⑦如果被告人选择审判，告知其审判程序；⑧辩护律师应当尽快展开对案件的调查，寻找有价值的证据和线索；⑨非经对案件及其所适用的法律潜心的适当调查和研究，不得建议被告人接受有罪答辩；⑩如果与被告人在案件辩护策略上有重大分歧，应当做记录保密；⑪如果法律以及案件允许，辩护律师应当寻求审判之外的其他处理方式。

第二，应当积极贯彻口供补强规则。应当明确只有被追诉人口供，没有其他证据的，即便被追诉人认罪认罚，仍不能立案、起诉和审判。除了被追诉人认罪认罚外，必须有其他证据加以印证，并且该类证据有独立的证据来源，并非根据被追诉人口供而取得。

第三，从制度上尽快保障被追诉人知情权的实现。阅卷权作为辩护权的核心，已为两大法系国家所确认。但我国的被追诉人长期以来没有阅卷权，这不利于打破被追诉人的侥幸心理，也不利于鼓励其在证据面前"低头认罪"。2019年"两高三部"《关于适用认罪认罚从宽制度的指导意见》第29条规定："证据开示。人民检察院可以针对案件具体情况，探索证据开示制度，保障犯罪嫌疑人的知情权和认罪认罚的真实性及自愿性。"我们可以认罪认罚从宽制度实施为契机，尽快确立被追诉人包括对同案犯口供在内的证据知悉权，这是保障被追诉人认罪认罚明智性的基础。

第四，控辩协商设置规则。首先，需要明确辩方提出协商要求的，控方不得拒绝、推诿；其次，在协商过程中检察官不得以"若不接受将判重刑"或者"已经与法官沟通好了"诸如此类的语言进行威胁，强迫辩方接受其提出的方案；再次，协商不成，协商过程中犯罪嫌疑人作出的认罪答辩不得在后续审判中被作为证据使用；最后，对协商过程应当全程录像，并随案移送至法院，以作为法院审查认罪认罚自愿性、真实性、合法性的证据材料。

第五，对于被告人认罪认罚而辩护人作无罪辩护的案件，法院应当重视辩护人的无罪意见，不仅应当允许辩护人作无罪辩护，而且应当按照普通程序进行审理，以体现对辩护权的尊重和保障。

第六，适当降低认罪认罚从宽制度适用率，并改革"案-件比"考核方式。高比例的认罪认罚从宽指标要求导致实践中检察官会提出"乞讨式"的认罪认罚从宽要求，而且偏低的量刑建议会刺激被追诉人认罪认罚，难以保障被追诉人认罪认罚的自愿性和真实性。"案-件比"考核要求无疑具有良善的初衷，但是囿于该考核机制的要求，不能果断、大胆地将"事实不清、证据不足"的案件退回补充侦查，有违法律规定。检察官作为法律的仆人，应当忠实地执行法律。否则，必将增加法院错判的风险。基于此，可以考虑将此种情形排除在"案-件比"考核之外，以真正实现检察官业绩考评的科学性。

目录
●CONTENTS

下　篇　实践篇

理论篇

第一章

认罪认罚从宽制度中的量刑建议：
确定刑抑或幅度刑

　　量刑建议是认罪认罚从宽制度的核心，作为求刑权的量刑建议要求精准化，在实务中遭到了抵制。量刑建议精准化又被称为确定刑量刑建议，是量刑建议精准化的具体体现，表现为刑种、刑期和刑罚执行方式的确定。确定刑量刑建议不仅因其侵蚀了审判权，压缩了法官的裁判空间而遇到顽强抵抗，而且也因辩护职能被贬抑而为律师所反对，即便是主导该制度的检察官提出精准量刑建议的积极性也普遍不高，精准量刑比例仍然较低。最高人民法院、最高人民检察院、公安部、国家安全部、司法部（以下简称"两高三部"）《关于适用认罪认罚从宽制度的指导意见》（以下简称《认罪认罚指导意见》）第 33 条第 2 款规定："办理认罪认罚案件，人民检察院一般应当提出确定刑量刑建议。对新类型、不常见犯罪案件，量刑情节复杂的重罪案件等，也可以提出幅度刑量刑建议。提出量刑建议，应当说明理由和依据。"这就确定了"以确定刑为原则，以幅度刑为例外"的量刑建议模式。为了推动该规定的落实，最高人民检察院和地方人民检察院将提出精准量刑建议的比例纳入考核指标，并认为量刑建议精准化是贯彻落实认罪认罚从宽制度的关键所在。较高的指标要求和较大的期待让不少检察院望而生畏，只能默默忍受被"扣分"的考核结果。实践与初衷的悖反促使我们思考如下四个问题：①认罪认罚从宽制度实施中量刑建议的提出情况；②要求一般应当提出确定刑量刑建议的可能优势；③确定刑量刑建议的提出何以可能？④认罪认罚从宽制度实施中量刑建议该如何提出？

一、认罪认罚从宽制度中量刑建议的效力

认罪认罚案件与非认罪认罚案件相比，检察机关提出的量刑建议对法院具有更强的约束力。虽然量刑建议具有求刑权的性质，但对审判权具有明显的制约作用。2018 年《刑事诉讼法》第 201 条第 1 款规定："对于认罪认罚案件，人民法院依法作出判决时，一般应当采纳人民检察院指控的罪名和量刑建议，……""一般应当采纳"的规定使得法院以采纳量刑建议为原则，不采纳为例外。从实践情况看，人民法院采纳检察机关量刑建议的比例较高。最高人民检察院检察长张军于 2020 年所作的最高人民检察院工作报告显示：检察机关量刑建议采纳率为 79.8%。据笔者调研，在一些地区量刑建议采纳率高达 95% 以上。"2018 年修订的《刑事诉讼法》首次将量刑建议纳入法律，明确量刑建议在认罪认罚案件中具有一定的刚性效力，量刑建议的核心作用得到了广泛关注。"[1]《刑事诉讼法》中"应当"的刚性规定，决定了当前检察机关的量刑建议权具有不同于以往仅是"建议"的重要价值，在制度设计层面，强化了检察机关量刑建议的实际功能和法律权威。[2]认罪认罚案件中检察机关的量刑建议具有更强的效力，大概有以下三个方面的原因：一是量刑建议具有某种正当性。量刑建议是控辩双方合意的结果，且被载入认罪认罚具结书由犯罪嫌疑人签字确认。根据《认罪认罚指导意见》第 33 条第 1 款的规定："……人民检察院提出量刑建议前，应当充分听取犯罪嫌疑人、辩护人或者值班律师的意见，尽量协商一致。"如果法院拒绝采纳该量刑建议，则既是对控辩合意的不尊重，也会导致司法资源浪费，控辩协商行为归于无效。如果法院加重了量刑建议中的"刑罚"，自然会引发被追诉人及其辩护人的不满，对调整后的量刑建议不予认可，导致认罪认罚从宽制度无法适用，而法院也将处于"矛盾"的"风口浪尖"。二是对抗诉的担忧促使法院接受一些不合理的量刑建议。认罪认罚从宽制度自 2018 年 10 月入"法"以来，出现的现象是检察机关抗诉的案件中有相当比例是法院不采纳检察机关量刑建议的案件。即"在法院未采纳量刑建议依法作出判决但被告人未上诉的情况下，

---

[1] 陈国庆："量刑建议的若干问题"，载《中国刑事法杂志》2019 年第 5 期。

[2] 参见鲍键、陈申骁："认罪认罚从宽制度中量刑建议的精准化途径与方法——以杭州市检察机关的试点实践为基础"，载《法律适用》2019 年第 13 期。

提起抗诉"。[1]检察机关一旦提起抗诉，不仅一审裁判有可能被推翻（这对实行目标考核的下级法院来说是难以被接受的），而且增加了一、二审法院的"讼累"，本就稀缺的司法资源被用于应对抗诉案件，与该制度提升诉讼效率、节约司法资源的初衷相悖。法院出于上述考虑，可能会对一些明知不合理的量刑建议"勉强"接受。既照顾了检察机关的"情面"，使其不至在考评中处于不利地位，也减少了自身"麻烦"，"两全其美"，何乐而不为？三是法院裁判能力大大下降。与被告人不认罪适用普通程序审理的案件相比，大多数适用速裁程序审理的认罪认罚案件由于不再进行法庭调查和法庭辩论，量刑事实和量刑情节并未被纳入审判的视野，法院对量刑的裁判"底气不足"，检察机关的量刑建议具有较强的支配力和影响力。与其花大力气对影响量刑的各种情节进行精心的"计算"，不如顺从、接受检察机关的量刑建议。这对员额制改革后"案多人少"矛盾更加突出的法院来讲无疑是一个理性的选择。而长期以来法检"两家""配合有余、制约不足"的司法惯性，更是进一步催生了法院对检察院量刑建议的"迁就"。有检察官坦言："对法官而言，确定刑量刑建议没有留下裁量幅度，且具有较强的约束力，很大程度上限制了法官的量刑裁量权。"[2]《刑事诉讼法》规定的"一般应当"要求法院无正当理由不得作出弃置量刑建议的行为。实际上是一种赋予检察机关量刑建议刚性的授权规范。对人民法院而言，法院对待认罪认罚案件的量刑建议从此有了一般应当采纳的规范要求，不同于不认罪案件的规范要求。这实际上是一种限制法院量刑裁量权的限权规范。[3]

二、确定刑量刑建议为何被提出

精准化量刑建议就是要求检察官尽可能提出确定刑的量刑建议。《认罪认罚指导意见》第 33 条规定："量刑建议的提出。犯罪嫌疑人认罪认罚的，人民检察院应当就主刑、附加刑、是否适用缓刑等提出量刑建议。……办理认罪认罚案件，人民检察院一般应当提出确定刑量刑建议。对新类型、不常见犯罪案件，量刑情节复杂的重罪案件等，也可以提出幅度刑量刑建议。……"之

---

[1] 胡云腾："我们应如何看待和实施认罪认罚从宽制度"，载《法制日报》2019 年 12 月 11 日。

[2] 李刚："检察官视角下确定刑量刑建议实务问题探析"，载《中国刑事法杂志》2020 年第 1 期。

[3] 参见卞建林、陶加培："认罪认罚从宽制度中的量刑建议"，载《国家检察官学院学报》2020 年第 1 期。

前，有关司法解释规定均是以检察机关提出幅度刑量刑建议为原则，以确定刑量刑建议为例外。例如，2010 年"两高三部"《关于规范量刑程序若干问题的意见（试行）》（已失效）第 3 条第 1 款规定："对于公诉案件，人民检察院可以提出量刑建议。量刑建议一般应当具有一定的幅度。"2019 年《人民检察院刑事诉讼规则》第 364 条提出："……建议判处有期徒刑、管制、拘役的，可以具有一定的幅度，也可以提出具体确定的建议。"[1]为什么长期以来检察机关提出量刑建议均以幅度刑为主，实施认罪认罚从宽制度则要求原则上提出确定刑呢？这是研究量刑建议问题必须回答的问题。笔者试图分析其原因。

（一）确定刑量刑建议给被追诉人以明确的心理预期

检察官只有提出确定刑量刑建议才能给被追诉人对未来可能判处的刑罚以较为明确的心理预期，确定刑带来的确定性有助于被追诉人在认罪基础上"认罚"。避免了幅度刑中被追诉人的心理预期可能是量刑下限而法院实际判处的刑罚可能是量刑建议上限所带来的心理落差以及在一审判决后的上诉问题。确定刑的建议更符合被追诉人对"罚"的期待，被追诉人之所以选择认罪认罚，就是想换取一个比较确定的刑罚预期，让从宽处理的激励变成现实，以避免庭审的不确定性和潜在风险。量刑建议越具体，被追诉人对处罚结果的预期越清晰，被追诉人与检察机关协商的动力也就越大。因此，在协商具结活动中，检察机关只有提出精准的量刑建议才能真正节约司法资源、提高诉讼效率。[2]如果是幅度刑的建议，被追诉人对可能受到处罚的预期不确定，即使其认罪认罚并签署认罪认罚具结书，心理预期也往往是法官会在量刑建议的下限作出判决，一旦判决无法满足其心理预期，就可能对判决不满，不利于息诉罢访、化解矛盾。[3]"幅度刑建议使犯罪嫌疑人、被告人在心理预期上仍然处于不确定的状态。"[4]在最高人民检察院提出"两提高一降低"，即提高确定刑和采纳率，降低上诉率的背景下，尤其是不少地方检察院将提出确定刑量刑建议纳入本地考核指标管理体系，对检察官工作绩效进行考核的

---

〔1〕 参见陈国庆："量刑建议的若干问题"，载《中国刑事法杂志》2019 年第 5 期。

〔2〕 参见陈国庆："刑事诉讼法修改与刑事检察工作的新发展"，载《国家检察官学院学报》2019 年第 1 期。

〔3〕 参见苗生明、周颖："认罪认罚从宽制度适用的基本问题——《关于适用认罪认罚从宽制度的指导意见》的理解和适用"，载《中国刑事法杂志》2019 年第 6 期。

〔4〕 参见苗生明、周颖："认罪认罚从宽制度适用的基本问题——《关于适用认罪认罚从宽制度的指导意见》的理解和适用"，载《中国刑事法杂志》2019 年第 6 期。

情况下，确定刑量刑建议无论是对提升认罪认罚从宽制度的适用率还是对在本部门目标考核中获得肯定性评价，都具有重要意义。在美国，量刑指南通过"创设了一种对审判后法庭可能判处的刑罚进行清楚、确定的预期"而改变了辩诉交易的性质。那些不切实际的幻想——即使在庭审中败诉仍然能获得量刑减让——已经破灭，被告人现在不能再这么想了。量刑指南实际上并未加大答辩后与审判后量刑之间的差距，它们只是使得这种差距在被告人眼中变得更为明显。自然的后果应该是，更多的被告人将会愿意答辩有罪。[1]

（二）确定刑量刑建议可以减轻法官的工作负担

在检察机关提出确定刑量刑建议时，法官只需对该量刑建议与事实、法律进行大致比对，看其是否符合"罪责刑相适应"的刑法基本原则，而无须像过去那样对影响量刑的各种情节进行细致考量，并计算出宣告刑。审判权包括定罪权和量刑权，当量刑问题被提前确定时，的确可以减少法官在量刑事宜上的工作量，实现"简案快办"的"繁简分流"之诉讼目标。提出确定刑量刑建议符合诉讼经济原则。一方面，对于认罪认罚已经达成合意的案件提出确定刑建议，法官只需确认被追诉人认罪认罚是在充分了解制度内涵和后果基础上的自愿选择，即可直接采纳量刑建议作出判决，无须重复审查事实证据以及在幅度的量刑建议内进行二次考量，而幅度刑建议节省法官审判时间的意义有限，制度的效率价值也无从体现。[2]同时，在检察官提出确定刑量刑建议时，也是对法官在量刑问题上自由裁量权的监督。这也符合检察机关作为法律监督机关的职能定位。

（三）确定刑量刑建议可以提升检察官的量刑技术

量刑是一项"技术活"，需要经过培训和实践训练。长期以来，检察官"重定罪、轻量刑"的问题比较突出。从这一意义上讲，提出精准量刑建议不啻是对检察官的挑战和考验。[3]在笔者调研座谈中，法官普遍反映检察官提出的量刑建议不够准确，这也反映出了目前检察官对新制度的不适。检察官

〔1〕参见［法］乔治·费希尔：《辩诉交易的胜利——美国辩诉交易史》，郭志媛译，中国政法大学出版社 2012 年版，第 228~229 页。

〔2〕参见苗生明、周颖："认罪认罚从宽制度适用的基本问题——《关于适用认罪认罚从宽制度的指导意见》的理解和适用"，载《中国刑事法杂志》2019 年第 6 期。

〔3〕参见韩旭："认罪认罚从宽制度实施检察机关应注意避免的几种倾向"，载《法治研究》2020 年第 3 期。

与法官的"同质化"，决定了检察官有可能提出精准的量刑建议。但是，实践中检察机关提起公诉仅是提出定罪建议，量刑问题交由法官裁决。这就决定了法官在量刑上比检察官"技高一筹"。量刑方法和量刑标准是准确提出量刑建议的前提，但量刑建议同时又带有司法经验因素，需要结合区域犯罪形势，结合刑事司法政策，提出合理的量刑建议。但长期以来形成的"重定罪、轻量刑"的观念和司法惯性使检察官缺乏量刑建议方面的经验，对量刑规律把握不够，对量刑方法掌握不准，很多时候满足于将案件诉出去，法院能够作出有罪判决即可，并不关注量刑问题。[1]精准量刑建议要求检察官克服"本领恐慌"，积极学习并掌握"量刑技术"。以此为契机，可以提升检察官的业务技能，促使其不断学习，积极参加培训，并利用量刑智能辅助系统，保障精准量刑建议能够从容提出。"提出确定刑量刑建议不仅要求检察官熟练掌握、适用最高人民法院关于常见罪名的量刑指导意见，提出可量化的量刑区间，更要求在系统掌握刑事法律政策、全面熟悉案件事实情节的基础上，对犯罪嫌疑人、被告人的罪责刑进行全面、精准的评判，是更精细化的法律适用，是提升检察官整体司法能力的重要契机，也是对检察官司法能力的综合评价。"[2]

（四）检察官主导地位决定了精准化量刑建议的提出具有合理性

认罪认罚从宽制度是典型的以检察官主导责任为基础的诉讼制度。[3]既然提出量刑建议是认罪认罚从宽制度的核心，那么作为鲜明体现检察官主导地位的一项制度，确定刑量刑建议乃是其主导地位的表征。[4]"主导"的内涵就是"程序控制"，决定其未来发展走向。只有作为求刑权的量刑建议足够精准，才谈得上"控制"和能够决定案件的未来发展。这就要求检察官应提出精准化的量刑建议，真正能够对裁判权形成制约。可以说，精准量刑建议是检察官主导地位和责任的题中应有之义。"检察机关要在认罪认罚从宽制度中发挥主导作用，将量刑建议视作彰显其主导作用的制度依托。"[5]2019年以来，随着最高人民检察院对"检察机关主导责任"的强调，量刑建议的精准化趋势愈加明显，提出精准量刑建议成了检察机关发挥主导作用的最重要

〔1〕 参见陈国庆："量刑建议的若干问题"，载《中国刑事法杂志》2019年第5期。

〔2〕 贺恒扬主编：《检察机关适用认罪认罚从宽制度研究》，中国检察出版社2020年版，第244页。

〔3〕 参见张军："关于检察工作的若干问题"，载《国家检察官学院学报》2019年第5期。

〔4〕 参见韩旭："刑事诉讼中检察官主导责任的理论考察"，载《人民检察》2020年第5期。

〔5〕 参见"在认罪认罚从宽制度中发挥主导作用"，载《检察日报》2019年5月20日。

方式。[1] 检察官主导地位还可以限制法官在量刑中不受监督的自由裁量权，促使法官尽量做到"同案同判"。"在认罪认罚从宽制度下，由于检察机关的量刑建议具有相对刚性，一定程度上，形成审判量刑权向检察机关的'让渡'或'分享'，从而形成检察官量刑建议权与法官刑罚裁量权的双向制约。"[2] "检察机关对审判机关判决中未接受量刑建议的案件，则可以从判决与量刑建议的差异程度及是否有合法、合理事由等方面进行考量。在存在判决量刑畸重畸轻的情况下，检察机关可以通过提起抗诉，履行审判监督的法律职责。"[3]

三、确定刑量刑建议何以可能

提出确定刑量刑建议的初衷是好的，但面临重重困难和阻力。仔细分析，主要有以下各方面原因：

（一）因审判权被侵蚀而为法官所普遍反对

不可否认，精准量刑建议的提出并实施加剧了法检"两家"之间的矛盾，在一定程度上也限制了被告人获得程序救济的权利。新一轮司法体制改革以优化职权配置、实现司法公正为目标。但是，检察机关提出精准量刑建议是否属于优化职权配置的内容，尚不得而知。检察机关提出精准化量刑建议是否侵蚀审判权问题颇具争议。检察机关的同志大多认为，《刑事诉讼法》规定法官不同意量刑建议的，应当通知检察机关进行调整，不调整或者调整后仍不合适的，法院可以依法判决。据此认为，法院仍保有最终的审判权，检察机关的确定刑量刑建议并未割裂、侵蚀法院的审判权。"精准量刑建议与人民法院的审判权并不实质冲突，根据刑事诉讼法规定，案件最终仍由法院来确认与裁判。"[4] 无论是确定刑还是幅度刑，检察机关提出的量刑建议都仅供法院量刑时参考，法院是否采纳建议及如何量刑全由法院依法独立作出决定。[5]

---

〔1〕　参见汪海燕："认罪认罚从宽制度中的检察机关主导责任"，载《中国刑事法杂志》2019 年第 6 期。

〔2〕　鲍键、陈申骁："认罪认罚从宽制度中量刑建议的精准化途径与方法——以杭州市检察机关的试点实践为基础"，载《法律适用》2019 年第 13 期。

〔3〕　鲍键、陈申骁："认罪认罚从宽制度中量刑建议的精准化途径与方法——以杭州市检察机关的试点实践为基础"，载《法律适用》2019 年第 13 期。

〔4〕　参见苗生明、周颖："认罪认罚从宽制度适用的基本问题——《关于适用认罪认罚从宽制度的指导意见》的理解和适用"，载《中国刑事法杂志》2019 年第 6 期。

〔5〕　参见朱孝清："论量刑建议"，载《中国法学》2010 年第 3 期。

但是，从笔者的调研情况来看，法官普遍希望检察官能提出幅度刑量刑建议。有的身兼领导职务的高级法官坦言：法院审判委员会研究的案件在量刑时难以做到精准，检察机关在尚未开庭的情况下仅依据书面材料就要求精准量刑不具有科学性，且有违司法规律。在认罪认罚从宽制度实施过程中，检察官与法官之间的"摩擦"不可避免。例如，自首、共同犯罪案件中主从犯的认定。法官的认识可能与检察官的认识不一致。目前，法院同案不同判现象较为严重，认罪认罚从宽制度实施后检察官就类似案件提出不同量刑建议的问题也比较突出——从宽幅度的把握忽高忽低，不同地区、不同法官甚至同一法官在不同时期各异，影响了该制度的正确实施和检察机关的公信力。在法院目前尚难以做到精准量刑的情况下，有什么理由要求检察官提出精准量刑建议呢？难道检察官在量刑技术上比法官水平更高？认罪认罚从宽制度实施过程中，法检"两家"最大的分歧便是检察机关提出精准量刑建议的问题。事实上，基于全国范围接近 80% 的量刑建议平均采纳率和有些地区高达 96% 的采纳率，我国目前确有审判权旁落、求刑权代替审判权之困。这也是法官对精准量刑建议普遍持反对态度的原因。"量刑建议的精准化改革，不只带来丰富公诉权具体运行机制的效果，更会赋予检察机关实质决定案件结果的权能，促使公诉权扩张，在一定程度上压缩传统的审判空间。"[1]"由于检察官以控辩合意为基础提出了具体的刑罚建议，因此，法官的权力受到较大的限制，原则上只能选择接受或者拒绝建议，无权对其进行修改。"[2]从域外经验来看，检察官在认罪案件快速处理机制中主导地位明显增强，但域外检察官提出精准量刑建议仅适用于轻罪案件。而我国的认罪认罚从宽制度既适用于轻罪，也适用于重罪。从法律上讲，检察官对所有案件均可以提出确定刑量刑建议。这是我国与域外类似制度最大的不同。不仅检察官"力不从心""勉为其难"，而且还可能动摇法院的独立审判地位，由此招致法官群体一片"反对"声音。他们认为，人民法院在长期的司法实践中积累了较为丰富的量刑经验，加之十余年来量刑规范化改革的推进，使得量刑工作有章可循，审判人员得出的量刑结论自然更为适当。[3]在量刑方面，法官比检察官更具优势。

---

〔1〕 赵恒："量刑建议精准化的理论透视"，载《法制与社会发展》2020 年第 2 期。

〔2〕 参见 〔英〕杰奎琳·霍奇森："法国认罪程序带来的检察官职能演变"，俞亮译，载《国家检察官学院学报》2013 年第 3 期。

〔3〕 参见臧德胜："科学适用刑事诉讼幅度刑量刑建议"，载《人民法院报》2019 年 8 月 29 日。

以此反推检察官提出精准量刑建议的不合理性。虽然《认罪认罚指导意见》第 41 条规定了量刑建议调整机制[1]，但因法检"两家"对"明显不当"的理解存在差异，导致法院不能以量刑建议"明显不当"为由通知检察院调整量刑建议。有学者认为量刑建议"明显不当"是指量刑建议畸轻畸重，主要表现为两个方面："一是明显偏重，即检察机关建议的量刑幅度下限超出可能判处的刑罚；二是明显偏轻，即检察机关建议的量刑幅度上限低于可能判处的刑罚，或者不应判缓刑却建议缓刑。"[2]但无论是畸轻还是畸重，都属于一种个人判断，法官自由裁量权较大，实践中较难以把握。为此，应当予以量化，以便于实务操作。可考虑拟提出拘役量刑建议的，幅度不超过 1 个月；拟提出 3 年以下有期徒刑量刑建议的，幅度不超过 3 个月；拟提出 3 年以上 10 年以下量刑建议的，幅度不超过 6 个月；拟提出 10 年以上量刑建议的，幅度不超过 1 年。同时，将刑罚执行方式不当也作为"明显不当"的情形，例如应当提出缓刑建议而没有提出或者不应当提出缓刑建议而提出。

尽管检察官认为精准化量刑建议可以减轻法官的工作负担，但并不为法官所接受，他们表示该量刑建议质量不高，仍然需要依据量刑规范化指导意见对各种量刑情节进行计算，并且与检察官沟通协调成本较高，工作量并未减轻。不少法官表示：检察官干了法官的活。很多法官不理解，既然推行以审判为中心的刑事诉讼制度改革，实现庭审实质化，那么检察官主导地位与以审判为中心的刑事诉讼制度改革是否会发生抵牾？检察机关是否是在国家监察体制改革后，因反贪反渎职能转隶，而意欲借此"扩张领地"呢？高比例的量刑建议采纳率背后是法检"两家"多次沟通协调的结果。有的检察院甚至在法院宣判后补签认罪认罚具结书。

不少法官认为：法院开展量刑规范化工作已逾 10 年，且法官经过多次培训，积累了较为丰富的量刑经验，而认罪认罚从宽制度实施不久，检察官没有经过系统的量刑技术培训，缺乏量刑经验，很多时候是"估推"。相同罪名和相同情节的案件，不同检察官在提出量刑建议时有较大差别。除此以外，

---

[1] 《认罪认罚指导意见》第 41 条规定："量刑建议的调整。人民法院经审理，认为量刑建议明显不当，或者被告人、辩护人对量刑建议有异议且有理有据的，人民法院应当告知人民检察院，人民检察院可以调整量刑建议。人民法院认为调整后的量刑建议适当的，应当予以采纳；人民检察院不调整量刑建议或者调整后仍然明显不当的，人民法院应当依法作出判决。"

[2] 孙长永："认罪认罚案件'量刑从宽'若干问题探讨"，载《法律适用》2019 年第 13 期。

检察官的量刑建议通常是个人决定，而法官很多时候是采取合议制，发挥集体智慧讨论决定。且法官可以居中听取检察官、辩护律师的意见，做到"兼听则明"，而很多案件在审查起诉阶段，犯罪嫌疑人及其家属并未聘请律师，检察官在提出量刑建议前难以听取控辩双方的意见。值班律师的无效化使得量刑协商或者听取意见未能实质进行，犯罪嫌疑人及其值班律师对量刑建议发挥的作用极其有限。

（二）因辩护空间被压缩而被律师抵触

笔者调研发现，认罪认罚从宽制度实施后，委托律师担任辩护人的案件数量下降，律师界产生了危机感。一方面，适用认罪认罚从宽制度的案件大多是事实清楚、证据确实充分的轻罪案件，被追诉人聘请律师辩护的动力大大减弱；另一方面，有的被追诉人对聘请律师辩护产生了误解，认为聘请律师辩护可能会被公安司法机关视作"不认罪"或者缺乏"悔罪表现"。即便是有律师辩护的认罪认罚案件，在被追诉人认罪认罚，且对"从宽"幅度——未来刑罚——可期的情况下，律师辩护的空间与之前相比被大大压缩。尽管被追诉人认罪认罚时律师仍可作无罪辩护，理论上并没有障碍，[1]但是，无论是检察官还是法官对此均感到疑惑，甚至排斥无罪辩护或者量刑辩护的出现。基于自身经济利益的考虑，很多律师甚至认为，长此以往，辩护制度将会受到严重冲击，甚至可能被动摇。如果检察机关提出幅度刑量刑建议，辩护律师在量刑问题上仍有辩护空间，即说服法院采纳下限的量刑建议。但是，一旦检察机关提出精准量刑建议，量刑辩护似乎将难以展开。在认罪认罚案件中，律师的辩护职能主要体现在控辩双方的量刑协商过程中。如果在量刑上的协商结果是一个幅度刑，犯罪嫌疑人基于对下限量刑的预期，可能更有利于达成协商合意，认罪认罚从宽制度的适用率会因此而提高，协商破裂的可能性会大大降低。如果检察官非要协商出一个确定刑量刑建议不可，那么协商成功的可能性就会降低。当前量刑建议的高采纳率反映出律师的量刑辩护在大多数案件中是无效的，法院"一边倒"地接受了检察机关的量刑建议，法庭对量刑问题的审理是流于形式的。而检察机关对量刑建议采纳率的高度重视也反映出该机关对公诉成功的强调延伸到了量刑建议上面，这与该机关

---

[1] 参见陈国庆："认罪认罚从宽制度若干争议问题解析（下）"，载《法制日报》2020年5月13日。

对高定罪率的重视几乎如出一辙。[1]

（三）因扭曲刑事诉讼体制和认罪认罚从宽制度而被诟病

因各地检察机关均有提出精准量刑建议的考核指标，为了完成指标，不少检察官在案件起诉之前会就案件量刑问题口头征询法官意见。这种"审前沟通"行为必然会强化法检"两家"之间的"配合"。"审前沟通"不仅使法官的中立地位丧失殆尽，而且扭曲了正常的刑事诉讼结构。"配合有余、制约不足"下的高比例量刑建议采纳率是控审双方"协调"的结果，并不能说明量刑建议的准确性。对此，我们应有清醒的认识。同时，如果检察官提前与法官就量刑问题进行过沟通，那么认罪认罚从宽制度就有一种压迫性力量，犯罪嫌疑人认罪认罚的自愿性将难以保障。如果犯罪嫌疑人不认罪认罚，检察官可能会威胁嫌疑人从重处罚。犯罪嫌疑人在审判阶段将失去获得从宽处理的机会。

毋庸置疑，认罪认罚从宽制度是以程序从简的效率为导向，但是量刑建议的精准化无疑提升了检察机关调整量刑建议的比例，必然会增加检察官、法官沟通协调的工作成本。即便法院采纳了量刑建议，一旦被告人上诉、检察机关提起抗诉，便会增加审理成本、降低诉讼效率，这有违该项制度设立和实施的旨趣。正如有学者所指出的："量刑建议的确定程度一旦整体结构失调，出现过度精准化的倾向，便会出现量刑建议采纳受阻、案件办理效率实际降低的现象。"[2]

相关指导意见要求检察机关提出的量刑建议系控辩双方协商的结果，但是协商并未成为量刑建议提出的前置程序。没有协商和协商不充分的问题比较突出，这就使量刑建议的提出失去了正当性，并非控辩双方合意的结果。更有甚者，在司法实践中，一些检察官会向犯罪嫌疑人声称：已经与法官沟通好了，你认罪认罚我们将给予你从宽处罚甚至适用缓刑，否则将予以从重处罚。犯罪嫌疑人在此种威慑下"稀里糊涂"地签署了认罪认罚具结书。认罪认罚从宽制度由此具有了一种压迫性的力量。

（四）因检察官短期内难以适应而内生动力不足

如前所述，检察官提出精准量刑建议在制度实施初期明显不适。笔者通

---

[1] 参见陈瑞华："论量刑建议"，载《政法论坛》2011 年第 2 期。

[2] 黄京平："幅度刑量刑建议的相对合理性——《刑事诉讼法》第 201 条的刑法意涵"，载《法学杂志》2020 年第 6 期。

过对法官的调研了解到：检察官提出量刑建议并未经过详细的计算，在基准刑基础上对各种量刑情节进行"加减"计算，量刑建议缺乏明确的事实基础。部分检察官表示：较高的精准量刑考核指标令人望而生"畏"，难以完成。一些检察官也认识到了精准量刑建议与审判权可能发生的冲突，与法官可能发生的"摩擦"，因而更愿意提出幅度刑。部分检察官提出，一些罪名不在常见犯罪量刑规范化意见之内，对基准刑如何设定，对不同的量刑情节如何增加或者减少刑罚，心中无数，对提出精准化量刑建议感到畏难。"2018年《刑事诉讼法》允许检察机关在全部诉讼阶段、全部刑事案件中适用认罪认罚从宽制度。这种无诉讼阶段限制、无案件范围限制的规则，不仅提高了检察机关拟定量刑建议的工作难度和工作负担，而且加剧了控、审两个权力主体之间的紧张关系。"[1]据调研，法官普遍反映：检察官量刑建议较轻。按理说检察机关是指控犯罪的机关，理应提出更重的量刑建议，这才符合其追诉者角色。但现实却是检察官反而提出了较轻的量刑建议。经认真分析，大概是出于在考核指标的驱动下为使更多的犯罪嫌疑人认罪认罚，从而提高该项制度的适用率的考虑。还有一些检察官认为，提出精准量刑建议需要对各种量刑情节进行细致考量，这大大增加了检察官办案的工作量，从而使"案多人少"的矛盾更加突出。对拟提出缓刑适用建议的，根据相关指导意见的规定，检察机关一般应当委托社区矫正机构进行社会调查评估并出具报告，但是由于"案多人少"的矛盾，检察机关并未开展这项工作，导致缓刑量刑建议难以为法院所采纳。精准量刑建议要求检察官对附加刑也提出确定刑。但是，我国《刑法》对附加刑的适用较为笼统，例如罚金刑，仅规定"单处或者并处罚金"，究竟数额多少、需要考量哪些因素，均不明确，这就加大了检察官对附加刑提出精准量刑建议的难度，很多检察院在提出量刑建议时仅提出主刑建议对附加刑的适用不够重视，要么不提，要么仅笼统表述为"建议判处罚金"等。精准量刑建议要求案件事实清楚、证据确实充分，对一些证据不充分或者证据之间存在矛盾的案件，检察机关应当依法退回公安机关补充侦查或者退回监察委员会补充调查。但是"案-件比"的考核要求，又使检察机关望而却步，只能以"存疑不起诉"结案了之。同时，检察机关行使控诉职能与作为量刑建议提出者应具有的中立地位相冲突。在提出量刑建议时能否恪守客

---

[1] 赵恒："量刑建议精准化的理论透视"，载《法制与社会发展》2020年第2期。

观义务，仍不无疑问。鉴于认罪认罚从宽制度实施后，提出精准量刑建议大大增加了检察官的工作量，不少检察官呼吁尽快引入智能辅助化量刑系统，以帮助提高量刑建议的科学性。"随着信息科学技术与法律领域业务的深度融合，基于大数据的人工智能分析系统在一定程度上克服了备受诟病的量刑机械化弊端，近年来海量且健康的司法数据管理服务也为系统量刑误差性的降低提供了重要支撑，容错性大大提升。"[1]当前量刑协商工作并未开展或者未充分开展，在此种情况下，求刑权的行使应更加节制，保持一定弹性或许更加合理。因此，不少检察官对精准量刑建议也存在抵触情绪。检察官对提出确定刑量刑建议存在畏难情绪，对精准量刑建议底气不足。[2]有些地方的检察院为了提高所谓精准量刑建议的采纳率，往往在庭审完毕待法院作出判决以后，让被告人补签认罪认罚具结书，以此规避精准量刑建议考核要求下的不适。以上情况表明，检察官对提出精准量刑建议动力不足，精准量刑建议的提出阻力较大。无奈，各地只能通过目标考核予以推进。即便如此，一些基层检察院宁愿选择被"扣分"，也不愿意强行推进。《认罪认罚指导意见》将"一般应当"诠释为"应当"违背了控审分离、审判中立的诉讼原理，冲击了法官量刑裁量权的独立行使。[3]在未来全面铺开的量刑精准化诉讼制度改革中，应当慎重以待，警惕因司法权的不当设置与行使，致使诉讼制度和司法实践招致恶果。[4]

（五）刑事诉讼的动态性决定了检察官量刑建议难以精准化

我们尊重司法规律，就要尊重刑事诉讼是一个动态发展过程的客观现实。在审查起诉阶段，犯罪嫌疑人可能未退赃退赔、赔偿损失、取得被害人谅解，但是到了审判阶段这些影响"从宽"的量刑情节，部分或者全部具备。比如，犯罪嫌疑人在审查起诉阶段认罪悔罪，但是到了审判阶段却全面翻供，缓刑建议已经失去适用条件。被告人在庭审中的认罪悔罪态度是裁量刑罚影响法官心证的重要因素，所以需要结合庭审情况决定。过早提出精准刑，要么法

---

〔1〕　陈卫东："认罪认罚从宽制度的理论问题再探讨"，载《环球法律评论》2020年第2期。

〔2〕　参见李刚："检察官视角下确定刑量刑建议实务问题探析"，载《中国刑事法杂志》2020年第1期。

〔3〕　《认罪认罚指导意见》第40条规定："量刑建议的采纳。对于人民检察院提出的量刑建议，人民法院应当依法进行审查。对于事实清楚，证据确实、充分，指控的罪名准确，量刑建议适当的，人民法院应当采纳。……"

〔4〕　参见张斌："'一般应当'之'应当'与否——兼论《刑事诉讼法》第201条的理解与调整"，载《中国人民公安大学学报（社会科学版）》2020年第2期。

院"被牵着鼻子"被动接受，要么需要通知检察机关调整量刑建议。检察机关之前提出的刑罚执行方式乃至刑罚都可能需要变更。在此情形下，即便检察官在审查起诉阶段提出精准的量刑建议，也难以为法官所采纳。检察官提出的所谓"精准"量刑建议到了审判阶段将失去意义。"由于证据的可变性和不确定性，法院据以定罪量刑的事实可能在不同诉讼阶段发生变化，幅度刑建议为可能变化的定罪量刑提供了空间。"[1]如果检察官提出精准量刑建议，则被法官通知调整量刑建议的概率将大幅上升，这无疑增加了法官与检察官沟通的成本，降低了诉讼效率，有违认罪认罚从宽制度适用的目的。因此，与其提出精准量刑建议，不如预留一定的空间，为法官的刑罚裁量提供一定的幅度。从刑事诉讼动态变化意义上看，检察官不可能提出一个精准的量刑建议。

（六）"对抗型"司法理念根深蒂固

虽然认罪认罚从宽制度体现了"合作型"司法的理念和诉讼模式。但是，以控审分离、审判中立和法官保留原则为代表的"对抗型"司法理念根深蒂固，短期内难以在大众文化、司法心理方面培养出适应"协商型"司法的基因和根基。对控辩合意的尊重、审判权的部分让渡、检察官主导地位的确立在短期内难以为法官所接受。精准量刑建议权仍然被作为求刑权看待，法官对裁判权的固守，必然导致"权力之争"和"权力冲突"。这是精准量刑建议难以为法官接受并遭遇顽强抵制的深层原因。在我国，认罪认罚从宽制度只是为认罪认罚案件的处理提供了一个通道，没有改变刑事诉讼权力的配置关系。[2]检察机关提出精准量刑建议，实际上是在代行法院的刑罚裁量权，这突破了求刑权的范围，应当予以反对。[3]量刑建议效力规则和量刑建议效率规则之间的关系，逻辑性地要求量刑建议提出须为量刑建议采纳提供适度的裁量空间。司法建议权与司法裁定权妥当衔接的介质以幅度刑量刑建议为佳。[4]

四、何去何从

鉴于精准量刑建议在法理上的不合理性和在实践中遇到的来自法官、律

---

〔1〕 陈国庆："认罪认罚从宽制度若干争议问题解析（下）"，载《法制日报》2020年5月13日。
〔2〕 参见胡云腾主编：《认罪认罚从宽制度的理解与适用》，人民法院出版社2018年版，第112页。
〔3〕 参见臧德胜："科学适用刑事诉讼幅度型量刑建议"，载《人民法院报》2019年8月29日。
〔4〕 参见黄京平："幅度刑量刑建议的相对合理性——《刑事诉讼法》第201条的刑法意涵"，载《法学杂志》2020年第6期。

师群体的阻力，加之检察官并未完全掌握量刑技术。笔者认为，认罪认罚案件中检察官不宜提出确定刑量刑建议，应当以幅度刑量刑建议为原则，以确定刑量刑建议为例外。陈瑞华教授早就指出："检察机关可以提出量刑建议，量刑建议一般应具有一定的幅度。"〔1〕具体思路如下：除了《认罪认罚指导意见》规定的"新类型、不常见犯罪案件，量刑情节复杂的重罪案件"提出幅度刑量刑建议外，对可能判处有期徒刑 1 年以上的案件，检察官原则上应提出幅度刑量刑建议。对可能判处 1 年以下有期徒刑、拘役、管制和单处附加刑的案件，可以提出确定刑。如此安排既符合法官和检察官的职能定位，减少法官对求刑权侵犯审判权的担忧，也给律师预留了一定的辩护空间，从而使被追诉人获得公正审判的机会。而可能判处 1 年以下有期徒刑、拘役、管制和单处附加刑的案件，属于"轻罪"案件，基于诉讼效率和减轻法官工作负荷的考量，检察官提出确定刑量刑建议较为合理。对"轻罪"案件，检察官提出确定刑量刑建议困难较小，也能实现相对精准，检察官在心理上更容易接受。区分轻罪与重罪并分别适用不同的量刑建议也许是未来认罪认罚从宽制度发展的路径。对于危险驾驶犯罪、盗窃犯罪、交通肇事犯罪、故意伤害犯罪等可适用精准量刑建议，对可能判处 5 年以上有期徒刑的案件、数罪并罚案件等可考虑适用幅度刑量刑建议。既符合域外普遍的做法，在我国实施中阻力也较小。同时，以幅度刑量刑建议为原则，可以减少法检"两家"在工作中的"摩擦"，提高认罪认罚案件的办理效率，符合认罪认罚从宽制度设立的目的。否则，庭外协调不仅会降低办案效率，也会增加检察官和法官的工作负担，被追诉人可能是在检察官、法官"联手"的情况下被迫认罪认罚，该制度实施的正当性将备受质疑。我国的一些检察官也主张应区分案件的不同情况分别提出精准量刑建议和幅度刑量刑建议。对于案情较为简单，影响定罪量刑的情节较少，已有较明确量刑指导意见的案件（如危险驾驶、盗窃等），可以提出精准量刑建议。对可能判处 3 年有期徒刑以上刑罚的案件，可提出幅度在 3 个月至 6 个月的幅度刑量刑建议。〔2〕杭州市检察机关在提出量刑建议时遵循以下原则：对于可能判处 1 年以下有期徒刑的案件，量刑建

---

〔1〕 陈瑞华："论量刑建议"，载《政法论坛》2011 年第 2 期。

〔2〕 参见鲍键、陈申骁："认罪认罚从宽制度中量刑建议的精准化途径与方法——以杭州市检察机关的试点实践为基础"，载《法律适用》2019 年第 13 期。

议应当精准；对可能判处 3 年以上有期徒刑的案件，一般提出幅度量刑建议，区间幅度应在 3 个月至 6 个月；对可能判处 10 年以上有期徒刑的案件，一般提出幅度量刑建议，区间幅度应在 1 年至 2 年。[1] 因此，制度上要求检察官提出精准量刑建议以及为此设定的考核指标不但在实践中遇到了来自法官和律师的挑战，也有来自检察官的阻力，不具有现实可行性，当休矣！在我国，检察官与法官具有较高的"同质性"，但是检察官不能代替法官，审判权不能因为认罪认罚从宽制度的实施而旁落则是"优化司法职权配置"中不容回避的问题。有学者亦指出："划定精准刑量刑建议的法定范围，原则上应当集中于简单轻微犯罪案件，通常以判处有期徒刑以下刑罚为限，对于其他认罪认罚案件，幅度刑量刑建议更为合适。"[2] 如果以幅度刑量刑建议为原则，检察机关不宜提出过大幅度的量刑建议，以便于被追诉人有相对明确的心理预期，有利于"认罚"工作的开展。"为确保量刑适当的实体标准作为量刑建议采纳的唯一法定标准，量刑建议必须具有适当的弹性，应将量刑建议与最终量刑的差距限制在合法的范围内。"[3] 可考虑规定拟提出 1 年以上 3 年以下有期徒刑的案件，量刑建议幅度不超过 3 个月；拟提出 3 年以上 10 年以下有期徒刑的案件，量刑建议幅度不超过 6 个月；拟提出 10 年以上有期徒刑的案件，量刑建议幅度不超过 1 年。2010 年最高人民检察院公诉厅印发的《人民检察院开展量刑建议工作的指导意见（试行）》对检察机关提出量刑建议幅度作了限制。如建议判处管制的，幅度一般不超过 3 个月；建议判处拘役的，幅度一般不超过 1 个月；建议判处有期徒刑的，法定刑的幅度小于 3 年（含 3 年）的，建议幅度一般不超过 1 年；法定刑的幅度大于 3 年小于 5 年（含 5 年）的，建议幅度一般不超过 2 年；法定刑的幅度大于 5 年的，建议幅度一般不超过 3 年。尽管如此，笔者认为该指导意见效力层次有限，且已不适应认罪认罚从宽制度实施的需要，量刑建议幅度偏大。

无论是提出精准量刑建议还是提出幅度刑量刑建议，检察官均要做好释法说理工作，说明据以提出量刑建议的理由，同时附上量刑建议的标准和计

---

[1] 参见鲍键、陈申骁："认罪认罚从宽制度中量刑建议的精准化途径与方法——以杭州市检察机关的试点实践为基础"，载《法律适用》2019 年第 13 期。

[2] 赵恒："量刑建议精准化的理论透视"，载《法制与社会发展》2020 年第 2 期。

[3] 黄京平："幅度刑量刑建议的相对合理性——〈刑事诉讼法〉第 201 条的刑法意涵"，载《法学杂志》2020 年第 6 期。

算依据，既可以节约审判资源，也可以为法官所接受，从而提高量刑建议的采纳率。这也是检察机关履行指控犯罪证明责任的体现。"检察院将被告人诉至法院并提出量刑建议后，就对自己所建议的内容负证明责任，如果不能证明或证明不力，就要承担量刑建议得不到法院支持和采纳的不利后果。"〔1〕"当前法律文书均强调说理性，量刑建议更要具有说理性，说理充分的量刑建议易被法院采纳。实践中，大多数案件的量刑建议都过于概括和笼统。"〔2〕对此，《认罪认罚指导意见》第33条第2款规定："……提出量刑建议，应当说明理由和依据。"为了使量刑建议保持一定的弹性，检察官可考虑提出附条件的量刑建议，即如果取得被害人谅解或者自首被认定，如何从宽？如果不具备上述条件，如何量刑？不仅可以提示法官注意上述量刑情节，也给法官留有一定的斟酌裁量空间。

审判实践中法院就"明显不当"的量刑建议，应当通知检察机关调整，有些检察机关拒不调整，一些法院甚至不通知检察机关调整量刑建议或者仅以口头通知，导致举证困难，由此引发了检察机关的抗诉，这是有违《认罪认罚指导意见》规定的。对法院通知检察机关调整量刑建议的通知，检察机关应当及时进行调整，确有正当理由的，应向法院进行解释、说明，不能置之不理。"根据法治原则和以审判为中心的诉讼制度改革精神，求刑权应当服从裁判权，这是解决'量刑建议明显不当'问题的基本立场。"〔3〕

为了减少法检"两院"之间的冲突，使双方在量刑问题上能够达成共识，法院在认为检察机关量刑建议不当、需要调整量刑建议时，除了以书面方式通知其调整量刑建议外，还应说明理由。法检"两家"在量刑问题上及时加强沟通确有必要，但是应避免检察官在审查起诉阶段提前征询法官对量刑建议的意见。检察官可通过邀请法官进行量刑经验及其考量因素培训、参与制定当地量刑规范化意见、与法官共享大数据和人工智能辅助量刑系统，在量刑上消弭两者之间的差异。这样既可以保证检察机关量刑建议的采纳率，也可消除由认罪认罚从宽制度实施带来的紧张关系。

---

〔1〕　朱孝清："论量刑建议"，载《中国法学》2010年第3期。
〔2〕　李芝春："提高量刑建议准确度应考虑的因素"，载《人民检察》2018年第19期。
〔3〕　孙长永："认罪认罚案件'量刑从宽'若干问题探讨"，载《法律适用》2019年第13期。

第二章

论认罪认罚具结书的效力

　　认罪认罚从宽制度实施以来，大量案例迅速涌现，关于有的案件处理还出现了不同看法。近期网上广泛传播的"余某平交通肇事案"即是其中的典型。还有前段时间网上热议的认罪认罚案件中，辩护律师是否能作无罪辩护。实践中，有的法院对此给予了否定评价，[1]认为被告人在庭审中同意辩护人作无罪辩护，视为对如实供述"情节严重、造成严重损失"的主要犯罪事实予以翻供，不宜认定为坦白。显然，在法院看来，辩护人从属于被追诉人，辩护人的无罪辩护应视为被追诉人的无罪辩解，基于此，不应认定被追诉人的"如实供述"行为。之所以出现上述的错误做法，在笔者看来，主要原因在于对认罪认罚具结书的理解不到位，尤其是对认罪认罚具结书的效力缺乏正确的认识。毫无疑问，认罪认罚具结书是有效力的，它不仅能生效，还能失效。同时，认罪认罚具结书还能对包括被追诉人、值班律师或者辩护人、检察院、法院等在内的各方主体产生拘束力。

一、认罪认罚具结书有效力吗？

　　在对认罪认罚具结书的效力问题进行论述之前，首先应当回答的问题是：认罪认罚具结书有效力吗？

（一）认罪认罚具结书的效力何在？

　　认罪认罚具结书的效力起码能从以下三点中得到体现：

　　第一，根据《刑事诉讼法》第174条第1款的规定："犯罪嫌疑人自愿认

---

　　〔1〕　福建省闽侯县人民法院［2018］闽0121刑初447号刑事判决书。

罪，同意量刑建议和程序适用的，应当在辩护人或者值班律师在场的情况下签署认罪认罚具结书。"且不说认罪认罚具结书对辩护人或者值班律师是否能产生效力，仅根据此条的规定，认罪认罚具结书必然会对犯罪嫌疑人产生效力，表明其同意检察机关提出的量刑建议和程序适用。

第二，根据《刑事诉讼法》第 176 条第 2 款的规定："犯罪嫌疑人认罪认罚的，检察机关应当就主刑、附加刑、是否适用缓刑等提出量刑建议，并随案移送认罪认罚具结书等材料。"且不说认罪认罚具结书对法院是否能产生效力，根据此条的规定，检察机关之所以移送认罪认罚具结书，起码是希望对法院的审判能够产生效力。

第三，根据《认罪认罚指导意见》第 31 条第 1 款的规定："……具结书……由犯罪嫌疑人、辩护人或者值班律师签名。"且不说辩护人或者值班律师如若不签名的话对认罪认罚具结书是否能产生效力，根据此条的规定，一份正式且生效的认罪认罚具结书中应当有辩护人或者值班律师的签名。

根据以上三点内容，认罪认罚具结书的效力起码能在被追诉人、辩护人或者值班律师、法院三方得到体现，当然还包括制作认罪认罚具结书的检察机关。

（二）探讨认罪认罚具结书效力问题的价值何在？

既然认罪认罚具结书有效力，那么探讨其效力问题的价值何在？[1]

第一，关乎认罪认罚从宽制度的准确适用。为保证认罪认罚从宽制度的通畅运行，需要一系列的配套制度，如值班律师制度、量刑建议等，而认罪认罚具结书则是其中的关键一环。首先，从形式上看，根据《刑事诉讼法》第 174 条的规定，原则上，被追诉人签署认罪认罚具结书是其认罪认罚的必备要件。其次，从实质上看，被追诉人签署认罪认罚具结书在一定程度上表明了其认罪认罚的自愿性和明智性。最后，从内容上看，根据《认罪认罚指导意见》第 31 条的规定，认罪认罚具结书应当包括犯罪嫌疑人如实供述罪

---

〔1〕 有观点认为，认罪认罚具结书在认罪认罚从宽制度中的核心地位在于：第一，它的性质和本质决定了认罪认罚与从宽之间的法律关系；第二，它的形成模式决定了制度中控辩双方的基本行为规范；第三，它的内容决定了制度适用条件的具体范围；第四，它的效力决定了制度在刑事诉讼活动中所发挥的实际功能，也为公权力设置了边界。因此，认罪认罚具结书的性质、本质、形成模式、内容和效力体现了认罪认罚从宽制度的科学水平和文明程度，也影响和制约着制度的发展和完善进程。刘原："认罪认罚具结书的内涵、效力及控辩应对"，载《法律科学（西北政法大学学报）》2019 年第 4 期。

行、同意量刑建议、程序适用等内容。该条所列的内容实际上包含了"认罪认罚"的实质内容，如被追诉人对其中一项或几项表示了不同意，均会导致认罪认罚从宽制度无法适用。结合前述三点可知，认罪认罚具结书中的各项内容均与认罪认罚的成立息息相关。因此，对认罪认罚具结书中各项内容的效力进行确认也就必然关乎认罪认罚从宽制度的准确适用。

第二，关乎检察官客观公正义务的履行。检察官的客观义务，是指检察官为了发现案件真实，不应站在当事人的立场，而应站在客观的立场上进行活动。[1]检察机关在认罪认罚从宽制度中负有的主导责任要求检察官必须全面收集关于被追诉人定罪量刑的全部证据材料，提出科学、合理的量刑建议。以不起诉为例，根据《认罪认罚指导意见》第30条第2款的规定："对认罪认罚后案件事实不清、证据不足的案件，应当依法作出不起诉决定。"这就表明，即使被追诉人认罪认罚，检察机关经过审查案件事实和证据，依然应当根据客观公正的立场作出不起诉的决定。

第三，关乎法院公正司法。检察机关发挥在认罪认罚从宽制度中的主导地位，并不意味着法院对于检察机关指控的罪名和提出的量刑建议必须"照单全收"。[2]根据《刑事诉讼法》第201条第1款的规定，尽管法院"一般应当采纳"检察机关指控的罪名和量刑建议，但也有几种例外情形。法院通过审理个案中是否有这几种例外情形实际上已经完成了对认罪认罚案件的司法审查。这一审查的范围必然包括认罪认罚具结书的内容和效力。因此，透过对认罪认罚具结书效力这一微小事件的关注可以检验司法的"成色"。

第四，关乎辩护律师的有效辩护。实践中有的法院以被追诉人已经签署认罪认罚具结书为由，拒绝辩护律师做无罪辩护；也有的法院以辩护律师已在认罪认罚具结书上签名为由，拒绝辩护律师做无罪辩护。这两种不妥的做法都根源于司法机关对被追诉人和辩护律师在认罪认罚具结书上签名的效力存在不当理解。因此，对认罪认罚具结书效力的阐述也必然关乎辩护律师的有效辩护。同时，在实践中值班律师需要在认罪认罚具结书上签字时，一些律师担心一旦出现冤假错案自己可能会被追责，因此导致担任值班律师的积

---

[1] 龙宗智："中国法语境中的检察官客观义务"，载《法学研究》2009年第4期。

[2] 胡云腾："正确把握认罪认罚从宽　保证严格公正高效司法"，载《人民法院报》2019年10月24日。

极性不高。

通过前述的论证可知，在认罪认罚具结书的效力问题上，有两点值得探讨之处。其一，认罪认罚具结书的生效与失效；其二，认罪认罚具结书的拘束力，即效力范围。

二、认罪认罚具结书的生效与失效

探讨认罪认罚具结书的生效与失效，关键在于明确何种情形下生效，何种情形下失效以及哪一方或者哪几方能够决定认罪认罚具结书的生效与失效。下面，笔者将针对生效与失效的情形分而述之。

（一）认罪认罚具结书的生效条件

既然认罪认罚具结书有效力，随之而来的问题就是何时生效，或者在何种情形下生效。

根据《刑事诉讼法》第 174 条和《认罪认罚指导意见》第 31 条的规定，认罪认罚具结书的生效要同时满足人员构成的需要和特定情形的需要。

所谓"人员构成的需要"指的是，认罪认罚具结书不仅要求被追诉人签署，还要求辩护人或者值班律师签署。

所谓"特定情形的需要"指的是，被追诉人签署具结书须满足：其一，自愿认罪；其二，同意量刑建议和程序适用；其三，辩护人或者值班律师在场。

以下是宁夏回族自治区检察机关出台的认罪认罚具结书的格式文书：

认罪认罚具结书

一、犯罪嫌疑人身份信息

本人姓名_____，性别_____，民族____，出生日期_____年____月____日，身份证号码_____，身份证住址_____。

二、权利知悉

本人已阅读《认罪认罚从宽制度告知书》，且理解并接受其全部内容，本人_____自愿适用认罪认罚从宽制度，同意适用速裁程序/简易程序/普通程序简化审。

三、认罪认罚内容

本人_____知悉并认可如下内容：

1. _____人民检察院指控本人的犯罪事实，构成犯罪。

2. _____人民检察院提出的_____量刑建议。

3. 本案适用速裁程序/简易程序/普通程序简化审。

四、自愿签署声明

本人学历_____，可以阅读和理解汉语（如不能阅读和理解汉语，已获得翻译服务，且通过翻译可以完全清楚理解本文内容）。

本人就上述第三项的内容已经获得辩护人/值班律师的法律帮助并听取法律意见，知悉认罪认罚可能导致的法律后果。

本《认罪认罚具结书》，是本人在知情和自愿的情况下签署，未受任何暴力、威胁或任何其他形式的非法影响，亦未受任何可能损害本人理解力和判断力的毒品、药物或酒精物质的影响，除了本《认罪认罚具结书》载明的内容，本人没有获得其他任何关于案件处理的承诺。

> **本人已阅读理解并认可本《认罪认罚具结书》的每一项内容，上述内容真实、准确、完整。**
>
> 　　　　　　　　　　　　　　　　　　　　本人签名：
> 　　　　　　　　　　　　　　　　　　　　　年　　月　　日

本人是犯罪嫌疑人、被告人_____的辩护人/值班律师。本人证明，犯罪嫌疑人、被告人_____已经阅读并理解了《认罪认罚具结书》及《认罪认罚从宽制度告知书》，根据本人所掌握和知晓的情况，犯罪嫌疑人、被告人_____系自愿签署上述《认罪认罚具结书》。

本人对检察机关指控该犯罪嫌疑人的罪名、适用法律条款、从宽处罚的建议及适用程序等的意见：

　　　　　　　　　　　　　　　　　　　　签名：

　　　　　　　　　　　　　　　　　　　　律师执业证号：

　　　　　　　　　　　　　　　　　　　　　年　　月　　日

《刑事诉讼法》和《认罪认罚指导意见》并未对认罪认罚具结书的生效条件作出规定。但通过对法律条文的解读和上述《认罪认罚具结书》格式文书的分析可知，只要被追诉人、辩护人或者值班律师在其上签名确认，认罪认罚具结书即生效，进而产生拘束力。[1]同时，如果是未成年犯罪嫌疑人，还需要其法

---

〔1〕 从司法实践中来看，目前认罪认罚具结书所载的内容过于简化。以"认罪"为例，根据《认罪认罚指导意见》第6条的规定，认罪认罚从宽制度中的"认罪"，是指犯罪嫌疑人、被告人自愿如实供述自己的罪行，对指控的犯罪事实没有异议。该条还规定，对个别事实情节提出异议的，不影响"认罪"的认定。目前认罪认罚具结书的格式文书中并没有能够将有异议的"个别事实情节"提出的空间。关于认罪认罚具结书内容的问题有必要另行撰文进行分析，因此本书中所提到的认罪认罚具结书均以目前司法实践中使用的认罪认罚具结书为样本，进而讨论其效力。

定代理人到场签字确认。

当然，被追诉人、值班律师或者辩护人如若不签字，认罪认罚具结书也不是必然不产生效力。《刑事诉讼法》第 174 条第 2 款和《认罪认罚指导意见》第 31 条、第 55 条规定，在两种情形下不需要签署认罪认罚具结书，分别为：①犯罪嫌疑人是盲、聋、哑人，或者是尚未完全丧失辨认或者控制自己行为能力的精神病人；②未成年犯罪嫌疑人的法定代理人、辩护人对未成年人认罪认罚有异议的。在上述两种情形下，犯罪嫌疑人无需签署认罪认罚具结书。此处需要讨论如下几点：其一，犯罪嫌疑人不需要签署认罪认罚具结书是否意味着检察机关也无需制作认罪认罚具结书？其二，犯罪嫌疑人是盲、聋、哑人，或者是尚未完全丧失辨认或者控制行为能力的精神病人不需要签署认罪认罚具结书，这是否意味着值班律师、辩护人也不需要签署认罪认罚具结书？其三，如果未成年犯罪嫌疑人的辩护人对认罪认罚有异议，其是否需要签署认罪认罚具结书？

第一，犯罪嫌疑人不需要签署认罪认罚具结书并不能免除检察机关制作认罪认罚具结书的职责。根据《刑事诉讼法》的立法精神和规定（第 174 条），犯罪嫌疑人认罪认罚原则上均需要签署认罪认罚具结书，不签署认罪认罚具结书是例外情形。同时，"不需要签署"的表述恰恰表明检察机关需要制作认罪认罚具结书，只是被追诉人不需要在上面签字。这一观点可以被《人民检察院刑事诉讼规则》第 272 条佐证。该条第 3 款规定："有前款情形，犯罪嫌疑人未签署认罪认罚具结书的，不影响认罪认罚从宽制度的适用。"从积极的方面而言，检察机关制作认罪认罚具结书的意义在于：其一，规范自己的行为。认罪认罚具结书上载明了指控的犯罪事实和罪名、量刑建议，在后续的诉讼过程中，如果没有新的事实和证据，检察机关当然应当依照认罪认罚具结书上载明的内容公诉。其二，尽最大可能保障被追诉人的证据知悉权。虽然证据开示制度被写入了《认罪认罚指导意见》，但效果仍未显现。在此之前，为保障被追诉人签署认罪认罚具结书的自愿性和明智性，有必要对证据进行展示。其三，便于法院审查。根据《刑事诉讼法》第 176 条第 2 款的规定，被追诉人认罪认罚的案件，检察机关要随案移送认罪认罚具结书等材料。如未制作认罪认罚具结书，显然对司法审查权的运行不利。

第二，针对第一种不需要签署认罪认罚具结书的情形，一方面，出于更好地保障特殊人群诉讼权利的考虑，不能免除值班律师、辩护人在其上签字的责任。针对特殊人群，刑事诉讼法给予了特别的保护。根据《刑事诉讼法》第 35 条第 2 款的规定，针对没有委托辩护人的特殊人群，公、检、法三机关均有义务通知法律援助机构指派律师为其提供辩护。与此同时，《刑事诉讼法》免除了特殊人群签署具结书的义务，但辩护人作为被追诉人法律上的帮手，特别是特殊人群的辩护人，更有必要认真细致地从事辩护工作。因此，为了更好地维护特殊人群的诉讼权利，强化辩护人的辩护责任，不能免除特殊人群的辩护人在认罪认罚具结书上签字的义务。另一方面，从该条款的表述可知，特殊人群认罪认罚，无论辩护律师是否有异议，被追诉人都无需签署认罪认罚具结书。这也就是说，该条规定更看重的是被追诉人本人，而非其辩护律师的意见。但即便如此，出于更好地保护特殊人群的考虑，辩护律师还是应当在认罪认罚具结书上签字。

第三，针对第二种不需要签署认罪认罚具结书的情形，能够免除辩护人签字的责任。未成年犯罪嫌疑人因为年龄认知等因素，在诉讼中难免作出于己不利的决定，因此刑事诉讼法给予了特殊的保护，一方面要求法定代理人代行某些诉讼行为，另一方面应当更加注重辩护律师的意见。因此，未成年犯罪嫌疑人自身认罪认罚，他的法定代理人、辩护人有异议的，未成年犯罪嫌疑人也不需要签署认罪认罚具结书。同时，从该条款的表述上可知，未成年犯罪嫌疑人认罪认罚，他的法定代理人、辩护律师的意见对是否适用认罪认罚从宽制度是有一定决定权的。也就是说，区别于第一种不需要签署具结书的情形，此处辩护律师的意见对被追诉人是否能够签署认罪认罚具结书具有决定权。换言之，辩护律师无异议，则被追诉人可签署；辩护律师有异议，则被追诉人无需签署，法定代理人的意见亦同。因此，为了凸显辩护人意见的重要性，在辩护人对未成年犯罪嫌疑人认罪认罚有异议的情况下，未成年犯罪嫌疑人可以不签署认罪认罚具结书。

（二）认罪认罚具结书的失效条件

按理说，生效的反面就是失效，对生效的条件进行反向推导，即可得出失效的条件。但这一过于简单化的处理方式无疑不利于分析认罪认罚具结书的失效。[1]

---

　〔1〕 按理说，生效的反面应当是不生效，而不生效既包括了生效后失效，也包括了生效前的无效。但探讨生效前的无效显然意义不大，因此，本书将论述不生效情形的重点放在了生效后的失效上。

所谓"失效"，之前必然有一个"生效"存在。因此，失效的第一个条件就是存在生效的认罪认罚具结书。同时，为准确分析具结书失效的情形，有必要按诉讼阶段来逐一研究。

第一，审查起诉阶段认罪认罚具结书的失效。审查起诉阶段认罪认罚具结书的失效并未被《刑事诉讼法》明确规定，而是被具体规定在《认罪认罚指导意见》和《人民检察院刑事诉讼规则》中。

《认罪认罚指导意见》第51条和第52条分别规定了被追诉人对检察机关不起诉决定不认可的处理程序和被追诉人起诉前反悔的处理程序。其中，第51条又分情形进行了规定。第一种情形，发现犯罪嫌疑人没有犯罪事实，或者符合《刑事诉讼法》第16条规定的情形之一的，应当撤销原不起诉决定，依法重新作出不起诉决定；第二种情形，认为犯罪嫌疑人仍属于犯罪情节轻微，依照刑法规定不需要判处刑罚或者免除刑罚的，可以维持原不起诉决定；第三种情形，排除认罪认罚因素后，符合起诉条件的，应当根据案件具体情况撤销原不起诉决定，依法提起公诉。针对上述三种情形，需要明确的是，不起诉不属于认罪认罚中的"罚"。换言之，检察机关决定不起诉，不需要制作认罪认罚具结书。没有认罪认罚具结书，何谈生效和失效问题？因此，无论是法定不起诉还是酌定不起诉，检察机关均无需制作认罪认罚具结书，自然也就不存在认罪认罚具结书的效力问题了。至于第三种情形，排除认罪认罚因素后，符合起诉条件的，自然更不需要制作认罪认罚具结书。

同时，《认罪认罚指导意见》第52条规定："起诉前反悔的处理。犯罪嫌疑人认罪认罚，签署认罪认罚具结书，在人民检察院提起公诉前反悔的，具结书失效，人民检察院应当在全面审查事实证据的基础上，依法提起公诉。"这也就是说，在被追诉人签署认罪认罚具结书后，检察机关提起公诉前，被追诉人反悔的，认罪认罚具结书失效，认罪认罚也不再适用，检察机关按照普通案件进行公诉。此处的"反悔"既包括对"认罪"的反悔，即不承认指控的犯罪事实，也包括对"认罚"的反悔，即不认可量刑建议，还包括对"认罪"和"认罚"的双重反悔。在前述三种情形下，认罪认罚具结书均归于无效。

第二，审判阶段认罪认罚具结书的失效。审判阶段认罪认罚具结书的失效包括两种情形，要么是认罪认罚从宽制度被否定，认罪认罚具结书随之失效；要么是调整量刑建议后产生一份新的认罪认罚具结书，之前的认罪认罚具结书自然失效。

准确把握上述两种情形的关键在于如何理解《刑事诉讼法》第201条。[1]

《刑事诉讼法》第201条共有2款，其中第1款规定，原则上法院应当采纳检察机关指控的罪名和量刑建议，除非案件符合几种例外情形。法院采纳认罪认罚具结书上载明的罪名和量刑建议自然无需赘言，关键是几种例外情形，尤其是前四种情形。分析可知，这五种情形亦可被分为两类：第一类是无法适用认罪认罚的案件，如"被告人的行为不构成犯罪或者不应当追究其刑事责任的""被告人违背意愿认罪认罚的""被告人否认指控的犯罪事实的"，前述三种情形实则是因为实质上不满足认罪认罚的条件，因此不能适用认罪认罚。此类案件自然会因为法院否定认罪认罚的适用而使得认罪认罚具结书失效；第二类是仍可继续适用认罪认罚的案件，即"起诉指控的罪名与审理认定的罪名不一致的"，如检察机关以抢劫罪公诉，法院经过审理发现应为抢夺罪。诸如此类的情况，法院可以建议检察机关调整罪名，并在征得被追诉人同意的情况下重新签署认罪认罚具结书。检察机关依据法院的建议调整罪名，自然符合"一般应当采纳"的范畴，此时认罪认罚具结书当然生效。当然，如若检察机关不调整指控的罪名，法院可以直接依据审理认定的罪名进行判决。这种做法与前三种情形相似，法院直接否决了检察机关指控的罪名和量刑建议，也意味着对认罪认罚具结书的否决，此时，认罪认罚具结书失效。

与第1款相比，第2款的规定在于明确了法院、被告人、辩护人三方均可对量刑建议表示异议，检察机关可以调整量刑建议，法院可以采纳调整后的量刑建议，也可以不采纳而直根据审理查明的事实直接判决。无论法院采纳与否，检察机关调整量刑建议均需与被追诉人、辩护人协商，并重新签署认罪认罚具结书，此时新的认罪认罚具结书当然有效。至于法院采纳与否，涉及的是认罪认罚具结书的拘束力，不影响认罪认罚具结书的生效。

同时，《认罪认罚指导意见》第53条规定："审判阶段反悔的处理。案件

---

[1]《刑事诉讼法》第201条规定："对于认罪认罚案件，人民法院依法作出判决时，一般应当采纳人民检察院指控的罪名和量刑建议，但有下列情形的除外：（一）被告人的行为不构成犯罪或者不应当追究其刑事责任的；（二）被告人违背意愿认罪认罚的；（三）被告人否认指控的犯罪事实的；（四）起诉指控的罪名与审理认定的罪名不一致的；（五）其他可能影响公正审判的情形。人民法院经审理认为量刑建议明显不当，或者被告人、辩护人对量刑建议提出异议的，人民检察院可以调整量刑建议。人民检察院不调整量刑建议或者调整量刑建议后仍然明显不当的，人民法院应当依法作出判决。"

审理过程中，被告人反悔不再认罪认罚的，人民法院应当根据审理查明的事实，依法作出裁判。……"在此种情况下，认罪认罚具结书自然会随着被告人反悔而失去效力。

三、认罪认罚具结书的拘束力

探讨认罪认罚具结书的拘束力在于明确拘束力的范围和情形，特别是认罪认罚具结书能否对法官也产生拘束力。

（一）对被追诉人的拘束力

生效的认罪认罚具结书对被追诉人而言无疑是具有拘束力的。被追诉人签署认罪认罚具结书意味着其认罪认罚，自愿如实供述自己的罪行，承认指控的犯罪事实，愿意接受处罚。认罪认罚具结书的内容包括检察机关指控的罪名、量刑建议和程序适用，被追诉人签署认罪认罚具结书表明其认可前述各项内容。同时，认罪认罚的量刑优惠是以被追诉人让渡某些权利作为交换的。因此，被追诉人签署认罪认罚具结书一方面应当主动作为，积极认罪认罚，退赃退赔，获取被害方谅解等；另一方面，被追诉人还需要放弃某些权利。主要的争议在于如下两点：

第一，被追诉人签署认罪认罚具结书是否意味着其不可以反悔和上诉？首先，从规范层面来讲，当前的法律并未禁止认罪认罚案件的被追诉人反悔和上诉。《刑事诉讼法》第 201 条规定的"被告人否认指控的犯罪事实的""被告人、辩护人对量刑建议提出异议的"都赋予了被追诉人对认罪认罚反悔的权利。同时，认罪认罚案件被放在了"第二章第一审程序"中也说明了刑事诉讼法并未禁止被追诉人的上诉行为。其次，我国在司法实践中并未禁止被追诉人在签署认罪认罚具结书后反悔和上诉。以近期网上广泛热议的"余某平交通肇事案"为例，该案被告人在一审宣判后进行的上诉并未被限制，当然这也牵涉了法院并未采纳的检察机关的量刑建议。最后，禁止被追诉人签署具结书后反悔和上诉于法理不符。《公民权利和政治权利国际公约》第 14 条规定："……五、凡被判定有罪者，应有权由一个较高级法庭对其定罪及刑罚依法进行复审。……"这一规定暗含了被追诉人有权将自己的案件提交至较高级法庭审理的权利，即上诉权。认罪认罚案件如若限制被追诉人的上诉权显然与此国际准则不符。

第二，认罪认罚具结书签署后是否意味着被追诉人放弃辩护权？实践中，有的检察官在庭审中动辄以被追诉人或者辩护人作无罪辩护为由改变量刑建议，加重处罚。[1]对此需要明确：其一，辩护权是被追诉人的宪法权利（《宪法》第130条），不能通过刑事诉讼法加以剥夺，更不能以控辩双方达成认罪认罚具结书为由加以限制。其二，享有辩护权和行使辩护权是两回事。任何刑事案件中的被追诉人都享有辩护权，这一权利不因其认罪认罚而被剥夺。而是否行使辩护权则属于另一回事。在认罪认罚案件中放弃辩护权指的是在一定程度上放弃行使辩护权。其三，具结书签署后案件仍存在辩护空间，主要体现在检察机关提出幅度刑量刑建议的案件中和出现足以影响案件定罪量刑的新的事实和证据的案件中。试想，在提出幅度刑的案件中，被追诉人必然有权依据事实和证据争取一个从轻处罚的结果，这当然是辩护权的体现。

特别是在认罪认罚案件中应当允许被追诉人就量刑问题进行辩护。一方面，《认罪认罚指导意见》第33条第1款规定："……人民检察院提出量刑建议前，应当充分听取犯罪嫌疑人、辩护人或者值班律师的意见，尽量协商一致。"此处就量刑问题进行协商本身就是一种量刑辩护。另一方面，被追诉人在庭审中当然可以就认罪认罚具结书中的量刑发表意见，以及在被告人最后陈述中再次发表相关意见。

（二）对检察机关的拘束力

检察机关作为认罪认罚具结书的制作主体，当然应受其拘束。被追诉人签署认罪认罚具结书表明其认可检察机关指控的罪名、量刑建议和程序适用。因此，检察机关也应当在后续的诉讼进程中严格依照认罪认罚具结书中载明的内容进行公诉，尤其是在庭审中不能随机加重量刑建议。

同时，检察官应出于客观公正义务，全面收集案件的证据，不能因为被追诉人认罪认罚而降低证明标准。在认罪认罚案件中，由于被追诉人如实供述自己的罪行，承认指控的犯罪事实，难免会强化"口供为王"的现状以及可能出现一些"顶包"的案件。同时，认罪认罚从宽制度的改革使得检察机关在实质上获得了一定程度的定罪权，特别是《刑事诉讼法》第201条的"一般应当采纳"条款，前述的因素叠加在一起，检察机关在认罪认罚案件中预防冤假错案的责任更加艰巨。为了使达成的认罪认罚具结书不至于被轻易动摇，检察机关在坚持法定证据标准的同时还需要加强对量刑证据的收集。

---

〔1〕 福建省闽侯县人民法院［2017］闽0121刑初556号刑事判决书。

这样被追诉人在后续的诉讼阶段中反悔的概率会降低，而且即使面对被追诉人反悔，检察机关也不必动辄以提高量刑建议的幅度相对抗。

认罪认罚具结书对检察机关的拘束力还体现在认罪认罚案件的启动上。检察机关是认罪认罚具结书的制作主体，自然也是认罪认罚案件的启动主体。但同时也应当肯定被追诉人有权启动认罪认罚。《认罪认罚指导意见》"主动认罪优于被动认罪，早认罪优于晚认罪"的规定其实表明了被追诉人有权启动认罪认罚案件。当被追诉人如实供述自己的罪行，承认指控的犯罪事实时，检察机关不得以被追诉人罪行严重为由拒绝其认罪认罚。换言之，从理论上讲，检察机关应当为每一个个案都准备一份认罪认罚具结书，供被追诉人签署。理性的认罪认罚建立在信息对称的基础上，如果被追诉人并不享有阅卷权、事先并不知悉控方证据数量、质量和体系的情况，又如何能保障其自愿理性地认罪认罚呢？在有律师参与和帮助的情况下，虽然被追诉人并无阅卷权，但是律师通过阅卷并借助于审查起诉阶段向犯罪嫌疑人核实证据即可保障当事人间接地实现阅卷权，在一定程度上减少了由信息不对称所导致的认罪认罚和程序选择的盲目性和被动性。从这个意义上讲，控辩双方之间的信息对称和双向互动是实现认罪认罚自愿性和程序选择理性的基础和基本要求。[1]

同时，还需要明确，检察机关负有证明被追诉人签署认罪认罚具结书系自愿、真实的责任。为此，一方面要对被追诉人签署认罪认罚具结书的过程进行全程录音录像；另一方面，检察机关应按照《认罪认罚指导意见》的要求，积极做好证据开示的工作。同时，为了强化具结书的效力，检察机关应当增强认罪认罚具结书的说理性，即将如何定罪和如何量刑的过程在认罪认罚具结书上呈现。

（三）对值班律师或者辩护人的拘束力

认罪认罚具结书对值班律师或者辩护人的拘束力表现在辩护人是否可作无罪辩护。首先，被追诉人在认罪认罚具结书上签字并不意味着辩护人不可以作无罪辩护。其次，辩护人在认罪认罚具结书上签字并不意味着辩护人不可以作无罪辩护。

对此，笔者认为，在认罪认罚案件中，辩护律师有权做无罪辩护。同时，

---

〔1〕　韩旭："辩护律师在认罪认罚从宽制度中的有效参与"，载《南都学坛（南阳师范学院人文社会科学学报）》2016 年第 6 期。

不应将辩护律师的无罪辩护视为被追诉人的无罪辩解，从而不认定被追诉人认罪认罚情节。理由如下：其一，根据《刑事诉讼法》第 37 条的规定："辩护人的责任是根据事实和法律，提出犯罪嫌疑人、被告人无罪、罪轻或者减轻、免除其刑事责任的材料和意见，维护犯罪嫌疑人、被告人的诉讼权利和其他合法权益。"据此可知，辩护律师应当根据事实和法律独立发表辩护意见，当然包括发表无罪辩护的意见。其二，人都有趋利避害的心态。被追诉人认罪认罚，而辩护律师发表无罪辩护意见可能是双方协商好的辩护策略。在推进以审判为中心的刑事诉讼制度改革的大背景下，证据质证在法庭、案件事实查明在法庭、诉辩意见发表在法庭、裁判理由发表在法庭。辩护律师独立发表意见其实更有助于对事实真相的查明，同时也更有助于庭审实质化的推进。其三，被告人认罪，辩护人作无罪辩护并不会损害被告人的权益。实践中，被告人当庭认罪的原因比较复杂，有的是被告人虽然明知自己无罪，但是基于各种外部压力被迫违心地认罪；有的是为了包庇他人犯罪故意虚假地认罪；有的明知有罪证据不足或者罪与非罪界限不明，但考虑到法院判决无罪的可能性较小，如果认罪还有可能适用缓刑，因此被告人在权衡之后选择认罪；有的是由于对行为的法律性质缺乏正确认知，对此罪与彼罪的界限不甚明了而盲目地承认指控罪名。在上述这些被告人认罪的场合，如果律师不能据理力争，依据事实和法律进行独立的无罪辩护或者罪轻辩护，那么将不能最大限度地维护被告人的合法权益，实现司法的公平正义。即便律师的无罪辩护意见没有被法院采纳，但因其指出了证据不足或法律上不构成犯罪的问题，按照实践中流行的"疑罪从轻"的判决逻辑，其也可以促使法官在判决时将定罪问题转化为量刑问题来处理，被告人由此可以获得一个相对有利的判决结果。此外，律师提出的无罪辩护意见也可为日后的申诉和再审创造机会和条件。[1]

同时，辩护律师在认罪认罚具结书上签名的行为并不代表辩护律师不可以做无罪辩护。原因在于：其一，尽管辩护律师在认罪认罚具结书上签字，但他不是认罪认罚案件的当事人，不必受到认罪认罚具结书的约束。其二，辩护律师在具结书上签字仅意味着其见证了被追诉人认罪认罚的明智性和自愿性，并不代表其认可被追诉人的认罪认罚。其三，司法实践中，被追诉人的一位辩护律师在认罪认罚具结书上签名后，被追诉人可能会另行聘请另一

---

〔1〕 韩旭："被告人与律师之间的辩护冲突及其解决机制"，载《法学研究》2010 年第 6 期。

位辩护律师为自己做无罪辩护。与其让后一位辩护律师对前一位辩护律师在认罪认罚具结书上签名的效力不予承认，还不如允许辩护律师做无罪辩护。其四，允许辩护律师发表一些不一样的辩护意见一方面可以促使检察机关准确适用认罪认罚从宽制度，另一方面也有利于庭审实质化的展开。因此，也是基于上述的理由，由于值班律师在认罪认罚具结书上签字，一旦出现冤假错案，一般应当免责。

伴随着认罪认罚从宽制度的入法，我们应当看到其对刑事辩护制度带来的挑战和机遇。[1]归纳起来，笔者认为，认罪认罚从宽制度带来了三种辩护形态，分别是：

第一，有罪辩护与无罪辩护。应当看到，认罪认罚从宽制度属于"放弃审判制度"的一种典型形态。[2]正常来讲，既然被追诉人已经认罪认罚，辩护律师就不应当做无罪辩护，否则认罪认罚从宽制度的价值也无从体现。但考虑到司法实际，我国一般还应当允许辩护律师做无罪辩护。首先，根据有关的统计数据，我国的刑事辩护比例较低，目前仅为23%，70%以上的刑事案件被告人是没有辩护人的。[3]在如此低的辩护率下，剔除掉罪轻辩护，无罪辩护率可能更低。因此，在如此低的无罪辩护率下，即使允许辩护律师做无罪辩护也不会妨碍司法效率的提升。其次，在目前的认罪认罚案件中，被追诉人的权利保障机制还不够健全，如证据开示制度、量刑协商制度等。再加之检察机关内部的考核指标，检察机关存在压制被追诉人的动力和能力。因此，允许辩护律师进行无罪辩护在一定程度上能够实现控辩平衡。最后，站在法院的角度来说，辩护律师进行无罪辩护更有助于法院查明案件事实。部分认罪认罚案件适用速裁程序进行审理，简化了法庭调查和法庭辩论，证明标准必将下降，各地试点期间的规定也印证了这一点。[4]在此种情况下，结合"案多人少"的矛盾，律师的辩护能够帮助法官以更短的时间查明争点，厘清案件的头绪。当然，辩护律师自身的辩护水平也应当相应提升。

---

〔1〕　王敏远、顾永忠、孙长永："刑事诉讼法三人谈：认罪认罚从宽制度中的刑事辩护"，载《中国法律评论》2020年第1期。

〔2〕　熊秋红："比较法视野下的认罪认罚从宽制度"，载《比较法研究》2019年第5期。

〔3〕　2019年10月24日，徐显明委员在全国人大常委会审议最高人民法院刑事审判专项报告时指出，现在全国刑事案件律师的辩护率只有23%，70%以上的刑事案件被告人是没有辩护的。

〔4〕　孙长永："认罪认罚案件的证明标准"，载《法学研究》2018年第1期。

第二，罪名辩护。能否就罪名进行协商是认罪认罚从宽制度与辩诉交易制度的关键区别。典型的辩诉交易制度（以美国为例）形成了三种具体的制度，分别是减轻起诉、减少起诉、减等起诉。减轻起诉与我国的认罪认罚从宽制度有点类似，仅对量刑进行协商。减少起诉也即罪数协商，是指原本被追诉人被指控起码两个罪名，但其中一个罪名所涉及的事实和证据较为模糊，检察官担心指控不被认可，因此仅对事实清楚、证据确凿的犯罪进行指控。减等起诉，也即罪名协商，是指被追诉人被指控一个重罪，但事实和证据较为模糊，基于这种事实和证据指控一个轻罪不存在问题，因此辩诉双方就此进行协商。

认罪认罚从宽制度仅允许就量刑进行协商，而不允许就罪名和罪数进行协商。应当说，这样规定的出发点是好了，特别是在防范司法腐败、保障被害方权益方面。但这样的规定在某种程度上也是脱离司法实际的。司法实务中不可能不存在就罪名和罪数进行协商的情况。原因如下：首先，从刑事实体法上来看，同一个犯罪行为可能同时满足两个罪名的犯罪构成，也即所谓的想象竞合犯。在此情况下，检察机关自然要按照重罪名来起诉。同时，对于辩护律师而言，在轻重两个罪名之间要尽全力向轻罪名的方向进行辩护。在认罪认罚案件中，如果担心公诉重罪名不被法院认可而公诉轻罪名被认可的可能性更大，为保障定罪率以及出于降低"案-件比"的考虑，检察机关很可能被辩护律师说服，按照轻罪名提起公诉。其次，从刑事证据法来看，对于犯罪行为的证明标准是："事实清楚，证据确实充分"，同时，排除"合理怀疑"。以故意杀人罪和故意伤害罪为例，如果在证明杀人行为的主观故意方面不充分，很可能被法院变更罪名，与其如此，检察机关还不如以故意伤害罪提起公诉。

第三，量刑辩护。[1]在被追诉人认罪认罚后，辩护律师的工作将主要围绕量刑展开，特别是如何进行罪轻辩护。进行罪名辩护是为了通过争取一个刑罚较轻的罪名进而进行罪轻量刑。而进行量刑辩护主要是在罪名确定的情况下争取一个较轻的刑罚。此时，一方面需要强化辩护律师的量刑协商水平，另一方面需要增强辩护律师运用量刑证据的能力。

党的十九届四中全会通过的决定提出，要"完善律师制度"。在笔者看来，完善律师制度的原因有二：首先是律师制度自身的发展要求；其次是提

---

〔1〕 陈瑞华："论量刑辩护"，载《中国刑事法杂志》2010 年第 8 期。

升司法公正的需要。此处重点论述后者。

为何说"完善律师制度"有助于提升司法公正？首先要明确案件质量永远是司法的生命线。在我国，公、检、法三机关是刑事案件的办理者，同时也是案件质量的负责者。为了保证案件质量，公、检、法三机关不仅建立了外部的监督机制，也建立了相应的内部监督机制。典型的外部监督机制包括：按照刑事诉讼程序的设计，对于检察机关的批捕工作，公安机关如果认为不批准逮捕的决定有错误，有权提出复议、复核。同样，检察机关也可对公安机关的立案或者不立案决定进行监督。典型的内部监督包括二审法院对一审法院的审判监督。多年来，我国司法体制注重内部制约，忽视了刑事诉讼程序内的制约机制。[1]特别是伴随着法院的繁简分流工作，检察院的捕诉合一工作导致内部制约能力下降，在公、检、法三机关外部制约机制不健全的情况下，注重发挥辩护律师在刑事案件中的作用必将有助于提升案件质量、保障司法公正。认罪认罚从宽制度的全面推行在为律师辩护带来挑战的同时，也为律师制度的发展完善提供了一个新的契机。

（四）对法院的拘束力

根据《刑事诉讼法》第176条第2款的规定，认罪认罚具结书对法院的拘束力主要体现在检察机关将认罪认罚具结书等材料随案移送以及《刑事诉讼法》第201条"一般应当采纳"的规定上。而真正能发挥作用之处还在于认罪认罚具结书中的各项内容。

认罪认罚具结书主要包含三部分内容：指控的犯罪事实及罪名、量刑建议、程序适用。结合《刑事诉讼法》第201条的规定，法院"一般应当采纳"检察机关指控的罪名和量刑建议。这就是说，在认罪认罚案件中，法院应当根据认罪认罚具结书载明的犯罪事实进行审查，如若不存在《刑事诉讼法》第201条规定的情形，法院原则上应当按照认罪认罚具结书中载明的罪名和量刑建议判决。这就是认罪认罚具结书对法院的拘束力的体现。对此，2021年1月发布的最高人民法院《关于适用〈中华人民共和国刑事诉讼法〉的解释》在第十二章专门就认罪认罚案件的审理作出了规定。根据该解释第351条的规定，认罪认罚案件的法庭审理应当围绕"审查认罪认罚的自愿性和认

---

〔1〕 张建伟："'捕诉合一'的改革是一项危险的抉择？——检察机关'捕诉合一'之利弊分析？"，载《中国刑事法杂志》2018年第4期。

罪认罚具结书内容的真实性、合法性"进行。

为此，还有必要明确对于《刑事诉讼法》第201条第2款中"明显不当"的表述应当做何理解？该条款规定，法院经过审理认为检察机关提出的量刑建议明显不当的，应当建议调整量刑建议，之后再作出判决。笔者认为，量刑建议"明显不当"主要包括以下内容：

第一，未准确把握犯罪性质和危害后果、犯罪手段和社会影响，一律提出从宽处理的量刑建议。认罪认罚从宽制度的实施有两个难点，一个是如何有效预防冤假错案的发生，另一个是如何有效准确打击犯罪，确保不枉不纵。解决前者主要依靠的是证明标准，而解决后者则主要依靠的是罪刑相适应。为防止一认罪认罚就无条件从宽现象的出现，《认罪认罚指导意见》第8条规定"可以从宽"是指一般应当体现法律规定和政策精神，予以从宽处理。但可以从宽不是一律从宽。为此还需要切实发挥庭审在查明案件事实中的中心地位，既要考虑认罪认罚的态度，也要考虑犯罪性质、危害后果、犯罪手段和社会影响等因素。尤其是为了考察被追诉人的悔罪态度，可以考虑将《刑法》第65条中一般累犯的5年期间适当进行延长。特别是在此期间仍然故意犯罪的，要限制认罪认罚从宽的幅度。

第二，案件可以判处缓刑而检察机关没有建议，案件不应当判处缓刑而检察机关建议判处缓刑。被追诉人认罪后最关心的莫过于量刑问题，特别是是否能够争取一个缓刑。为此，实践中有的被追诉人认罪认罚后，因为一审没有判处缓刑，转而上诉。这足以说明是否提出缓刑是影响量刑建议效力的重要因素。同理，在量刑建议中是否应当写入缓刑自然也属于判断是否"明显不当"的因素。

第三，案件还可以从宽处罚，但检察机关提出了一个较重的量刑建议。面对检察机关提出畸重的量刑建议，为被追诉人的合法权益计，法院当然可以"明显不当"为由要求检察机关调整量刑建议。

第四，前述的二、三两项归纳起来就是量刑畸轻和畸重。在量刑"明显不当"上还存在一种形态：同案不同判。同案不同判或者类案不类判对司法公信力造成的损害是难以估量的。其中固然有司法地方保护主义作祟的原因，当然也与审判技术、审判理念的地方性等密切相关。[1]为此，最高人民

---

[1] 左卫民："如何通过人工智能实现类案类判"，载《中国法律评论》2018年第2期。

法院发布了《关于统一法律适用加强类案检索的指导意见（试行）》，对类案检索作了细化规定。

因此，与其说量刑建议对法院具有约束力，倒不如说认罪认罚具结书对法院具有约束力。从目前的司法实践来看，认罪认罚案件的庭审主要是围绕审查被追诉人签署认罪认罚具结书的自愿性、真实性和合法性展开的。姑且不论此种做法妥当与否。既然如此，法院可以尝试建立一种以审查认罪认罚具结书为中心的庭审机制。[1]当然，这需要辅之以检察机关的配合，即前文所述的在认罪认罚具结书上详尽列明定罪量刑的推理过程。需要特别强调的是，法院对认罪认罚具结书的审查绝非形式审查，而应当是实质审查。既应当审查认罪认罚具结书的自愿性、真实性和合法性，也应当讯问被追诉人是否自愿认罪认罚，以及根据具体的案情确定讯问的要点。也许，这是一种在当下相对合理的方式。

同时，如何看待认罪认罚具结书对法院加重量刑建议中的刑罚问题？这个问题的实质是认罪认罚具结书如何约束法院的裁判。量刑重改轻，被告人容易接受，重新签署认罪认罚具结书即可。关键是轻改重，这涉及对《刑事诉讼法》第 201 条的理解。法院如若认为量刑建议畸轻，可以建议检察院加重，如果被告人不同意，因控辩未就量刑协商一致，自然也就不存在新的有效的认罪认罚具结书了。面对这种情况，法院的做法可以是以《刑事诉讼法》第 201 条第 1 款的第 5 项 "其他可能影响公正审判的情形" 为由，仅采纳检察院的罪名，不采纳量刑建议。

结　语

毫无疑问，认罪认罚具结书是有效力的。它的生效和失效也都是附条件的。从认罪认罚具结书的生效条件来看，需要具备特定的人员构成和特定的情形。前者包括认罪认罚具结书需要被追诉人、值班律师或者辩护人共同签署；后者包括被追诉人自愿认罪、同意量刑建议和程序适用、辩护人或者值班律师在场等。从认罪认罚具结书的失效条件来看，可将失效分为审查起诉

---

[1]　需要说明，本章所构想的以审查认罪认罚具结书为中心的庭审机制并非书面审理方式，我国的认罪认罚案件也不适宜采用书面审理方式。贾志强："'书面审'抑或'开庭审'：我国刑事速裁程序审理方式探究"，载《华东政法大学学报》2018 年第 4 期。

阶段的失效和审判阶段的失效。前者包括案件符合法定不起诉条件后认罪认罚具结书的失效、案件符合酌定不起诉条件后认罪认罚具结书的失效、案件排除认罪认罚因素后认罪认罚具结书的失效三种情形；后者包括根据《刑事诉讼法》第201条的规定，认罪认罚被法院否定后认罪认罚具结书的失效。

从认罪认罚具结书约束的范围来看，检察机关、被追诉人、值班律师或者辩护人、法院等都受其约束。检察机关作为认罪认罚具结书的制作者，自然受到认罪认罚具结书的约束。被追诉人在认可指控的犯罪和量刑建议等内容的基础上签署认罪认罚具结书，在后续的诉讼阶段自然也应当受到具结书的约束。值班律师或者辩护人一方面作为认罪认罚具结书的签署者，另一方面作为被追诉人的法律帮助者，在受到认罪认罚具结书约束的同时也有一定的辩护空间，主要体现在量刑辩护上。法院"一般应当采纳"检察机关指控的罪名和量刑建议，而这两项都是认罪认罚具结书中必备的内容。因此也可以说，在一定程度上，法院也会受到认罪认罚具结书的约束。

同时，完善认罪认罚从宽制度的关键不仅在于控辩平衡，还需要考虑控审平衡。在适用认罪认罚从宽制度的过程中，检察机关与法院主要的分歧在于《刑事诉讼法》第201条的"一般应当采纳"条款。该条明确法院一般应当采纳检察机关指控的罪名和量刑建议。关于此条的解读，理论界主要集中在第2款中的量刑建议，[1]反而对于第1款中的5项例外情形着墨不多。笔者认为，《刑事诉讼法》第201条第2款从正向肯定了认罪认罚从宽制度的连续适用，而第1款则从反向排除了认罪认罚从宽制度的适用，因此对第1款的研究同样重要。同时，第1款中的内容大多涉及了认罪认罚具结书。如第1款中的第2项"被告人违背意愿认罪认罚的"，即是指被追诉人签署认罪认罚具结书不存在自愿性；第3项"被告人否认指控的犯罪事实的"，即是指被追诉人对签署的认罪认罚具结书不予认可；第4项"起诉指控的罪名与审理认定的罪名不一致的"，即是指认罪认罚具结书中的罪名与法院经过审理查明的

---

〔1〕 关于《刑事诉讼法》第201条第2款的研究成果有孙远："'一般应当采纳'条款的立法失误及解释论应对"，载《法学杂志》2020年第6期；黄京平："幅度刑量刑建议的相对合理性——《刑事诉讼法》第201条的刑法意涵"，载《法学杂志》2020年第6期；郭烁："控辩主导下的'一般应当'：量刑建议的效力转型"，载《国家检察官学院学报》2020年第3期；董坤："认罪认罚案件量刑建议精准化与法院采纳"，载《国家检察官学院学报》2020年第3期；林喜芬："论量刑建议制度的规范结构与模式——从《刑事诉讼法》到《指导意见》"，载《中国刑事法杂志》2020年第1期；闫召华："论认罪认罚案件量刑建议的裁判制约力"，载《中国刑事法杂志》2020年第1期。

罪名不一致。同时，量刑建议的内容也在认罪认罚具结书中有所体现。因此，照这样来看，探讨认罪认罚具结书的效力也有助于维护控审平衡。

在对认罪认罚具结书的效力问题展开讨论的同时，亦不能忽视对认罪认罚具结书内容的关注。从当前各地使用的认罪认罚具结书来看，上面载明的内容过于单一和格式化，无法全面展示每个个案的具体情况。因此，从效力和内容两方面来探讨认罪认罚具结书的相关问题方可使其日臻完善。

第三章

论认罪认罚具结书的证据属性及其适用

签署认罪认罚具结书是适用认罪认罚从宽制度的关键环节。但如何认识认罪认罚具结书的性质却是一个悬而未决的问题。借用一句俗语，认罪认罚具结书宛如一块"鸡肋"，食之无味，弃之可惜。之所以说其"食之无味"是因为：其一，通过签署认罪认罚具结书尚不足以保障被追诉人认罪认罚的自愿性；其二，认罪认罚具结书中的内容（如罪名和刑期等），已在检察机关所提出的公诉书和量刑建议中有所体现，在节约司法资源、提高司法效率的大背景下为何还要求签署认罪认罚具结书；其三，在司法实践中还出现了倒签认罪认罚具结书的情况。检察官出于完成考核的目的，担心量刑建议不被采纳，待法院作出判决后再要求被追诉人签署认罪认罚具结书。之所以说认罪认罚具结书"弃之可惜"是因为：认罪认罚具结书的确具有约束检察机关和被追诉人后续诉讼行为的效力。如检察机关依据认罪认罚具结书上载明的罪名和量刑建议起诉；又如被追诉人签署认罪认罚具结书后在一般情况下不得反悔，否则不再对其适用认罪认罚；再如根据《刑事诉讼法》第201条的规定，法院一般应当采纳检察机关的量刑建议。从某种程度上看，采纳量刑建议其实就是接受认罪认罚具结书载明的内容。

通过整理适用认罪认罚从宽制度的案件的裁判文书，笔者发现，在司法实务中，法院一般将签署认罪认罚具结书视为被追诉人自愿认罪认罚的依据，进而据此进行量刑。因此，笔者尝试站在法院的角度上看待认罪认罚具结书的性质，欲明确以下三个问题：

第一，认罪认罚具结书是证据吗？

第二，认罪认罚具结书如果属于证据的话，在理论上如何界定其证据分类？

第三，认罪认罚具结书如何作为证据加以适用？

一、为何要明确认罪认罚具结书的证据属性

在对认罪认罚具结书的属性进行讨论之前，我们首先需要论证为何需要明确认罪认罚具结书的属性。对此，有四个方面的理由可以提供支撑。

（一）认罪认罚具结书本身具有其独立的诉讼价值

认罪认罚具结书的独立价值体现在如下三点：

第一，认罪认罚具结书是一份独立的诉讼文书。与其他诉讼文书（如量刑建议）相比，认罪认罚具结书既不是可有可无的，也不是可以依附于其他诉讼文书的，而是一份独立的诉讼文书。根据《刑事诉讼法》第 176 条第 2 款的规定："犯罪嫌疑人认罪认罚的，人民检察院应当就主刑、附加刑、是否适用缓刑等提出量刑建议，并随案移送认罪认罚具结书等材料。"据此可知，认罪认罚具结书的独立性既体现在它的必备性上，也体现在它可以独立使用上。

第二，认罪认罚具结书是一份有特定格式的诉讼文书。根据《认罪认罚指导意见》第 31 条第 1 款的规定："签署具结书。犯罪嫌疑人自愿认罪，同意量刑建议和程序适用的，应当在辩护人或者值班律师在场的情况下签署认罪认罚具结书。犯罪嫌疑人被羁押的，看守所应当为签署具结书提供场所。具结书应当包括犯罪嫌疑人如实供述罪行、同意量刑建议、程序适用等内容，由犯罪嫌疑人、辩护人或者值班律师签名。"据此可知，认罪认罚具结书一方面具有法定的内容，另一方面也有特定的签署主体。

第三，认罪认罚具结书是一份能独立产生诉讼效力的文书。根据前一段的论述可知，认罪认罚具结书主要载明犯罪嫌疑人如实供述罪行、同意量刑建议、程序适用等三项内容。因此，签署认罪认罚具结书起码能对三方主体产生诉讼效力。其一是对犯罪嫌疑人的效力。认罪认罚具结书上载明的"如实供述罪行"和"同意量刑建议"两项内容能产生证明被追诉人自愿认罪认罚的情况。其二是对检察官的效力。认罪认罚具结书对检察官的效力主要包含两点：首先是移送的效力，根据《刑事诉讼法》第 176 条第 2 款的规定，认罪认罚具结书应当随案移送。其次是公诉的效力。既然被追诉人签署了认罪认罚具结书，检察官便应当按照其上载明的罪名进行公诉，提出量刑建议。其三是对法官的效力。认罪认罚具结书对法官的效力主要体现在量刑建议上。

根据《刑事诉讼法》第 201 条第 1 款的规定，对于认罪认罚的案件，法院一般应当采纳检察机关的罪名和量刑建议。而这两项内容正是认罪认罚具结书上必须载明的。

（二）签署认罪认罚具结书对于证明认罪认罚的成立具有重要意义

根据《刑事诉讼法》第 174 条和《认罪认罚指导意见》第 31 条的规定，对于认罪认罚的案件，被追诉人一般应当签署认罪认罚具结书。换言之，被追诉人认罪认罚是与其签署认罪认罚具结书"协同"进行的。

在认罪认罚从宽制度下，检察机关具有压制被追诉人自愿性的动力和能力，[1]为了实现控辩平衡，有必要赋予被追诉人一方一定的权利以对抗检察机关。无论是《刑事诉讼法》还是《认罪认罚指导意见》都特别强调值班律师对于保障被追诉人认罪认罚的自愿性、真实性和明智性具有重要作用，如阅卷权和会见权。但从实践运行来看，值班律师制度在保障被追诉人认罪认罚自愿性方面效果不彰。[2]相反，通过签署认罪认罚具结书来保障被追诉人认罪认罚的自愿性则有较好的效果。

被追诉人签署认罪认罚具结书在一定程度上能够证明其认罪认罚的自愿性。即使在审查起诉阶段检察机关具有压制被追诉人认罪认罚自愿性的动力和资源，但为了防止由被追诉人"虚假认罪"带来的不利后果（如当庭翻供），根据《认罪认罚指导意见》第 33 条的规定，检察机关还是会与被追诉人就量刑"尽量协商一致"。因此，从这方面讲，被追诉人签署认罪认罚具结书能够证明其认罪认罚的自愿性。

（三）明确认罪认罚具结书的属性有助于化解检察机关和法院在认罪认罚
     问题上的分歧

在适用认罪认罚从宽制度的过程中，检察机关与法院主要的分歧在于《刑事诉讼法》第 201 条的"一般应当采纳"条款。该条明确法院一般应当采纳检察机关指控的罪名和量刑建议。关于此条的解读，理论界主要集中在第 2 款中的量刑建议，反而对于第 1 款中的 5 项例外情形着墨不多。笔者认为，第 201 条第 2 款从正向肯定了认罪认罚从宽制度的连续适用，而第 1 款则从反

---

〔1〕 龙宗智："完善认罪认罚从宽制度的关键是控辩平衡"，载《环球法律评论》2020 年第 2 期。

〔2〕 韩旭："认罪认罚从宽制度中的值班律师——现状考察、制度局限以及法律帮助全覆盖"，载《政法学刊》2018 年第 2 期。

向排除了认罪认罚从宽制度的适用，因此对第 1 款的研究同样重要。同时，第 1 款中的内容大都涉及认罪认罚具结书。如第 2 项 "被告人违背意愿认罪认罚的"，即是指被追诉人签署认罪认罚具结书不存在自愿性；第 3 项 "被告人否认指控的犯罪事实的"，即是指被追诉人对签署的认罪认罚具结书不予认可；第 4 项 "起诉指控的罪名与审理认定的罪名不一致的"，即是指认罪认罚具结书中的罪名与法院经过审理查明的罪名不一致。同时，量刑建议的内容也在认罪认罚具结书中有所体现。因此，基于审判中心主义的要求，法院依然要对认罪认罚案件承担全面的监督职责。案件符合认罪认罚的要求固然好，但如若不符合认罪认罚的要求，法院有权不采纳由检察机关提出并经被追诉人签署的认罪认罚具结书。因此，从这个角度上来看，明确认罪认罚具结书的属性有助于法院行使审判权，也有助于化解检法之间的分歧。

（四）明确认罪认罚具结书的属性有助于更好地保障被追诉人的合法权益

2019 年 8 月，江苏省高级人民法院发布了《关于办理认罪认罚刑事案件的指导意见》。该指导意见第 33 条第 2 款明确规定："对于认罪认罚后又撤回的被告人，应当坚持庭审实质化，确保公正审判，不得以 '不认罪认罚' 为由对其从严处罚，其签署的认罪认罚具结书不得作为证据使用。"之所以出现这样的规定，是因为在试点期间出现过将被追诉人签署的认罪认罚具结书作为定罪证据的案例。可见，明确认罪认罚具结书的属性有助于更好地保障被追诉人的合法权益。同时，明确认罪认罚具结书的属性还在以下几个方面具有重要意义。

第一，明确具结书的属性有助于厘清辩护律师在认罪认罚案件中能否进行无罪辩护的工作。[1] 在某种程度上，明确认罪认罚具结书的属性甚至决定了认罪认罚案件的辩护模式。[2] 申请变更强制措施一直是律师辩护的重点。2018 年修改后的《刑事诉讼法》第 81 条第 2 款将被追诉人认罪认罚的情况作为是否可能发生社会危险性的考虑因素。而对于判断被追诉人是否认罪认罚，是否签署认罪认罚具结书很显然是一个重要的衡量要素。同时，在实务中还

---

〔1〕　樊崇义："认罪认罚从宽与无罪辩护"，载《人民法治》2019 年第 23 期；曹坚："认罪认罚中专业辩护与自我辩护的法律边界"，载《上海法治报》2020 年 7 月 1 日；王恩海："认罪认罚后辩护人能否做无罪辩护?"，载《上海法治报》2020 年 8 月 19 日。

〔2〕　王敏远、顾永忠、孙长永："刑事诉讼法三人谈：认罪认罚从宽制度中的刑事辩护"，载《中国法律评论》2020 年第 1 期。

存在司法机关以被追诉人已签署认罪认罚具结书为由，拒绝律师进行无罪辩护，将律师无罪辩护的行为视为被追诉人对认罪认罚的反悔的情况。因此，明确认罪认罚具结书的属性有助于有效辩护工作的开展。

第二，明确认罪认罚具结书的属性有助于有效界定值班律师或者辩护律师在认罪认罚具结书上签字确认行为的性质。一些律师在参与认罪认罚案件时普遍担心自己在认罪认罚具结书上签字，如果若干年后被发现是冤假错案，自己是否会因为签字行为而需要承担责任。基于这一点，许多律师不愿意承接签字的工作。

二、认罪认罚具结书的证据属性辨析

(一) 现有研究成果梳理

目前，关于认罪认罚具结书性质的讨论较多，具有代表性的观点如下：

第一，认为对认罪认罚具结书的性质可以作出两个方面的界定：一是具有"量刑协议书"的性质；二是可以成为量刑建议书的根据。[1]

第二，认为从汉语词义来看，"具结书"是犯罪嫌疑人单方面向办案机关呈交的保证书，只能约束签署具结书的犯罪嫌疑人，无论是法律上还是道义上，都不具有约束双方的性质和效力。[2]

第三，认为认罪认罚具结书与直接证明犯罪构成要件事实的证据不同，其是一种证明认罪认罚诉讼过程事实的程序性证据或称为过程性证据，因而认罪认罚具结书能在本案及其他案件中被当作证据使用，具体可归入《刑事诉讼法》第50条中的"笔录类证据"。[3]

通过对目前关于认罪认罚具结书性质研究成果的梳理，我们可以发现如下特点：

第一，对认罪认罚具结书性质的认定集中于对其中"认罚"内容的研究，即认罪认罚具结书中关于量刑的部分与量刑建议相一致，因此将认罪认罚具结书归为量刑建议书。

第二，从协商出发，认为认罪认罚具结书是控辩双方协商一致的产物，

---

〔1〕 陈瑞华："论量刑协商的性质和效力"，载《中外法学》2020年第5期。

〔2〕 魏晓娜："冲突与融合：认罪认罚从宽制度的本土化"，载《中外法学》2020年第5期。

〔3〕 刘少军："性质、内容及效力：完善认罪认罚从宽具结书的三个维度"，载《政法论坛》2020年第5期。

因此将认罪认罚具结书归为一种诉讼合意的产物。

第三，从我国实际的诉讼构造出发，特别是基于认罪认罚制度中控辩不平衡的现状，认为认罪认罚具结书是被追诉人的保证书，表明其认罪悔罪的态度。

第四，把认罪认罚视为一种独立的量刑情节，从认罪认罚具结书的形成过程和运用来看，认为其具有证明认罪认罚过程的性质，因此将其归为证据。

（二）认罪认罚具结书是一种证据

无论是从法律规范层面，还是从理论层面，认罪认罚具结书均符合证据的定义属性，因此应被视为证据的一种。笔者接下来将分而论之。

1. 从证据法规范看认罪认罚具结书

根据《刑事诉讼法》第 50 条第 1 款的规定："可以用于证明案件事实的材料，都是证据。"刑事诉讼中的证据应当符合两个条件：其一，是一种材料；其二，该材料能够被用于证明案件事实，即证据应当具有相关性。

毫无疑问，认罪认罚具结书符合《刑事诉讼法》第 50 条对证据的定义。理由有三：

第一，认罪认罚具结书是一份材料。证据的"材料说"是经历了多次对证据内涵认识的不断深化而确立的。无论是 1979 年《刑事诉讼法》还是 1996 年《刑事诉讼法》均将证据定义为："证明案件真实情况的一切事实，都是证据。"[1]直到 2012 年《刑事诉讼法》再次修改才确立"材料说"。根据认罪认罚具结书在司法实务中的应用，其属于一种纸质材料。

第二，认罪认罚具结书能够被用于证明一定的案件事实。从形式上看，被追诉人自愿签署认罪认罚具结书表明其自愿认罪认罚。而认罪认罚的情况属于当然的案件事实。根据《刑事诉讼法》第 174 条的规定，在一般情况下，被追诉人认罪认罚的，应当在辩护人或者值班律师在场的情况下签署认罪认罚具结书。质言之，认罪认罚具结书在一定程度上能够证明被追诉人认罪认罚的情况。同时，根据《刑事诉讼法》第 176 条第 2 款的规定，检察机关应当将认罪认罚具结书连同量刑建议一起随案移送。该条规定有两层含义：第一层含义，认罪认罚具结书与量刑建议不是同一个材料，在认罪认罚案件中，即使认罪认罚具结书中的内容已经被载入量刑建议，也应当将其移送法院；第二层含义，检察机关将认罪认罚具结书移送给法院，一方面是在履行证明

---

〔1〕 宋英辉等：《刑事诉讼法修改的历史梳理与阐释》，北京大学出版社 2014 年版，第 92 页。

被追诉人自愿认罪认罚的证明责任，另一方面也希望通过移送认罪认罚具结书影响法院的量刑。

第三，从证据的种类来看，认罪认罚具结书属于犯罪嫌疑人、被告人的供述。在此还需要说明为何将其归入犯罪嫌疑人、被告人的供述，而非书证。[1]

之所以要明确具结书的证据种类问题，是因为研究证据分类问题就是要研究对证据进行分类的理由与依据，研究类型界定是否准确，是否便于使用；对证据体系进行类别划分是否合乎逻辑，是否具有包容性即囊括性，是否符合运用证据认定事实的需要。[2]

书证是以文字、符号等形式表达的思想和记载的内容来证明案件事实。虽然认罪认罚具结书也符合书证的特征，但基于证据规则的考虑，将其归入犯罪嫌疑人、被告人供述更合理。

书证适用的是最佳证据规则。所谓最佳证据规则是指，对于文书以及记载有思想内容并以此证明案件真实情况的证据，证据法上要求通常必须出示原件，只有当存在可信以为真的理由的情况下，才可以作为例外不出示原件。[3] 我国于 2010 年 6 月制定的《关于办理死刑案件审查判断证据若干问题的规定》确立了该证据规则。该规定的第 8 条第 2 款明确："据以定案的书证应当是原件。只有在取得原件确有困难时，才可以使用副本或者复制件。书证的副本、复制件，经与原件核实无误或者经鉴定证明为真实的，或者以其他方式确能证明其真实的，可以作为定案的根据。……"在认罪认罚案件中，认罪认罚具结书原件应当由检察机关移交给法院，不允许移交复制件。原则上书证都应该提交原件，在移交存在困难的情况下才能移交复制件，而认罪认罚具结书的移交通常不存在困难。

犯罪嫌疑人、被告人的供述、辩解适用的是自白任意性规则。所谓自白任意性规则即是指，犯罪嫌疑人、被告人的自白须出于自由意志，是其自由、自愿作出的。自白任意性规则由两部分构成：其一是取证行为规范，即法律

---

［1］ 探讨认罪认罚具结书的证据种类绝非没有实践价值。贵州省高级人民法院［2020］黔刑终 73 号刑事裁定书将认罪认罚具结书归为书证。作出类似归纳的裁判文书还包括广西壮族自治区高级人民法院［2019］桂刑终 437 号刑事裁定书、河北省涉县人民法院［2019］冀 0426 刑初 188 号刑事判决书。

［2］ 龙宗智："证据分类制度及其改革"，载《证据法的理念、制度与方法》，法律出版社 2008 年版，第 51 页。

［3］ 易延友："最佳证据规则"，载《比较法研究》2011 年第 6 期。

禁止采用暴力、威胁、引诱和欺骗等方式获得口供，并同时赋予被追诉者沉默权、律师在场权等，以保证其供述的自愿性；其二是证据排除规范，即违反上述规范而取得的非任意性自白必须予以排除，不得作为指控的依据，包括自白任意性的排除程序、证明主体、证明方法和判断标准等。[1]2012年《刑事诉讼法》修改后，自白任意性规则在一定程度上被引入。2012年《刑事诉讼法》第50条规定："……严禁刑讯逼供和以威胁、引诱、欺骗以及其他非法方法收集证据，不得强迫任何人证实自己有罪。……"

之所以将具结书归为犯罪嫌疑人、被告人的供述，除了证据规则上的原因外，还因为出于司法实务的考虑，检察机关在提起公诉时，应将认罪认罚具结书随案移送，通常情况下移交的是原件，不存在移送复制件的可能，因此，将认罪认罚具结书归为书证，适用最佳证据规则意义不大。同时，在案件本身已存在犯罪嫌疑人、被告人供述和辩解的情况下，如若再将认罪认罚具结书视为书证，恐会因为系同源证据而导致印证不足。在认罪认罚案件中，口供的同源证据（讯问录音录像、讯问笔录、他人转述被告人的有罪陈述等）相互印证，只能证明被告人的陈述前后一致，但前后一致不等于口供的真实性，在替人顶罪、避重就轻等情形中，被告人的虚假供述往往都是前后一致的，但缺乏外部独立证据对口供的印证，通常难以辨别真实性。[2]因此，与其这样，还不如将认罪认罚具结书直接归为犯罪嫌疑人、被告人的供述和辩解。

需要说明的是，美国辩诉交易制度中的认罪答辩不被视为自白。[3]那么，为何本书却将认罪认罚具结书视为自白？原因在于：其一，我国的认罪认罚从宽制度不同于美国的辩诉交易制度。美国的辩诉交易制度仅是认罪即可，而我国的认罪认罚制度需要认罪和认罚协同进行。同时，辩诉交易可减等或者减少起诉，而认罪认罚从宽制度仅允许就量刑进行协商。[4]其二，认罪认罚具结书不同于认罪答辩。根据普通法的规定，在不得强迫被告人协助的情

---

〔1〕　王景龙："中国语境下的自白任意性规则"，载《法律科学（西北政法大学学报）》2016年第1期。

〔2〕　纵博："认罪认罚案件中口供判断的若干问题"，载《中国刑事法杂志》2019年第6期。

〔3〕　关于认罪答辩与自白的关系，参见牟军：《自白制度研究——以西方学说为线索的理论展开》，中国人民公安大学出版社2006年版，第69~89页。

〔4〕　在官方文件中看，虽然认罪认罚从宽制度仅允许对量刑进行协商。但从理论上看，辩方仍可根据案件事实和证据进行罪轻辩护。如在偷换二维码的案件中，本身就存在盗窃罪与诈骗罪的争论，可参见张明楷："三角诈骗的类型"，载《法学评论》2017年第1期。

况下，对抗式的司法制度把承担刑事案件成立的举证责任置于国家一方。认罪答辩被认为是被告人承认控方指控罪行的每一项内容，从而使法院可以直接进入到案件的量刑阶段。认可这种审判模式的正式条件包括：被告人的认罪意愿必须明确，而且没有受到任何胁迫和他人的影响。[1]其三，同样是自白任意性规则，其在美国和中国的内涵是不一样的。如上所述，美国的自白任意性规则包括允许律师在场，被追诉人享有沉默权等内容，反观我国的自白任意性规则则没有这些内容。

在此还需明确，虽然笔者将认罪认罚具结书视为被追诉人的供述，但却将其界定为量刑证据，而非定罪证据。原因在于：其一，我国的认罪认罚从宽制度属于"放弃审判制度"的一种，它是一项刑事诉讼基本原则，是对"坦白从宽"的刑事政策的深化和发展，为"坦白从宽"的刑事政策注入了更加丰富的内涵——不仅包括"自愿如实供述自己的罪行"，而且包括"承认指控的犯罪事实，愿意接受处罚"。[2]很显然，认罪认罚从宽制度是一个量刑的原则，因此将其作为量刑证据当属题中之义。其二，认罪认罚从宽制度的实施本身可以提升口供在定罪量刑中的运用，如若再将认罪认罚具结书作为定罪证据来适用，必然导致司法机关压制被追诉人全部签署认罪认罚具结书。而如若将其视为量刑证据，将充分调动被追诉方的积极性，充分参与认罪认罚的协商，使得控辩协商由"确认核准模式"转向"商谈审查模式"。[3]其三，目前各地司法机关正在推行的证据标准改革中本身就存在"证据标准过度形式化倾向"，[4]如若将认罪认罚具结书作为案件的证据标准之一，将导致案件过分看重认罪认罚具结书的签署而忽略对其他证据的收集审查。其四，结合民事案件中的调解协议不得作为对当事人不利的证据在后续诉讼中使用的原理，认罪认罚具结书作为被追诉人与司法机关达成的协议，自然不得被作为对被追诉人不利的证据使用。其五，从防范冤假错案的角度来看，如若将认罪认罚具结书视为定罪证据，恐难保证不出现被追诉人"被迫"认罪认

---

[1] [英] 麦高伟、路加·马什：《英国的刑事法官：正当性、法院与国家诱导的认罪答辩》，付欣译，马庆林、冯卫国校，商务印书馆2018年版，第103页。

[2] 熊秋红："比较法视野下的认罪认罚从宽制度——兼论刑事诉讼'第四范式'"，载《比较法研究》2019年第5期。

[3] 吴思远："我国控辩协商模式的困境及转型——由'确认核准模式'转向'商谈审查模式'"，载《中国刑事法杂志》2020年第1期。

[4] 董坤："证据标准：内涵重释与路径展望"，载《当代法学》2020年第1期。

罚，"被迫"签署认罪认罚具结书的情况。而如若将其视为量刑证据，则这方面的担忧自然可以减少。因此，综合上述理由，将认罪认罚具结书归为被追诉人供述的同时，还应将其限定为量刑证据。

2. 从证据理论看认罪认罚具结书

我们再来看认罪认罚具结书是否满足理论层面的证据定义。根据证据理论的观点，在 2012 年《刑事诉讼法》修改之前，关于证据的概念，有"证据事实说""证据材料说""双重含义说""证据信息说""证据根据说""信息材料说"以及避开证据的概念直接作证据分类等数种观点。而后，2012 年《刑事诉讼法》修改采纳了"证据材料说"。该说使得证据概念与证据分类规范之间相协调，但却存在忽略"事实证据"、不能准确表达言词证据的形式、不能表达"情态证据"等丰富的证据内容等不足。对此，有观点倾向于采纳"信息材料说"，认为使用"信息材料"强调了相关信息对证据的意义，突出了证据的实质是具有证明作用的相关信息，同时也说明它可能体现为具体的材料（资料）。[1]

同时，证据并非感官对象本身，而是对象所承载的信息。因此，"证据"的一种定义是：某种有助于证成或证否某一指控事实存在的东西（包括证言、文件及实物）。[2]很显然，将认罪认罚具结书作为一份证据可以在一定程度上证明犯罪嫌疑人、被告人认罪认罚的情况。根据《人民检察院刑事诉讼规则》第 330 条的规定，犯罪嫌疑人是否认罪认罚属于审查起诉阶段的重点审查对象。同时，该规则第 272 条又特别规定，如无例外情况，被追诉人自愿认罪认罚的都应当签署认罪认罚具结书。因此，从认罪认罚具结书的形式和内容两方面来看，其完全满足上述关于证据的定义。

质疑认罪认罚具结书的证据属性的理由主要有如下几点：

第一，认罪认罚具结书是检察官与被追诉人合意的产物，但与传统私法意义上的契约相比，其又有公法属性。[3]尽管如此也并不影响认罪认罚具结书的证据属性。换言之，民事契约本身就是证据的一种。

---

〔1〕 龙宗智、苏云："刑事诉讼法修改如何调整证据制度"，载《现代法学》2011 年第 6 期。相同观点还包括韩旭："证据概念、分类之反思与重构"，载《兰州学刊》2015 年第 6 期。

〔2〕 张保生、阳平："证据客观性批判"，载《清华法学》2019 年第 6 期。

〔3〕 秦宗文："认罪认罚案件被追诉人反悔问题研究"，载《内蒙古社会科学（汉文版）》2019 年第 3 期。类似的观点还包括马明亮："认罪认罚从宽制度中的协议破裂与程序反转研究"，载《法学家》2020 年第 2 期。

第二，证据主要在侦查阶段由公安机关获取，而认罪认罚具结书则主要形成在检察机关审查起诉阶段。因此，认罪认罚具结书并不是严格意义上的证据。对此观点，笔者认为，将认罪认罚具结书认定为证据在法理上不存在障碍。其一，在侦查阶段，公安机关已就认罪认罚的情况向被追诉人进行了介绍，并向检察机关提交了相关的意见；其二，强调证据应当由公安机关获取主要指的是定罪证据，而根据本书的论述，主要将认罪认罚具结书视为一种量刑证据；其三，对于当庭认罪认罚的情况，不需要签署认罪认罚具结书。

第三，认罪认罚具结书的证明对象是被追诉人认罪认罚的情况，但仅凭认罪认罚具结书却不能完全证明被追诉人认罪认罚的情况。查明被追诉人认罪认罚的自愿性和真实性一直是认罪认罚从宽制度的难点，所以也正因为如此我们才格外看重认罪认罚具结书的作用。但基于量刑诉讼证明为多元证明标准，一般"达到优势证明程度"即可；而定罪诉讼证明系一元证明标准，要求"达到排除合理怀疑程度"。[1] 同时，因笔者将认罪认罚具结书界定为量刑证据而非定罪证据，因此认罪认罚具结书的证明内容不宜过多，仅在部分程度上能够证明被追诉人认罪认罚的情况即可。

第四，证据是在案件发生过程中形成的，而认罪认罚具结书是在案发后形成的，因此不能被称为证据。对此，按照笔者的观点，如若将认罪认罚具结书归为犯罪嫌疑人、被告人的供述，自然可以将其归为证据。

综上，无论是从证据规范上看还是从证据理论上看，认罪认罚具结书都应当被归为一种证据。

（三）认罪认罚具结书是一种量刑证据

解决了认罪认罚具结书的证据属性问题，我们接着来看认罪认罚具结书应被归入哪种证据种类。对此，可从司法实务和证据理论两方面进行论证。

1. 司法实务中的认罪认罚具结书

为确保论证的科学性和可行性，笔者以"认罪认罚具结书"为关键词对中国裁判文书网进行检索，经过筛选共获得 60 起案例，现将其中关于认罪认罚具结书使用的情况整理如下：

这 60 起案例全部在一审阶段适用了认罪认罚从宽制度，被追诉人均在审前阶段签署了认罪认罚具结书。其中，一审案例 31 起，二审案例 28 起，死

---

〔1〕 马运立："审判中心视域下量刑证据相关问题探析"，载《法学论坛》2017 年第 3 期。

缓复核案件 1 起。60 起案例分布广泛，既有西部地区的新疆、西藏、四川、云南等地，也有中部地区的湖南，以及东部地区的山东、浙江、辽宁等地。考虑到认罪认罚从宽制度的稳步适用需要一个阶段，案例的判决时间从 2019 年至 2020 年。从罪名分布上看，既涉及诈骗罪、抢劫罪、盗窃罪、故意伤害罪、危险驾驶罪等常见罪名，也涉及走私、贩卖、运输、制造毒品罪以及走私国家禁止进出口的货物、物品罪等罪名。

通过整理裁判文书可知，认罪认罚具结书在司法实践中存在如下误用之处：

第一，认罪认罚具结书被当作证明被追诉人有罪的证明手段。在 60 个案例的裁判文书中，法院通过认罪认罚具结书与其他证据相互印证，来证明被追诉人有罪。典型案例如"朱某光诈骗案"。在该案中，法院经过审理认为："上述事实，有立案决定书、受案登记表、拘留证、逮捕证、户籍信息、抓获经过、认罪认罚具结书、扣押冻结财产的相关书证、情况说明等证据证实。"[1]

第二，认罪认罚具结书在裁判文书中的性质不明。主要体现在，有些裁判文书明确将认罪认罚具结书列为证据，[2] 而有些裁判文书则将认罪认罚具

---

〔1〕 重庆市高级人民法院［2020］渝刑终 24 号刑事裁定书。

〔2〕 将认罪认罚具结书作为证据明确进行表述的裁判文书有广西壮族自治区高级人民法院［2020］桂刑终 158 号刑事裁定书、重庆市高级人民法院［2020］渝刑终 24 号刑事裁定书、西藏自治区高级人民法院［2020］藏刑终 12 号刑事裁定书、四川省高级人民法院［2020］川刑终 56 号刑事裁定书、西藏自治区高级人民法院［2020］藏刑终 15 号刑事裁定书、云南省高级人民法院［2020］云刑核 63460623 号刑事裁定书、贵州省高级人民法院［2020］黔刑终 73 号刑事裁定书、广西壮族自治区高级人民法院［2020］桂刑终 437 号刑事裁定书、北京市高级人民法院［2019］京刑终 119 号刑事裁定书、北京市高级人民法院［2019］京刑终 94 号刑事裁定书、北京市高级人民法院［2020］京刑终 166 号刑事裁定书、海南省高级人民法院［2019］琼刑终 225 号刑事裁定书、四川省高级人民法院［2019］川刑终 514 号刑事附带民事裁定书、北京市高级人民法院［2019］京刑终 151 号刑事裁定书、四川省高级人民法院［2019］川刑终 50 号刑事裁定书、河北省涉县人民法院［2019］冀 0426 刑初 188 号刑事判决书、山东省广饶县人民法院［2020］鲁 0523 刑初 230 号刑事判决书、四川省道孚县人民法院［2020］川 3326 刑初 13 号刑事判决书、辽宁省灯塔市人民法院［2020］辽 1081 刑初 105 号刑事判决书、浙江省丽水市莲都区人民法院［2020］浙 1102 刑初 224 号刑事判决书、湖南省武冈市人民法院［2020］湘 0581 刑初 236 号判决书、湖南省武冈市人民法院［2020］湘 0581 刑初 233 号刑事判决书、浙江省丽水市莲都区人民法院［2020］浙 1102 刑初 372 号刑事判决书、四川省道孚县人民法院［2020］川 3326 刑初 14 号刑事判决书、湖南省武冈市人民法院［2020］湘 0581 刑初 167 号刑事判决书、辽宁省开原市［2020］辽 1282 号刑事判决书、浙江省兰溪市人民法院［2020］浙 0781 刑初 167 号刑事判决书、湖南省武冈市人民法院［2020］湘 0581 刑初 174 号刑事附带民事判决书、湖南省武冈市人民法院［2020］湘 0581 刑初 230 号刑事判决书、浙江省桐乡市人民法院［2020］浙 0483 刑初 516 号刑事判决书、浙江省丽水市莲都区人民法院［2020］浙 1102 刑初 360 号刑事判决书、浙江省丽水市莲都区人民法院［2020］浙 1102 刑初 381 号刑事判决书、浙江省兰溪市人民法院［2020］浙 0781 刑初 8 号刑事判决书。

结书放在了"本院认为"的释法说理部分，[1]还有些裁判文书仅仅写明被追诉人签署了认罪认罚具结书，并未对此进行评价。

第三，认罪认罚具结书在裁判文书中作为从宽处罚的说理性不足。许多裁判文书将被追诉人自愿认罪认罚。签署认罪认罚具结书作为从宽处罚的依据之一，但仅一笔带过，从宽处罚的论证不强。

为此，有必要重申认罪认罚具结书的证据属性，在此基础上，不得将认罪认罚具结书作为与其他定罪证据相互印证的证据材料，而应当在"本院认为"部分列明认罪认罚具结书的签署情况，在充分的释法说理后进行判决。

2. 量刑证据理论中的认罪认罚具结书

同时，论及量刑证据理论中的具结书主要是论证认罪认罚具结书的证据能力，即所有认罪认罚具结书都可以被作为量刑证据加以适用吗？笔者认为，对此要从形式和实质两方面加以考察。

从形式上看，一份合格的认罪认罚具结书应当满足刑事诉讼法上的形式规定，即内容上要包括被追诉人的认罪情况、量刑建议和程序适用、被追诉人的签字、值班律师或者辩护人的签字等。

从实质上看，一份合格的认罪认罚具结书还应当满足刑事诉讼法上的实质规定，即《刑事诉讼法》第 201 条的规定，不存在"一般应当采纳"的五种例外情况，被告人、辩护人对量刑建议也没有异议。

---

[1] 将具结书放在"本院认为"部分的裁判文书有云南省高级人民法院［2020］云刑终 478 号刑事裁定书、云南省高级人民法院［2020］云刑终 396 号刑事裁定书、云南省高级人民法院［2020］云刑终 123 号刑事裁定书、云南省高级人民法院［2020］云刑终 415 号刑事裁定书、广东省高级人民法院［2020］粤刑终 152 号刑事裁定书、云南省高级人民法院［2020］云刑终 164 号刑事裁定书、陕西省高级人民法院［2020］陕刑终 70 号刑事附带民事裁定书、新疆维吾尔自治区高级人民法院［2020］新刑终 75 号刑事裁定书、四川省道孚县人民法院［2020］川 3326 刑初 14 号刑事判决书、湖南省郴州市北湖区人民法院［2020］湘 1022 刑初 332 号刑事判决书、山东省宁阳县人民法院［2020］鲁 0921 刑初 123 号刑事判决书、四川省德昌县人民法院［2020］川 3424 刑初 54 号刑事判决书、湖南省郴州市北湖区人民法院［2020］湘 1002 刑初 345 号刑事判决书、湖南省郴州市北湖区人民法院［2020］湘 1002 刑初 360 号刑事判决书、湖北省洪湖市人民法院［2020］鄂 1083 刑初 116 号刑事判决书、湖北省十堰市人民法院［2020］鄂 03 刑初 4 号刑事判决书、广东省英德市人民法院［2020］粤 1881 刑初 219 号、广东省广州市番禺区人民法院［2020］粤 0113 刑初 1089 号刑事判决书、河北省无极县人民法院［2020］冀 0130 刑初 183 号刑事判决书、辽宁省阜新市细河区人民法院［2020］辽 0911 刑初 105 号刑事判决书、广东省广州市番禺区人民法院［2020］粤 0113 刑终 1010 号刑事判决书、辽宁省辽阳市宏伟区人民法院［2020］辽 1004 刑初 55 号刑事判决书。

（四）认罪认罚具结书作为量刑证据的举证责任和证明标准

既然认罪认罚具结书能够被作为量刑证据来使用，如何理解其举证责任和证明标准？

1. 举证责任

证明责任（也常被称为举证责任、证明负担等）是诉讼法上一种非常重要的制度技术装置，正因为如此，有"证明责任乃诉讼的脊梁"之说。[1]具体到认罪认罚从宽制度中，也即诉讼哪一方负担证明认罪认罚成立的责任？

2010年，全国法院开始进行量刑规范化改革试点工作。根据《人民法院量刑程序指导意见（试行）》第4条的规定："适用普通程序审理的案件，在法庭调查过程中，可以根据案件具体情况先调查犯罪事实，后调查量刑事实；……"这里的量刑事实指的是纯正的量刑事实。由于无罪推定原则在量刑事实调查中不再直接适用，因此举证责任分配的基本原则是主张者承担举证责任，即罪重事实由控诉方承担举证责任，罪轻事实由被告方承担举证责任。[2]

根据上述证据法原理，由于认罪认罚属于罪轻事实，因此理应由被追诉方承担证明责任。这也就是辩护律师在发表辩护意见时着重强调当事人已经签署认罪认罚具结书的原因。同时，在刑事诉讼领域，对于被告人提供证据进行辩解的性质，一般认为是其行使辩护权利的表现。[3]

2. 证明标准

应当看到，在司法实践中，有些证据既是定罪证据，又是量刑证据。因此，可以将量刑证据分为纯粹的量刑证据和定罪量刑混同的证据。对于后者，公诉机关需要适用严格证明方式和最高的证明标准，排除合理怀疑。而对于前者，如若属于加重量刑的证据，也应当适用严格证明方式和最高的证明标准。而对于那些有利于被告人的从轻、减轻或者免除刑事处罚的量刑情节，无论是公诉方提出的，还是被告方要求法院采纳的，都只需要证明到优势证据的程度，即达到了量刑事实的证明要求。[4]

---

〔1〕周洪波："证明责任分类的体系重构"，载《法制与社会发展》2020年第3期。

〔2〕张吉喜：《量刑证据与证明问题研究》，中国人民公安大学出版社2015年版。

〔3〕张斌："三论被告人承担客观证明责任——应用于刑事辩解和刑事推定的知识论阐释"，载《证据科学》2009年第2期。

〔4〕陈瑞华："量刑程序中的证据规则"，载《吉林大学社会科学学报》2011年第1期。

具体到认罪认罚案件中，认罪认罚具结书属于一种证明从宽量刑的证据，可以适用自由证明的方式，达到"高度盖然性"即可。

同时需要强调的是，在认罪认罚案件中，不能因为被追诉人自愿认罪认罚而降低证明被追诉人是否有罪的标准。认罪认罚具结书作为证明被追诉人自愿认罪认罚的证据，特别是作为从宽量刑的证据，适用自由证明和优势证据的标准只是降低了证明被追诉人从宽量刑的标准，并不涉及对定罪标准的降低。

三、认罪认罚具结书作为量刑证据的适用

（一）检察机关应当证明被追诉人签署认罪认罚具结书的自愿性和真实性

检察机关负有证明被追诉人认罪认罚系自愿真实的证明责任，这既是检察指控犯罪的题中之义，也是"案-件比"考核指标体系的要求。

检察官天然地负有指控犯罪的责任。最高人民检察院张军检察长指出："根据这个制度（即认罪认罚从宽制度），检察官要更加负责、明确地在庭前即与犯罪嫌疑人就案释法：如果认罪，案件将会依法从宽处理。检察官把道理讲清楚，让辩护人与犯罪嫌疑人沟通达成一致意见，犯罪嫌疑人同意检察官提出的量刑建议，签署认罪认罚具结书，案件将起诉到法庭，这就是在践行检察官的主导责任。"[1]

同时，检察机关在认罪认罚从宽制度中扮演着国家追诉的执行者、案件移转的过滤者、诉讼程序的分流者、合法权益的保障者、诉讼活动的监督者五重角色。[2]因此，检察机关既有资源也有动力对被追诉方的异议权进行压制。为此，为了防止检察官随意压制被追诉人的异议权，应当要求检察机关承担证明被追诉人认罪认罚系自愿、真实的证明责任。

还应当看到，"案-件比"指标考核体系也对认罪认罚从宽制度的发展产生了较大的影响，特别是对检察机关保障被追诉人认罪认罚的自愿性和真实性而言。因为被追诉人拥有上诉权，司法实务中难免会出现检察官因担心"案-件比"上升，在审前阶段努力说服被追诉人，充分保障其自愿性和明知性的情形。

---

〔1〕 张军："关于检察工作的若干问题"，载《国家检察官学院学报》2019年第5期。

〔2〕 贾宇："认罪认罚从宽制度与检察官在刑事诉讼中的主导地位"，载《法学评论》2020年第3期。

因此，一方面，在被追诉人签署具结书之前，检察机关要充分释法说理，保障被追诉人的明智性和明知性；另一方面，要对被追诉人签署具结书的过程全程录音和录像。实践中，由于"案–件比"的考核，对退回补充侦查进行限制，使一些事实不清、证据不足案件"带病"进入审判。

（二）法院有权审查认罪认罚具结书的自愿性和真实性

第一，应当明确的是，如若将认罪认罚具结书作为证据，其是否可以作为法官自由心证的对象？法官是否可以评价其证明力？对此，笔者认为，基于审判中心主义的要求，所有呈堂证供均是法官自由心证的对象，认罪认罚具结书作为证据的一种自然也不能例外。而且，法官也有权对其证明力进行评价。因为根据《认罪认罚指导意见》第 5 条第 2 款的规定，认罪认罚目前还属于一种酌定量刑情形。对于酌定量刑情节可以适用自由证明。[1]

第二，虽然《刑事诉讼法》第 201 条规定了"一般应当采纳"条款，但特别列明了五种例外情形。法院经过审理认为案件存在这五种情形之一的，可以否认认罪认罚的适用。这其实是变相肯认了法院对于认罪认罚案件具有最后的监督职责，其中自然也包含了对认罪认罚具结书自愿性和真实性的审查。认罪认罚具结书作为控辩协商后的产物，为防止法官先入为主，协商应当在检察官与辩护律师之间展开，避免检察官与被告人进行协商，避免法官过于积极地介入协商和妥协过程。[2]

解决了是否有权审查的问题，接下来就是如何审查的问题？法院审查认罪认罚具结书可以遵循整体和个别的原则。所谓整体的审查原则，就是将审查认罪认罚具结书与审查认罪认罚从宽制度权利告知书、告知笔录，认罪情况记录，听取律师意见记录，社会调查评估意见，起诉意见书、量刑建议等材料结合起来，通过印证证明的方式来求证认罪认罚的自愿性和真实性。

所谓个别的审查原则，就是仅审查认罪认罚具结书。举例来说，对于不同种类的证据，真实性审查的要点和方法也会有所不同。例如，对证人证言的真实性审查可以采用"五问法"。第一问是证人与当事人或案件结果有无利害关系；第二问是证人有无受到威胁或利诱的情况；第三问是证人感知案情时的主客观条件有无造成误差的因素；第四问是证言内容是否符合常情与逻

---

〔1〕 樊崇义：《证据法治与证据理论的新发展》，中国人民公安大学出版社 2020 年版，第 61 页。
〔2〕 陈瑞华：《司法体制改革导论》，法律出版社 2018 年版，第 439 页。

辑；第五问是证人品格中有无可能影响证言真实性的因素。又如，对电子证据的真实性审查应包括审查电子证据的生成环节、存储环节、传递环节、收集环节，以及电子证据所依存的计算机系统、保管者以及是否在正常业务中形成等情况。[1]

结合认罪认罚案件的具体案情，以交通肇事案件为例，可以首先发问认罪认罚具结书是否系被追诉人本人签署，其次讯问被追诉人签署认罪认罚具结书的具体环境，最后讯问被追诉人案发的具体过程。通过以上种种讯问，第一防止有人顶罪，第二确保被追诉人认罪认罚的自愿性和真实性。当然，具体的案情的不同也决定了问法的不同，这还有赖于法官的经验和水平。

同时还要考虑到认罪认罚具结书对法院量刑的影响，即认罪认罚具结书的效力。根据《刑事诉讼法》第 201 条的"一般应当采纳"条款，法院原则上应当接受检察机关指控的罪名和量刑建议，除非有五种例外情况以及量刑建议明显不当。第 201 条第 1 款的五种例外情况对法院量刑的影响自不待言，关键是"明显不当"的处理。量刑"重"改"轻"，被告人容易接受，重新签署认罪认罚具结书即可。发生法院认为检察机关的量刑建议畸轻，建议检察院加重，被告人不同意的情形该如何处理？此时，因控辩未就量刑协商一致，自然也就不存在新的认罪认罚具结书了。面对这种情况，笔者认为法院可以存在第 1 款中的第 5 项"其它可能影响公正审判的情形"为由，仅采纳检察机关指控的罪名，不采纳量刑建议。当然，对于被告人认罪部分的内容，如果符合坦白的条件，应当评价为坦白。在"刘某华受贿案"中，二审法院就以此项为由，认为检察机关的量刑建议畸重，属于"其他可能影响公正审判的情形"，驳回了检察机关的抗诉请求。[2]当然，此案还涉及其他内容。其一，电话通知检察机关调整量刑建议有风险，最好书面通知，并要求签署送

---

〔1〕 何家弘、马丽莎："证据'属性'的学理重述——兼与张保生教授商榷"，载《清华法学》2020 年第 4 期。

〔2〕 北京市高级人民法院［2019］京刑终 110 号刑事裁定书。在该案中，被告人刘某华认罪认罚，签署了认罪认罚具结书。检察机关作出了 3 年至 3 年半的量刑建议，一审法院判决 2 年有期徒刑。对此量刑，被告人表示量刑适当。而检察机关以法院未履行刑事诉讼法第 201 条第 2 款的通知调整量刑建议程序为主要理由提出抗诉。对此，二审法院认为：第一，本案属于《刑事诉讼法》第 201 条第 1 款第 5 项的"其他可能影响公正审判的情形"，即不对被告人减轻处罚可能会影响到公正审判的情形。第二，一审庭审过程中，辩护人对检察机关的量刑建议表示了异议，公诉人当庭未表示调整。庭审后，审判长又多次就量刑建议与公诉人进行电话沟通，因此一审法院不存在程序违法的问题。

达回证。其二，对于辩护律师的量刑辩护，检察机关要高度重视，充分说明量刑的理由，否则法院会将其视为不调整量刑建议的行为。其三，对《刑事诉讼法》第201条第1款第5项兜底条款如何解释的问题。量刑畸轻畸重肯定属于明显不当，但是否要遵循第2款中的通知调整程序？从该案的裁判文书来看，为了维护检法关系，法院似乎显得有点底气不足。一方面认为法院享有专属的定罪量刑权，直接以第5项进行判决并无不当；另一方面又以履行第2款中的前置程序为由，认为一审法院不存在程序违法。对此，笔者认为，根据第201条的规定，在量刑问题上法院可分两步走：第一步，经过审理认为量刑建议"明显不当"，建议检察机关调整；第二步，检察机关根据法院的建议进行调整无需多言。如若调整后的量刑建议仍属"明显不当"，法院即可以第1款第5项或第2款的规定进行判决。

同时，笔者认为，一般不建议直接援引第5项的规定进行判决。原因在于：其一，第5项兜底条款属于原则性的规定，是以防万一之举，在其他法律规则能够指导个案时，一般不得引用法律原则。其二，从目的解释上来看，《刑事诉讼法》第201条的立法目的在于维护检察机关量刑建议的效力，旨在强调法院"一般应当采纳"的义务。基于此，法院认为量刑建议明显不当的情况下应当履行前置程序，通知检察机关进行调整。其三，从维护检法之间关系的实际需要来看，法院宜通知检察机关调整量刑建议，而不宜直接进行判决。其四，从维护被追诉人正当权益的角度来看，如若检察机关抗诉，出现"余某平交通肇事案"式的二审裁判，显然不是检察机关和被追诉人所乐见的。

（三）辩方如何使用认罪认罚具结书

针对前文中提及的值班律师或者辩护律师因为担心出现冤假错案而在认罪认罚具结书上签字的动力不足，以及签署认罪认罚具结书后无罪辩护能否进行的问题，如若将认罪认罚具结书归为量刑证据，这两个困境将会得到大大缓解。

第一，值班律师或者辩护律师签署认罪认罚具结书的目的是见证被追诉人认罪认罚的自愿性和真实性。《刑事诉讼法》多处规定了见证的内容，多是一些关键的取证环节，如搜查、扣押、辨认等，通过见证人的参与对侦查行为起到监督和证明作用。[1]如《刑事诉讼法》第139条第1款规定："在搜

---

[1] 韩旭："完善我国刑事见证制度立法的思考"，载《法商研究》2008年第6期。

查的时候，应当有被搜查人或者他的家属，邻居或者其他见证人在场。"同理，认罪认罚具结书作为证据的一种是由检察机关制作的并取得的，即使存在违法取证的情形，也无法对见证人进行追责。因此，值班律师或者辩护律师作为见证人见证检察机关取证的行为，自然不应当被追责。随之而来的问题是，值班律师或者辩护律师能否拒绝在认罪认罚具结书上签字？如若拒绝签字，认罪认罚具结书的效力如何？

尽管法律和有法律效力的部门规章都规定某些侦查行为的开展应有见证人见证，但对于侦查机关及其侦查人员违反这项程序性义务，相关的法律、规章并未规定相应的程序性后果。如已经完成的侦查行为是否有效？所获取的证据包括制作的作为证据使用的勘验检查笔录、搜查扣押笔录和辨认笔录等各种笔录是否具有法律效力？[1]根据《刑事诉讼法》第 140 条的规定："……如若被搜查人或者他的家属在逃或者拒绝在搜查笔录上签名、盖章，应当在笔录上注明。"但该条并未规定如若见证人拒绝签字，是否需要在笔录中注明。同理，在认罪认罚案件中，值班律师或者辩护律师作为见证人，自然可以拒绝在认罪认罚具结书上签字，且不影响具结书生效。出于更好地保障被追诉人权益的考虑，检察机关应当直接在认罪认罚具结书中注明。同时，不得以值班律师不在认罪认罚具结书上签字为由另行寻找一名值班律师签字；也不得以辩护律师不在认罪认罚具结书上签字为由，强迫被追诉人与辩护律师解除委托关系。

按照笔者的设想，如果将认罪认罚具结书作为一种从宽证据由被追诉人一方取证，那么律师签署认罪认罚具结书的积极性将大大提高，可以有效地解决"见证"问题。随之而来的问题是，刑事见证人应为中立第三人，值班律师或者辩护人均系辩方阵营，将其界定为中立第三人是否合适？笔者认为，值班律师或者辩护律师作为辩方阵营与作为见证人见证认罪认罚具结书签署并不必然矛盾。原因如下：其一，值班律师与被追诉人并未形成委托关系，其中立性可以得到保障。即使辩护律师与被追诉人签署了委托协议，负有忠诚义务，但同时还需要考虑到辩护律师的公益义务，即与司法机关承担的积极真实义务相比，"依据事实"进行辩护的公益义务主要体现为要求律师不得毁

---

〔1〕 韩旭："完善我国刑事见证制度立法的思考"，载《法商研究》2008 年第 6 期。

灭、伪造证据，不得妨害证人作证，不得实施包庇行为等消极的真实义务。[1]因此，基于辩护律师的公益义务，其中立性也应当得到保障。其二，从便利性角度考虑，我国刑事羁押率过高已是不争事实，大多数被追诉人在看守所，律师会见尚属不易，遑论作为非律师的见证人进入羁押场所见证签字。随着认罪认罚从宽制度的实施，法律援助机构在看守所内设有值班律师的工作站，见证签字具有便利性。其三，值班律师或者辩护律师介入见证认罪认罚具结书的签署活动可以监督取证活动。抛开律师的中立性不谈，辩护律师代表被追诉人的合法权益，见证认罪认罚具结书签署本身就可以规范取证行为，自然会使得被追诉人认罪认罚的自愿性和真实性大大增强。

此处还有个问题值得探讨：值班律师的见证人化是我们所反对和改变的，按照笔者的设想将值班律师见证的问题明确化是否属于迁就不合理的现实？关于我国值班律师"见证人化"的问题争论较多，特别是《认罪认罚指导意见》第14条明确规定，即使被追诉人拒绝值班律师帮助，签署认罪认罚具结书时，依然要求通知值班律师到场。此条的规定将值班律师见证人化的司法现状展示得淋漓尽致。对此，其一，从长期来看，此条的规定要修改。既然被追诉人拒绝值班律师帮助，要么建立强制法律帮助制度，规定被追诉人不得拒绝法律帮助，要求值班律师全程介入认罪认罚案件的审前阶段，要么允许被追诉人有权拒绝法律帮助，值班律师自然不必到场见证。其二，从短期来看，值班律师"见证人化"的问题似乎还会延续。对此，可以考虑在提高值班律师待遇的基础上建立专门的值班律师队伍。其三，可以考虑在认罪认罚具结书之外，值班律师能将书面的律师意见附卷，随案移送。

第二，认罪认罚具结书作为量刑证据的一种，证明标准达到高度盖然性即可，即在一定程度上证明被追诉人认罪认罚系自愿真实。当然，这也仅仅是在一定程度上实现，完全依靠一份认罪认罚具结书保障认罪认罚的自愿性和真实性的设想是不切实际的。在此证明标准之下，如若认罪认罚具结书系被追诉人不自愿、不真实签署的，值班律师或者辩护律师不必承担较高的证明责任。

随着认罪认罚从宽制度的推进，无罪辩护会越来越少，而有罪辩护会越来越多。因此，对于辩护方而言，一方面要注意量刑证据的收集和运用，另

---

[1]　李扬："论辩护律师的公益义务及其限度"，载《华东政法大学学报》2020年第3期。

一方面则要学会围绕认罪认罚具结书进行量刑辩护。对此，笔者认为应当做好两方面的辩护工作：其一，签署认罪认罚具结书前的审查工作；其二，签署认罪认罚具结书后的辩护工作。

值班律师或者辩护律师如何审查认罪认罚具结书的自愿性和真实性？目前来看，除了充分行使阅卷权和会见权以外别无他途。因此，作为在认罪认罚具结书上签字的律师一定不能在没有会见当事人以及查阅卷宗的情况下一签了之。虽然按照笔者的构想，律师在认罪认罚具结书上签字不应当承担发生冤假错案时被追究的责任，但要考虑到一旦出现冤错案件，该律师甚至整个律师行业的社会评价都会降低。

律师签署认罪认罚具结书后如何辩护？应当看到，被追诉人签署具结书后，无罪辩护的空间被进一步压缩。出于有效辩护的考量，辩护律师应当根据有罪辩护的原则，将辩护的重点放在程序性辩护和财产辩护上。这次《刑事诉讼法》修订按照改革的成效完善了认罪认罚从宽制度的程序机制，这就为律师把有罪辩护从审判阶段延伸到审前阶段，从庭审中的实体辩护扩展到审前的程序辩护提供了依据、指明了方向。[1]因此，一方面要重视程序性辩护，如强制措施的辩护，《刑事诉讼法》第81条的规定将被追诉人认罪认罚的情况作为是否可能发生社会危险性的考虑因素，进而决定是否逮捕。因此，律师要积极通过被追诉人认罪认罚的情节，为被追诉人积极争取取保候审。又如，涉案财物的处置。根据《刑事诉讼法》第141条第1款的规定："在侦查活动中发现的可用以证明犯罪嫌疑人有罪或者无罪的各种财物、文件，应当查封、扣押；与案件无关的财物、文件，不得查封、扣押。"迄今为止，刑事诉讼法并没有将这种追缴涉案财物纳入刑事诉讼程序，而是给予法院较大的自由裁量权，在未经专门的法庭调查、辩论程序的情况下，就自行确定了涉案财物的数额和追缴的方式。结果，法院擅自扩大追缴财产范围、对被告人近亲属或其他利害关系人合法财产加以追缴的情况时有发生。在此种情况下，律师可以向法院提交相关证据和提出诉讼请求，以促使法院准确无误地确定"涉案财物"的范围，避免对那些与案件无关的合法财产任意加以追缴或没收。[2]

---

〔1〕 顾永忠："2018年刑事诉讼法再修改对律师辩护的影响"，载《中国法律评论》2019年第1期。

〔2〕 陈瑞华："刑事辩护的第六空间——刑事辩护衍生出来的新型代理业务"，载《中国律师》2018年第2期。

再如，在认罪认罚案件中，检察机关一般应当提出确定性量刑建议，但从实践来看，确定性量刑建议偏重自由刑，有意无意地忽视了财产刑，当然这可能和刑法中的规定有关，有些刑罚本身也仅列明单处或者并处罚金。因此，辩护律师完全可以就财产刑与检察机关进行协商，争取一个较好的结果。

同时，中华全国律师协会或者各地方的律师协会也可出台认罪认罚案件的相关辩护指引，加强对辩护律师办理认罪认罚案件的指导。

（四）反悔后认罪认罚具结书的适用

从稳定被追诉人心理预期的角度而言，明确撤回认罪答辩的实体后果只是问题的一方面，更要紧的是如何处理先前的认罪口供。[1]因此，针对被追诉人对认罪认罚进行反悔后认罪认罚具结书的适用问题，有必要以上文中提到的江苏省高级人民法院发布的《关于办理认罪认罚刑事案件的指导意见》为例展开讨论。根据该指导意见的规定，被告人反悔后，其签署的认罪认罚具结书不得被作为证据使用。

对此，笔者认为，此种"一刀切"的做法在尽可能保护被追诉人合法权益的同时，也会伤害到被追诉人合理行使辩护权。原因在于：根据《刑事诉讼法》第15条对认罪认罚从宽制度下的定义，认罪加认罚方可从宽。质言之，对认罪认罚进行反悔既可能包括对认罪和认罚都进行反悔，也可能包括仅对认罚进行反悔。因此，在后一种情形下，认罚中的"自愿如实供述自己的罪行"还可能被评价为坦白。因此，如若保留认罪认罚具结书，承认其效力，可以作为证明被追诉人存在坦白情节的证据材料。

从更好地保护被追诉人合法权益的角度来看，应当允许被追诉人反悔后认罪认罚具结书继续适用。同时，这样的处理还有利于限制检察机关的权力，防止其在法庭上随意撤回认罪认罚。

综上，针对被追诉人反悔后认罪认罚具结书的适用，应当采取一种保留的做法，一方面坚决禁止其被作为定罪证据使用，另一方面适当将其作为量刑证据使用。

（五）认罪认罚具结书作为量刑证据的程序保障

最后还需要提及，如若将认罪认罚具结书作为量刑证据的话，如何从程

---

[1] 郭松："认罪认罚从宽制度中的认罪答辩撤回：从法理到实证的考察"，载《政法论坛》2020年第1期。

序上进行保障？笔者认为，有如下几点可以考虑：

第一，将量刑协商作为签署认罪认罚具结书的前置条件，无协商不得签署认罪认罚具结书。真实性和自愿性是被追诉人认罪认罚的生命线。为此，《认罪认罚指导意见》第33条明确规定，检察机关与被追诉方就量刑"尽量协商一致"。但部分地区的个别检察官在具体操作中基于各种理由不与辩护人或者值班律师就量刑协商，迫使律师只能在庭审中进行量刑辩护。因此，有必要将量刑协商作为签署认罪认罚具结书的前置程序，增强第33条的"刚性"。

第二，不得要求值班律师或者辩护律师必须在认罪认罚具结书上签字。值班律师或者辩护律师在认罪认罚具结书上签字的行为一方面是为了督促律师尽职，另一方面则是为了监督司法活动。但在司法实践中，该规定已经异化为要求值班律师或者辩护人签字确认，为司法活动"背书"。有的地方甚至出现被追诉人已经聘请了辩护律师，因为辩护律师不同意在认罪认罚具结书上签字，检察官另行寻找值班律师签署认罪认罚具结书的情况。因此，值班律师或者辩护人在认罪认罚具结书上签字的规定当休矣。如若不可，至少从短期来看，起码应当明确辩护律师可以不签署认罪认罚具结书并不会产生不利后果。

第三，将认罪认罚具结书在庭审中改由辩护方举示。其实可以将认罪认罚具结书进一步界定为"辩方量刑证据"。当前认罪认罚从宽制度在实施中存在的问题之一是检察机关较为积极主动，而被追诉人可能因为感觉从此制度中受益不大而缺乏热情。因此，可以考虑将认罪认罚具结书作为辩方的量刑证据，在庭审中由辩方举证出示。如此一来，其一调动了被追诉方的积极性，符合参与性司法的要求。其二，为签署认罪认罚具结书，被追诉人在真诚认罪悔罪，特别是在赔偿被害人方面会更加主动，可以更好、更快地修复受损的社会关系。其三，面对过往检察官实施认罪认罚工作动力不足、阻力较大的困难，[1]通过此办法，检察官的工作量会适当减少，能够更好地审查被追诉人认罪认罚的自愿性和真实性。

第四，检察官应当恪守客观义务，对被告人认罪认罚的事实予以确认。由此，如果检察官确认，辩方无须举证证明。可以看到，检察机关为了更好

---

[1] 韩旭："认罪认罚从宽制度实施检察机关应注意避免的几种倾向"，载《法治研究》2020年第3期。

地实施认罪认罚从宽制度，许多检察官承担了很大的工作任务。如要努力说服被追诉人认罪认罚，签署认罪认罚具结书，还要根据案件具体情况和证据提出量刑建议，特别是要保障被追诉人认罪认罚的自愿性和真实性等。如若将被追诉人认罪认罚的证明责任交由辩方行使，检察官仅担负审查自愿性和真实性的任务则更为符合检察官客观公正义务的要求。同时，对于检察官确认认罪认罚后，辩方无须再举证证明认罪认罚。

第五，法院一般应当采纳认罪认罚具结书。"法院有权审查具结书的自愿性和真实性"与"法院一般应当采纳认罪认罚具结书"不是矛盾的。基于《刑事诉讼法》第201条的规定，只要认罪认罚具结书中所载明的内容不存在第1款规定的五种情形以及量刑建议"明显不当"等，法院便应当采纳。法院即使要否定检察机关的量刑建议也需要说明理由。检察机关代表国家与被告人达成的认罪认罚协议，具有特定法律效力，法院在否定协议基础上的量刑建议应当有充分理由。[1]

结　语

我国的认罪认罚从宽制度在推行过程中主要面临两大矛盾，分别是检察机关与被追诉人之间的矛盾以及检察机关与法院的矛盾。前者的矛盾在于担心检察机关利用掌握的证据压制被追诉人的自愿性，被追诉人也会通过某些制度漏洞谋取利益，如通过上诉达到"留所执行"的目的。后者的矛盾在于《刑事诉讼法》第201条的"一般应当采纳"条款。前述矛盾可以通过明确认罪认罚具结书的性质得到缓解，如被追诉人签署了认罪认罚具结书，法院也采纳了检察机关指控的罪名和量刑建议，被追诉人是否还可以上诉？

应当看到，认罪认罚从宽制度中的认罪认罚具结书其实就是责任书、保证书、悔过书，是指犯罪嫌疑人、被告人对自己的行为愿意承担法律责任的一种表示。[2]但同时还应当看到，无论是《刑事诉讼法》还是刑事司法实践都赋予了认罪认罚具结书许多无法承受之重。因此，站在证据法的理论和实践两方面考虑，将认罪认罚具结书归为量刑证据的一种似乎是相对合理的

---

〔1〕　龙宗智："余金平交通肇事案法理重述"，载《中国法律评论》2020年第3期。

〔2〕　韩旭："辩护律师在认罪认罚从宽制度中的有效参与"，载《南都学坛（南阳师范学院人文社会科学学报）》2016年第6期。

做法。

将认罪认罚具结书归为量刑证据，随之而来的问题是由检察机关还是由被追诉人一方承担举证责任？证明标准为何？笔者尝试对前述问题做了一些回答，但深感还有许多值得思考之处。特别是认罪认罚作为一种罪轻事实，理应由被追诉人承担证明责任，但从检索到的裁判文书来看，许多时候都是检察机关承担了证明责任，从而呈现出一种"实践反对理论"的样态。为何会出现这一情况或许是一个值得思考的命题。

第四章

论认罪认罚案件中量刑建议的调整规则

——以《刑事诉讼法》第201条第2款为中心展开

《刑事诉讼法》第 201 条第 2 款的规定确立了认罪认罚案件中量刑建议的调整程序，即"人民法院经审理认为量刑建议明显不当，或者被告人、辩护人对量刑建议提出异议的，人民检察院可以调整量刑建议。人民检察院不调整量刑建议或者调整量刑建议后仍然明显不当的，人民法院应当依法作出判决"。尽管该条确立了认罪认罚案件中量刑建议的调整规则，《认罪认罚指导意见》第 40 条和第 41 条也对此进行了细化规定，但在实际运行中却存在调整的原因不明、调整的方式不清、调整的结果不当等问题。因此，有必要从为何调整、如何调整、调整后的审查三方面着手，进一步丰富量刑建议的调整规则，化解审判中心与检察主导之间的冲突。

量刑建议的调整涉及两方面的内容：一方面是量刑建议的实体调整，即量刑幅度的调整；另一方面是量刑建议的程序调整，即量刑建议调整的时间、地点、方式等程序性事项。量刑建议的实体调整属于刑事实体法的研究范畴，量刑建议的调整程序属于刑事诉讼法的研究范畴。笔者讨论的主要是后者，即围绕《刑事诉讼法》第 201 条第 2 款的规定，讨论量刑建议从程序上如何进行调整。

一、认罪认罚从宽制度中量刑建议调整的研究现状

梳理文献，我们能够发现目前针对量刑建议的研究主要集中在以下几个方面：

第一，量刑建议的效力，即量刑建议对量刑裁判的约束力。的确，量刑

建议对量刑裁判的约束力是从宽利益逐步得到实现的关键。然而，问题是，过于强调量刑建议对量刑裁判的制约容易导致求刑权对量刑权的僭越，反之，过度弱化量刑建议的制约则会增加从宽利益的不确定性，从而破坏认罪认罚从宽制度的动力机制。因此，如何合理规制量刑建议与量刑裁判的关系、破解从宽利益的异步兑现困局已经成为当前完善认罪认罚从宽制度所不容回避的重要课题。[1]如有的观点认为量刑建议在认罪认罚从宽背景下的效力转型，一方面强化了量刑建议对法官的约束效力，另一方面收缩了法官自由裁量的空间。[2]相类似的观点也认为，与不认罪案件中的量刑建议不同，认罪认罚案件中的量刑建议是控辩双方协商后达成的合意，这种合意的达成以犯罪嫌疑人的认罪认罚为前提，以检察机关的量刑减让为承诺，凝聚着控辩双方的共识，本质上是被告人基于对国家的信赖，以认罪认罚换取国家刑罚权的适度让步。这种让步，即具体的量刑从宽、刑罚减让，具有相当的司法公信力。法院应当在一定程度上、一定范围内受到量刑建议的约束，精准化的量刑建议当然也不例外。[3]

第二，量刑建议的提出方式，即量刑建议应当是确定刑还是幅度刑。在此问题上学界观点出现了分歧。有的观点认为，在认罪案件中，检察机关的量刑建议一般应当以精准刑为主、幅度刑为辅。原因在于，精准刑量刑建议更有助于满足被追诉人的内心期待、检察机关有提出精准刑量刑建议的基础条件、精准刑量刑建议与认罪认罚从宽制度的价值追求契合、精准刑量刑建议并不背离以审判为中心。[4]还有的观点认为，基于"以审判为中心"、检法"分工负责"等基本原则，审判机关及其职权应当得到尊重，在通常情况下，量刑建议还是宜以幅度刑的形式提出。[5]相类似的观点认为，不宜一味强调检察机关应当提出确定刑的量刑建议。较为合适的做法是具体情况具体分析，检察机关根据个案情况，选择性地提出确定刑的量刑建议和幅度刑的

---

〔1〕 闫召华："论认罪认罚案件量刑建议的裁判制约力"，载《中国刑事法杂志》2020年第1期。

〔2〕 郭烁："控辩主导下的'一般应当'：量刑建议的效力转型"，载《国家检察官学院学报》2020年第3期。

〔3〕 董坤："认罪认罚案件量刑建议精准化与法院采纳"，载《国家检察官学院学报》2020年第3期。

〔4〕 卞建林、陶加培："认罪认罚从宽制度中的量刑建议"，载《国家检察官学院学报》2020年第1期。

〔5〕 陈卫东："认罪认罚案件量刑建议研究"，载《法学研究》2020年第5期。

量刑建议。比如，适用速裁程序的案件，为了保障此类案件的快速处理，可以考虑提出确定刑的量刑建议；适用简易程序的案件，法院可以判处的刑罚跨度较大，因此根据案件的难易程度、刑罚轻重，既可以提出确定刑的量刑建议，也可以提出幅度较小的量刑建议；适用普通程序的案件，判处的刑罚通常较为严厉或者控辩双方争议较大，检察机关原则上提出幅度刑的量刑建议较为合适。[1]

第三，如何理解量刑建议"明显不当"？从实践情况来看，认罪认罚案件量刑裁判中"检法"两院争议最大的问题是如何处理"量刑建议明显不当"的案件。所谓"量刑建议明显不当"有两种情况：一是"明显偏重"，即检察机关建议的量刑幅度下限超过可能判处的刑罚；二是"明显偏轻"，即检察机关建议的量刑幅度上限低于可能判处的刑罚，或者不应判缓刑却建议缓刑。实践中尤以"明显偏轻"情形为多。[2]

第四，法院如何审查量刑建议？有观点认为，要走出认罪认罚从宽制度的困境，就必须改变法官在量刑协商中的参与方式，摒弃原有的检察机关主导认罪认罚程序的改革思路，确立检察机关推动认罪认罚、法官确认认罪认罚的新思路。第一种思路是在速裁程序中取消实质审查，只保留法官对案件的形式审查。第二种思路是在那些可能判处 3 年有期徒刑以上刑罚的案件中，法院既保留对认罪认罚程序的形式审查，也要进行实质审查。[3]

笔者分析，理论界之所以较少关注量刑建议的调整问题，是因为检察机关的数据显示量刑建议的采纳率较高。从 2019 年 1 月至 2020 年 8 月，量刑建议采纳率为 87.7%。其中。提出确定刑量刑建议率从 27.3% 上升至 76%；法院对确定刑量刑建议的采纳率为 89.9%，高于幅度刑量刑建议的采纳率 4.3%；确定刑量刑建议案件的上诉率为 2.56%，低于幅度刑量刑建议案件 3.1%。[4] 在如此之高的量刑建议采纳率的背景下，对量刑建议如何进行调整的问题自然会被有意无意地无视。同时也有研究成果表明，为何在《刑事诉讼法》修改以后，量刑建议能够快速实施，并且精准量刑建议比例较大？这与检察机

---

〔1〕　熊秋红："认罪认罚从宽制度中的量刑建议"，载《中外法学》2020 年第 5 期。

〔2〕　孙长永："认罪认罚案件'量刑从宽'若干问题探讨"，载《法律适用》2019 年第 13 期。

〔3〕　陈瑞华："论量刑协商的性质和效力"，载《中外法学》2020 年第 5 期。

〔4〕　张军："最高人民检察院关于人民检察院适用认罪认罚从宽制度情况的报告"，载《检察日报》2020 年 10 月 17 日。

关在提出量刑建议时学习和沟通机制盛行有关。由访谈得知，在实施认罪认罚从宽制度的初期，检察官和法官基本上一案一沟通；随着检察官实践经验的增多，后期的沟通逐渐减少，但当遇到新情况时，检察官仍会与法官进行深入沟通。应注意，即便经过学习和沟通，检察院和法院对某些问题依然可能存在不一致的意见。所以，双方的沟通最终往往以法院的意见为主，从而使得量刑建议在形式上呈现出较高的采纳率。[1]如此看来，量刑建议高采纳率的背后必然涉及调整规则的适用，因此有必要展开对量刑建议调整规则的研究。同时，高采纳率中有相当一部分是经过法院通知调整后被采纳的。因此，调整量刑建议问题不容忽视。

二、量刑建议为何调整

根据《刑事诉讼法》第 201 条第 2 款的规定，检察机关之所以调整量刑建议，是因为法院经过审理认为量刑建议明显不当，被告人、辩护人对量刑建议提出异议。因此，探究量刑建议调整的原因就应当从法院、被告人及其辩护人、检察机关三个角度展开。

（一）维护审判中心主义的要求

党的十八届四中全会提出了以审判为中心的刑事诉讼制度改革，而法院对认罪认罚案件中的量刑建议是否属于明显不当进行审查的权力恰恰契合了这一改革目标。其一，从制度设计层面来看，"以审判为中心"的内涵和要求是控、辩、审三种职能都要围绕审判中事实认定、法律适用的标准和要求展开，法官直接听取控辩双方意见，依证据裁判原则作出裁判。[2]换言之，审前各个阶段，无论是侦查，还是审查起诉，其目的均在于服务审判。因此，检察机关在认罪认罚案件中所提出的量刑建议自然理当属于法庭审理的范畴，自然理应经过法官的审查。其二，从量刑规范性层面来看，法院最早开始进行量刑规范化的改革，法官业已接受了数轮量刑规范培训。在实现"以审判为中心"的诉讼制度改革和司法运行过程中，检察官求刑应更加注意参照法院量刑规范，以保证和促进法院准确量刑。[3]因此，法院审查认罪认罚案件

---

〔1〕 左卫民："量刑建议的实践机制：实证研究与理论反思"，载《当代法学》2020 年第 4 期。

〔2〕 樊崇义："'以审判为中心'与'分工负责、互相配合、互相制约'关系论"，载《法学杂志》2015 年第 11 期。

〔3〕 龙宗智："'以审判为中心'的改革及其限度"，载《中外法学》2015 年第 4 期。

中的量刑建议既是诉讼制度使然，也是更好地贯彻罪责刑相适应原则的应有之义。

（二）保障被追诉人辩护权的要求

《刑事诉讼法》第201条第2款在规定法院有权审查量刑建议是否属于明显不当情形的同时，还特别规定了被告人、辩护人也可以对量刑建议提出异议，此规定反映了对被追诉人辩护权的保障。其一，从权利行使的主体来看，该规定实际上使得被追诉方的异议权近似于法院对量刑建议的审查权，即法院有权对量刑建议进行审查。同样，被追诉方对在审前阶段与检察机关达成的量刑合意依然可以提出异议。这就将对被追诉人辩护权的保障从审前贯穿到了审判。其二，被追诉方异议权的行使不必得到法院的认可。换言之，此种异议是一种独立的异议、单方面的异议，即使得不到法院的认可，被追诉方依然可以提出异议。其三，从文义解释的角度出发，无论检察机关提出的是确定刑量刑建议抑或是幅度刑量刑建议，被告人及其辩护人均可以进行量刑辩护。在审判阶段，辩护人对量刑建议的异议无论是否被检察机关接受，都应当按照认罪认罚案件进行处理。

（三）恪守检察官客观义务的要求

检察机关无论是根据法院经过审理后的意见调整量刑建议，还是基于被告人、辩护人的异议调整量刑建议，均是恪守检察官客观义务的要求。检察官客观公正义务的基本内涵有三：坚持客观立场；忠实于事实真相；实现司法公正。[1]首先，提出一个科学合理的量刑建议是检察官客观义务的体现。伴随着认罪认罚从宽制度的实施，特别是《刑事诉讼法》第201条第1款的"一般应当采纳"的规定，检察官在刑事诉讼中的权力扩大，尤其是认罪认罚案件要求检察官每案必提量刑建议。量刑建议的合理性考验着每一个办案检察官的专业素养。其次，根据案情的发展变化对量刑建议进行相应的调整更是检察官客观义务的体现。检察官调整量刑建议既可以是基于法院和被追诉方的意见，也可以是依据案情自行调整。因此，量刑建议提出后不是一成不变的，而是要求检察官因时因事随时进行调整。因刑事诉讼是一个动态发展过程，在审查起诉阶段未进行赔偿并取得被害人及其近亲属谅解的，但在审判阶段却可能取得了谅解。

---

[1]　朱孝清："检察官客观公正义务及其在中国的发展完善"，载《中国法学》2009年第2期。

三、量刑建议如何调整

如前所述，本章讨论的重点在于如何从程序上调整量刑建议，而不涉及量刑建议的实体调整。根据《刑事诉讼法》第 201 条第 2 款的规定，量刑建议的调整主要牵涉法院、被告人、辩护人、检察机关等四方主体。鉴于对量刑建议提出异议的主体是法院、被告人、辩护人，而量刑建议的调整主体是检察机关，如何将前者的异议有效地传导给后者是衡量量刑建议调整方式是否适当的关键。因此，有必要在检视目前量刑建议调整方式的基础上提出相应的完善思路。

（一）对现有量刑建议调整规则的分析

《刑事诉讼法》第 201 条第 2 款、《认罪认罚指导意见》第 40 条和第 41 条、2020 年 11 月 5 日"两院三部"颁布的《关于规范量刑程序若干问题的意见》（以下简称《规范量刑的意见》）第 23 条等法律规范共同组成了认罪认罚案件中量刑建议的调整规则。

通过对上述规范的梳理，我们可以发现现有的量刑建议调整规则有如下特点：

第一，充分肯认了法院享有完整的量刑权。体现为两点：其一，法院有权审查案件是否符合认罪认罚的条件。无论是《认罪认罚指导意见》还是《规范量刑的意见》均明确规定，对于人民检察院提出的量刑建议，人民法院应当依法进行审查。特别是《刑事诉讼法》第 201 条第 1 款的规定，赋予了法院实质审查认罪认罚案件的权力。其二，如若法院经过审理认为量刑建议明显不当，在通知检察机关进行调整后，可以按照事实和证据进行判决。

第二，充分尊重了检察机关求刑权。这主要体现在《刑事诉讼法》第 201 条第 1 款"一般应当采纳"的规定上，也体现在检察机关有权调整量刑建议上，同时还体现在"人民法院不采纳人民检察院量刑建议的，应当说明理由和依据"的规定上。

第三，量刑建议调整规则的程序较为简略。体现为三点：其一，如何理解量刑建议"明显不当"与《刑事诉讼法》第 201 条第 1 款第 5 项"其他可能影响公正审判的情形"，前者是否可以被后者所包含？其二，法院应以何种方式通知检察机关调整量刑建议？电话通知是否属于违反法定程序？其三，《规范量刑的意见》第 23 条第 2 款规定："人民法院经审理认为，人民检察院的量刑建议不当的，可以告知人民检察院。人民检察院调整量刑建议的，应当在法庭审理结束前提出。人民法院认为人民检察院调整后的量刑建议适当的，应当予以采纳；人民检察院不调整量刑建议或者调整量刑建议后仍不当的，人民法院应当依法作出裁判。"对此，如何理解此处的"不当"？特别是其与《刑事诉讼法》第201条的"明显不当"如何进行衔接？

第四，对被追诉人权利保障不足。这主要体现为：其一，无论是检察机关主动调整，还是法院通知调整，均未为量刑建议调整幅度设置一个上限。其二，被追诉方异议权的性质不明。被追诉方有权在审判环节对量刑建议提出异议，是否意味着被追诉人不再"认罚"？检察机关继续是否可以提出一个更重的量刑建议？

（二）目前量刑建议调整规则中存在的不足

在此，有必要以一个典型案例说明在当下量刑建议的调整规则中存在的不足。

被告人刘某华因涉嫌受贿罪，被北京市人民检察院第四分院公诉至北京市第四中级人民法院。在审查起诉期间，因刘某华认罪认罚，签署了认罪认罚具结书，检察机关提出判处被告人刘某华有期徒刑3年至3年6个月并处罚金人民币20万元至30万元、不适用缓刑的量刑建议。一审法院考虑到刘某华的退赃情况以及认罪悔罪表现，作出了有期徒刑2年并处罚金人民币20万元的判决。一审宣判后，检察机关提出抗诉，理由主要包括：第一，量刑不当。刘某华具有从重处罚的情节。第二，一审法院在审判过程中违反了法定诉讼程序。检察机关认为，本案中，一审法院未向检察机关明确表达认为量刑建议明显不当的观点以及具体理由，未明确表达拟判决的主刑、附加刑等具体内容，检察机关亦无从对是否"不调整量刑建议"进行研究并答复。检察机关未明确答复"不调整量刑建议"，一审法院即径行作出判决，违反了《刑事诉讼法》第201条第2款的规定。二审法院经过审理认为：第一，量刑适当；第二，一审法院未违反法律规定的诉讼程序。对此，法院认为，定罪量刑是审判权的核心内容，检察机关提出的量刑建议，本质上仍然属于程序职权。另外，在一审法院开庭审理时，刘某华的辩护人对公诉机关的量刑建议明确提出异议，公诉人当庭未表示调整量刑建议。此外，刑事诉讼法未明确规定认罪认罚案件，法院不采纳检察机关的量刑建议，需要采用何种方式征求检察机关的意见，一审法院用电话沟通的方式征求检察机关的意见并无不当。因此，一审法院不存在程序违法问题。综上，二审法院（北京市高级人民法院）驳回抗诉，维持原判。[1]

通过对该案的梳理，并结合其他案件的审判情况，我们能够发现在量刑建议调整程序存在如下诸多不足：

1. 法院径行调整量刑建议

在一些抗诉案件中，检察机关抗诉的理由在于法院未严格按照《刑事诉讼法》第201条第2款的规定，认为量刑建议明显不当的，在作出判决前未通知检察机关进行调整，同时也不存在被告人、辩护人对量刑建议有异议的情形，反而径行判决。因而，检察机关认为程序违法，量刑不当，提出抗诉。[2]

2. 检察机关对辩护人的异议不进行回应

还有一些案例是因为检察机关未对辩护人的异议进行回应，而这些异议全部或者部分得到了法官的认可，因而法院以辩护人对量刑建议提出异议，检察机关未进行回应为由，直接作出了判决。前述的"刘某华案"恰恰存在这个问题。

3. 法院通知检察机关调整量刑建议的方式多样

法院经过审理认为量刑建议明显不当，应以何种方式通知检察机关？司法实践中有如下数种做法：其一，法官致电检察官，通知其调整量刑建议。前述的"刘某华案"即为此种做法；其二，法官当庭要求检察官调整量刑建议。如在"舒某军、赵某等帮助信息网络犯罪案"中，审判长在一审的庭审过程中就直接要求公诉机关调整量刑建议，检察官据此在庭审中调整了量刑建议。[3]其三，法官在庭审之前通知检察官调整量刑建议。如在"乔某铜、乔某白污染环境罪案"中，一审法院在庭审之前对公诉机关提出的适用简易程

---

[1] 有关本案的详情请参见北京市高级人民法院 [2019] 京刑终110号刑事裁定书。

[2] 检察机关以法院未履行通知调整义务而提出抗诉的典型案例如：江苏省无锡市中级人民法院 [2020] 苏02刑终172号刑事裁定书、陕西省咸阳市中级人民法院 [2020] 陕04刑终162号刑事裁定书、湖南省怀化市中级人民法院 [2020] 湘12刑终65号刑事判决书、湖北省黄冈市中级人民法院 [2020] 鄂11刑终70号刑事判决书、安徽省宣城市中级人民法院 [2020] 皖18刑终86号刑事判决书等。在前述案件中检察机关提出抗诉的理由要么是一审法院未采纳量刑建议且未在判决书中阐述未采纳的理由和依据，要么是一审法院在被告人未对量刑建议提出异议，又没有通知原公诉机关调整量刑建议。以上案件均由笔者通过中国裁判文书网检索得到。

[3] 有关本案的详情请参见江苏省无锡市中级人民法院 [2020] 苏02刑终225号刑事裁定书。

序及量刑建议均书面提出不同意见，同时向公诉机关提出调整量刑的建议。[1]

（三）量刑建议调整的原则

无疑，量刑建议的形成过程与调整规则渗透了法院、检察机关、被告人、辩护人等数方主体的力量博弈。因此，在明确量刑建议如何调整之前，必须首先明确量刑建议调整的思路。

1. 充分尊重检察机关求刑权

充分尊重检察机关的求刑权是相对于法院而言的。尽管根据《刑事诉讼法》第 201 条第 2 款的规定，法院依然享有完整的定罪量刑权，但从第 201 条的设计上来看，刑事诉讼法充分肯认了检察机关的求刑权。对此无需过多赘言。此处只谈一点。在《刑事诉讼法》第 201 条第 2 款中，面对法院的通知和被追诉方的异议，检察机关"可以"调整量刑建议。反过来讲，如果不考虑考核指标等因素，检察机关其实也可以不调整量刑建议。因此，无论是第 201 条第 1 款的"一般应当采纳"还是第 2 款的"可以调整"，检察机关的求刑权在立法上均得到了充分尊重。

同时也应当看到检察机关能够行使完整的求刑权还体现在其既可以根据法院的通知和被追诉方的异议调整量刑建议，也可以自行决定启动量刑建议的调整。而且，虽然《刑事诉讼法》第 201 条第 2 款没有明确进行表述，但根据立法精神可以推知，检察机关有一次调整量刑建议的机会。尽管第 1 款中的第 5 项似乎可以涵摄量刑建议"明显不当"的情形，但在一般情况下不宜适用此项规定直接进行改判，而应当通知检察机关进行调整。

对此，《规范量刑的意见》第 23 条第 2 款规定："人民法院经审理认为，人民检察院的量刑建议不当的，可以告知人民检察院。……"其中使用的"可以"一词是否表明法院也可以不用告知检察机关而直接改判？笔者认为，此处的"可以"并不足以支撑法院不告知检察机关而直接宣判。原因在于：其一，此处使用"可以"的前提条件是量刑建议"不当"，而非量刑建议"明显不当"。因此，两者的语境不同，不能简单套用。其二，《规范量刑的意见》第 27 条指出，对于认罪认罚案件量刑建议的提出、采纳与调整等，适用《认罪认罚指导意见》的有关规定。质言之，量刑建议的调整应当遵循《认罪认罚指导意见》的规定，即第 41 条的"应当告知"的规定。其三，"两院三

---

[1] 有关本案的详情请参见安徽省蚌埠市中级人民法院［2020］皖 03 刑终 337 号刑事裁定书。

部"相关机构负责人在回答记者关于《规范量刑的意见》中有关适用范围和时间效力的确定的问题时,又重申了《认罪认罚指导意见》第 41 条"应当告知"规定。

2. 充分尊重被追诉方异议权

充分尊重被追诉方的异议权是相对于检察官和法官而言的,特别是检察官。由于制度初创以及我国刑事诉讼结构的内在缺陷与程序不完善,控辩失衡更为突出,协商性司法的异变也存在更大风险。完善我国认罪认罚从宽制度的关键正在于此项制度中国家权力与公民权利的相对平衡,即控辩平衡。[1]为保障被追诉人认罪认罚的自愿性和明智性,《认罪认罚指导意见》第 33 条第 1款明确规定:"……人民检察院提出量刑建议前,应当充分听取犯罪嫌疑人、辩护人或者值班律师的意见,尽量协商一致。"同时,《刑事诉讼法》第 201条第 2 款的规定又再一次重申和强调了被追诉人的辩护权,以防检察机关压制被追诉人。

在此需要明确,被追诉方对量刑建议提出异议并不表明其撤回认罪认罚。其一,《刑事诉讼法》和《认罪认罚指导意见》肯定了被追诉方可以在庭审过程中对量刑建议提出异议;其二,如若异议得到法院或者检察机关认可,自然会继续适用认罪认罚从宽制度;其三,如若量刑建议未得到法院或者检察机关认可,只要被追诉方在最后陈述阶段依然同意量刑建议,仍然应当适用认罪认罚从宽制度。在认罪认罚案件中,被追诉方反悔的目的其实在于尽可能争取一个更轻的刑罚,因此难免采取一种左右张望的态度。对此,检察机关没有必要立即撤回认罪认罚具结书,而应当观察被追诉人最后陈述的内容,进而将此问题留待法官裁决,以凸显审判中心主义。

同时,如若在适用速裁程序审理的案件中,辩护人对量刑建议提出异议,法院不应省略法庭调查和法庭辩论,在必要的时候可以转化为普通程序审理。

3. 充分尊重法院审判权

充分尊重法院的审判权主要是相对于检察院而言的。尽管根据《刑事诉讼法》第 201 条的规定,检察机关的求刑权能充分得到彰显,但从第 2 款的设计上来看,刑事诉讼法依然保障了法院在认罪认罚案件中对量刑建议享有绝对的审查权,即可以通知检察机关调整量刑建议,如若检察机关不调整或

---

〔1〕 龙宗智:"完善认罪认罚从宽制度的关键是控辩平衡",载《环球法律评论》2020 年第 2 期。

者调整后仍然明显不当，法院可以直接进行判决。

（四）改进量刑建议调整规则的措施

对此，有必要进一步细化量刑建议调整的类型、启动、时间、地点、方式等内容。

1. 调整的类型

关于量刑建议的调整，可作如下的分类：

第一种分类：按照启动主体的不同，可以分为检察机关（自主）调整量刑建议、法院通知检察机关调整量刑建议、被追诉人建议检察机关调整。其中，被追诉人建议调整又可分为得到法院认可的调整和未得到法院认可的调整。很显然，如若被追诉人的建议得到了法院认可，法院也会通知检察机关调整。因此，得到法院认可的被追诉人异议可直接视为法院通知检察机关调整量刑建议。

第二种分类：按照量刑建议是否由检察机关主动调整，可分为主动调整和被动调整。主动调整是检察机关依据新的事实和证据对量刑建议进行调整，被动调整是检察机关根据法院的通知进行调整。很显然，在被动调整中，法院审理后的通知相对于被追诉方的异议，对检察机关调整量刑建议的强制力更足。此种调整模式也可以被称为积极调整和消极调整。

第三种分类：基于是否存在正当化理由的调整，可将量刑建议的调整分为有因调整和无因调整。根据《认罪认罚指导意见》第 41 条的规定，被告人、辩护人对量刑建议有异议且有理有据的，人民法院应当告知人民检察院。此即为有因调整。《刑事诉讼法》及《认罪认罚指导意见》未对无因调整进行规定，因此我国现行法并不承认无因调整。需要明确，在对量刑建议进行调整时，只能基于影响量刑的各种法定、酌定情节，而不仅是为了满足被追诉人的诉求，追求合意的达成。[1]

在此，需要明确，为保证论述的全面性，下文中对调整时间、地点和方式的论述将围绕法院通知调整、检察机关主动调整、被追诉方建议调整三种分类展开。

---

〔1〕闫召华："听取意见式司法的理性建构——以认罪认罚从宽制度为中心"，载《法制与社会发展》2019 年第 4 期。

2. 调整的时间

对于量刑建议调整的时间要考虑到是法院通知检察机关调整，还是检察机关主动进行调整。对于前者，《刑事诉讼法》第 201 条第 2 款明确规定，法院经过"审理"认为量刑建议明显不当。所谓经过"审理"起码要经过庭审程序，并听完被告人的最后陈述。因此，在一般情况下，法院通知检察机关调整量刑建议的时间应当在被告人作完最后陈述之后。即使在速裁程序中简化了法庭调查和法庭辩论，也依然还需要听完被告人的最后陈述。需要明确的是，法院经过审理认为量刑建议明显不当，既可能是法官个体经过审理自行发现不当，也可能是法官认可了被追诉方的异议，认为量刑建议明显不当。

当然，有一般自然就有例外。因为《刑事诉讼法》第 190 条第 2 款规定在认罪认罚案件中，审判长应当告知被告人享有的诉讼权利和认罪认罚的法律规定，审查认罪认罚的自愿性和认罪认罚具结书内容的真实性、合法性。在这个环节，如若被告人对量刑建议提出异议，且有理有据，法官可以当庭通知检察官调整。如若被告人对量刑建议提出异议，但没有根据，只是一种自行辩护的策略，法官可以考虑等到被告人作最后陈述时再次确认其是否依然有异议。如此处理，既可以给被告人一个思考的机会，也为法官查清案情提供了时间。同时，主要基于控审分离的原则，法院应当尽量避免在审前阶段就量刑建议与检察机关进行沟通，建议调整。

至于检察机关主动调整的时间，因为检察机关是量刑建议的主体，所以从原理上看，检察机关可以在法庭审理的任何阶段调整量刑建议。《认罪认罚指导意见》第 41 条第 2 款的规定也肯定了这一点，该条规定检察机关调整量刑建议应当在庭前或者当庭提出。至于在当庭的哪个诉讼阶段，留由检察官自行把握。但是，量刑建议的调整必须基于正当的理由，如被告人在审判过程中有退赃退赔、获得被害人谅解、发现漏罪、认罪悔罪态度较好等新情况。但是检察机关调整量刑建议最迟不得晚于法庭审理结束。对此，《规范量刑的意见》第 23 条规定，人民检察院调整量刑建议的，应当在法庭审理结束前提出。

对于被告人及其辩护人建议检察机关调整量刑建议的时间，从理论上讲，因为其是参与量刑建议形成的一方主体，因此有权随时提出对量刑建议的异议。当然，被追诉人提出异议最晚不得迟于最后陈述阶段，也就是说，最后陈述是被追诉人发表异议的最后环节。对此，《规范量刑的意见》第 12 条和第 13 条也作出了类似规定，即在速裁程序中，在判决宣告前应当听取辩护人的意见和被告人的最后陈述意见。在简易程序中，在判决宣告前应当听取被告人的最后陈述意见。

同时，在调整的时间上还涉及另一个问题，在接到法院的通知或者被追诉人、辩护人的异议后，检察机关应当在多少日之内进行答复？对此，基于诉讼效率的考量，笔者认为，检察机关应当自收到通知或者建议之日起1天之内进行答复，至多不超过2天。以当即调整为原则，休庭后调整为例外，主要限于检察长决定的情形。对此，应当遵循"口头自由、笔头拘束"的检察权行使原则。需要特别指出的是，一旦启动量刑建议的调整机制就必须重新听取辩方意见、更新具结书。[1]

3. 调整的地点

《刑事诉讼法》对调整量刑建议的地点并未作出规定，《认罪认罚指导意见》第41条第2款也仅仅规定检察机关在速裁程序中调整量刑建议应当在庭前或者当庭提出。从司法实践来看，调整量刑建议既可以在法庭上也可以在庭外。

笔者认为，量刑建议的调整地点可以留给检察官自行决定，既可以在庭前，也可以当庭提出。至于法院通知检察机关调整量刑建议，既可以当庭提出，也可以在庭外提出。当庭提出的好处在于保障了被追诉人的知情权。庭外提出的好处在于说理更加充分。

只不过，考虑到检察官监督管理的规定，应当允许检察官庭外对量刑建议进行调整。根据《人民检察院办理认罪认罚案件监督管理办法》第7条的规定，检察官根据法院的通知和被追诉方的异议调整量刑建议的，若原量刑建议由检察官提出，检察官调整后应当向部门负责人报告备案；若原量刑建议由检察长（分管副检察长）决定的，由检察官报请检察长（分管副检察长）决定。因此，对于检察长作出的量刑建议，应当由出庭的检察官报请检察长批准后进行调整。

4. 调整的方式

调整量刑建议的方式指的是，法官通知检察机关调整量刑建议是口头还是书面？是应当发出调整量刑建议的文件并要求检察机关签署送达回证，还

---

〔1〕 闫召华："'一般应当采纳'条款适用中的'检''法'冲突及其化解——基于对《刑事诉讼法》第201条的规范分析"，载《环球法律评论》2020年第5期。

是电话通知即可？

对此，《认罪认罚指导意见》第 40 条第 3 款只是规定："人民法院不采纳人民检察院量刑建议的，应当说明理由和依据。"笔者认为，法院通知检察机关调整量刑建议，若是当庭通知，口头通知即可，通知情况记入庭审笔录；若是庭外通知，应当使用书面形式，向检察机关发送《调整量刑建议函》，[1]并要求签署送达回证。

被追诉方建议调整，若发生在庭审期间，可以口头提出。若在庭外，可以书面提出。因为被追诉方异议调整要求"有理有据"，因此自然书面提出异议的做法比较妥当。

在调整量刑建议的过程中还涉及一个技术性问题，即调整后是否需要重新签署具结书？笔者认为，如若是由重刑调整轻刑，因为一般会被当事人所接受，因此可不重新签署认罪认罚具结书。若是由轻刑调整为重刑，为保障被追诉人认罪认罚的自愿性和真实性，应当重新签署认罪认罚具结书。基于同样的理由，若是当事人建议检察官调整，也应当重新签署认罪认罚具结书。

5. 调整的范围

法院通知检察机关调整量刑建议，由重刑调整为轻刑比较好处理，但如果通知由轻刑调整为重刑，因其中涉及被追诉人是否接受的问题，因而此种情形需要重点讨论。

第一，需要明确法院不能直接加重刑罚。法院直接加重刑罚无疑剥夺了被追诉人的辩护权，应当予以绝对禁止。

第二，需要明确法院必须通知检察机关进行调整。原因在于，其一，无论是加重还是减轻，均属于对量刑建议的调整。根据《刑事诉讼法》第 201 条的立法精神，法院应当通知检察机关进行调整。其二，加重量刑直接涉及被追诉人的基本权利。本来被追诉人认罪认罚希望获得一个较轻的刑罚，结果反而可能获得一个较之前更重的刑罚。因此需要留给被追诉方充足的准备时间，即对于从重量刑的情节被告人有提出证据反驳和辩护的权利，否则就有"裁判突袭"之嫌。[2]

---

〔1〕《调整量刑建议函》的具体格式可参见：胡云腾主编：《认罪认罚从宽制度的理解与适用》，人民法院出版社 2018 年版，第 152 页。

〔2〕汪海燕："认罪认罚从宽制度中的检察机关主导责任"，载《中国刑事法杂志》2019 年第 6 期。

第三，应当明确，即使量刑建议进行调整，也必须设置一个幅度进行限制，切不可因为检察机关和法院在对待量刑建议的效力上存在冲突，而将不利后果施以被追诉人。

同时还要考虑到，在共同犯罪案件中，如若对某个或某些被告人的量刑进行了调整，应当结合全案的案情，对所有被告人的量刑进行综合考量，以保障罪责刑相适应。无论是差别追诉还是差别保障，对法治和公平正义的实现都具有极大的破坏性。[1]

结　语

量刑建议调整规则系认罪认罚从宽制度关键的制度因素。围绕着认罪认罚从宽制度的实施出现了检察主导与审判中心的学术讨论，两者的冲突在很大程度上在于量刑建议的采纳与否。检察主导认为，伴随着认罪认罚从宽制度的建立健全，我国也出现了"检察官法官化"的权力转移现象，并在实质上形成了一种检察主导的刑事案件处理模式。[2]审判中心主义认为，认罪认罚的案件事实及量刑建议都必须经过法院开庭审查，是否合适和采纳还是由法院审判以后才能最终决定，法院有权变更罪名，调整量刑建议等。[3]因此，《刑事诉讼法》第201条一方面规定了"一般应当采纳"条款，另一方面也规定了"明显不当通知调整"条款。

从设置量刑建议调整规则的目的出发，对于《刑事诉讼法》第201条第2款能够衍生出两种解读方式：一种是官方的解读方式，认为本款的规定有两层意思：一是人民检察院可以调整量刑建议；二是人民法院对量刑具有最终裁判权。[4]还有一种理论层面的解读方式，即协商理论，到了审判阶段，法院通过审理案件的方式参与到量刑协商过程中。协商的主体从两方发展成了三方。不过在三方协商的过程中会出现三种情况：法院无理由不接受检察机关与被追诉方达成的量刑建议；被追诉方独自对抗联合起来的检法；被追诉方对量

---

〔1〕　韩旭：《检察官客观义务论》，法律出版社2013年版，第61页。

〔2〕　闫召华："检察主导：认罪认罚从宽程序模式的构建"，载《现代法学》2020年第4期。

〔3〕　胡云腾："正确把握认罪认罚从宽　保证严格公正高效司法"，载《人民法院报》2019年10月24日。

〔4〕　王爱立主编：《中华人民共和国刑事诉讼法修改与适用》，中国民主法制出版社2018年版，第381页。

刑建议的异议被法院采纳，却不为检察机关接受。在此要特别注意前两种情况的发生。

第一，对于法院无故不接受检察机关与被追诉方达成的量刑建议的情况，可以从机制层面着手解决。其一，检察官在向法院移送案卷材料、认罪认罚具结书和量刑建议等文书时，应当详细阐明量刑建议的形成过程，增强检察文书的说理性。[1]其二，法官在量刑问题上对于不当之量刑建议在敢于说"不"的同时，[2]也应当增强通知调整的说理性。对此，一方面，法官可以通过详细的说理教检察官如何精准量刑；另一方面，法官通过详细的说理可以避免后期检察官提起抗诉。其三，尽管原则上禁止法院和检察机关就个案进行沟通，但法院和检察机关可以加强就某一时期内认罪认罚从宽制度工作的进展情况进行总结会商。利用会商机制提出自己关于完善认罪认罚从宽制度的建议。

第二，对于被追诉方独自对抗联合起来的检法的情况，应当从以下方面着手保障。其一，充分保障被追诉人的上诉权。从文本立法到司法实践，认罪认罚从宽制度始终充斥着强职权主义色彩，更像奖励，绝非权利。[3]因此，我国对被追诉人辩护权的保护还不够全面。当前在认罪认罚从宽制度中建立上诉许可制度的时机和条件尚不够成熟，不仅不宜在部分认罪认罚案件中确立裁量型上诉，而且不宜在认罪认罚从宽制度中确立裁量型上诉。[4]其二，严格限制法官提前介入案件，特别是在审查起诉阶段就个案的量刑与检察官进行沟通。一方面，这种做法违背了控审分离的原则；另一方面，刑事司法是一个动态的过程，法官和检察官对于量刑的认识也是不断深化的。如若法官在审查起诉阶段就量刑建议进行表态，审判阶段出现了新情况新证据，法官如何进行修正？同时，法官提前介入的做法虚置了庭审，与庭审实质化的改革目标相悖。其三，要重视被追诉人的异议。不仅检察官要对庭审中被追诉方的异议进行回应，而且法官也应积极进行对被追诉方异议的回应。其四，为了保障协商的诚信性，检察官不得提出"策略性"的量刑建议，即故意提

---

〔1〕 胡云腾："完善认罪认罚从宽制度改革的几个问题"，载《中国法律评论》2020 年第 3 期。

〔2〕 韩旭："2018 年刑诉法中认罪认罚从宽制度"，载《法治研究》2019 年第 1 期。

〔3〕 郭烁："二审上诉问题重述：以认罪认罚案件为例"，载《中国法学》2020 年第 3 期。

〔4〕 关于上诉许可制和裁量型上诉的内容参见牟绿叶："我国刑事上诉制度多元化的建构路径——以认罪认罚案件为切入点"，载《法学研究》2020 年第 2 期。

出一个较重的量刑建议，给辩护方一个"讨价还价"的协商空间。[1]其五，要围绕审判中心主义，建立以法官审查为核心的认罪认罚量刑建议审查体系。

第三，如何理解认罪认罚案件中检察机关的抗诉？认罪认罚案件中检察机关的抗诉主要有三个来源：上诉引发抗诉；法院程序违法引发抗诉，如不通知检察机关调整量刑建议而径行判决；认为法院的量刑不当而引发抗诉。对于第一种抗诉来源，学界的讨论较为充分，此处不赘。[2]至于第二种抗诉则实无必要。司法实践中存在检察机关以一审法院不采纳量刑建议并且没有在裁判文书中释法说理而提出抗诉的案例，[3]如果法院的量刑适当，二审法院会以量刑适当为由，驳回抗诉，维持原判。对于法院的程序违法，可以通过前述的会商机制解决，动辄提出抗诉，徒耗司法资源，还在一定程度上加重了被追诉人的负累。对于第三种抗诉，检察机关如果认为法院的量刑明显不当，自然应当提出抗诉。如若认为法院的量刑不属于明显不当，检察机关便没有提出抗诉的必要。有的司法案例中，检察机关的量刑建议并不包含缓刑，但法院却判处了缓刑，检察机关提出抗诉，最终二审法院认为量刑适当，驳回抗诉，维持原判。[4]对此，检察机关不提出抗诉为宜。[5]

认罪认罚从宽是一项牵一发而动全身的制度。在实施的过程中，因涉及的主体较多，包括了法院、检察机关、被追诉人、辩护人、值班制度等，多方主体之间难免存在力量的此消彼长。但应当看到认罪认罚从宽制度对于化解社会矛盾，实现国家治理体系和治理能力现代化的重要意义。因此，面临如此重任，仅靠一方的"单打独斗"，实在作用有限，有必要通过一种更为科学合理的方式调动各方主体的积极性。反映到量刑建议上来就是既要强调量刑建议的效力和作用，也要注重对于量刑建议的调整，特别是要注重集思广益，让法院能够参与到量刑协商，并对结果发挥作用，使得此项制度行稳致远。

---

〔1〕　韩旭：《认罪认罚从宽制度研究》，中国政法大学出版社 2020 年版，第 189 页。

〔2〕　关于"上诉引发抗诉"请参见：韩旭："认罪认罚从宽制度实施检察机关应注意避免的几种倾向"，载《法治研究》2020 年第 3 期。

〔3〕　请参见江苏省无锡市中级人民法院［2020］苏 02 刑终 172 号刑事裁定书。

〔4〕　请参见陕西省咸阳市中级人民法院［2020］陕 04 刑终 162 号刑事裁定书。

〔5〕　对此，张军检察长撰文指出："完善认罪认罚案件抗诉标准，对法院采纳量刑建议后被告人没有正当理由反悔上诉，或者量刑建议并无明显不当而未被采纳、符合抗诉条件的，依法审慎提出抗诉，维护制度严肃性和司法公信力。"详情参见张军："认罪认罚从宽：刑事司法与犯罪治理'中国方案'"，载《人民论坛》2020 年第 30 期。

第五章

单位犯罪适用认罪认罚从宽制度的规则建构

单位犯罪适用认罪认罚从宽制度的规则不同于自然人犯罪认罪认罚的规则，如存在单位犯罪是否依然需要签署认罪认罚具结书，由谁签署认罪认罚具结书，如何审查判断单位犯罪认罪认罚的自愿性和真实性等问题。为此，2020 年 12 月，最高人民检察院发布了第二十二批指导性案例，其中对某起单位犯罪案件适用认罪认罚从宽制度进行了处理，为单位犯罪适用该制度提供了样板和借鉴。对单位犯罪适用认罪认罚从宽制度，一方面通过矫正违法，保护企业正常的生产经营活动，保障经济发展；另一方面能够丰富和完善认罪认罚从宽制度。因此，有必要对单位犯罪适用认罪认罚从宽制度的规则进行总结归纳。[1]

一、当前单位犯罪适用认罪认罚从宽制度存在的问题

（一）规则缺失

当下阻碍对单位犯罪适用认罪认罚从宽制度的问题在于相关规则的缺失。主要体现在两方面：其一，实体规则的缺失，特别是量刑规则。对被追诉人而言，之所以自愿适用认罪认罚从宽制度，一方面是出于真诚认罪悔罪的心理，另一方面在于认罪认罚之后能够获得对应的量刑优惠。因此，毫无疑问，如何认定认罪认罚和如何量刑自然而然就成了认罪认罚从宽制度得以顺利实

---

[1] "单位"并非一个严格的法学术语，但因"单位犯罪"已被规定在了《刑法》中，因此本文沿用这一表述。在本书中，"单位犯罪"与"企业犯罪""法人犯罪"均指代同一个意思。

施的关键环节。但是，由于认罪认罚中量刑规则的缺失，不仅对自然人犯罪认罪认罚的激励效果不彰，而且对单位犯罪认罪认罚的吸引力也不明显。其二，程序规则的缺失，特别是如何认定单位犯罪认罪认罚的规则。与自然人不同，单位的意志只能借助法定代表人表示出来。这也就是在过去一个阶段对单位犯罪能否适用自首和立功制度产生疑问的原因。因此，如何审查判断单位犯罪认罪认罚的自愿性和明智性就显得尤为重要，特别是考虑到在某些单位犯罪案件中，法定代表人本身就是被追诉人，不排除其将责任推卸给单位的可能性。更不必提单位犯罪认罪认罚后强制措施的变更规则了。与单位犯罪不同，根据《刑事诉讼法》第81条的规定，是否对犯罪嫌疑人、被告人实施逮捕，应将认罪认罚的情况作为考虑因素之一。换言之，被追诉人可能出于变更强制措施的考虑而选择认罪认罚，但单位犯罪即使认罪认罚，也无可以变更刑事强制措施的规定。

（二）适用条件模糊

相关规则的缺失导致司法实践中对单位犯罪适用认罪认罚从宽制度的条件模糊。这种模糊主要体现在两方面：一方面，比照单位自首和单位立功的适用，得出单位适用认罪认罚的条件。单位成立一般自首，须符合《刑法》第67条第1款规定的一般自首的成立条件，即"自动投案+如实供述自己的罪行"。[1]自然，具体到单位认罪认罚的成立上，应当符合《刑事诉讼法》第15条的规定，即"认罪+认罚"。另一方面，比照自然人犯罪认罪认罚的适用，得出单位适用认罪认罚的条件。如自然人认罪认罚一般应当签署认罪认罚具结书，如若对单位犯罪适用认罪认罚的话，当然也应当签署认罪认罚具结书。从某些裁判文书中我们可以看出在司法实践中司法机关也的确是这样做的。[2]

对于前述第一种情况，即比照认定单位自首的方式认定单位认罪认罚，其因依然遵循《刑事诉讼法》第15条的规定而尚能自圆其说。但如果直接比照自然人认罪认罚的方式认定单位认罪认罚则较为牵强。原因在于：单位作为一个和自然人一样具有独立人格特征的组织体，也有其神经中枢（即单位的决策机构），也和自然人一样具有意识和意志，也同样具有承担刑事责任的

---

〔1〕 石磊：《单位犯罪适用》，中国人民公安大学出版社2012年版，第208页。
〔2〕 详情参见四川省攀枝花市东区人民法院［2020］川0402刑初97号刑事判决书。

能力。然而，单位的意志并非表现为个人意志，也不是简单的单位中的个人的意志的结合。而是基于单位这一组织系统中的决策、领导、管理机构的相关人员的共同意志形成的整体性意志，并且在这一意志的支配和影响下，只有通过单位的直接责任人员的行为才能实现该意志。[1]

（三）未合理划分单位认罪认罚与直接责任人员认罪认罚的关系

对单位犯罪适用认罪认罚从宽制度，如果不能合理划分单位认罪认罚与直接责任人员认罪认罚的关系，一方面会出现过度重视对直接责任人员的认罪认罚审查，忽视对单位的认罪认罚审查的问题；另一方面会出现误将单位认罪认罚视为直接责任人员认罪认罚，从而忽视对直接责任人员自愿性、真实性和明智性的审查的问题。具体到司法实践中，在单位犯罪适用认罪认罚从宽制度中要注意对以下几对关系的甄别：其一，单位认罪认罚不一定意味着直接责任人员的认罪认罚；其二，直接责任人员认罪认罚不一定意味着单位认罪认罚；其三，在数家单位共同犯罪案件中，一家单位认罪认罚不一定意味着其他单位也认罪认罚，一家单位中的直接责任人员认罪认罚，既不意味着其他直接责任人员认罪认罚，更不意味着全部单位均认罪认罚。

（四）辩护权保障不足

辩护权保障不足是目前单位犯罪适用认罪认罚从宽制度面临的难题之一。突出表现为两点：其一，在单位犯罪的法定代表人有至少一名辩护律师的情况下，单位可能没有辩护律师；其二，因单位不存在被羁押的问题，所以得不到值班律师的法律帮助。当然，如若单位认罪认罚，按照规定，在签署认罪认罚具结书时应当有值班律师在场见证，但这种在场见证在自然人认罪认罚的情况下法律帮助的实现效果较差，遑论单位犯罪。单位之所以没有辩护律师，原因可能在于法定代表人尝试通过将责任推卸给单位而减轻自己的责任。有关实证研究显示，认定单位犯罪的指控或辩护意见，通常由公诉机关提出或辩护人提出，其中绝大部分的单位犯罪都是被作为辩护意见而呈递给审判机关的。认定单位犯罪通常被视为对单位直接责任人员刑事责任的减轻，因此提出"成立单位犯罪"的主张通常是对被告人有利的。[2]

（五）未建立健全单位犯罪认罪认罚的审前分流程序

与自然人犯罪因认罪认罚而得到不起诉处理不同，当前单位犯罪认罪认

[1] 陈丽天：《单位犯罪刑事责任研究》，中国法制出版社2010年版，第91页。
[2] 聂立泽：《单位犯罪新论》，法律出版社2018年版，第9页。

罚并未建构一套完整的审前分流程序。在我国，企业是经济活动的主要参与者、就业机会的主要提供者、技术进步的主要推动者，在经济发展中发挥着十分重要的作用。[1]特别是民营经济。但现实情况却是："在2017年12月1日至2018年11月30日的上传的刑事判决案例中，共检索出企业家犯罪案例2222件，企业家犯罪2889次。其中，国有企业家犯罪数为330次，约占企业家犯罪总数的11.42%，民营企业家犯罪数为2559次，约占企业家犯罪总数的88.58%。"[2]同时，考虑到企业家与企业之间的关系，一旦企业家被采取强制措施，乃至被定罪，其对于企业的影响之大不言而喻。由此，企业合规制度应运而生。

　　企业合规制度的建立能起到对单位犯罪审前分流的作用。一方面，检察机关联合行政监管机关指导涉罪企业制定合规计划，并监督其准确实施；另一方面，要求涉罪企业按照相关行政监管机关的要求作出一定的行为。如涉罪企业涉嫌危害税收征管犯罪的，除了满足企业合规的一般条件外，还应按照税务机关的要求补足税款、滞纳金及罚款；涉嫌破坏环境资源保护的犯罪案件还应按照自然资源管理部门或生态环境主管部门要求足额缴纳环境资源修复相关资金或已恢复原状。

　　通过一定的合规激励机制建立合规不起诉制度能够有效地减少犯罪情节轻微的单位犯罪案件涌入审判阶段。我国检察机关在探索企业合规制度建设的过程中生发出了"检察建议模式"和"附条件不起诉模式"两种治理方式。与"检察建议模式"不同，"附条件不起诉模式"是在借鉴欧美国家暂缓起诉协议制度的基础上确立的一种合规不起诉模式。本来，"附条件不起诉"作为已被我国刑事诉讼法确立的制度，目前仅仅适用于轻微的未成年人刑事案件。但是，一些有志于进行合规不起诉改革探索的检察机关，认识到检察建议制度在推进企业建立刑事合规方面的局限性，于是在现行刑事诉讼法设定的制度框架下，将合规机制引入了公诉制度，使之具有了"附条件不起诉"的制度形式。[3]

---

　　〔1〕　童建明："充分履行检察职责　努力为企业发展营造良好法治环境"，载《检察日报》2020年9月22日。

　　〔2〕　张远煌："企业家刑事风险分析报告（2014—2018）"，载《河南警察学院学报》2019年第4期。

　　〔3〕　陈瑞华："刑事诉讼的合规激励模式"，载《中国法学》2020年第6期。

二、建构单位犯罪适用认罪认罚从宽制度规则的必要性

（一）单位犯罪治理之必要

之所以处罚单位，是为了认定因其行为而产生侵害法益的结果，并对引发该结果的单位本身进行法非难。与此同时，也希望通过处罚遏制该单位以及其他单位引发同样的违法结果。[1]当前，我国单位犯罪治理的现状存在如下特点：其一，单位犯罪适用的罪名日益呈扩大化趋势。一方面，修改的《公司法》将注册资本由实缴制转化为认缴制，注册公司的成本迅速降低，商事主体的数量大幅度增加。另一方面，随着《刑法修正案（十一）》的颁布生效，单位犯罪适用的罪名越来越多，如欺诈发行证券罪等罪名。其二，刑事程序为单位带来的附带伤害极大。同样是办理单位案件，刑事处罚单位犯罪的力度不及行政处罚单位违法的力度。按道理讲，犯罪的社会危害性要远远高于违法，因此相应地制裁后果会更加严重，但在单位违法犯罪问题上却出现了相反的现象。一个企业可能会因违反行政法律而被取消市场主体资格，即吊销营业执照。但一个企业因犯罪所能被判处的最重刑罚也不过是罚金，刑法中并无取消市场主体资格的刑罚种类。但涉案企业一旦进入诉讼程序，将迅速面临财产被查封、扣押、冻结等不利局面，涉案企业被定罪的可能性极高。即便是针对个别企业成员的刑事追诉措施——逮捕、搜查、保全等——也会给企业带来严重的损害，诸如扣押文件或者电脑等措施。[2]其三，刑事处罚为单位带来的消极后果巨大。虽然刑法对单位犯罪的惩治手段仅有判处罚金，但巨额罚金不仅会让企业付出惨痛代价，而且被定罪的企业会被拉入"黑名单"，失去合作伙伴，也无法参与某些政府主导的投资项目。

正是基于应对单位犯罪圈扩大的现状以及减少刑事程序和处罚对单位造成不良影响的考虑，才有必要在单位犯罪中引入认罪认罚从宽制度。对单位犯罪适用认罪认罚，一方面通过刑事强制措施的变更降低刑事程序对企业的影响；另一方面通过从宽处罚，减少刑事处罚对企业的影响。

---

〔1〕［日］今井猛嘉："对于单位的处罚——立足于合规计划的研究"，周啸天、张小宁译，载李本灿等编译：《合规与刑法——全球视野的考察》，中国政法大学出版社 2018 年版，第 231 页。

〔2〕［德］丹尼斯·伯克："合规讨论的刑法视角——《秩序违反法》第 130 条作为刑事合规的中心规范"，黄礼登译，载李本灿等编译：《合规与刑法——全球视野的考察》，中国政法大学出版社 2018 年版，第 309 页。

（二）完善认罪认罚从宽制度之必要

目前，我国的认罪认罚从宽制度在推行过程中呈现出如下特点：其一，认罪认罚从宽制度试点实践经验不充分，理论供给不足，导致该制度在适用过程中还存在某些技术性乃至基础性问题。如《刑事诉讼法》第201条"一般应当采纳"条款带来的量刑建议效力问题、认罪认罚后的无罪辩护问题、检察机关的抗诉权行使问题等。其二，控辩不平衡成了阻碍认罪认罚从宽制度准确实施的关键问题。检控一方天然地具有压制被追诉人权利行使的惯性，再加之我国特殊的诉讼构造，使得该问题异常突出。其三，以认罪认罚从宽制度的实施为契机，刑事程序审前分流的效果已经得到体现，但还不太明显。由于我国认罪认罚从宽制度的适用范围主要是自然人犯罪而非单位犯罪，因此对于认罪认罚的单位犯罪不存在不起诉的适用空间。同时，即使对自然人犯罪适用不起诉，也仅限于轻微犯罪，如危险驾驶罪等。

我国通过对单位犯罪适用认罪认罚从宽制度可以做到：其一，丰富该制度的理论。认罪认罚从宽制度从试点到正式进入刑事诉讼法，再到目前，随着司法实践的不断发展，该制度的理论也得以持续深化。这就为单位犯罪适用此制度提供了可供参考的样板。同时，单位犯罪适用认罪认罚从宽制度，还可以通过实践的方式反哺该制度的理论。其二，丰富该制度的实践。毋庸置疑，与自然人相比，单位的力量更为雄厚。面对强大的检控方，其辩护力量也相对丰富，控辩不平衡的问题会大为缓解。同时，大多数单位出于营利的目的，均希望尽快摆脱刑事程序，其认罪认罚和服判息诉的意愿也更为强烈。借助刑事合规制度的试点，对认罪认罚的单位犯罪适用合规不起诉也会加强对不起诉制度的适用。其三，强化认罪认罚从宽制度的审前分流作用。将单位犯罪纳入认罪认罚从宽制度的适用范围，特别是对认罪认罚的单位犯罪适用不起诉，自然可以使得审前分流的范围随之扩大，效果也会更显著。

（三）打造法治化营商环境之必要

对单位犯罪适用认罪认罚从宽制度是打造法治化营商环境的题中之义。之所以认为"法治是最好的营商环境"，是因为良好的法治条件对于营商环境的打造既有正向的促进作用，更有反向的激励作用。前者主要指的是通过行政法治和商事制度改革推出"最多跑一次"和注册资本认缴制等便民服务措施，降低商事主体投资成本。后者主要指的是通过刑事法治改革最大限度地减少刑事程序和刑事制裁对企业的不利影响，对单位犯罪适用认罪认罚从宽制度即属于此种。一正一反两种作用相互结合才能营造出优良的营商环境。但在实践中,对正向促进作用强调得多,对反向激励作用强调得少。在企业经营中后者恰恰是至关重要的。

单位犯罪适用认罪认罚从宽制度在法治化营商环境的打造上具有如下三种功能:其一,通过认罪认罚获得从宽处理结果,降低刑事实体法对企业的制裁力度。无论是自然人犯罪抑或是单位犯罪,认罪认罚的激励作用均在于从宽处理的结果。对认罪认罚的单位适用较轻的罚金刑可以激励其扩大生产,增加就业和税收。其二,降低刑事强制措施对单位的不利影响。涉罪企业一旦进入刑事程序就会立即面临财产和直接责任人员被采取强制措施,这也就意味着企业的"瘫痪"。如果单位犯罪因认罪认罚而降低了社会危险性,相应的刑事强制措施被解除,企业自然而然会重新获得生机。其三,注重将单位责任与直接责任人员的责任进行区分。过去一个时期,司法机关将对直接责任人员的刑事制裁与单位捆绑在一起,结果导致出现了"办理一个案件、搞垮一个企业"的现象。[1]通过对单位犯罪适用认罪认罚,将单位责任与直接责任人员的责任进行剥离,尽量避免"搞垮企业"。

三、单位犯罪适用认罪认罚从宽制度的具体规则

(一) 合格诉讼代表人的确定

确定合格的诉讼代表人有三个作用:其一,有利于更好地维护被告单位的合法权益。为涉罪单位确定诉讼代表人的实质在于为其寻找利益共同体,代替其"为权利而斗争"。其二,保障庭审的顺利进行。正常的庭审活动的完成需要控、辩、审三方的共同努力。任何一方的缺席均会导致庭审活动的迟滞。其三,便于查明案件事实,实现庭审实质化。完整的控辩对抗形式有利于维护以审判为中心的诉讼制度。而要使单位犯罪的辩护实现有效化,首要任务即在于为涉罪单位确定合格的诉讼代表人,之后才会有合格的辩护律师,以此来达到控辩对抗。

至于诉讼代表人的确定方式,2021 年最高人民法院发布的《关于适用〈中华人民共和国刑事诉讼法〉的解释》(简称《刑诉法解释》) 第 336 条第

---

[1] 陈惊天:"为民营企业打造最好的营商环境——专访浙江省人民检察院党组书记、检察长贾宇",载《人民法治》2019 年第 5 期。

1 款对此作了原则性规定，即"被告单位的诉讼代表人，应当是法定代表人、实际控制人或者主要负责人；法定代表人、实际控制人或者主要负责人被指控为单位犯罪直接责任人员或者因客观原因无法出庭的，应当由被告单位委托其他负责人或者职工作为诉讼代表人……"必要时，也可以由被告单位委托律师等单位以外的人员作为诉讼代表人。同时，该解释第 337 条规定，诉讼代表人不符合第 336 条规定的，人民法院应当要求人民检察院另行确定。

此种诉讼代表人的确定方式引出了两个问题：其一，是否应当禁止诉讼代表人兼任辩护人？其二，诉讼代表人的确定出现僵局时，是否可以由检察机关直接确定？

对于第一个问题，《刑诉法解释》起草小组认为："作为被告单位的诉讼代表人同时兼任辩护人的情形存在角色和职责冲突。诉讼代表人与辩护人属不同诉讼角色，承担着不同的诉讼职责。诉讼代表人全权代表本单位的意志，而辩护人主要承担辩护代理职责，履行辩护人义务。将诉讼代表职责与辩护代理职责合二为一，由诉讼代表人兼任辩护人，容易引发社会公众质疑，影响司法公信力。"[1]基于此，出现了《刑诉法解释》第 336 条第 3 款的规定："诉讼代表人不得同时担任被告单位或者被指控为单位犯罪直接责任人员的有关人员的辩护人。"

而笔者则认为，不应当禁止诉讼代表人兼任辩护人。原因在于：其一，诉讼代表人与辩护人的目的一致，两者的角色和职责固然存在冲突，但完全可以化解。反对诉讼代表人兼任辩护人的主要理由在于一旦被告单位认罪认罚，而辩护人却进行无罪辩护，不仅不利于维护被告单位的合法权益，而且也不利于辩护权的行使。此种观点有一定道理，但却忽视了确定诉讼代表人的目的就是尽可能为涉罪单位寻求一个最负责的"辩护人"，而单位犯罪的辩护人也是致力于实现对涉罪单位的有效辩护。尽管有时候两者实现目的的策略不同，但效果却是一致的。其二，在司法实践中本身有些被告单位就未聘请辩护人。在此类案件中，诉讼代表人扮演的是"辩护人"的角色，通过代表单位认罪认罚力争获取从宽处理结果。即使立法上禁止诉讼代表人兼任辩护人，但诉讼代表人"一肩挑"却是现实中存在的事实。其三，根据刑事诉

---

〔1〕《刑事诉讼法解释》起草小组："《关于适用刑事诉讼法的解释》的理解与适用"，载《人民司法》2021 年第 7 期。

讼法的规定，调查取证权和阅卷权等诉讼权能未赋予案件的当事人，而是由辩护人行使。如若不允许诉讼代表人兼任辩护人，则其不具有完整的诉讼权能，自然也无法为涉罪单位提供实质化帮助。

对于第二个问题，笔者认为即使诉讼代表人的确定出现僵局也不宜由检察机关直接确定诉讼代表人。原因在于：其一，检察机关作为两造对抗的一方主体，其确定辩方人选的做法有违控辩平等的刑事诉讼法理。刑事诉讼无异于一场攻防竞技，只有控辩双方拥有均等的攻击和防御手段才有平等参与诉讼并最终赢得胜诉的机会和能力。[1]由控诉机关确定辩方人选的做法很显然违反了此原则。其二，虽然由检察机关确定诉讼代表人似乎节省了司法资源，提高了诉讼效率，但却可能在实质上导致司法不公，反而需要耗费较多的司法成本。其三，检察机关单方面确定诉讼代表人的做法不符合国际惯例。法国和日本等国的刑事诉讼法中均有为单位犯罪确定诉讼代表人的规定，同时也均毫无例外地建立了司法审查制度。如《日本刑事诉讼法》第 29 条规定，被告人或者被疑人是法人而没有代表人时，"法院应当依据检察官的请求，或者依职权，选任特别代理人"。[2]而《法国刑事诉讼法》第 706-43 条第 5 款规定："在没有任何人按照本条规定的条件有权代表法人的情况下，应检察机关、预审法官或者民事当事人的请求，由大审法院院长指定一名司法代理人（un mandataire de justice）代表法人。"[3]

针对司法实践中无法及时确定诉讼代表人的现状，较为合理的做法应当是：其一，优先考虑法定代表人、实际控制人、主要负责人、职工等人员；其二，赋予股东会选任诉讼代表人的权利；其三，如若仍然无法确定诉讼代表人，则由单位所在地的工商联会同市场监督管理部门确定诉讼代表人。

虽然法人不具有人的自然属性，没有血肉之躯和头脑，不能直接出庭接受审判，不能直接实施各种诉讼行为或参加各种诉讼活动。对法人无法适用以人身为对象的各种强制措施，但考虑到法人是人格化的社会组织体，其具有独立的意志和独立的人格，有自己独立的利益、职能、权力和社会地位，

---

〔1〕 谢佑平、万毅：《刑事诉讼法原则：程序正义的基石》，法律出版社 2002 年版，第 223 页。

〔2〕 《世界各国刑事诉讼法》编辑委员会编：《世界各国刑事诉讼法·亚洲卷》，中国检察出版社 2016 年版，第 322 页。

〔3〕 《世界各国刑事诉讼法》编辑委员会编：《世界各国刑事诉讼法·欧洲卷（上）》，中国检察出版社 2016 年版，第 726 页。

可以通过自己的代表人、代理人或其他法人成员实施各种行为和进行各种活动。因此，其具有犯罪能力从而可以成为犯罪嫌疑人和刑事被告人，其利益可能受到犯罪的侵害从而成为被害人和附带民事诉讼的原告人，其可能直接或间接了解刑事案件的情况从而可以成为证人。总之，法人可以成为刑事诉讼的不同诉讼参与人，具有刑事诉讼行为能力。但是，法人无论是作为刑事被告人还是任何其他诉讼参与人，都只能通过其代表人、代理人或其他法人成员实施诉讼行为和参加诉讼活动。[1]因此有必要规划出合格诉讼代表人的行为方式。

其一，诉讼代表人应当为涉罪单位选任合格的辩护人，尽可能实现有效辩护。其二，在侦查和审查起诉阶段，通过积极运用程序性辩护，尽量减少对单位财物的查封、扣押和冻结等强制性措施的使用。其三，通过评估案情和证据，与辩护律师进行协商，选择最有效的辩护路径，特别是如若选择适用认罪认罚的话，应当主动与检察机关进行协商。

（二）　与刑事合规制度的衔接

设立认罪认罚从宽制度的目的在于落实宽严相济的刑事政策，同时缓解案多人少的办案矛盾。与此相对应，刑事合规制度之所以得以推进，原因之一就在于其能够通过合规不起诉的适用实现审前分流的功能。因此，在我国探讨对单位犯罪适用认罪认罚从宽制度就不能不提及其与刑事合规制度的衔接配合。

首先，刑事合规制度与认罪认罚从宽制度的确能够实现衔接。理由在于：首先，两者在刑事诉讼中的作用具有一致性。毫无疑问，认罪认罚从宽制度在实现宽严相济刑事政策的同时，能够通过审前分流的方式起到节约司法资源、提高司法效率的作用。而对涉罪单位进行合规审查，一方面剔除了其中的犯罪因素，另一方面通过合规不起诉的方式进一步实现了审前分流。其次，两者的适用条件存在交叉之处。当前认罪认罚从宽制度的适用范围既包括自然人犯罪，也包括单位犯罪。而刑事合规主要针对的是单位犯罪，特别是一些大型企业的犯罪活动。尤其是对单位犯罪适用刑事合规必须考虑其认罪认罚的情况。最后，两者的实施主体相一致。检察机关在认罪认罚从宽制度中负有特殊的责任，无需过多赘言。检察官已经演变为"法官之前的裁判者"

---

〔1〕　何秉松主编：《法人犯罪与刑事责任》，中国法制出版社2001年版，第639~640页。

（a judge before the judge），也就是说，检察官在大量案件中事实上已经演变为决定是否科处制裁，以及制裁的严厉性或宽大程度的官员。[1] 其实，检察机关在刑事合规制度的适用中亦具有独特定位。其是我国唯一的公诉机关，承接刑事诉讼前端的侦查活动和后端的审判活动，能够直接决定合规不起诉运用与否。刑事合规更关键的作用在于，其通过刑事立法促进企业内部建立有效的预防犯罪机制，通过考量企业有没有建立有效的合规机制来判断单位犯罪的主观方面，不仅可以有效地回答单位犯罪与自然人犯罪的关系问题，也能有效地解决单位犯罪刑事归责的独立性问题。[2]

当然，刑事合规制度与认罪认罚从宽制度也不是完全相一致，但这并不妨碍两者的相互衔接。衔接的方式主要包括：

第一，将涉罪单位是否认罪认罚作为进行合规审查的关键因素。如若涉罪单位主动认罪认罚，积极赔偿损失，根据犯罪情节的轻重，可以对其适用合规不起诉，为其设立合规考察期。

第二，将刑事合规制度的健全与否作为适用认罪认罚从宽制度的考量因素。单位机关成员在有关单位的业务上所形成的犯罪意识和所实施的犯罪行为，毫无疑问地可以归于单位自身；当单位的一般组成人员依照单位代表或机关的决定实施行为时，也可以将该种行为归于单位自身；单位的一般从业人员在单位的业务活动过程中所实施的某种犯罪行为，虽然不是基于单位自身的某种决定所实施的，但是该种行为的发生是由单位中没有建立起有效地防止单位组成人员的违法犯罪行为的机制引起的，在这种情况下，也应当将这种法人的监督过失归于单位的决策机关的失误，进而追究单位自身的过失责任。但应当注意的是，这种情况下的单位过失责任是一种推定责任，即只要法人有足够的证据证明其采取了各种制度性的措施来防止单位组成人员业务上的违法犯罪行为，就可以免除单位自身的刑事责任。[3] 换言之，只要单位建立健全了刑事合规制度，在出现犯罪情节时，便可将合规制度作为抗辩理由之一。特别是可以将建立完善的刑事合规制度作为审查认罪认罚自愿性

---

〔1〕 ［德］托马斯·维根特："换了名字的法官？：比较视野下的检察官角色"，载 ［美］艾瑞克·卢拉、［英］玛丽安·L.韦德主编：《跨国视角下的检察官》，杨先德译，法律出版社 2016 年版，第 358 页。

〔2〕 秦长森："以'刑事合规'破解单位犯罪归责难题"，载《检察日报》2020 年 8 月 25 日。

〔3〕 黎宏：《单位刑事责任论》，清华大学出版社 2001 年版，第 331 页。

的考量因素之一。

第三，对不满足合规不起诉条件的涉罪企业，可以适用认罪认罚从宽制度。刑事合规制度的适用是有限度的，不是所有的涉罪单位均可通过此制度获得从宽处罚。因此，面对无法通过刑事合规制度处理的情形，有必要引入认罪认罚从宽制度，为涉罪企业提供另一条从宽处理的路径，即检察机关根据案情提出相应的量刑建议，供法院审查。

其实，法人的行为和法人的责任应当进行独立的判断，要认定法人固有的责任，除了其行为能被视为法人行为的自然人具备成立犯罪所必要的责任之外，还必须能够认定作为组织整体的法人应承担未设置预防犯罪所必需的有效体制这个意义上的责任。法人的行为同时包含了其自然人成员行为的侧面和组织体行为的侧面。与此相对应，法人的责任应当被理解为自然人责任和组织体责任的复合构造。仅从组织体的侧面来理解法人责任的企业组织体责任论和仅从自然人的侧面来理解法人责任的通说的观点都失之偏颇。[1]因此，如何判断单位的主观意图就成了办理单位犯罪案件的难点和重点，尤其是具体到单位犯罪认罪认罚案件的办理中，刑事合规制度的出现为解决这一问题提供了新的契机。刑事合规是法律上所要求的所有监督措施的总和。[2]如若涉罪单位未建立健全合规制度，即表明其对于犯罪持一种放任的态度，因此对于单位犯罪的成立，起码能够将其推定为过失，在某些情况下还可推定为故意。

(三) 强化法院对单位犯罪认罪认罚案件的审查

法院加强对单位犯罪认罪认罚案件的审查有两个要点：其一，审查方式是以实质审查为宜，还是以形式审查为宜；其二，审查阶段是以传统的审判阶段审查为宜，还是需提前介入至审查起诉阶段进行审查为宜。

第一，对于认罪认罚案件的审查，法院确立了实质审查和形式审查两种方式。此外，还有的观点认为《刑事诉讼法》第 201 条确立了一种"有所侧重的实质审查"。事实上，"一般应当采纳"条款本身就蕴含着检察院与法院在认罪认罚案件事实认定中的互动机制：对于已经获得被追诉人承认的检察

---

〔1〕 [日] 佐伯仁志：《制裁论》，丁胜明译，北京大学出版社 2018 年版，第 148 页。

〔2〕 [德] 丹尼斯·伯克："论作为降低涉企犯罪损害预期值措施的刑法上要求的企业监督（刑事合规）——界定合规责任的基本问题"，黄礼登译，载李本灿等编译：《合规与刑法——全球视野的考察》，中国政法大学出版社 2018 年版，第 306 页。

机关指控的犯罪事实，法院一般应当认可，除非被告人的行为不构成犯罪或者不应当追究其刑事责任、被告人违背意愿认罪认罚、被告人否认指控的犯罪事实，或者存在"其他可能影响公正审判的情形"。该条款塑造出了一种独具特点的事实认定程序和方式——"有所侧重的实质审查"。它既不同于美国辩诉交易制度中法官的形式审查，也不同于德国协商式司法中法官基于全面调查原则的实质审查。在《刑事诉讼法》第 201 条规定的"有所侧重的实质审查"模式中，法院的确负有实质审查责任，但并不需要对案件进行全面调查，只针对涉及认罪认罚从宽制度适用性的几个重大事实问题进行排除性审查。[1] 其实，这依然属于实质审查的范畴。通过对几个侧重点的审查，法院实质上已经完成了对案件的实质审查。

具体到单位犯罪认罪认罚案件的审查上，笔者认为，应当坚持实质审查的方式。原因在于：其一，我国刑事案件案情的复杂与否并非取决于被追诉人是否认罪，即使在被追诉人认罪认罚的情况下，复杂疑难案件依然存在。因此，因被追诉人认罪认罚而对案件进行形式审查的做法失之偏颇。换言之，对案件进行形式审查抑或实质审查并非取决于被追诉人认罪认罚，而是取决于案情。案情疑难复杂，自然应当进行实质审查；案情简单明了，自然可以进行形式审查。具体到单位犯罪上，大多数单位犯罪涉案人数众多，涉案财物较多，因此进行实质审查较为适宜。其二，从立法规范（即《刑事诉讼法》第 201 条）的规定来看，该条款并非要求认罪认罚案件应当进行形式审查。相反，从其隐含的意思中却可以解读出法院享有对认罪认罚案件的全面审查权。因此，一般而言，法院均应当进行实质审查。只是具体到个案上可能存在形式审查的情况，也即法院对认罪认罚案件的审理，实质审查是原则，形式审查是例外。其三，单位犯罪认罪认罚案件的上诉率极低，尤其是考虑到单位犯罪对就业、税收等的影响，为防范发生单位冤错案件，采实质审查模式更有利于防范发生冤错案件。

第二，在认罪认罚案件的审查阶段上，形成了法官提前介入到审查起诉阶段进行审查和固守审判阶段两种审查方式。根据时间节点的不同，法官参与控辩具结活动的类型可以分为审前具结活动和参与审判具结活动。前者指

---

[1] 闫召华："'一般应当采纳'条款适用中的'检''法'冲突及其化解——基于对《刑事诉讼法》第 201 条的规范分析"，载《环球法律评论》2020 年第 5 期。

如果被追诉人在案件被移送至法院审判之前就表示认罪认罚，法官可以提前介入由检察官主导的控辩具结过程；后者指如果被追诉人在案件被移送至法院之后才选择认罪认罚，法官可以根据案件实际情况，启动认罪认罚从宽程序并参与具结活动。[1]

具体到单位犯罪认罪认罚案件的审查上，笔者认为，应当采取由法官提前介入审查起诉阶段的方式审查案件。原因在于：其一，与自然人犯罪相比，单位犯罪一般涉及的人数众多、波及面较广，法官提前介入有助于随时掌握案件进展。其二，由于认罪认罚案件可以省略法庭调查和法庭辩论等环节，法官为防范发生刑事冤错案件，阅卷便成了最佳选择。无疑，在审查起诉阶段进行阅卷更能避免审判阶段的误判。其三，法官提前介入能起到监督检察官办理认罪认罚案件的作用，特别是更能保障被追诉人的知情权以及认罪认罚的自愿性和明智性。

当然，法官提前介入审查起诉阶段应当满足以下条件：其一，单位犯罪在审前阶段认罪认罚，如若涉罪单位未认罪认罚，坚决禁止法官提前介入，以防强制被追诉人认罪认罚；其二，法官应恪守消极被动的原则，只有在收到检察官或者涉罪单位申请的情况下，方可介入审查起诉阶段；其三，法官提前介入仅限于了解案情，见证涉罪单位认罪认罚的自愿性和真实性，而非对定罪量刑作出判断。

第三，结合司法实际以及《刑诉法解释》的规定，单位犯罪认罪认罚的难点在于保障其自愿性和真实性，因此法院有必要对此作出回应。应当承认，保障单位犯罪认罪认罚自愿性和真实性的关键是合格诉讼代表人的确定和法院的审查方式。法院审理单位犯罪认罪认罚案件主要发挥两个作用：其一，把关作用，即监督诉讼代表人的行为，为涉罪单位把关，观察其是否尽职尽责；其二，审查作用，即对单位犯罪认罪认罚案件进行全面审查，通过审理查明其认罪认罚的全部情况。

结　语

诚然，我国制定的刑事诉讼法主要针对的是自然人犯罪，认罪认罚从宽

---

〔1〕　赵恒："法官参与认罪认罚案件具结活动的模式和法律制度前瞻"，载《政治与法律》2021年第1期。

制度实施至今也主要针对的是自然人犯罪。但必须看到，随着营商环境的升级，在促进经济发展的同时，单位犯罪也呈现出上升趋势。

对于单位犯罪，不能一味进行打击，特别是要避免"一棍子打死"和"一罚了之"。合理的方式应当是通过司法活动，一方面达到惩戒涉罪单位的效果，使其不敢再犯；另一方面为涉罪单位诊断病因，剔除其中潜在的犯罪因素。认罪认罚从宽制度和刑事合规的推行为实现前述目的提供了方案。建立了刑事合规制度的单位从事犯罪行为，可以通过认罪认罚获得从宽处理，发现合规制度建设的短板；未建立刑事合规制度的单位从事犯罪行为，可以通过认罪认罚促使其建立健全刑事合规制度。

单位犯罪与自然人犯罪最大的不同在于其特殊的拟制性，其意思表示必然要通过诉讼代表人进行表达。因此，为单位犯罪确定合格的诉讼代表人无疑是解决单位犯罪中诸多难题的重中之重。或许这就是下一步应该着力解决的内容。

第六章

论认罪认罚从宽制度中检法协调的
可能性及实现路径

有观点认为，如果说不认罪不认罚案件，更多地强调相互制约的话，认罪认罚案件可以（也应当）更多地强调相互配合，甚至应当走向检法协同。[1]笔者赞同检法协同（或者是"检法协调"）这一判断。同时也能看到，伴随着认罪认罚从宽制度的全面推广，检法不协调的问题愈加明显，这种不协调集中体现在对《刑事诉讼法》第 201 条"一般应当采纳"条款的理解与适用上。因此，如不对检法协调的内涵、重要性、实现方式进行分析，恐会损害认罪认罚从宽制度的发展。

一、认罪认罚从宽制度中的检法协调是什么

检察机关与法院在认罪认罚从宽制度的理解与适用问题上要保持协调，应体现在思想认识、制度建设和具体行动上。

（一）检法双方在思想认识上的协调

思想是行动的先导。行动上的协同主要源自思想认识上的一致。认罪认罚从宽制度中的检法协调关系首先体现在检法之间对于认罪认罚从宽制度的

---

[1] 对于认罪认罚制度中的检法关系可参见龙宗智："认罪认罚制度实施所面临的两重矛盾及其应对"，载《中国法律评论》微信公众号，2020 年 9 月 7 日。在此文中，龙宗智教授将控辩不平等与检法不协调视为认罪认罚制度实施面临的两重矛盾。检法协同的论述可参见李奋飞教授在"国家治理现代化与认罪认罚从宽制度研讨会"上的发言。张建升、关仕新："集思广益凝聚共识 助力实施认罪认罚从宽制度——'国家治理现代化与认罪认罚从宽制度研讨会'主题研讨会专家观点撷要"，载《检察日报》2020 年 9 月 9 日。对此，笔者认为，无论是"检法协调"还是"检法协同"，均表示检法之间在认罪认罚从宽制度实施上的相向而行的

价值定位认识日趋一致。从学理上判断，认罪认罚从宽制度是以效率为导向，兼顾司法公平的改革举措。关于此功能，学界已有共识，不必过多赘言。关键在于检察机关与法院如何认识认罪认罚从宽制度的功能。

对于实施认罪认罚从宽制度的价值，最高人民检察院检察长张军在向全国人大常委会专题报告检察机关实施认罪认罚从宽制度的情况时，将其总结为四点：有效促进社会和谐稳定、更加及时有效惩治犯罪、显著提升刑事诉讼效率、更好地保障当事人权利。[1]

对于实施认罪认罚从宽制度的价值，最高人民法院院长周强在向全国人大常委会专题报告刑事案件认罪认罚从宽制度试点工作时将其总结为五点：推动宽严相济刑事政策具体化和制度化、完善刑事诉讼制度、优化司法资源配置、依法及时有效惩罚犯罪、加强人权司法保障。[2]

通过比较可以发现，检法在认罪认罚从宽制度功能定位的认识上高度一致，均认为该制度能有效实现惩罚犯罪、提高司法效率、节约司法资源。特别是在认罪认罚从宽制度适用的限度上，《认罪认罚指导意见》第1条指出："贯彻宽严相济刑事政策。落实认罪认罚从宽制度，应当根据犯罪的具体情况，区分案件性质、情节和对社会的危害程度，实行区别对待，做到该宽则宽，当严则严，宽严相济，罚当其罪。……"特别是"对严重危害国家安全、公共安全犯罪，严重暴力犯罪，以及社会普遍关注的重大敏感案件，应当慎重把握从宽，避免案件处理明显违背人民群众的公平正义观念"。

同时，尽管过去一段时间出现了"检察主导"与"审判中心"的争论，但这一分歧在检法的共同努力下能够逐渐得到妥善解决。检察官在认罪认罚从宽制度中发挥主导责任指的是："根据这个制度，检察官要更加负责、明确地在庭前即与犯罪嫌疑人就案释法：如果认罪，案件将会依法从宽处理。检察官把道理讲清楚，让辩护人与犯罪嫌疑人沟通达成一致意见，犯罪嫌疑人同意检察官提出的量刑建议，签署认罪认罚具结书，案件将起诉至法庭。这

---

〔1〕 张军："最高人民检察院关于人民检察院适用认罪认罚从宽制度情况的报告——2020年10月15日在第十三届全国人民代表大会常务委员会第二十二次会议上"，载《检察日报》2020年10月17日。

〔2〕 周强："关于在部分地区开展刑事案件认罪认罚从宽制度试点工作情况的中期报告——2017年12月23日在第十三届全国人民代表大会常务委员会第三十一次会议上"，载《人民法院报》2017年12月24日。

就是在践行检察官的主导责任。"[1]换言之，认罪认罚从宽制度并未改变以审判为中心的诉讼制度改革，前者仍是在后者的背景下进行的改革工作。检察官主导责任的提出，不仅有助于强化检察机关的法律监督职能，而且有利于强化检察官的职责，从而在刑事诉讼中发挥更大的作用。[2]因此，从本质上看，"检察主导"理念的提出重在督促检察官积极履职，而非赋予检察官在认罪认罚案件中"一锤定音"的权力。

同理，承认认罪认罚案件应遵循以审判为中心并不是否认检察机关的主导责任，相反，相对于一般案件而言，检察机关的主导责任在此类案件中更加凸显。[3]以审判为中心的诉讼制度改革重在实现"举证质证在法庭、案件事实查明在法庭、诉辩意见发表在法庭、裁判理由形成在法庭"。而上述功能的实现均离不开检察官的积极履职。尤其是在认罪认罚案件中，检察官要证明被追诉人认罪认罚的自愿性和真实性。

在认罪认罚案件中之所以会出现"检察主导"与"审判中心"的争论，原因有三：其一，误解了"主导责任"的内涵，误以为主导就是决定一切。其二，以审判为中心的诉讼制度还未形成。因此，一出现可能动摇此改革目标的声音和举措，均与之呈现出"博弈"的态势。一听到"检察主导"就误认为要动摇"审判中心"。其三，对认罪认罚从宽制度中的检法关系理解不到位。因为无法准确概括认罪认罚从宽制度中的检法关系，所以才会出现认罪认罚"谁说了算"的争论，"检察主导"与"审判中心"的观点才会此消彼长。

（二）检法双方在制度建设上的协调

检法在认罪认罚案件的办理上之所以会呈现出一种协同的趋势，一方面在于两机关思想认识的逐渐统一；另一方面更在于制度建设上的逐步协同。这些制度建设上的协同举措包括：

第一，检察机关与法院联合出台有关认罪认罚从宽制度适用的规范性文件。自认罪认罚从宽制度被正式写入《刑事诉讼法》以来，从中央到地方，各级检察机关与同级的法院纷纷联合出台有关认罪认罚从宽制度适用的规范

---

[1]　张军："关于检察工作的若干问题"，载《国家检察官学院学报》2019 年第 5 期。
[2]　韩旭："刑事诉讼中检察官主导责任的理论考察"，载《人民检察》2020 年第 5 期。
[3]　汪海燕："认罪认罚从宽制度中的检察机关主导责任"，载《中国刑事法杂志》2019 年第 6 期。

性文件。较为典型的例子如：2019 年 10 月，"两高三部"联合出台了《认罪认罚指导意见》；2020 年 8 月出台了《法律援助值班律师工作办法》；2020 年 11 月，"两高三部"出台了《关于规范量刑程序若干问题的意见》。从地方的情况来看，2019 年 11 月，山东省高级人民法院、省人民检察院、省公安厅、省安全厅、省司法厅联合出台了《关于适用认罪认罚从宽制度办理刑事案件的实施细则（试行）》；2019 年 12 月，吉林省高级人民法院、省人民检察院、省公安厅、省国家安全厅、省司法厅联合出台了《吉林省贯彻落实〈关于适用认罪认罚从宽制度指导意见〉实施细则》。

第二，从两个最高司法机关制定的关于刑事案件的基本办案指引规范来看，最高人民检察院于 2019 年 12 月发布的《人民检察院刑事诉讼规则》（以下简称《刑诉法规则》）与最高人民法院于 2021 年发布的《刑诉法解释》在认罪认罚规定上存在衔接关系。首先，检法在对被追诉人强制措施的适用上存在衔接关系。《刑诉法规则》第 270 条规定，应将被追诉人认罪认罚的情况作为其是否可能发生社会危险性的考虑因素。相应的，《刑诉法解释》第 350 条规定："人民法院应当将被告人认罪认罚作为其是否具有社会危险性的重要考虑因素。被告人罪行较轻，采用非羁押性强制措施足以防止发生社会危险性的，应当依法适用非羁押性强制措施。"其次，检法在认罪认罚案件的审理程序上存在衔接关系。《刑诉法规则》第 437 条规定，在满足特定条件的情况下，检察机关可以建议法院适用速裁程序审理案件。《刑诉法解释》第 369 条规定，在满足条件的情况下，即使检察机关未建议，法院在征询被告人意见后，也可以视情况采用速裁程序审理案件。同时，被告人及其辩护人也可以向法院申请适用速裁程序。最后，检法在量刑建议的调整上存在衔接关系。《刑诉法规则》第 418 条第 2 款规定："对认罪认罚案件，人民法院经审理认为人民检察院的量刑建议明显不当向人民检察院提出的，或者被告人、辩护人对量刑建议提出异议的，人民检察院可以调整量刑建议。"《刑诉法解释》第 353 条第 1 款作出了完全相同的规定。当然，能够看出，为了认罪认罚从宽制度的顺利推行，《刑事诉讼法》给予检察机关的量刑建议以最大限度的尊重。[1]

第三，针对认罪认罚从宽制度的适用，各地检察机关与同级的法院建立

---

[1] 魏晓娜："结构视角下的认罪认罚从宽制度"，载《法学家》2019 年第 2 期。

了定期的会商沟通机制。如 2020 年 8 月，黑龙江省发布的《关于适用认罪认罚从宽制度办理刑事案件实施细则（试行）》不仅从原则上明确"对认罪认罚从宽制度运行情况，各政法机关配合存在的问题及时沟通、协调解决"，而且规定"各级人民法院、人民检察院可以对认罪认罚从宽制度适用、量刑建议的提出及采纳、上诉及抗诉处理情况等联合调研、同堂培训，形成工作共识，通过共同编发典型案例统一认识、指导实践"。[1]

（三）检法双方在具体行动上的协调

检法双方在具体行动上的协同主要体现在就量刑建议的沟通交流上，主要有三点表现：

第一，检察机关提出量刑建议的采纳率越来越高。根据检察机关的统计，2020 年 1 月至 8 月，量刑建议采纳率为 87.7%。其中，提出确定刑量刑建议率从 27.3% 上升至 76%；庭审对确定刑量刑建议采纳率为 89.9%，高于幅度刑量刑建议采纳率 4.3%。[2]

第二，检察机关就量刑建议的提出、调整与法院进行的沟通更加频繁。量刑建议的采纳率上升，一方面源于检察官量刑水平的提高，另一方面在于检察官就量刑建议加强了与法官的沟通。有研究表明，在《刑事诉讼法》修改以后，量刑建议能够快速实施，并且精准量刑建议比例较大，这与检察机关在提出量刑建议时的学习和沟通机制的盛行有关。[3]

第三，面对明显不当的量刑建议，法院负有通知检察机关调整的职责。根据《刑事诉讼法》第 201 条第 2 款的规定："人民法院经审理认为量刑建议明显不当，或者被告人、辩护人对量刑建议提出异议的，人民检察院可以调整量刑建议。……"该规定本身就暗含了法院负有通知检察机关对明显不当的量刑建议进行调整的义务。对此，《认罪认罚指导意见》第 41 条第 1 款明

---

〔1〕　参见黑龙江省高级人民法院、黑龙江省人民检察院、黑龙江省公安厅、黑龙江省司法厅《适用认罪认罚从宽制度办理刑事案件实施细则（试行）》（2020 年 8 月 31 日）第 4 条和第 70 条。

〔2〕　张军："最高人民检察院关于人民检察院适用认罪认罚从宽制度情况的报告——2020 年 10 月 15 日在第十三届全国人民代表大会常务委员会第二十二次会议上"，载《检察日报》2020 年 10 月 17 日。

〔3〕　学习机制是指检察官主动学习《刑法》、司法解释、省级法院的量刑指南以及辖区内法官对同类案件的裁判文书。沟通机制是指检察官就具体案件事实和情节事前向法官征询量刑建议，具体方式包括当面口头沟通和电话沟通等。参见左卫民："量刑建议的实践机制：实证研究与理论反思"，载《当代法学》2020 年第 4 期。

确规定："人民法院经审理，认为量刑建议明显不当，或者被告人、辩护人对量刑建议有异议且有理有据的，人民法院应当告知人民检察院，人民检察院可以调整量刑建议。人民法院认为调整后的量刑建议适当的，应当予以采纳；人民检察院不调整量刑建议或者调整后仍然明显不当的，人民法院应当依法作出判决。"

对于法院的通知义务，《规范量刑的意见》有不同的规定。该意见第23条第2款规定："人民法院经审理认为，人民检察院的量刑建议不当的，可以告知人民检察院。……"如何理解此处的"可以通知"？特别是如何理解其与《认罪认罚指导意见》中"应当通知"规定的关系？对此，"两高三部"相关部门负责人在就规范量刑程序意见答记者问时指出："对于认罪认罚案件量刑建议的提出、采纳与调整等，适用最高法、最高检、公安部、国家安全部、司法部《关于适用认罪认罚从宽制度的指导意见》的有关规定。"[1]质言之，对于量刑建议的调整，按照《认罪认罚指导意见》的规定，法院应当通知检察机关。

其实，《规范量刑的意见》第23条第2款规定的是对"量刑建议不当"的处理方案，而非对"量刑建议明显不当"的处理方案。"不当"应当包括了"明显不当"和"一般不当"两种情形。对于量刑建议"一般不当"的情形，法院负有容忍义务，应当采纳检察机关的量刑建议。而对于量刑建议"明显不当"的情形，法院则必须通知检察机关进行调整。

检法在量刑方面的协同性之所以增强，是因为存在如下三个原因：

第一，检察机关与法院对于《刑事诉讼法》第201条"一般应当采纳"条款的认识和理解更加深刻。检察机关以该条款的规定为出发点，提出了刑事诉讼中主导责任的理念，并最终在"余某平交通肇事案"中与法院直接发生冲突。[2]基于实践经验，认罪认罚从宽制度单靠检察机关单打独斗是无法发展完善的。检察机关也意识到了此问题。在讨论"余某平交通肇事案"的

---

〔1〕 徐日丹："依法规范量刑程序　确保量刑公开公正——'两高三部'相关部门负责人就规范量刑程序意见答记者问"，载《检察日报》2020年11月6日。

〔2〕 关于余金平案的学术讨论，可参见：龙宗智："余金平交通肇事案法理重述"，载《中国法律评论》2020年第3期；顾永忠："对余金平交通肇事案的几点思考——兼与龙宗智、车浩、门金玲教授交流"，载《中国法律评论》2020年第3期；卢建平："余金平交通肇事案事实认定与法律适用争议评析"，载《中国法律评论》2020年第3期。

过程中，有检察官就指出，将认罪认罚从宽制度落地落实、最大化地发挥制度功效是整个法律职业共同体（侦、诉、审包括辩在内）的共同责任，应当共同起舞、"高歌猛进"，而不仅仅是检察机关的责任。[1]为此，最高人民检察院于 2020 年 12 月下发了通知，强调在推进认罪认罚从宽制度的过程中要加强与监察机关、公安机关、法院、司法行政部门的沟通协调。当中特别提出："对法院认为量刑建议明显不当要求检察机关调整的，要认真对待。认为法院意见正确的，听取被告人及其辩护人意见后，依法进行调整；认为量刑建议并无明显不当的，也要加强与法院沟通，争取法官认同和支持。"[2]

第二，检察机关内部的考核，倒逼检察官提高量刑建议的精准化程度。2020 年 4 月，最高人民检察院印发了《关于开展检察官业绩考评工作的若干规定》（以下简称《检察官业绩考评规定》）。根据该规定，检察官绩效考核的重点是办案的质量、效率和效果三方面的内容。在认罪认罚案件中的被追诉人依然享有完整的上诉权的情况下，如若检察官提出的量刑建议未被被追诉方接受或者被法院采纳而引发被追诉人上诉或者法院改判，在某种程度上无疑否定了检察官的工作。因此，考核可以引导检察官提高量刑建议提出的水平。

第三，检察机关邀请法官就量刑建议传授经验。尽管 2010 年以来全国检察机关就全面开展了量刑建议工作，但实践中检察官还存在对量刑建议重视程度不够、对法院量刑的规律研究不够、对量刑的方法掌握不够等问题。为此，检察机关采取了集中培训、邀请资深法官授课、邀请检察实务专家传授经验、加强对裁判文书的分析等措施。[3]

在认罪认罚从宽制度运行过程中推行检法协调，并不意味着改变刑事诉讼中"分工负责、互相配合、互相制约"的原则，特别是并不意味着已经改变了检法分离原则。笔者始终认为，检法分离原则作为刑事诉讼的基本原则必须予以坚持。从本质上看，检法协调是对以往检法分离原则的补充和完善，

---

〔1〕 蒋安杰："实体正义之'轮'不能滑离程序正义之'轨'：从一起交通肇事认罪认罚抗诉案件谈起"，载《法制日报》2020 年 4 月 22 日。

〔2〕 最高人民检察院："关于认真贯彻十三届全国人大常委会第二十二次会议对《最高人民检察院关于人民检察院适用认罪认罚从宽制度情况的报告》的审议意见的通知"，载《检察日报》2020 年 12 月 11 日。

〔3〕 参见陈国庆："量刑建议的若干问题"，载《中国刑事法杂志》2019 年第 5 期。

检法分离绝非一味地"分离"，而是有原则、视情况进行"分离"。在认罪认罚案件中，既往的检法分离原则已经无法完整解释其中的检法关系，因此有必要从检法协调的角度出发，重新审视认罪认罚从宽制度中的检法关系。同时，检法协调绝非一味地"协同"，而应是在坚持以审判为中心原则下的协同，在"检法分离"基础上的"检法协调"。法院仍然负有审查案件的义务，而非对检察机关的指控"照单全收"。

二、认罪认罚从宽制度中的检法为何要协调及其利弊分析

（一）检法之间出现协调关系的原因分析

之所以在认罪认罚从宽制度中推行检法协调，是基于如下原因：

第一，我国的检察机关与法院之间具备配合的先天传统。基于国情，我国的检察机关和审判机关既是司法机关，也是政治机关，除承担执行法律的司法职能外，还担负着许多政治职能。尤其是在某些时候，政治职能与司法职能交织在一起，政治职能更是通过司法活动得以体现（如惩罚犯罪），这就更需要检法之间形成工作合力，共同参与社会治理。

第二，检法协调是认罪认罚从宽制度的内在要求。一方面，完善认罪认罚从宽制度是党的十八届四中全会作出的一项重大改革部署，业已被写入刑事诉讼法。检察机关与法院均负有贯彻落实的职责。另一方面，认罪认罚制度本身要求检察机关与法院之间形成协同关系。首先，认罪认罚从宽制度的激励机制在于被追诉人通过认罪认罚帮助司法机关节约司法资源、提高司法效率，从而获得量刑优惠。很显然，量刑幅度一来需要获得被追诉人的认可，二来需要有约束力，特别是在审判活动中能够约束法官。因此，检察机关需要法院的工作配合。其次，与不认罪认罚案件相比，在认罪认罚案件中检察机关需要向法院移送认罪认罚具结书、量刑建议等材料，必要的时候还需要移送控辩协商过程的同步录音录像，以备法院审查。因此，法院与检察机关需要工作衔接。最后，根据刑事诉讼法的规定，认罪认罚从宽制度与普通程序、简易程序、速裁程序能够进行有效衔接。这三种刑事程序的有序推进无一不需要检察机关与法院进行工作衔接。

第三，检察机关的考核致使检察官会主动寻求与法官进行协调沟通。基于考核结果对检察官个人未来发展的重要价值，考核工作成了检察官在工作中争先创优的内驱力。为了获得优秀的考核结果，检察官工作的热情和积极

性必然会被调动起来。[1] 2019 年以来，检察机关推出了"案-件比"考评体系，旨在减少乃至消除不必要的程序空转。实践证明，认罪认罚从宽制度的适用能有效降低"案-件比"。据河南省许昌市检察机关统计：2019 年，许昌市检察机关适用认罪认罚从宽制度案件审查起诉 2294 件，退回补充侦查 242 件，延长审查起诉期限 381 件，二审上诉 39 件，其他 3 件，"案-件比"约为 1.290；未适用认罪认罚从宽制度案件审查起诉 2550 件，退回补充侦查 888 件，延长审查起诉期限 1067 件，二审上诉 359 件，其他 7 件，"案-件比"约为 1.910。可以看出，2019 年适用认罪认罚从宽制度案件的"案-件比"低于其他适用普通程序案件的"案-件比"。[2]

一方面，基于认罪认罚从宽制度在降低"案-件比"考评上的显著成效，检察官自然会在办理案件时"应用尽用"。因此，在认罪认罚从宽制度的适用上，检察官与法官存在紧密的工作衔接关系。另一方面，因"案-件比"考评体系包括了撤回起诉、法院退回、检察机关建议延期审理、国家赔偿等内容，而这几项无一不牵涉法院。因此，为降低"案-件比"，在具体的诉讼程序运行上，检察官也需要与法官积极进行沟通。

质言之，"检法协调"强调的是检察官向法官看齐，与法官协同。在针对 2019 年 1 月至 9 月全国检察业务数据的分析会议上，检察系统提出了"向法官主动沟通、学习量刑技术，以类案判决为参考、提高量刑能力，系统总结不采纳量刑建议典型案例、进行大数据分析，必要时由省级法检沟通、商请政法委协调"的四步走策略。[3]

（二）检法协调的优势

检察机关与法院在认罪认罚从宽制度的适用上密切协作，形成协同关系，能够发挥如下优势：

第一，可以在较短时间内快速推行认罪认罚从宽制度。正是基于认罪认罚从宽制度能够为我国刑事司法制度带来的种种好处，其得到了最高司法机关的高度重视和大力推广。特别是通过完善和推进认罪认罚从宽制度可以实

---

〔1〕　韩旭："检察官业绩考评具有鲜明科学性"，载《检察日报》2020 年 9 月 11 日。

〔2〕　范仲瑾、罗向阳、王峰："'案-件比'的控制和优化——以河南省许昌市检察机关'案-件比'情况为样本"，载《人民检察》2020 年第 6 期。

〔3〕　闵丰锦："检察主导抑或审判中心：认罪认罚从宽制度中的权力冲突与交融"，载《法学家》2020 年第 5 期。

现司法资源的正向流动及合理配置。[1]但伴随该制度而来的巨大工作量以及控辩失衡、检法工作不协调等问题导致其功能价值并未能得到充分发挥。"余某平交通肇事案"即是典型。特别是检法在认罪认罚从宽制度某些适用问题上存在认识不一致的地方，直接削弱了该制度对被追诉人的激励作用。因此，检法之间一旦在认罪认罚从宽制度的认识和实施层面达成共识，该制度的红利便将不断得以释放，其推行自然会获得巨大的动力。

第二，可以使检法形成共同保障当事人合法权利行使的合力。检法协调在很大程度上既能保障被追诉方的诉讼权利，同时也能保障被害方的合法权益。对被追诉方而言，程序从简和量刑从宽是激励其选择认罪认罚的关键原因。基于"认罪认罚越早，从宽幅度越大"的原则，被追诉人自然倾向于尽快认罪认罚。在此过程中，被追诉人最大的担忧无疑在于前一诉讼阶段的量刑优惠被后一诉讼阶段所削减或者否认。司法实践中一些被告人上诉的原因就在于此，即在审查起诉环节形成的量刑建议被法院所否定或者高于量刑建议进行量刑裁判。而一旦实现了检法协同，检察机关代表国家与被追诉人进行量刑协商的效力自然可以延伸至法院。认罪认罚从宽制度对被追诉人的激励作用也能得以发挥。对被害方而言，其长期处于刑事司法过程中被遗忘的角落，精神损害得不到抚慰、物质损失得不到赔偿。检法协调一方面可以尽最大可能为被追诉人提供全流程的制度保护；另一方面，针对被追诉人提出的赔偿承诺，检察机关在审查起诉阶段可以提出附条件量刑建议。对于被追诉人故意逃避履行义务的，检法协调可以最大限度地打消其侥幸心理。

第三，可以及时解决认罪认罚从宽制度实施过程中出现的问题。虽然认罪认罚从宽制度的提出学习借鉴了域外优秀经验，但其在司法实务中的适用还会遭遇各种问题，包括个案上的问题，也包括制度设置上的问题。检法协调，既有助于解决个案遇到的问题，更有助于协调解决制度问题。如认罪认罚中值班律师的定位和职能问题。认罪认罚从宽制度实施伊始，值班律师便面临是否拥有阅卷权、会见权等问题。对于这一制度性问题，显然需要最高司法机关会同其他国家机关联合解决。为此，最高人民检察院、最高人民法院联合司法部、公安部等部门于 2020 年 8 月出台了《法律援助值班律师工作

---

[1] 董坤："认罪认罚从宽案件中留所上诉问题研究"，载《内蒙古社会科学（汉文版）》2019年第 3 期。

办法》，在较大程度上缓解了值班律师工作面临的部分难题。

（三）检法协调的弊端

检察机关与法院在认罪认罚从宽制度的适用上积极协调配合，可能会引发如下弊端：

第一，压制被追诉人诉讼权利的行使。我国的检察机关与审判机关同属司法机关，检察官与法官同质化程度较高。检法协调，一旦"协同"过了头，便极有可能危害被追诉人的合法权利。如根据《刑事诉讼法》第201条第2款的规定，被告人及其辩护人在审判阶段依然可以对量刑建议提出异议，由法官对异议进行审查。若检法协调过度，法官对异议审查的力度自然会减弱。

第二，检察机关的公诉质量下降。检察机关承担对犯罪的证明指控责任，但在以往的庭审实践中，法官和辩护律师有时却会争论起来。法官在这个时候表现出了异常的"主导"作用。个中原因很多，但在大多数情况下是因为公诉人在法庭上没有正常发挥其应有的主导职责。[1]在认罪认罚案件的审理中亦是如此，检法过于协同，在控方准备不够充分时，法官难免"越俎代庖"，这样反而更加不利于检察官工作质量的提升。再加之"案-件比"考评将退回补充侦查纳入其中，检察机关积极介入侦查阶段引导取证进一步限制了审查起诉对侦查的制约作用，加剧了"带病起诉"现象的发生。

第三，法院对案件质量的把关不严。认罪认罚从宽制度的适用一方面导致速裁程序和简易程序的广泛适用，另一方面导致普通程序也可以进行简化审理，法庭调查和法庭辩论的省略本身就隐含着案件质量降低的风险。同时，在认罪认罚从宽制度的推行过程中，检察机关通过一系列体制机制的保障获得了某种程度上的主导地位，从而致使审判的中立地位不足，把关效果不彰。一旦在检察环节出现冤错，那么"起点错、跟着错、错到底"的问题就难以避免。由于适用速裁程序审理的案件，法院一般不再进行法庭调查和法庭辩论，对于检察机关提出的量刑建议法院原则上应当采纳，审判程序对此类案件的纠错能力大大下降。[2]而且，根据《刑事诉讼法》第201条第1款的规

---

〔1〕　张军："关于检察工作的若干问题"，载《国家检察官学院学报》2019年第5期。

〔2〕　韩旭："认罪认罚从宽制度实施检察机关应注意避免的几种倾向"，载《法治研究》2020年第3期。

定，法院对认罪认罚案件的审查范围其实仅被限定为当中的五种情形。如若再加上检法过度协同，法官对案件的审查力度自然会降低。

虽然认罪认罚案件中的检法协调有诸多弊端，但是应当注意到，这些弊端都是可以通过制度设计逐步解决的。特别是在坚持检法分离原则的基础上，进一步强调检察机关向法院看齐、与法院协同本就属于以审判为中心的诉讼制度的题中之义。

综上，尽管目前的检法协调模式在保障被追诉人权利行使方面略有不足，但不应忽视其作为完善认罪认罚从宽制度的关键所具有的内在价值，因此有必要在坚持的基础上进一步予以落实。

三、认罪认罚从宽制度中的检法如何协调

在认罪认罚从宽制度中出现检法协调的情况，最受影响的恐怕当属被追诉人。因此，我国有必要站在更好保障被追诉人权利的角度上，对检法关系进行完善。

（一）继续强化对被追诉人的权利保障

面对检法协调的现象，应当继续强化对被追诉人诉讼权利的保障，尤其应当做到：

第一，保障被追诉方的程序选择权。根据《刑事诉讼法》的规定，认罪认罚从宽制度与普通程序、简易程序、速裁程序勾连在一起。而被追诉方有权选择其中一种审理程序。且被追诉人的选择不影响认罪认罚的成立。根据最高人民检察院的数据，检察机关适用认罪认罚从宽制度办理的案件，起诉到法院后适用速裁程序审理的占 27.6%；适用简易程序审理的占 49.4%；适用普通程序审理的占 23%。[1]据此，因速裁程序的适用率还较低，认罪认罚从宽的制度红利还未显现，所以检察机关将提升速裁程序的适用。尽管如此，但考虑到普通程序的优势和完整性，对于审理程序的选择权仍应当完全取决于被追诉人的决定。

第二，保障被追诉方的辩护权。随着认罪认罚从宽制度的推行，刑事辩

---

[1] 张军："最高人民检察院关于人民检察院适用认罪认罚从宽制度情况的报告——2020 年 10 月 15 日在第十三届全国人民代表大会常务委员会第二十二次会议上"，载《检察日报》2020 年 10 月 17 日。

护的阶段将重点由审判阶段前移至审查起诉阶段，辩护的重心也将由定罪辩护更多地转变为量刑辩护和程序性辩护。一方面，根据《认罪认罚指导意见》第41条的规定，在审判阶段，被告人、辩护人对量刑建议提出异议且有理有据的，法院应当告知检察机关进行调整。据此，辩护人在审判阶段依然可以进行量刑辩护，但如何做到"有理有据"则可能有赖于辩护技巧的积累。另一方面，《刑诉法解释》第350条规定，法院应将被追诉人认罪认罚的情况作为是否变更羁押性强制措施的重要考虑因素。因此，辩护人在今后将能以被追诉人认罪认罚的情况作为进行程序性辩护的关键内容。

第三，重视无罪辩护工作。虽然认罪认罚从宽制度的推行在很大程度上限缩了无罪辩护的限度，但依然应当强调无罪辩护的重要性。原因有三：其一，认罪认罚从宽制度适用的领域目前多集中于危险驾驶罪、交通肇事罪等轻罪案件。总体而言，该类案件因处罚较轻而得不到过多的关注，从而导致把关不严。再加上认罪认罚从宽制度的适用导致口供的证明力陡然上升，反倒容易出现冤错案件。其二，因检察官有权提出量刑建议，所以认罪认罚从宽制度本身带有压制性的力量。特别是在实践中还出现了因被追诉人不认罪或者对认罪认罚进行反悔，检察官转而提出一种"惩罚性量刑建议"的苗头。因此在被追诉人不构成犯罪或者不需要接受刑事处罚的情况下，更需要无罪辩护。其三，无罪辩护的存在能够时刻警醒检察官提高指控犯罪的质量以及法官提升审理案件的能力。

第四，重视值班律师的选任。根据《法律援助值班律师工作办法》第10条的规定，无论值班律师对量刑建议和程序适用是否存有异议，一律应在认罪认罚具结书上签字。有异议的，向检察机关提出法律意见。面对微薄的补助，值班律师的工作积极性本就不高，现在还要求其可以就量刑建议等内容另行提出法律意见。在补助得不到提高之前，该项工作的质量可能只能寄希望于值班律师的责任心。因此，在目前的情形下应尽可能选择责任心强的律师担任值班律师。

（二）法院建立健全有效的认罪认罚案件审理机制

法院是司法公正的最后一道防线。在检法协调的背景下，法院仍负有案件澄清义务，法院建立一套有效的认罪认罚案件审理机制势在必行。尤其是法院应如何适用《刑事诉讼法》第201条的"一般应当采纳"条款。检法高度协同的情况下，此问题还不太凸显。法院对指控罪名和量刑建议的采纳是以认可指控事实为前提的，一旦"检""法"在事实认定方面产生分歧，"一般应当采纳"将难以落实。[1]

第一，应当明确法院对于认罪认罚案件的审理享有完整的审查权，根据《刑事诉讼法》第 201 条的规定并不能推导出法院对认罪认罚案件的审查方式是"有所侧重的审查"。恰恰相反，第 201 条第 1 款的规定指的是"人民法院审理认罪认罚案件时，采纳人民检察院指控的罪名和量刑建议的原则和例外"。[2]换言之，该款的规定本身就包含了正反两方面的含义：一方面，从原则上肯定"一般应当采纳"条款；另一方面，从反面要点式列举了不应当采纳的情形。对于每一个认罪认罚案件，法院应当在审查是否存在五种不应当采纳情形的基础上得出是否应当采纳的结论。因此，法院的这一审查过程其实就暗含着其享有完整审查权的规定。

第二，《刑诉法解释》第 351 条规定，法院审查的重点是"认罪认罚的自愿性和认罪认罚具结书内容的真实性、合法性"，该范围的划定是否科学？应当认识到，这一审查重点的划定是检法协调的产物。《刑诉法解释》第 351 条的规定可能会衍生出如下不利后果：首先，该条规定可能会产生限缩《刑事诉讼法》第 201 条第 1 款中所列五种情形的后果。其次，因为审理重心放在了对认罪认罚具结书的审查上，因此难免会使得认罪认罚案件的法庭审理沦为一种类似"书面审理"的形式，而忽视了对被追诉人口供和其他证据的审查判断。最后，忽视了对被追诉人认罪认罚明智性的审查。自愿性和明智性是保障认罪认罚从宽制度顺利实施的关键，缺一不可。自愿性系被追诉人真诚认罪悔罪，而明智性系被追诉人对自己的罪行以及可能受到的刑罚处罚有清晰的认识。因此，在认罪认罚案件的法庭审理中，一方面要避免陷入仅针对认罪认罚具结书的审理；另一方面要注意审查被追诉人认罪认罚的明智性。

第三，法院是否应当介入审前阶段？当前的法律规定并未赋予法院介入审前阶段的权力。但有观点认为，面对检察机关公诉权的不断扩张，法院亦需要对其行使审判权的方式与程序作出适应性的调整和改变，即参与控辩具结。如果被追诉人在案件被移送至法院审判之前就表示认罪认罚，法官可以

---

[1] 闫召华："'一般应当采纳'条款适用中的'检''法'冲突及其化解"，载《环球法律评论》2020 年第 5 期。

[2] 王爱立主编：《中华人民共和国刑事诉讼法修改与适用》，中国民主法制出版社 2019 年版，第 379 页。

提前介入由检察官主导的控辩具结过程；如果被追诉人在案件被移送至法院之后才选择认罪认罚，法官可以根据案件的实际情况，启动认罪认罚从宽程序并参与具结活动。[1]此设想在为法官审理认罪认罚案件提供了合适契机的同时却有违检法分离原则。刑事诉讼设置诉讼阶段的意义在于强化后一阶段对前一阶段的监督和制约。法官参与审前环节在很大程度上不利于把关目的的实现。因此，法官介入审前阶段是否有利还尚待观察。

（三）检察机关恪守客观公正义务，全面履职

考虑到检察机关在审前环节的主导责任，认罪认罚从宽制度中检法协调的效果还取决于检察机关的认识和工作。不难看出，推进认罪认罚从宽制度的几乎每一个举措都会涉及检察机关，而且几乎无一例外地会导致检察机关权力的扩张。由此，检察机关成了整个司法系统的中枢，刑事司法的重心发生了位移。[2]

要从根本上化解认罪认罚从宽制度实施中出现的矛盾和问题，特别是化解认罪认罚的自愿性、真实性方面存在的风险，并保证从宽处理的合法性、公平性，需要根据刑事诉讼规律和我国国情，对认罪认罚从宽制度的运行环境进行改造，其中最重要的措施是深入推进以审判为中心的刑事诉讼制度改革，努力提升刑事程序的正当化水平。[3]而"检法协调"的提出正是通过强调检察官向法官看齐，与法官协同，维护以审判为中心的诉讼制度改革。

检法协调之所以要求"控"向"审"看齐，原因在于：其一，审判阶段具有"兼听则明"的作用。在审查起诉阶段，检察官本身是犯罪的追诉者，正是担忧其无法做到客观公正，故而提出检察官客观义务。因此，与审查起诉阶段相比，审判阶段对于查明案情、保障被追诉方的诉权具有关键作用。其二，认罪认罚从宽制度本质上是以从宽利益激励、换取被追诉人的认罪认罚，进而实现诉讼程序的全程简化，特别是审判程序的简化。[4]质言之，认罪认罚从宽制度就是将审判阶段的大部分工作前移至审查起诉或者侦查阶段

---

〔1〕　赵恒："法官参与认罪认罚案件具结活动的模式和法律制度前瞻"，载《政治与法律》2021年第1期。

〔2〕　魏晓娜："完善认罪认罚从宽制度：中国语境下的关键词展开"，载《法学研究》2016年第4期。

〔3〕　孙长永："认罪认罚从宽制度实施中的五个矛盾及其化解"，载《政治与法律》2021年第1期。

〔4〕　闫召华："检察主导：认罪认罚从宽程序模式的构建"，载《现代法学》2020年第4期。

进行。因此，为使得法院采纳检察机关的工作，检察机关自然应当主动向法院看齐。其三，案件质量是司法公正的生命线。认罪认罚从宽制度是典型的以效率为导向的改革，在其实行过程中，为避免出现公平让位于效率的情形，理应有一个中立的裁断机构。在我国，这一机构是法院。

因此，控诉向审判看齐的改革方向要求检察官恪守客观公正义务，全面履职，严格审查和认定证据。同时，考虑到检察机关是唯一能够贯穿刑事诉讼全过程的司法机关，理应承担起与其他机关沟通解决认罪认罚从宽制度实施过程中出现的问题的职能。

结　语

检法关系的配置是否科学在一定程度上直接决定了刑事司法活动的质量。在我国全面推行认罪认罚从宽制度的当下，原先的检法关系理论面临着一定的挑战。从理论和实践出发，可以将认罪认罚从宽制度的检法关系归纳为一种协同关系。尽管从短期来看，检法之间还存在一些不协调的动作，但从长远来看，检法协调不可避免。

强调检法协调并不意味着"检法一致"，而是在坚持检法分离原则基础上的协同。检法分离与检法协调不是矛盾对立，而是有机统一于认罪认罚从宽制度。检法分离是刑事诉讼的基本原则之一，指的是法院通过中立的审判活动能够起到制约和监督控诉的作用。认罪认罚从宽制度依然需要检法分离。同时，检法协调理论的提出能够使认罪认罚从宽制度更好地发挥出其制度红利。检察机关与被追诉方达成的诉讼合意在一定程度上能够对法官的审判活动产生效力，无疑将激励被追诉人尽早认罪认罚。

当然，检法协调也存在一定的弊端，特别是若检法过度协同，将严重损害被追诉方的诉讼权利。因此，在今后的制度运行中，仍需以维护被追诉人合法权利为出发点，通过制度设计使得检法协调更加科学、合理、可行。

第七章

认罪认罚从宽制度中被追诉人反悔权研究[*]

在认罪认罚从宽制度中保障被追诉人的"自愿性"尤为重要。而保障被追诉人认罪认罚的自愿性首先要保障反悔权的行使。《认罪认罚指导意见》对保障被追诉人的合法权益作出了一系列明确规定。其中专章列明"认罪认罚的反悔和撤回",必将有利于矫正实践中存在的"强迫认罪"司法乱象,也必将更充分保障被追诉人认罪认罚的自愿性,提升认罪认罚的积极性和该制度的适用率。

一、认罪认罚从宽制度中被追诉人反悔权基础理论

(一) 被追诉人反悔权的内涵辨析

开宗明义,既然要探讨认罪认罚从宽制度中的反悔,首先便要明确何为"反悔",以及为何能反悔。

1. 被追诉人反悔权的含义

明确和界定被追诉人反悔权的含义需要厘清被追诉人反悔行为的概念。有学者指出:"认罪认罚的反悔就是指被追诉人自愿如实供述自己的罪行,承认指控的主要犯罪事实,愿意受刑罚处罚之后,撤回此前意思表示的行为。"[1]在本章中,认罪认罚的反悔还指被追诉人已认罪认罚并签署认罪认罚具结书,抑或该案已开庭审理、已作出一审判决的,被追诉人不想、不愿认罪认罚,可能使得该案件发生程序变更的行为。相应地,反悔权是指赋予被追诉人有

---

* 本章是在韩旭教授的具体指导下,由四川大学法学院博士研究生张钰协助完成。

〔1〕 韩旭:《认罪认罚从宽制度研究》,中国政法大学出版社 2020 年版,第 224 页。

依据"反悔"的权利。这里关于"反悔权"的提法在理论界尽管不相一致（有学者称之为"后悔权"，也有学者称之为"撤回权"），但诚如杨立新所言，"其实说的是一回事，无太大差异"[1]，因此在后文中统一使用"反悔权"这一称谓。

2. 被追诉人反悔与翻供

"翻供是指被追诉人对其之前所做不利于自己的供述予以推翻、否认。"[2]这一概念与认罪认罚的反悔存在相异之处。首先，"供"的内涵不同，翻供的"供"指的是犯罪嫌疑人自己的陈述，该陈述的主要内容是犯罪事实。认罪认罚反悔权针对的"供"不但需要陈述的犯罪事实与指控罪名相吻合，还要求被追诉人对指控罪名、罪数及量刑予以认可。其次，两种行为针对的载体不同，翻供针对的载体在一般情形下是侦查机关的讯问笔录，而反悔权针对的载体是认罪认罚具结书。犯罪嫌疑人翻供的主要手段是推翻之前的供述，认罪认罚的反悔如果针对"认罪"，实际上也是对有罪供述的推翻，但无论是翻供还是认罪认罚反悔，均对案件办理及诉讼效率提出了挑战。

3. 被追诉人反悔与上诉

对于认罪认罚从宽制度中反悔权的行使阶段，学界有两种不同的声音。以"一审判决"为分界线，有学者认为反悔权的行使应在此节点之前进行，亦有学者观点与之相左。事实上，关于反悔权行使阶段的争议是立足于"上诉行为能不能被认定为反悔行为"这一问题的。如果答案是肯定的，那么自然一审判决后也能行使反悔权，因为上诉只是反悔权的表现形式之一。如果答案是否定的，那么一审判决前才可以行使反悔权。这时，"反悔"与"上诉"成了被追诉人两种不同的、对认罪认罚不认可的呈现形态。笔者认为，对这一问题的争议需要立足于实践按照不同的情况予以分析。显然，在实务中，被追诉人在一审判决前后都可能存在"不想不愿"的心理，这种"不想不愿"的前提是发生了使得被追诉人"心理扭转"的事件，如"认罪认罚时办案机关具有逼迫行为""一审法院未按'具结书'以及公诉机关量刑建议书中的意见进行量刑""原判没有充分体现认罪认罚从宽处罚的规定"等，甚至存在被追诉人在上诉书中直接否认认罪认罚的合法性或直接否认自己罪名

---

〔1〕 杨立新："非传统销售方式购买商品的消费者反悔权及其适用"，载《法学》2014年第2期。

〔2〕 吴康忠、吴冰清："应对翻供策略之探讨"，载《中国刑事警察》2020年第1期。

的情况[1]，以上无论任何一种缘由都表达了被追诉人对"认罪认罚"的不认可。但某些上诉理由，如"发现了新证据，新事实"就不属于"不想不愿"，而是完全基于"保证审判公正"及"保护自身合法权益"的目的提出合法、合理的诉求，实际上对"认罪认罚"这一事件本身并无异议。可见，被追诉人上诉有"超出预期""全盘否认"反悔的情形，也有基于新事证的情形。因此，在本章中，表达了类似以上"不想不愿"心理的认罪认罚被追诉人上诉属于"反悔权"的表现形式之一。

4. 被追诉人反悔与有罪供述撤回

"有罪供述是指在侦查、起诉、审判阶段中被追诉人作出的一切自我归罪的陈述。"[2]依据这一概念我们可以看出被追诉人反悔权和有罪供述的区别。首先，两者的适用程序有所差别，反悔权的提出是基于认罪认罚从宽程序，而有罪供述的撤回还可以在刑事诉讼其他程序中发生；其次，两者反悔或撤回的对象有所区别，反悔权适用的对象可以是"罪名"也可以是"量刑"甚至是"程序"，而有罪供述的撤回对象仅为"有罪供述"；再次，适用的诉讼阶段有所差别，认罪认罚协商一般主要集中在审前起诉阶段，在这一阶段控辩双方就认罪认罚相关事宜进行平等协商，但在侦查阶段，犯罪嫌疑人具有如实供述的义务，并且在此阶段没有关于"罚"的讨论，因此认罪认罚反悔权不及于侦查阶段，而有罪供述的撤回可以在侦查阶段；最后，在"认罪认罚"这一共同语境下，有罪供述的撤回可以被看作是认罪认罚反悔权的一类直观表现

（二）被追诉人反悔权的性质探究

1. 学术争议：法定权利、诉讼权利或辩护权利

（1）法定权利说。该学说认为保障认罪认罚真实自愿、维持控辩双方地位的平等从而使得控辩双方能够公平协商是"反悔权"的双重功能。[3]检察机关的"诉讼优位"体现在其比被追诉人掌握更多的资源或信息，这一现象在认罪认罚从宽这一语境下尤甚，加之《刑事诉讼法》201条的规定，使得

---

[1]　详见本研究第二节裁判文书分析相关内容。

[2]　田力男、杨振媛："认罪认罚反悔后有罪供述适用问题探究——以'司法契约'理论下有罪供述撤回为切入点"，载《公安学研究》2019年第4期。

[3]　参见张宁："认罪认罚案件中被追诉人反悔问题分析"，载《汕头大学学报（人文社会科学版）》2020年第1期。

原则上"诉与审"的意见具有某种一致性，更是加重了被追诉人的劣势程度。因此，"反悔权"能够有效弥补这种"地位落差"，使得被追诉人由被动变为主动，积极参与诉讼进程并争取"有利结果"。而关于"反悔权"的定位具有"当然性"，是被追诉人理应享有的法定权利，不得随意加以剥夺。

（2）诉讼权利说。另有学者将认罪认罚从宽被追诉人的反悔权当作一项诉讼权利[1]，这种观点认为检察机关与被追诉人地位的实质不平等，与消费关系中的经营者与消费者的不平等存在一定的共通之处[2]，消费者与被追诉人在专业知识以及所拥有的信息资源方面均处于劣势。而法律赋予消费者"七日无理由退货"的权利不单是对这种"地位不对等"的确认，也是对弱势一方的"强力保护"。而相比于消费者这种由"信息差"造成的单一的地位不平等，被追诉人可能会面临一系列强制措施，甚至人身自由受到限制，处境更为糟糕。因此，"反悔权"应当是被追诉人享有的一项诉讼权利，控方无权反悔。笔者较同意这种观点。

（3）辩护权从属说。有学者认为反悔权在本质上属于辩护权的延伸。[3]这种观点认为辩护权作为一种防御国家权力的手段，可以从实体和程序两个不同的方面进行，而认罪认罚被追诉人的程序辩护权可体现在程序的选择上，反悔权的行使无疑会使得诉讼程序发生变更，依据该逻辑可得，被追诉人行使反悔权也是在行使程序辩护权。

2. 性质评述：基于被追诉人反悔权特征的讨论

目前对被追诉人反悔权性质的学术争议主要存在法定权利说、诉讼权利说以及辩护权从属说。其中，法定权利与自然权利、道德权利相区分，主要体现在依据现有法律的规定能够享有的不同种类的权利，诉讼权利从属于法定权利，而辩护权利又从属于诉讼权利。

---

〔1〕 参见何静："认罪认罚案件中被追诉人的反悔权及其限度"，载《东南大学学报（哲学社会科学版）》2019 年第 4 期。

〔2〕 参见戴中璧："远程销售中消费者撤回权的强制性与任意性——兼论《消费者权益保护法》第 25 条第 2 款"，载《山东社会科学》2019 年第 2 期。

〔3〕 参见李艳飞："试论速裁程序中的被追诉人反悔权"，载《行政与法》2018 年第 11 期。

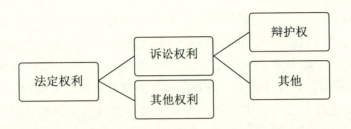

可见，这些对认罪认罚被追诉人反悔权性质争议的探讨陷入了某种从属权利认定的循环，且过于宏观。若诉讼程序中出现某一种需要赋权的行为，此时的性质讨论实际上缺乏对该"需要赋权的行为"的特征探讨。

首先，被追诉人反悔权在认罪认罚从宽程序中产生，由于该程序与普通刑事程序具有一定差异，属于特别的制度设计，因此直接使得被追诉人的反悔与撤回有罪供述、翻供等行为相异；其次，提高"诉讼效率"、缓解"案多人少"的主要矛盾是认罪认罚从宽制度建立的初衷[1]，因而由被追诉人行使反悔权导致的程序变更须具有一定必要性，即违背"诉讼效率"的程序回转或倒流不可随意启动；最后，被追诉人需要在审查起诉阶段与检察机关"协商"，也给控辩平衡提出了制度设计上的要求。综上，为避免反悔的随意性，被追诉人的反悔权必须是对认罪认罚自愿性具有保障性、救济性的权利和对控辩平衡具有重要作用的制衡性权利。

（三）被追诉人反悔权正当性证成

关于应否准许"被追诉人反悔"这一问题，学界给出了肯定与否定两个答案。多数学者认为，就目前的改革形势，赋予被追诉人反悔权既能弥补当下制度设计的不足，也能满足今后认罪认罚从宽的制度需求。也有学者认为，应"原则上不允许被追诉人在认罪认罚案件中反悔，只有少数例外情况才可以反悔"。[2]坚持肯定说的学者认为无论是在程序上还是在实体上，赋予被追诉人反悔权无疑均体现了制度的要求和防范冤假错案的要求，因而具有相当程度的正当性和可行性。在实践中，被追诉人与检察官在各方面的资源与能力差距过大，亟须律师的有效帮助，若此时辩护律师消极参与，值班律师甘

〔1〕 参见刘华敏、施红、高苏山："论认罪认罚从宽制度中被追诉人反悔权行使机制的构建"，载《上海法学研究——上海市青浦区检察院文集》。

〔2〕 秦宗文："认罪认罚案件被追诉人反悔问题研究"，载《内蒙古社会科学（汉文版）》2019年第3期。

愿沦为"见证人"[1]，则易使控辩双方的不平衡加剧。若此时赋予被追诉人反悔权，这种"失衡"的矛盾可以得到有效缓解：一方面，速裁程序有可能转向普通程序，使其得到更为细致的审判；另一方面，被追诉人可以改变"被动"的局面，在程序转变、自我保障方面掌握一定的主动权。当然，这种权利也需要进行一定的限制。坚持否定说的学者认为，认罪认罚具结书是控辩双方达成合意的证明，对这种合意的保护理应参照"契约""合同"的基本原理，使得各方积极履行"契约权利与义务"。在这种情形下，被追诉人若要反悔只能依照"原则上不允许+例外情形"这一模式。

我们可以看到，肯定说实际上是将"赋权"与"限制"相结合，否定说则是将"不赋权"与"例外情况"相结合，本质上是"殊途同归"的。但这两种声音不一样的地方主要体现在，肯定说更关注对被追诉人"人权"的保护，而否定说则更关注对契约诚信原则的遵守和对办案主体诉讼效率的保障。这两种价值观都具有相当的合理性，但笔者更倾向于肯定说，因为从实现依法治国这一宏大目标来看，目前司法改革的整体初衷与刑事诉讼目的相符，在兼顾效率与公平公正的同时，进一步加强人权司法保障从而提升司法公信力。[2]肯定说无疑更符合认罪认罚从宽制度完善和发展的方向。除此之外，认罪认罚从宽制度中被追诉人反悔权具有以下正当性依据。

1. 赋予被追诉人反悔权符合刑事诉讼目的

通说认为，我国刑事诉讼的目的是惩罚犯罪与保障人权并重，两者在不同的社会阶段维持动态平衡。[3]控制犯罪与保障人权对立统一于刑事诉讼目的当中。二者在权力运行内在属性方面存在对立，有效控制犯罪能够促使国家权力扩张，充分保障人权要求国家权力限缩。二者的统一之处在于，保障人权约束下的控制犯罪，能够避免国家权力单向治罪，有利于案件事实发现，防止冤假错案发生，更加有效地控制犯罪。合理的刑事诉讼制度能够最大限度地实现控制犯罪目的与保障人权目的的统一与平衡，偏废任何一方都会使程序正当性受损，并且会影响刑法机能的实现。而赋予被追诉人反悔权正是在加强人权保障从而维持刑事诉讼目的的动态平衡。

---

[1] 参见闵春雷："认罪认罚案件中的有效辩护"，载《当代法学》2017年第4期。

[2] 参见魏东、李红："认罪认罚从宽制度的检讨与完善"，载《法治研究》2017年第1期。

[3] 参见陈光中主编：《刑事诉讼法》（第3版），北京大学出版社2016年版，第10页。

2. 赋予被追诉人反悔权有利于保障认罪认罚自愿

赋予被追诉人认罪认罚反悔权有利于保障认罪认罚的自愿性，属于自愿性的反向保障。[1]被告人自愿认罪认罚是认罪认罚制度的合法性前提，在整个刑事诉讼过程中确保被追诉人认罪认罚自愿也是该制度的核心所在，我国《刑事诉讼法》中有关于认罪认罚自愿性审查程序的规定也是重中之重。[2]最高人民法院刑一庭在解读《刑事诉讼法》第 190 条时明确提出了司法实践中应注意的问题，其中有一点为"确保被告人认罪认罚选择的自由"。[3]换言之，认罪认罚从宽制度合法启动取决于被追诉人的自愿性。被追诉人能否在撤回"认罪""量刑"或程序选择方面具有一定自由是保证自愿性的关键。

3. 赋予被追诉人反悔权有利于维持控辩平衡

赋予被追诉人认罪认罚反悔权有利于控辩关系的平衡，有学者提出"完善认罪认罚从宽制度的关键是控辩平衡"[4]，认罪认罚从宽制度的创设和发展是向"协同性司法"理念靠拢的标志。这一司法模式对控辩平衡、信息对称、平等对话提出了较高的要求，检察官作为控诉方处于认罪认罚程序的主导地位，在缺乏平衡机制时，控诉方可能会利用信息差对被追诉人进行压迫，而赋予被追诉人反悔权无疑能够有效缓解控辩失衡的问题。在协同性司法逐渐发展的过程中，我国逐渐以"权利本位"作为风向标，充分尊重当事人的自由意志和诉讼权利，从而使控辩双方解决纠纷的方式有所改变。[5]赋予被追诉人反悔权使得控辩双方需要遵循以下的要求：其一，控辩双方应平等；其二，被追诉人具有"自愿、明智"的意思表示；其三，控方应理性、诚信，不能凭借优位诱惑、欺骗被告人。

4. 赋予被追诉人反悔权益于认罪认罚从宽制度之完善

一项制度需要符合开启、运作、退出的模式才具有完整性。换言之，认罪认罚从宽制度既然有准入，便也需要有退出，赋予被追诉人反悔的权利可

---

〔1〕　参见李艳飞："试论速裁程序中的被追诉人反悔权"，载《行政与法》2018 年第 11 期。

〔2〕　参见《刑事诉讼法》（2018 年修正）第 190 条第 2 款。

〔3〕　胡云腾主编：《认罪认罚从宽制度的理解与适用》，人民法院出版社 2018 年版，第 47 页。

〔4〕　龙宗智："完善认罪认罚从宽制度的关键是控辩平衡"，载《环球法律评论》2020 年第 2 期。

〔5〕　参见张建伟："协同型司法：认罪认罚从宽制度的诉讼类型分析"，载《环球法律评论》2020 年第 2 期。

能会让"新协商"开启，让程序流转运作，让原有的认罪认罚终结。被追诉人"认罪认罚"后确实有极大可能获得一定实体上的优惠（如刑罚减轻、强制措施降级等），但由于认罪认罚案件所适用的程序比起普通刑事程序具有程序加快、控辩极易失衡的特点，因此会给被追诉人带来"自身权利贬损"的风险。[1]而被追诉人认罪认罚的反悔权能够以"程序选择权""诉讼主体的有效参与性"的方式反向消解这种由制度产生的自发性风险。

（四）反悔的理论分类

反悔，本是指契约关系中一方当事人撤回订立契约时己方的承诺。撤回的原因既包括自身的原因，也包括对方的原因，当然还可能包括其他方面的原因，如不可抗力或者意外事件等。具体到认罪认罚从宽制度，因为在制度设计中存在一个被追诉人"自愿"认罪认罚的条件，所以相应地必然存在一个被追诉人拒绝"认罪认罚"的程序设置，也即被追诉人撤回原先的"认罪认罚"，即"反悔"。所以，通俗而言，认罪认罚从宽制度中的"反悔"即是指，被追诉人在认罪认罚后，又对前述的认罪认罚予以撤回。

与此同时，《认罪认罚指导意见》以审查起诉为分界点，将反悔分为不起诉后的反悔、起诉前的反悔、审判阶段的反悔。此为第一种类型。

而且，更由于认罪认罚既存在于侦查阶段和审查起诉阶段，也存在于审判阶段，因此相应的反悔也可分为侦查阶段的反悔、审查起诉阶段的反悔和审判阶段的反悔。此为第二种类型。

又因为在认罪认罚从宽制度中，"认罪"与"认罚"具有同步性，缺一不可。认罪认罚从宽制度下，被告人的自认不应仅停留在罪名指控方面，更应扩展至"认罪后果"的认可方面。[2]所以，也可将反悔分为对认罪的反悔和对认罚的反悔。此为第三种类型。当然，认罪反悔和认罚反悔的效果是不一样的。原因在于，在认罪认罚从宽制度中，从宽的前提是"认罪+认罚"。而认罪和认罚也有逻辑上的先后关系。认罪是认罚的前提，不存在不认罪但认罚的情况。因此，对认罪的反悔意味着被追诉人在罪与非罪、此罪与彼罪之间出现了新的判断，从而导致认罪认罚从宽制度的无法继续适用。同样，对认罚的反悔也会导致认罪认罚的不再适用，但对认罚反悔的同时继续认罪，

---

[1] 参见郭松："被追诉人的权利处分：基础规范与制度构建"，载《法学研究》2019年第1期。

[2] 孔冠颖："认罪认罚自愿性判断标准及其保障"，载《国家检察官学院学报》2017年第1期。

尽管不能将其评价为认罪认罚进而从宽处理，但如果认罪符合其他从宽的条件，仍可进行从宽处罚。

行文至此，还应当注意被追诉人主张适用"缓刑"是否意味着对"认罚"的反悔。特别是到了审判阶段，被追诉人在检察机关所提量刑建议之外，主张适用缓刑。此种情形能否被评价为反悔？《认罪认罚指导意见》第33条第1款规定："量刑建议的提出。犯罪嫌疑人认罪认罚的，人民检察院应当就主刑、附加刑、是否适用缓刑等提出量刑建议。人民检察院提出量刑建议前，应当充分听取犯罪嫌疑人、辩护人或者值班律师的意见，尽量协商一致。"因此，因为量刑建议是集主刑、附加刑和缓刑等内容为一体的诉讼文书，所以对上述任一内容存有异议，均应视为对量刑建议的异议。因此，如果被追诉人在审查起诉或者审判阶段表示了对是否适用缓刑的异议，同时采取了诸如在庭审中主张适用缓刑，而量刑建议中不主张缓刑的适用，在最后陈述时仍未改变自己观点的，应视为反悔，而且是对认罚的反悔。

综合分析可知，从第一种类型中我们能明确感受到检察机关在其中扮演了重要角色，职权明确，便于检察机关发挥在认罪认罚从宽制度中的主导作用。不足之处在于可能忽视了对审判阶段中反悔的关注。第二种类型简单、直接地将反悔区分为对认罪的反悔和对认罚的反悔，不足之处在于容易忽视不同诉讼阶段中反悔的作用发挥。第三种类型根据诉讼阶段进行划分，既能够克服对审判阶段中反悔作用发挥关注过少的不足，也能够充分探究反悔在各个诉讼阶段的作用。因此，笔者对反悔的探讨将围绕侦查、审查起诉和审判三个阶段展开。

二、认罪认罚从宽制度中被追诉人反悔权实践现状

（一）被追诉人反悔权现有规范特征

1. 《刑事诉讼法》：未明确赋予被追诉人反悔权

《刑事诉讼法》中没有出现明确的"认罪认罚反悔"字眼，笔者将"认罪认罚"作为检索词可以筛选出以下十条与之相关的法条明文。

表 7-1 　《刑事诉讼法》中关于认罪认罚及认罪认罚被追诉人反悔的具体规定

法条序号	基本内容或成文规定	是否体现反悔
第 14 条、第 81 条第 2 款、第 120 条第 2 款、第 172 条第 1 款、第 173 条第 2 款、第 176 条第 2 款、190 条第 2 款、第 222 条第 1 款	批捕的考量因素、讯问时的诉讼权利告知、认罪认罚后速裁程序决定做出的期日、审查起诉时的诉讼权利告知、无需签署认罪认罚具结书的情形、检察院对认罪认罚案件的材料移送、审判时的诉讼权利告知和相应审查、速裁程序的适用条件	否
第 201 第 1 款第 2 项	对于认罪认罚案件，人民法院依法作出判决时，一般应当采纳人民检察院指控的罪名和量刑建议，但有下列情形的除外：……（二）被告人违背意愿认罪认罚的……	是
第 226 条	人民法院在审理过程中，发现有被告人的行为不构成犯罪或者不应当追究其刑事责任、被告人违背意愿认罪认罚、被告人否认指控的犯罪事实或者其他不宜适用速裁程序审理的情形的，应当按照本章第一节或者第三节的规定重新审理。	是

　　可见，2018 年《刑事诉讼法》以上这 10 条法律条文中仅有 2 条体现了被追诉人反悔，法条表述并没有直接使用"反悔"这一词语，亦不属于对反悔权的明确。其中，《刑事诉讼法》第 201 条第 1 款第 2 项表明被追诉人认罪认罚非自愿时不但会造成程序转换，还可能使得法官对检方所提出的"罪与罚"不予采纳。该条规定显示检察官的量刑建议虽对法官具有一定的拘束力，但仍应紧紧围绕"自愿性"办理该类案件，属于对被追诉人在认罪意愿和人格尊严方面的保障。而第 226 条则规定了速裁程序适用例外的情形明确包括"不自愿"或"否认指控犯罪事实"，属于附条件的审理程序变更。综上，首先，《刑事诉讼法》作为基本法并没有直接规定被追诉人反悔，更遑论明确赋予被追诉人反悔权了；其次，法条直观显示出了其所立足的出发点更多是"法院的自主裁量"和"诉讼程序的变更"，而较少站在"保障被追诉人人权"的角度。

当然，虽然《刑事诉讼法》未直接对认罪认罚案件中被追诉人的反悔权进行明确，但从相关条文的规定中却可推导得出反悔权行使的意涵。《刑事诉讼法》第 121 条第 2 款、第 173 条第 2 款、第 190 条第 2 款分别就侦查、审查起诉、审判阶段的认罪认罚，要求侦查机关、检察机关、法院在被追诉人认罪认罚的条件下，"应当告知"被追诉人享有的诉讼权利和认罪认罚的法律规定。同时，在审判阶段还特别要求审判长要"审查认罪认罚的自愿性和认罪认罚具结书内容的真实性、合法性"。这种对认罪认罚自愿性的再三确认赋予了被追诉人反悔的权利。《刑事诉讼法》第 201 条第 2 款规定："人民法院经审理认为量刑建议明显不当，或者被告人、辩护人对量刑建议提出异议的，人民检察院可以调整量刑建议。……"因为量刑建议与认罪认罚具结书是一体的，所以被追诉人对认罪认罚具结书的认可，即是对量刑建议的认可。反之，对量刑建议"提出异议"即是对认罪认罚提出异议。这种异议自然可以被理解为反悔。

2. 《认罪认罚指导意见》：对反悔权的默认

《认罪认罚指导意见》中明确出现了"认罪认罚反悔"这类字眼，甚至在十一章以"认罪认罚的反悔和撤回"作为标题。

表 7-2　《认罪认罚指导意见》关于认罪认罚被追诉人反悔的具体规定

十、审判程序和人民法院的职责
第 39 条第 3 款　被告人违背意愿认罪认罚，或者认罪认罚后又反悔，依法需要转换程序的，应当按照普通程序对案件重新审理。发现存在刑讯逼供等非法取证行为的，依照法律规定处理。
十一、认罪认罚的反悔和撤回
第 51 条　不起诉后反悔的处理。因犯罪嫌疑人认罪认罚，人民检察院依照刑事诉讼法第一百七十七条第二款作出不起诉决定后，犯罪嫌疑人否认指控的犯罪事实或者不积极履行赔礼道歉、退赃退赔、赔偿损失等义务的，人民检察院应当进行审查，区分下列情形依法作出处理……
第 52 条　起诉前反悔的处理。犯罪嫌疑人认罪认罚，签署认罪认罚具结书，在人民检察院提起公诉前反悔的，具结书失效，人民检察院应当在全面审查事实证据的基础上，依法提起公诉。
第 53 条　审判阶段反悔的处理。案件审理过程中，被告人反悔不再认罪认罚的，人民法院应当根据审理查明的事实，依法作出裁判。需要转换程序的，依照本意见的相关规定处理。

《认罪认罚指导意见》较为直观地对被追诉人的"反悔"进行了某种程度的许可。如该指导意见第9条第1款规定："……在刑罚评价上，主动认罪优于被动认罪，早认罪优于晚认罪，彻底认罪优于不彻底认罪，稳定认罪优于不稳定认罪。"何谓"稳定认罪优于不稳定认罪"？其实，"不稳定认罪"就是对于是否认罪认罚态度反复，也即反悔。对上述几个条文加以分析可得：首先，被追诉人认罪认罚后反悔会导致程序转换；其次，被追诉人对认罪认罚的反悔分为不同阶段，且不同阶段的反悔具有不同的应对方式。这一指导意见细化和丰富了认罪认罚案件的办案依据，将认罪认罚的反悔"搬上大荧幕"，使得学界逐渐开始关注被追诉人的"反悔权"。但由于其规定较为笼统，因此无法解决更多由被追诉人行使反悔权带来的其他问题。

3."两高"印发通知：两高对反悔权的态度

基于最高人民检察院《关于印发〈人民检察院办理认罪认罚案件监督管理办法〉的通知》《关于印发〈人民法院办理刑事案件庭前会议规程（试行）〉〈人民法院办理刑事案件排除非法证据规程（试行）〉〈人民法院办理刑事案件第一审普通程序法庭调查规程（试行）〉的通知》（以下简称《"两高"印发通知》），我们可以站在检察院、法院工作的视角解读被追诉人认罪认罚反悔。

表7-3　《"两高"印发通知》关于认罪认罚及认罪认罚被追诉人反悔的具体规定

法律文件	条文序号	具体内容
最高人民检察院关于印发《人民检察院办理认罪认罚案件监督管理办法》的通知	第17条	下列情形的案件应当作为重点审查案件，经检察长（分管副检察长）批准后进行评查，由案件管理部门或者相关办案部门组织开展：……（四）犯罪嫌疑人、被告人认罪认罚后又反悔的；……
最高人民法院关于印发《人民法院办理刑事案件庭前会议规程（试行）》《人民法院办理刑事案件排除非法证据规程（试行）》《人民法院办理刑事案件第一审普通程序法庭调查规程（试行）》的通知	《人民法院办理刑事案件第一审普通程序法庭调查规程（试行）》第11条	被告人不认罪或者认罪后又反悔的案件，法庭应当与定罪和量刑有关的事实、证据进行全面调查。

从上表可知，最高人民检察院和最高人民法院均将"犯罪嫌疑人、被告人认罪认罚后又反悔的"抑或者"被告人不认罪或者认罪后又反悔的"案件作为区别于普通案件的例外情况，"重点评查"和"全面调查"体现了两院对认罪认罚被追诉人行使反悔权的态度。2019年12月最高人民检察院发布的《人民检察院刑事诉讼规则》第278条对被追诉人对于检察机关所作的不起诉决定反悔的处理作出了规定。

在此，还有必要从法理基础和制度协调两方面出发，阐述赋予被追诉人反悔权的制度价值。

第一，赋予认罪认罚案件中被追诉人反悔的权利具备有力的法理支撑。被追诉人享有反悔权，不仅法律有规定，而且从法理上讲也具有正当性。既然要反悔，就必然存在一个反悔的对象。在认罪认罚从宽制度中，反悔的对象是认罪认罚具结书。虽说《刑事诉讼法》第120条第2款、第173条第2款、第190条第2款分别就侦查、审查起诉和审判三阶段的认罪认罚，要求侦查机关、检察机关和法院三机关均要告知被追诉人相关认罪认罚的制度，但法条的表述却存在不同。首先，在侦查阶段，第120条第2款要求侦查机关告知的内容是，"侦查人员在讯问犯罪嫌疑人的时候，应当告知犯罪嫌疑人享有的诉讼权利，如实供述自己罪行可以从宽处理和认罪认罚的法律规定"。其次，在审查起诉阶段，《刑事诉讼法》第173条第2款要求检察机关告知的内容是："犯罪嫌疑人认罪认罚的，人民检察院应当告知其享有的诉讼权利和认罪认罚的法律规定，听取犯罪嫌疑人、辩护人或者值班律师、被害人及其诉讼代理人对下列事项的意见，并记录在案：（一）涉嫌的犯罪事实、罪名及适用的法律规定；（二）从轻、减轻或者免除处罚等从宽处罚的建议；（三）认罪认罚后案件审理适用的程序；（四）其他需要听取意见的事项。"同时，《刑事诉讼法》第174条第1款规定："犯罪嫌疑人自愿认罪，同意量刑建议和程序适用的，应当在辩护人或者值班律师在场的情况下签署认罪认罚具结书。"《刑事诉讼法》第176条第2款规定："犯罪嫌疑人认罪认罚的，人民检察院应当就主刑、附加刑、是否适用缓刑等提出量刑建议，并随案移送认罪认罚具结书等材料。"最后，在审判阶段，《刑事诉讼法》第190条第2款要求法院告知的内容是："被告人认罪认罚的，审判长应当告知被告人享有的诉讼权利和认罪认罚的法律规定，审查认罪认罚的自愿性和认罪认罚具结书内容的真实性、合法性。"

通过对比可知，侦查阶段的认罪认罚的主要目的在于通过积极劝说被追诉人通过认罪认罚获得从宽处理来换取犯罪嫌疑人、被告人自愿如实供述自己的罪行，进而节约司法资源、提高司法效益。而审查起诉阶段认罪认罚最终的体现是认罪认罚具结书，并且审判阶段也主要是围绕认罪认罚具结书展开的。认罪认罚具结书是检察官与被追诉人合意的产物，但与传统私法意义上的契约相比，其又有公法属性。[1]因此可知，认罪认罚具结书是认罪认罚的体现，而反悔正是对认罪认罚具结书的反悔。

既然如此，对于认罪认罚具结书性质的认识就至关重要了。如要准确认识认罪认罚具结书的性质就必须了解认罪认罚具结书上书写的内容。《刑事诉讼法》第173条第2款规定就"（一）涉嫌的犯罪事实、罪名及适用的法律规定；（二）从轻、减轻或者免除处罚等从宽处罚的建议；（三）认罪认罚后案件审理适用的程序；（四）其他需要听取意见的事项"等内容，检察机关应当听取犯罪嫌疑人、辩护人或者值班律师的意见，并记录在案。同时，《刑事诉讼法》第174条第1款规定："犯罪嫌疑人自愿认罪，同意量刑建议和程序适用的，应当在辩护人或者值班律师在场的情况下签署认罪认罚具结书。"通过上述条文的规定我们可以了解到，在认罪认罚从宽制度中，"自愿认罪""量刑建议""程序适用"是最为关键的内容，而这些内容均建立在被追诉人"自愿"和"同意"的基础之上。这就相当于将认罪认罚的主动权交给了被追诉人。被追诉人既可以认罪认罚，签署认罪认罚具结书，同意量刑建议；也可以在前述步骤完成后反悔。当然，这要付出不利后果，即量刑上"稳定认罪优于不稳定认罪"。

同时，从上述的规定中可以看出，将认罪认罚从宽制度引入《刑事诉讼法》后，检察机关由原先的犯罪行为的追究者提升为被犯罪行为破坏的法益的恢复者。而被追诉人也由原先的被制裁者转变为诉讼活动的参与者。通过对认罪认罚的协商，被追诉人在刑事诉讼活动中参与者的重要性得以凸显。认罪认罚从宽制度集恢复性司法和协商性司法于一身，致力于调动犯罪嫌疑人、被告人的参与权，提升裁判文书的可接受性。认罪认罚从宽制度之所以能够提升裁判文书的可接受性，原因在于协商性司法所特有的司法决策民主

---

[1] 秦宗文："认罪认罚案件被追诉人反悔问题研究"，载《内蒙古社会科学（汉文版）》2019年第3期。

特性。协商性司法所承载的价值远远不止是效率的提升，这正是帮助我们重构其价值立场的关键。跳出刑事诉讼法的场域，这种全新的司法范式实际上是针对国家与公民关系所作的根本性调整。被追诉人与国家司法机关通过协商达成合意，解决犯罪行为的方案被确立了下来，这就意味着刑事司法程序之运作不再是由国家主导，被追诉人也不再是服从者，其能够创造性地参与到定罪和量刑的过程之中。从这个角度来看，将协商引入刑事诉讼领域有助于进一步推进司法决策的民主化与科学化。[1]

第二，赋予认罪认罚案件中的被追诉人反悔权具有制度协调层面的价值。如今，考虑赋予被追诉人反悔的权利不仅是基于法理上的正当性，还是基于制度上的协调。认罪认罚从宽制度作为刑事诉讼法的一项基本原则，它的确立不是一蹴而就的，而是经过不断试点的。早在对认罪认罚从宽制度进行试点之前，我国便率先开展了刑事速裁程序的试点。2014 年，根据全国人民代表大会常务委员会的授权，最高人民法院、最高人民检察院联合公安部和司法部制定了为期 2 年的《关于在部分地区开展刑事案件速裁程序试点工作的办法》（本章以下简称《刑事速裁程序试点办法》）。《刑事速裁程序试点办法》试点 2 年后，最高人民法院、最高人民检察院又联合公安部、国家安全部、司法部制定了为期 2 年的《关于在部分地区开展刑事案件认罪认罚从宽制度试点工作的办法》（以下简称《认罪认罚从宽试点办法》）。在这些试点工作的基础上，2018 年《刑事诉讼法》正式将认罪认罚从宽制度纳入。由此可知，认罪认罚从宽制度在我国产生不久，在实践中难免会遭遇各式各样的问题，盲目限制被追诉人的上诉权，限缩被追诉人的反悔权，难保不会产生冤假错案。特别是被追诉人认罪认罚的自愿性、真实性和合法性目前尚难以获得有效保障。[2]因此，考虑到制度的协调，仍有必要赋予被追诉人反悔的权利。

（二）被追诉人反悔权相关试点情况：2016 年至 2018 年

依据《刑事速裁程序试点办法》，从总体上看，2016 年 11 月，刑事案件认罪认罚从宽制度试点工作在 18 个地区正式启动。截至 2018 年 6 月，各个试点就 2 年间的工作情况、特色、试点中的问题以及制度完善建议形成经验总

---

〔1〕 吴思远："论协商性司法的价值立场"，载《当代法学》2018 年第 2 期。
〔2〕 孙长永："比较法视野下认罪认罚案件被告人的上诉权"，载《比较法研究》2019 年第 3 期。

结，其中不乏与被追诉人反悔相关的具体内容。

1. 部分试点地区关于被追诉人反悔权的规定

北京、天津、上海、山东、青岛、沈阳以及长沙七个地区或城市在《刑事速裁程序试点办法》的基础上纷纷出台了《试点工作实施细则》[1]。笔者将这些规范有关于认罪认罚追诉人反悔权行使的条文罗列如下。

表7-4　七个试点地区关于认罪认罚被追诉人反悔的间接规定[2]

具体情形	北京	天津	上海	山东	青岛	沈阳	长沙
不适用速裁程序					第41条	第23条	第39条
检察机关量刑建议不采纳	第35条	第34条			第49条	第22条	第43条
程序转化	第31条	第33条	第四章第（一）节	第37条			第45条

表7-4为七个试点地区关于认罪认罚被追诉人反悔的间接规定，这些规定明显借鉴了《刑事诉讼法》第201条及第226条的相关内容，因此具有规范设置上的共性，即法官不受检察机关量刑建议约束之情形、人民法院本适用速裁或简易程序审理的案件转变为普通程序审理或直接对速裁程序不予适用的情形。

除此之外，有的试点地区还对认罪认罚被追诉人的反悔权作了直接的规

---

〔1〕　参见北京市高级人民法院、北京市人民检察院、北京市公安局、北京市国家安全局、北京市司法局《关于开展刑事案件认罪认罚从宽制度试点工作实施细则（试行）》；天津市高级人民法院、天津市人民检察院、天津市公安局、天津市国家安全局、天津市司法局《关于开展刑事案件认罪认罚从宽制度试点工作实施细则（试行）》；《上海市刑事案件认罪认罚从宽制度试点工作实施细则（试行）》；中共山东省委政法委员会、山东省高级人民法院、山东省人民检察院、山东省公安厅、山东省国家安全厅、山东省司法厅《关于在认罪认罚从宽制度试点工作中加强协作配合的意见》《青岛市认罪认罚刑事案件办理流程》；沈阳市中级人民法院、沈阳市人民检察院、沈阳市公安局、沈阳市司法局《关于刑事案件认罪认罚从宽制度试点工作的实施意见（试行）》；《长沙地区刑事案件认罪认罚从宽制度试点工作实施办法（试行）》。

〔2〕　上述规则的条文序号不属于同一个规范文件，而分属于各地试点规范文件。

定。例如天津市的《试点工作实施细则》第16条。[1]本条规定包含五个主要信息：一是明确赋予被追诉人反悔的权利；二是这种反悔具有一定的限制，反悔原因是"利益受损"，反悔时间是一审法院判决作出之前；三是反悔后可能会带来强制措施的变化，如重新羁押，这是因为"认罪悔罪"也是判断社会危险性的因素，被追诉人反悔自然会被当作不愿认罪悔罪；四是检察机关需要确定被追诉人的反悔是其真实的意思表示；五是检察机关需要重新审查证据材料并提出量刑建议。再如，《青岛市认罪认罚刑事案件办理流程》第51条。[2]该条规定可以被称作"另外一种反悔"，即被追诉人之前没有适用认罪认罚，但后来想适用认罪认罚的情形，只是这种情形不属于本研究重点讨论的范围。

2. 八个试点地区被追诉人反悔相关经验考察

最高人民法院刑事审判第一庭对北京、天津、江苏、山东、郑州、广州、西安以及福清八个试点地区的试点报告进行了收集和归纳，[3]这些试点均存在可被用于被追诉人反悔权运行机制构建的理念和经验。

从这八个试点地区有关被追诉人反悔的经验中我们可以看出：其一，被追诉人的权利保障或人权问题是该制度在试点中的重点；其二，各试点均具有强化自愿性审查乃至构建保障机制的意向，"认罪认罚自愿性"得到了相当程度的重视；其三，由被追诉人反悔造成的程序转换需要一个统一且不严重破坏"效率"的手段；其四，被追诉人行使反悔权后的法律后果已引起了一些试点的注意；其五，被追诉人上诉或滥用诉权的问题已出现，需要被讨论和解决，并进行相关配套机制的完善。

---

〔1〕　天津市高级人民法院、天津市人民检察院、天津市公安局、天津市国家安全局、天津市司法局《关于开展刑事案件认罪认罚从宽制度试点工作实施细则（试行）》第16条规定："犯罪嫌疑人、被告人认为前期的认罪供述有损其利益的可以在一审法院裁判作出之前反悔，主张撤回认罪供述、撤销具结书。犯罪嫌疑人、被告人反悔的，人民法院或者人民检察院应当向其说明反悔的结果，包括可以采取羁押性强制措施、不再享受量刑从宽、不得主张适用特定程序等内容，确保犯罪嫌疑人、被告人的选择是其真实意思表示。犯罪嫌疑人、被告人坚持反悔的，检察机关应当重新审查证据材料，提出量刑建议；进入审判阶段的，可以向法庭建议补充侦查。"

〔2〕　《青岛市认罪认罚刑事案件办理流程》第51条规定："侦查、审查起诉阶段案件没有用认罪认罚从宽制度，但被告人在第一次开庭审理前表示自愿认罪认罚，或在法庭审理终结前表示认罪认罚，人民法院经审查认为符合适用条件的，应当征询人民检察院同意后，在值班律师见证下签署具结书，或者将具结过程记入庭审笔录，必要时可休庭专门就量刑问题进行协商、具结，并适用本程序审理。"

〔3〕　参见胡云腾主编：《认罪认罚从宽制度的理解与适用》，人民法院出版社2018年版，第20页。

表7-5　八个试点地区被追诉人反悔相关经验及完善建议

	相关经验	完善方向
北京	以人权保障为重点打造公正与效率平衡运作模式。	构建认罪认罚自愿性、真实性审查保障机制；建立程序回转机制。
天津	明确规定反悔权，反向保障认罪认罚自愿。	强化对认罪认罚自愿性的审查；将反悔后的法律后果通过视频、音频等方式轮播。
江苏	建立了一套以人权保障为核心的审判程序规范。探索在二审程序中实践认罪认罚从宽制度。	探索研究防止被告人滥用上诉权制度。
山东	不断促进被告人权利保障（但主要是获得律师有效帮助）	限制上诉人滥用诉权问题。
郑州	被告人对具结书或其供述提出异议的，及时转换程序，充分保障其认罪认罚的真实性。	认罪认罚协商程序的双向启动。
广州	认罪认罚从宽自愿性的实质审查。	加强权力保障（值班律师），承认犯罪嫌疑人、被告人的反悔权。
西安	主要内容是规范司法人员工作。	
福清	被告人反悔后，认罪认罚协商时的有罪供述能否作为证据使用存在争议。	应明确规定被告人反悔权及认罪答辩等证据使用问题。

3. 试点总结报告中的被追诉人反悔数据分析

表7-6　《认罪认罚从宽试点总结报告》中的被追诉人反悔总体情况

试点总结报告	上诉案件数量	占案件总比率
认罪认罚从宽被追诉人的上诉反悔	6800	3.35%

　　截至2018年9月30日，试点地区以认罪认罚从宽制度审结的案件多达20多万件，其中有6800余件由被告人提出了上诉，上诉率为3.35%。[1]我国仅凭单一的数据无法准确地以"动态"的角度观察认罪认罚被追诉人上诉反悔

―――――――――

〔1〕　本章中出现的上诉，专指认罪认罚从宽案件中被追诉人的上诉，不包括刑事附带民事原告人的上诉或检察机关的抗诉。

的情况，笔者将以认罪认罚从宽制度酝酿、试点、发展的逻辑顺序和时间顺序将 2015 年《速裁程序试点中期报告》[1]、2017 年《认罪认罚中期报告》[2]以及 2018 年《认罪认罚从宽试点总结报告》[3]三个公报所反映的被追诉人上诉反悔的情形作如下对比。

表 7-7 三个公报中被追诉人反悔数据对比

公报中反映的被追诉人上诉反悔	案件总数量	上诉数量	上诉占比
《速裁程序试点中期报告》	15 606	328	2.10%
《认罪认罚中期报告》	91 121	3280	3.6%
《认罪认罚从宽试点总结报告》	204 827	6800	3.35%

表 7-7 包含两个重要信息：一是认罪认罚从宽制度在酝酿、试点、发展的过程中，被追诉人上诉比率存在先上升后下降的"波动"现象；二是这种波动呈现出"增速快，降速慢"的样态。进一步分析这种现象产生的原因：一方面，司法资源配置的持续优化以及认罪认罚制度的不断完善使得息诉服判的比率会不断上升并相对稳定，被追诉人上诉的比率则会逐渐下降。另一方面，被追诉人上诉率数值激增后相应的政策导向会使得试点单位有意识地加以控制，而此时上诉率已经相对稳定，所以尽管有所下降，却未呈显著态势。从各地区来看，由于试点各地经验或特色均有不同，因此关于被追诉人反悔的统计数据并不完全，笔者现将截至 2018 年 9 月能够收集到的试点地区数据整理如下。[4]

表 7-8 八个试点地区被追诉人上诉反悔情况对比

	北京	天津	江苏	山东	郑州	广州	西安	福清
案件总数	18 157	7871	9698	11 490	8111	18 124	7372	1860

---

〔1〕 最高人民法院、最高人民检察院：《最高人民法院、最高人民检察院关于刑事案件速裁程序试点情况的中期报告》。

〔2〕 周强：《最高人民法院、最高人民检察院关于在部分地区开展刑事案件认罪认罚从宽制度试点工作情况的中期报告——2017 年 12 月 23 日在第十二届全国人民代表大会常务委员会第三十一次会议上》。

〔3〕 参见胡云腾主编：《认罪认罚从宽制度的理解与适用》，人民法院出版社 2018 年版，第 31 页。

〔4〕 参见胡云腾主编：《认罪认罚从宽制度的理解与适用》，人民法院出版社 2018 年版，第 49 页。

续表

	北京	天津	江苏	山东	郑州	广州	西安	福清
上诉数量	不为0	209	223	112	132〔1〕	246	170	64
上诉占比		2.65%	2.30%	0.97%	1.62%	1.36%	2.30%	3.44%

从数据内容可见，以上八个试点地区中，福清地区的上诉占比最高，为3.44%，山东地区的上诉占比最低，为0.97%。平均上诉案件数量为165件，平均上诉占比为2.09%。与同期其他非认罪认罚的刑事案件相比，被追诉人上诉率处于显著的低值。对各地被追诉人反悔权行使的试点情况数据以及总体情况数据进行分析可以使我们得到一个结果，即虽然各地不乏认罪认罚被追诉人的上诉现象，但占比和数量都极低，总体上息诉服判效果显著。但这种单一的比较具有局限性，因此，笔者拟依据截至2018年9月30日的18个试点地区总体情况列举各类可能引起认罪认罚案件二审的行为，对比认罪认罚刑事案件内部"各类上（抗）诉"所占比率，探讨"被追诉人上诉"是否是引起认罪认罚案件二审的主要原因。在认罪认罚案件中，除了被追诉人的上诉可能导致该案二审外，刑事附带民事诉讼原告人的上诉以及检察机关的抗诉也具有引起该类案件二审的可能性。

表7-9　试点整体认罪认罚刑事案件内部"各类上诉"所占比率

	占认罪认罚案件总比	二审适用速裁程序审结占比
附带民事诉讼原告人上诉	0.05%	0.004%
检察机关抗诉	0.04%	0.02%
被告人上诉	3.35%	2.52%

依据表7-9可知，在试点总结报告中，三种导致认罪认罚案件二审的上抗诉均真实存在，但被告人上诉的状况无论在哪一种情形下均显著高于其他两者。这种现象的产生与我国赋予了刑事诉讼被告人无限制上诉的权利以及上诉不加刑原则极具关联性，亦说明被告人相较于其他两个主体更有可能引发认罪认罚案件的二审。综上所述，试点报告中被追诉人上诉数据已明确表

---

〔1〕　该数据是被告人上诉、检察机关抗诉数量的总和。

示追诉人的反悔已真实存在。从各试点被追诉人上诉这一外部对比中我们能够观察到认罪认罚制度发展过程中各地的差异和经验；从其他提请二审缘由这一内部对比中我们发现被追诉人反悔的比率较高。这种反悔是否会造成司法资源的浪费？如果这种反悔对司法效率施以重创，那么赋予被追诉人反悔权的同时，是否应对反悔作出适用限制？

（三）被追诉人反悔权实践运行样态：2018 年至 2020 年

1. 百份认罪认罚案件随机二审样本选取

前文对试点地区的分析是针对 2016 年至 2018 年的认罪认罚从宽制度实施情况，虽具有一定的参考性，但同时也具有一定的滞后性。因此，笔者在中国裁判文书网以"认罪认罚从宽""刑事案件""刑事二审"作为关键词进行高级检索，共出现 2756 篇裁判文书。从中随机挑选出 2018 年至 2020 年末的 100 篇裁判文书作现状分析，以观察该制度在被正式确认后被追诉人具体的反悔情况。

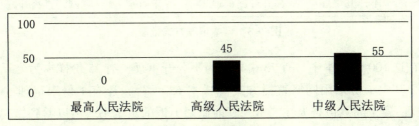

图 7-1　法院审级分布

在对 100 份样本的法院层级进行统计后笔者发现，认罪认罚上诉案件多数由中级人民法院审理，少数由高级人民法院审理，由最高人民法院审理的上诉案件数量为零。

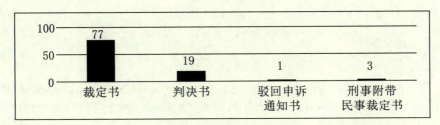

图 7-2　样本文书类型

如图 7-2 所示，在这 100 份随机二审裁判文书中，刑事裁定书有 77 份，刑事判决书有 19 份，驳回申诉通知书有 1 份（样本 32）[1]，刑事附带民事裁定书有 3 份。从形式上看，样本中的认罪认罚案件二审大多数为程序性裁定，少部分是针对原审的实体判决，而驳回申诉通知书这一样本是被追诉人认罪认罚，但一审宣判没有提出上诉后来再申诉的情形，因其对一审指控的罪名、认定的事实和证据均无意见，又没有提供相应的证据予以佐证，便未得到支持。

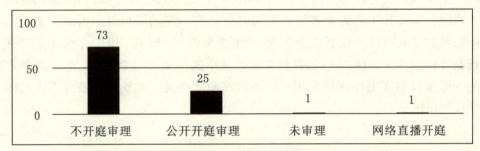

图 7-3　样本审理方式数量

在这 100 份样本中，有 73 份样本为不公开审理，有 25 份样本为公开开庭审理，其中 1 份采用网络直播方式（样本 63）[2]，还有 1 份未审理（样本 5）[3]，属于同意被告人在二审开庭前撤回上诉的裁定书。可以看到，73% 的案件以不开庭审理的方式进行，在随机样本中，还存在由于大数据和疫情而逐渐推广运用的网络直播开庭审理方式。

---

〔1〕 "刘某华妨害公务案"，广东省高级人民法院［2020］粤刑申 272 号驳回申诉通知书。

〔2〕 "李和某、李四某盗窃案"，贵州省铜仁市中级人民法院［2020］黔 06 刑终 227 号刑事判决书。

〔3〕 "保某虎、张某荣等与何某成走私贩卖运输制造毒品案"，宁夏回族自治区高级人民法院［2019］宁刑终 65-1 号刑事裁定书。

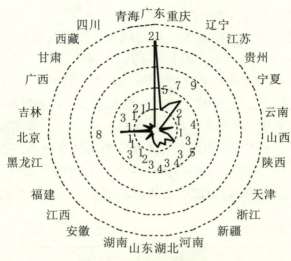

图7-4　各省样本数量分布

　　此次收集的 100 份样本来自于 27 个不同的省、直辖市和自治区，其中以广东省的案件数量最多，高达 21 件，占比超过全部样本数量的 1/5，其次为江苏省和北京市，样本数量分别为 9 件和 8 件，其余省市或自治区的样本数量为 1 件~7 件不等。对广东省的样本进一步加以分析能够发现，案件大多来自于广州市和深圳市，而江苏省的样本则几乎来自不同的市区。

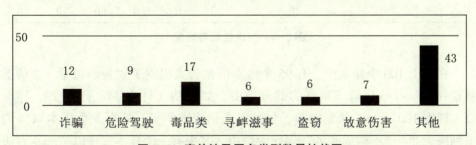

图7-5　案件涉及罪名类型数量柱状图

　　样本中共出现了 25 种不同的案件类型。其中，涉及毒品类的犯罪数量最多，为 17 件，其次为诈骗罪，数量为 12 件。再次是危险驾驶罪 9 件，故意伤害罪 7 件，盗窃罪与寻衅滋事罪各 6 件。这五类犯罪类型总和超过了样本的 50%。

2. 样本中所反映的反悔理由及判决结果

在这 100 份样本中，存在五种裁判结果，分别是驳回上诉（抗诉、申诉），维持原判；改判；准许一人上诉，其他人驳回上诉，维持原判；撤销原判，发回重审以及准许撤回上（抗）诉。其中，驳回上诉（抗诉、申诉），维持原判的结果最多，为 74 件。改判的结果有 20 件。准许一人上诉，其他人驳回上诉的情况是 1 件共同犯罪案件（样本 47）[1]，撤销原判，发回重审 1 件，准许撤回上（抗）诉的结果有 4 件。值得注意的是，撤回上诉的案件之一（样本 78）[2]具有一定的特殊性，撤回上诉时明确表明上诉目的为"留所服刑"，而该上诉案件之所以产生撤回的结果，是由于引起了检察机关的"报复性抗诉"。

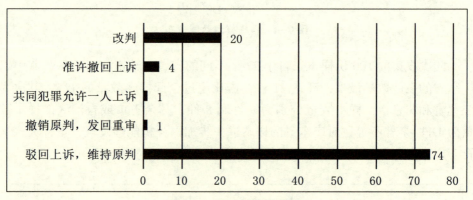

图7-6　判决结果与数量

在以上 100 个样本中，有 95 个样本的被告人提到了"量刑过重""请求从轻判决"并给出请求减刑的部分理由，如立功（样本 34、样本 79、样本 81、样本 100）[3]、认罪悔罪、与被害人达成谅解等。还有 5 个样本以"请求判决无罪""不构成罪名"等作为理由。其中有一个样本直接以"一审判决

---

〔1〕 "柴某鹏、彭某能诈骗案"，辽宁省丹东市中级人民法院［2020］辽 06 刑终 117 号刑事裁定书。

〔2〕 "徐某娟容留他人吸毒案"，浙江省台州市中级人民法院［2019］浙 10 刑终 519 号刑事裁定书。

〔3〕 "许某刚危险驾驶案"，江苏省连云港市中级人民法院［2020］苏 07 刑终 184 号刑事裁定书；"杨某受贿案"，重庆市第一中级人民法院［2018］渝 01 刑终 470 号刑事判决书；"张某危险驾驶案"，山东省泰安市中级人民法院［2020］鲁 09 刑终 148 号刑事判决书。

错误，上诉人不构成犯罪，不应当追究刑事责任"为由上诉（样本 64）[1]，完全否认一审判决结果与控方的认罪认罚协商，该案的裁判结果受到检察机关的"报复性"抗诉，取消被追诉人的量刑优惠，在原有量刑基础上加重刑罚。

除此之外，对"量刑过重"展开的上诉理由说理中，以"已认罪认罚，原审量刑过重"为主要内容的有 46 件样本，但实际上这些样本中原审法院并没有遵从检察机关量刑建议的有 2 个样本，即样本 46 与样本 53。样本 46"路某娟诈骗案"中[2]，原审被告人以一审法院未依据"应当采纳"的相关规定进行量刑为由提起上诉，提出原审判决明显超过检察机关建议量刑的范围，未充分落实相关从轻、减轻的量刑幅度，二审法院最终采纳了辩护方的上诉理由，对该案予以改判。样本 53"高某敏诈骗案"的原审被告人也以同样理由提起上诉[3]，但该案具有与样本 46 不同之处，被追诉人并未在认罪认罚之后对被害人积极补偿、退赃退赔，二审法院因此支持了一审法院判决，认为被追诉人的后续行为不属于"实质意义上的认罪认罚"。该案判决表明"认罪认罚""真诚悔罪"不仅体现在意思表示上，还需要体现在实际行动上，尤其是对被害人的经济赔偿上。以"程序性权利遭受侵害"为由的有 2 件，其中样本 63 的原审被告人声称认罪认罚非自愿[4]，该案件最终的二审结果为改判，二审法院在说理中提到"原判基于其认罪认罚而予以从宽处罚的基础丧失"。可见，在法院审理该类案件的司法实践中，"非自愿"已是被追诉人上诉且能够得到一定支持的正当理由。样本 80 的被追诉人则表示"在开庭当天才收到公诉机关的起诉书"[5]，辩方防御准备时间明显不足，也从侧面反映出，认罪认罚从宽制度缺乏对抗性，而控方可能会对程序规定遵守不当。

---

〔1〕"李某国诈骗案"，辽宁省大连市中级人民法院［2020］辽 02 刑终 506 号刑事裁定书。

〔2〕"路某娟诈骗案"，江苏省盐城市中级人民法院［2019］苏 09 刑终 349 号刑事判决书。

〔3〕"高某敏诈骗案"，辽宁省盘锦市中级人民法院［2020］辽 11 刑终 139 号刑事裁定书。

〔4〕"李和某、李四某盗窃案"，贵州省铜仁市中级人民法院［2020］黔 06 刑终 227 号刑事判决书。

〔5〕"薛某民盗窃案"，广东省广州市中级人民法院［2018］粤 01 刑终 1527 号刑事裁定书。

表7-10　被追诉人上诉理由及判决结果

	量刑过重	对犯罪事实有异议	仅对罪名有异议	仅对证据有异议	未采纳量刑建议	非自愿签署具结书	立功	无正当理由	留所服刑	对罪名、量刑、事实、证据等均有异议
数量（件）	95	10	5	3	2	2	4	12	1	2
样本序号		2、8、22、24、43、51、56、62、68、88	40、64、57、59、73	20、23、85、	46、53、	31、63、	34、79、81、100、	1、41、55、66、71、74、80、89、94、95、96、97	78	14、52、
判决结果	不一	8：改判（撤销原审附加刑） 其他：驳回上诉，维持原判	40：改判（减轻刑罚） 64：改判（抗诉加重刑罚） 其他：驳回上诉，维持原判	驳回上诉维持原判	46：改判 53：驳回上诉，维持原判	31：驳回上诉维持原判 63：改判（认罪认罚基础丧失）	81：改判（基于新事证） 其他：驳回上诉，维持原判	96：改判（抗诉加重刑罚） 其他：驳回上诉，维持原判	准许上诉人撤回上诉 驳回抗诉，维持原判	驳回上诉维持原判

3. 反悔权的行使类型、缘由及行使阶段

（1）反悔权的行使类型。通过观察反悔权的运行样态我们不难发现，被追诉人行使反悔权主要针对"实体"和"程序"两个方面，前者在认罪或认罚上存有异议，而后者则对原先适用的速裁或简易程序存有异议，或直接拒绝适用转而选择其他程序。这种类型也与认罪认罚具结书中认罪认罚的内容对照呼应。

第一，对"实体"反悔。其中又分为对"认罪"的反悔与对"认罚"的反悔。对"认罪"的反悔主要体现为被追诉人对自己主要犯罪事实、罪名以及犯罪表述的异议，如果被追诉人在与控方协商一致后对"认罪"反悔，将会被视为撤回认罪认罚具结书，如贵州省铜仁市中级人民法院［2020］黔06刑终227号判决书相关内容所示。这是由于对被追诉人罪名的确定是后续检察机关量刑乃至审判机关审判的重要依据，若被追诉人在对"认罪"反悔，则代表其不承认自己所犯之罪，甚至直接否认相关事实或证据，并意味着"有罪判决"的部分言词依据消失。对"认罚"的反悔是指控方的量刑或法院的径自量刑使得被追诉人提出异议，导致被追诉人对认罪认罚具结书中的量刑内容予以否定或对原审判决提起上诉，但被追诉人在这种类型的反悔中仍表示自愿认罪，并同意适用此前选定的程序。对"认罚"的反悔可能导致两种后果。其一为理想型后果，即控辩双方依然有重新协商的机会，可仅就量刑达成一致，认罪认罚具结书中的量刑部分更换内容。这种结果是"协商性""合作性"的体现。其二为非理想型后果，即是对"认罚"反悔的被追诉人无法继续适用认罪认罚从宽，但因为仅对量刑存异议而适用简易程序审理。

第二，对"程序"的反悔。这种反悔是被追诉人基于"获得更充分程序保障"的理念或意图作出的。对"程序"的反悔呈现形式为不认可认罪认罚具结书中控方提出的适用程序，但对"罪与罚"没有异议，认可认罪认罚的合法性，也同意"自愿签署声明"中的内容。由于认罪认罚案件本身可以适用速裁、简易以及普通程序，若被追诉人对原先的程序适用反悔，可凭借"宜强不宜弱"的原则转换程序，由速裁转简易或普通程序，或由简易程序转普通程序，但不可以对程序保护进行"降级"，不可以将原本适用普通程序的转变为简易程序或者速裁程序。

（2）反悔权的行使缘由。

第一，认罪认罚非真实、非自愿。样本31的上诉人称"公诉人强行要求上诉人签署'具结书'，当庭又撤回'具结书'违法；侦查机关有逼供、诱供嫌疑"。[1]根据《刑事诉讼法》第 174 条的规定[2]，"犯罪嫌疑人自愿认罪"是认罪认罚从宽制度适用的基础和前提。因而如果被追诉人认罪非自愿，相当于该制度适用的基础丧失，被追诉人此时自然应享有反悔权。该缘由也是被告人刑事反悔权的正当理由。

第二，被追诉人对认罪认罚从宽制度认识不清。首先，办案机关未全面、准确地告知被追诉人相关权利。权利与义务的明确告知能够让被追诉人清楚了解自身在诉讼进程中力所能及的事，从而不至于在国家权力的针对下失去保障。英美法系国家与大陆法系国家虽在程序正义与实质正义的价值取向上各有倚重，但均承认和强调对被告人诉讼权利的告知，以保证程序的正当性。我国《刑事诉讼法》基于诉讼阶段的不同规定了不同办案主体的"告知义务"。在认罪认罚这一语境下，还需相关办案主体对该制度进行详尽的介绍和解释。[3]在侦查阶段，侦查机关权利告知将"保障自愿"与"鼓励认罪"相结合，加快了认罪认罚从宽制度的适用进度。在审查起诉阶段，检察官会对被追诉人解释认罪认罚相关法律与制度、发放《诉讼权利告知书》，并在这一阶段重点听取被追诉人"是否认罪、同意量刑""程序适用"等意见。在审判阶段，当主审法官适用速裁程序时，为确保认罪认罚制度的适用合法、正当，此时的权利告知一般侧重于自愿性审查和认罪认罚具结书签署的相关情况。从前文所示的试点总体状况以及裁判文书反映的内容来看，"形式化""走过场"的问题在权利义务告知这一方面较为突出。具体表现为：其一，被追诉人认为"认罪认罚"后必"从宽"；其二，被追诉人上诉称想在一审判决后认罪认罚；其三，被追诉人不清楚随意反悔的后果，以"留所服刑"为上诉目的，既抢占办案机关时间与精力，又容易招致控方报复性上诉。这些情形均属于对该制度认识不清，由此导致的反悔很容易造成司法资源的浪费。[4]另一方面，被追诉人未获得有效的律师帮助。立足于现状，被追诉人在认罪

---

〔1〕 "李某走私贩卖运输制造毒品案"，甘肃省高级人民法院［2020］甘刑终 24 号刑事裁定书。

〔2〕《刑事诉讼法》（2018 年修正）第 174 条规定："犯罪嫌疑人自愿认罪，同意量刑建议和程序适用的，应当在辩护人或者值班律师在场的情况下签署认罪认罚具结书。犯罪嫌疑人认罪认罚，有下列情形之一的，不需要签署认罪认罚具结书：（一）犯罪嫌疑人是盲、聋、哑人，或者是尚未完全丧失辨认或者控制自己行为能力的精神病人的；（二）未成年犯罪嫌疑人的法定代理人、辩护人对未成年人认罪认罚有异议的；（三）其他不需要签署认罪认罚具结书的情形。"

〔3〕 参见《刑事诉讼法》（2018 年修正）第 120 条、第 173 条、第 190 条。

〔4〕 参见杨立新："认罪认罚从宽制度理解与适用"，载《国家检察官学院学报》2019 年第 1 期。

认罚从宽程序中获得的律师帮助相当有限，甚至会出现无效辩护的情形。[1]例如，在办理刑事速裁程序案件时，律师没有积极为被追诉人申请变更强制措施；不与犯罪嫌疑人、被告人积极沟通，不告知其何为认罪认罚从宽，不积极准备量刑意见、辩护意见等；不积极了解案情，发现有刑讯逼供、暴力取证等徇私枉法行为的，不予理睬，不告知办案机关，不终止认罪认罚程序等。[2]简言之，基于由律师的不称职行为造成的失误，被追诉人因"外部原因"无法实现程序选择权，从而只能自己承担不利后果，被告获得较好的诉讼结果的可能性也大为降低甚至完全泯灭。[3]律师在认罪认罚案件中进行了无效的辩护，被追诉人则未获得有效的律师帮助。

第三，检察机关量刑建议未被一审法院采纳。2018 年《刑事诉讼法》第 201 条的规定使得有别于一般案件的特殊控审关系得以建构。"一般应当采纳"的规定赋予了检察机关"罪名确定"和"量刑建议"的双重法定权力，在一定程度上分割了法院的刑事裁判权。但依据"司法最终裁决原则"，法官依然有权对"定罪量刑"以及被追诉人的自愿性进行审查。在辩诉交易制度中，检察官在协商过程中会明确告诉犯罪嫌疑人，若法官依据自身经验认为检察机关量刑建议并不合理，进而针对被追诉人罪名或量刑径自判决的，不属于检察机关违背约定。出于"裁判权"主导的考量，辩诉交易的结果对法官并不存在强制约束力，但此时法官会明确告知被告人可以反悔。

第四，新事、证的发现及提交。被追诉人引起程序倒流也可能是出现了新的事实和证据，且这种事实和证据对罪名、量刑结果会产生一定程度的影响。这种新的证据若仅为之前未及时发现和提交的证据（样本 81）[4]，则不易使被追诉人心理扭转；若该证据包括之前因办案机关有所保留使得被追诉人及其辩护人未能知晓，[5]则可能会引起被追诉人对此前的认罪认罚产生心理上的变化，从而促使其反悔。

---

〔1〕　参见马明亮："认罪认罚从宽制度中的协议破裂与程序反转研究"，载《法学家》2020 年第 2 期。

〔2〕　参见张钰："认罪认罚从宽案件中有效辩护的标准"，载《天水行政学院学报（哲学社会科学版）》2020 年第 4 期。

〔3〕　参见闵春雷："认罪认罚案件中的有效辩护"，载《当代法学》2017 年第 4 期。

〔4〕　"张某危险驾驶案"，山东省泰安市中级人民法院［2020］鲁 09 刑终 148 号刑事判决书。

〔5〕　参见陈卫东："认罪认罚从宽制度研究"，载《中国法学》2016 第 2 期。

第五，留所服刑。被追诉人在提起上诉等待裁判的过程中仍然可留在看守所羁押服刑，且羁押一日可折抵刑期一日，而那些法院判决的刑罚原本就较轻的案件以这类"策略性上诉"为手段留所服刑的更为普遍。[1]被追诉人往往认为，即使不能减少原判刑期也可以通过提出上诉留在看守所来减少在监狱里的时间。但实际上，以这种目的提起的上诉并不正当，反而会造成司法资源的无谓浪费。

（3）反悔权的行使阶段。结合以上 2016 年至 2020 年试点报告数据和认罪认罚案件二审裁判文书我们能够发现，被追诉人行使反悔权的情形主要有两种：一种是撤回认罪认罚具结书；另外一种是就一审判决提起上诉。而这两种情形在各阶段中有如下表现。

第一，侦查阶段。2018 年《刑事诉讼法》虽规定侦查阶段是认罪认罚从宽制度最早启动的阶段[2]，但在这一阶段案件处于调查中，证据不完善，所以实际并不具有量刑协商的条件。因此，认罪认罚案件被追诉人的反悔时间节点为审查起诉阶段、一审审判阶段乃至一审判决后。而在侦查阶段，若被追诉人对侦查事实予以否认仅会构成翻供，实际上不会引起程序回转或者认罪认罚从宽程序的退出。

第二，审查起诉阶段。被追诉人在这一阶段产生悔意主要是指签署认罪认罚具结书后又撤回的，这种撤回的后果是恢复到未认罪认罚之时的状态。根据《认罪认罚从宽制度告知书》第 6 条的规定[3]，若被追诉人要在签署具结书后反悔：其一，需说明理由；其二，撤回申请提出需以书面形式作出；其三，应向检察机关提出。此时，由于"从宽"基础丧失，检察机关的应对是"重新提出量刑建议"。值得注意的是，未直接提出书面申请却对起诉书中的"主要犯罪事实""罪名"等提出异议，推定为"撤回认罪认罚具结书"。

---

〔1〕 "徐某娟容留他人吸毒案"，浙江省台州市中级人民法院［2019］浙 10 刑终 519 号刑事裁定书。

〔2〕《刑事诉讼法》（2018 年修正）第 162 条规定："公安机关侦查终结的案件，应当做到犯罪事实清楚，证据确实、充分，并且写出起诉意见书，连同案卷材料、证据一并移送同级人民检察院审查决定；同时将案件移送情况告知犯罪嫌疑人及其辩护律师。犯罪嫌疑人自愿认罪的，应当记录在案，随案移送，并在起诉意见书中写明有关情况。"

〔3〕《认罪认罚从宽制度告知书》第 6 条：《认罪认罚具结书》签署后，犯罪嫌疑人、被告人可以要求撤回，但应书面向办案机关提出申请，并说明理由，人民检察院将重新提出量刑建议。犯罪嫌疑人、被告人未提出书面撤回申请，但对起诉书指控的主要犯罪事实、罪名和认罪表述提出异议的，视为撤回《认罪认罚具结书》。

该内容明确了被追诉人享有在审查起诉阶段的反悔权以及反悔的方式、对象、程序。笔者认为，这一阶段的反悔不应受到限制，即检察机关不能以被追诉人"未说明理由""理由不正当""理由不清晰、不充分"作为不准予其反悔的理由，从而确保该阶段反悔权的自由行使。

第三，一审审判阶段。根据2018年《刑事诉讼法》第201条的规定，即使被追诉人在审查起诉阶段认罪认罚，在庭审阶段也可能否认指控的犯罪事实或者对检察机关的量刑建议提出异议。该条文实际肯定了被追诉人在审判阶段具有的反悔权，只是在行使反悔权后会产生相应的后果，如程序变更。

第四，一审判决以后。被追诉人在判决以后的反悔权行使以上诉作为手段和表现形式。根据实务部门的统计，与判决前阶段的反悔情况相比，判决作出后被追诉人反悔的比例更高[1]，而且在各个试点的总结报告中，关于被追诉人反悔的数据统计直接与被追诉人在一审判决后上诉的数量及比率挂钩。

三、认罪认罚从宽制度中被追诉人反悔权现实困境

（一）理念困境：反悔权行使积极引领不足

1. 办案机关对"反悔权"持消极态度

从各个试点报告中我们能直接收集到的被追诉人反悔数据实际上就是上诉数据，这一数据与"息诉服判"这一具有效率理念的词汇具有极大关联。实际上，由于近年来刑事案件数量不断提升以及员额制改革，"案多人少"的矛盾使得目前我国刑事诉讼的价值天平不得不向效率作出倾斜。在以上这些试点报告中，我们能够轻易地发现，大多数试点都将"息诉服判"当作试点工作的成效或可复制的经验，这在一定程度上体现了办案机关不愿意认罪认罚案件进入二审的心态。认罪认罚案件具有程序从简、量刑从宽的特点，这使得司法机关认为该类案件的"效率性"才应是常态，若被追诉人提起上诉，总会给人以"得到了又失去"的不畅快感。

2. 被追诉人"留所服刑"存在错误观念

以北京市的试点经验为例，该市存在一个显著问题，即息诉服判的功能未达预期，被追诉人不以"原审法院未采纳检察机关量刑建议"作为唯一的

---

〔1〕　参见张宁："认罪认罚案件中被追诉人反悔问题分析"，载《汕头大学学报（人文社会科学版）》2020年第1期。

上诉理由。一方面，部分被追诉人将"留所服刑"作为上诉目的；另一方面，被告人适用"无限制上诉"，被告人不服一审判决的，无需说明理由，这一制度与我国的两审终审制度一同保障了被追诉人诉权。但这也带来了一个问题，即类似于"留所服刑"这类"策略性"上诉是否应当被限制？若要赋予被追诉人反悔权，那么针对这一权利理应有相应的限制。首先，被追诉人的上诉属于反悔的表现形式之一，"认罪认罚从宽"既是我国刑事诉讼中的一项制度，也是一项基本原则，被追诉人基于该制度的上诉应当区别于其他普通刑事案件"特事特办"。其次，权利的滥用若不经规制会使得大量策略性诉讼产生，不但不符合"人权保障"的初衷，也不利于诉讼资源的合理利用。

3. 被追诉人"心理"无法被及时认定

以"留所服刑"这种策略性上诉为例，这类策略性上诉的数据乃至这个概念本身均产生于"留所服刑"发生后，抑或检察机关报复性抗诉之后，被追诉人提出撤回上诉而在申请书中写明"上诉是为了留所服刑"。简而言之，在被追诉人作出反悔行为的那一刻，我们对其具体的心理状态是不得而知的。如果被追诉人恶意反悔，"恶意"根本无从判断。再以"徐某娟容留他人吸毒案为例"（浙江省台州市中级人民法院［2019］浙 10 刑终 519 号刑事裁定书），上诉人徐某娟在上诉时列明了多种上诉理由，但实际上目的只是"留所服刑"。心理状态和外在表现的割裂使得反悔权的行使面临着"正当与不正当"界限模糊以及标准不确定的问题。

（二）制度困境：反悔权行使配套制度缺乏

1. 被追诉人反悔权立法规制不明

目前，认罪认罚从宽制度被追诉人反悔权的法律规定是不明确的。《刑事诉讼法》并未将反悔权视为认罪认罚被追诉人所享有的一项诉讼权利，对反悔权行使的必要信息（如反悔时间、反悔主体、反悔方式、反悔理由、反悔次数等）均未作出规定。这种"不明确"直接影响到了权利行使的告知，导致司法实践中被追诉人反悔权的行使缺乏强有力的依据。这种立法规制不明还造成了一种矛盾的现象，即真正需要"反悔权"保障的被追诉人由于不明确反悔带来的风险，担心遭受不利的后果而不敢反悔，而无正当理由却想"留所服刑"或"故意反悔"的被追诉人却可毫无顾忌地不断试探。由此可见，被追诉人反悔权立法规制不明不但会给亟须人权保障的被追诉人套上更沉重的枷锁，也会给办案机关带来众多未知数。

2. 被追诉人反悔权权利告知欠缺

我们已知，认罪认罚被追诉人的"反悔"具有一定的依据，但这种反悔未明确以"权利"的形式被《刑事诉讼法》加以确认。无论是检察机关还是审判机关，在认罪认罚案件的审查起诉阶段以及审判阶段对被追诉人反悔权的告知都是欠缺的。具体表现在：其一，审查起诉阶段《人民检察院犯罪嫌疑人诉讼权利义务告知书》中共包含9项权利与义务，而这之中无一项与"反悔权"相关[1]；其二，《认罪认罚从宽制度告知书》第6条中的"'具结书'签署后，犯罪嫌疑人、被告人可以要求撤回"虽表达了被追诉人可以在认罪认罚后反悔，但仅仅规定了许可，对如何反悔、谁来反悔、反悔有没有不利后果均没有作出明确解释；其三，审判阶段《人民法院被告人诉讼权利义务告知书》罗列了3条被告人程序选择权利，但有关于反悔权的权利告知却依然欠缺。

3. 被追诉人反悔权内部保障缺位

以试点地区数据和经验为例，尽管有的试点地区明确赋予了被追诉人反悔的权利，并也作出了配套的规定，但多数试点对于除"上诉"以外的反悔数据基本一片空白，没有任何一个试点对被追诉人"撤回具结书""不接受控方量刑""认罪认罚后否认相关事证"或在庭审过程中是否突然反悔等情形进行明确的数据统计。试点规范中的大多数反悔的应对均可用"程序转换"一言以蔽之。除此之外，各试点所提出的"加强人权保障"的措施基本上均属于"外部保障"，即值班律师的覆盖或法律援助等，却没有在真正意义上从被追诉人自身出发，赋予其相应的认罪认罚程序启动、退出等"内部保障"的权利。

（三）行权困境：反悔权行使可能造成的阻碍

1. 权利滥用的风险

在试点情况分析中，被追诉人上诉会选择"留所服刑"等"策略性"上诉，那么赋予被追诉人反悔权自然也会有极大可能发生"被追诉人出于不正当目的而反悔"的情形。例如，被追诉人有可能时而同意适用认罪认罚从宽制度时而又反悔，抑或被追诉人自认为拥有反悔权就是掌握了主动权，可以与控方随意提条件。在上文二审裁判文书的分析中，上诉人无正当理由上诉的样本多达12件，其中11件被驳回上诉，另外一件由于检察机关的抗诉加

---

〔1〕 参见胡云腾主编：《认罪认罚从宽制度的理解与适用》，人民法院出版社2018年版，第123~125页。

重刑罚。原审被告人既然已享受了认罪认罚带来的优惠，若基于无正当理由上诉而滥用诉权，甚至会给自身带来更为不利的后果。

2. 办案动力的削弱

办案机关在面对认罪认罚案件时具有比普通刑事案件更大的动力，究其原因，主要是案件查办难度降低，司法资源得到节约，诉讼效率得以提高。总体而言，这一内在动力促使办案机关无论在认罪认罚从宽制度试点时还是正式依法确立时都积极主动地将其予以推行。而如果明确赋予被追诉人反悔权，以上这些"好处"有可能会遭受极大的"冲击"，有可能会导致办案机关对落实该项制度缺乏动力，甚至削减立法实操性。

3. 诉讼效率的降低

有关试点文件开宗明义地提出认罪认罚从宽制度试点工作的预设目标即"为进一步落实宽严相济刑事政策，完善刑事诉讼程序，合理配置司法资源，提高办理刑事案件的质量与效率"[1]。学界也普遍认为认罪认罚从宽制度能够将刑事案件基于"认罪认罚"与否进行高效分流，从而缓解办案压力，使得司法资源得到更合理的配置。可以说，这一制度的产生就是基于案件数量导致的效率低下，对"效率"的重视也是该制度的重要价值之一。眼下看来，反悔权的行使确实会对诉讼效率提出挑战，例如，造成认罪认罚"失去基础"或者"程序回转"，在一定程度上否认了控辩协商的作用，也有可能使得检察机关做许多无用功。除此之外，认罪认罚二审案件的增加也不利于繁简分流，从而进一步造成诉讼效率的降低。

（四）结果困境：反悔权行使与办案机关应对

1. 反悔前的有罪供述依然被作为定案依据

从相关规定来看，《认罪认罚从宽制度告知书》第 7 条表明被追诉人反悔后认罪认罚具结书依然能够作为证明被追诉人此前作过有罪供述的依据，而相关试点规范以及法律文件也并没有对"有罪供述适用"作许可或禁止性的规定。换言之，某些域外国家或地区规定的"全面排除"与目前我国国情存在显著差异。一些案件因反悔权的行使不得不"推倒重来"，但定案依据的重新获取有可能存在困难，为"省时省力"或弥补由反悔造成的效率低下，这

---

〔1〕 参见《全国人民代表大会常务委员会关于授权最高人民法院、最高人民检察院在部分地区开展刑事案件认罪认罚从宽制度试点工作的决定》。

种对有罪供述或口供"不排除、不处理"的情况在实践中屡见不鲜。从实践现状来看，有学者进行的相关实证研究显示被追诉人反悔后，办案人员一般的应对方式是将速裁程序转为普通程序，但是对此前基于被追诉人认罪而收集到的有罪证据、有罪供述没有后续的处理，而是继续适用，这种情况的出现率甚至高达100%[1]。这会带来一个问题，即被追诉人反悔后面临的结果仅仅是自己会承担不利风险吗？反悔所带来的"程序回转"此时似乎只是"部分回转"，且仅仅发生在被追诉人身上，这明显是极为不当的"双重标准"。如果被追诉人认罪所收集的相关有罪证据即使在被追诉人反悔后仍不被限制使用，那么一方面这一行为本身严重背离了"程序正义"；另一方面，认罪认罚从宽制度的"控辩平衡"也会在某种层面沦为空谈。

2. 被追诉人反悔可能导致"上诉加刑"

表7-11　加重处罚及报复性抗诉判决样本

	罪名	案号	一审判决	抗诉理由	二审判决
样本63	掩饰、隐瞒犯罪所得罪	贵州省铜仁市中级人民法院［2020］黔06刑终227号	1. 被告人李和某犯盗窃罪，判处有期徒刑4年，并处罚金人民币5000元。2. 被告人李四某犯掩饰、隐瞒犯罪所得罪，判处有期徒刑8个月，并处罚金人民币2000元。3. 继续追缴被告人李和某的违法所得人民币17 800元，追缴被告人李四某的违法所得人民币540	原审被告人李和某对《认罪认罚具结书》内容反悔并提出上诉，原判适用认罪认罚从宽制度不再适用，应对李和某处以更重刑罚。贵州省铜仁市人民检察院支持抗诉。	一、维持贵州省铜仁市碧江区人民法院判处有期徒刑8个月，并处罚金2000元；继续追缴被告人李和某的违法所得人民币17 800元，追缴被告人李四某的违法所得人民币540元。二、撤销贵州省铜仁市碧江区人民法院［2020］黔0602刑初300号刑事判决主文第一项量刑部分。即以盗窃罪判处李和某有期徒刑，并处罚金人民币5000元。三、上诉人（原审被告人）李和某犯盗窃罪，判处有期徒刑4年6个月，并处罚金人民币5000元。

[1] 参见马明亮、张宏宇："认罪认罚从宽制度中被追诉人反悔问题研究"，载《中国人民公安大学学报（社会科学版）》2018年第4期。

续表

	罪名	案号	一审判决	抗诉理由	二审判决
样本78	容留他人吸毒罪	浙江省台州市中级人民法院［2019］浙10刑终519号		被告人徐某娟以认罪认罚形式换取较轻刑罚，并非真心认罪认罚，则认罪认罚制度不应再适用，原判适用法律错误。	被告人徐某娟上诉的目的是留所服刑，现又已撤回上诉，可见其上诉不是对认罚承诺的违背，也无法据此认定其接受认罪认罚并非出自真心。故抗诉机关的抗诉理由不能成立，不予支持。原判定罪及适用法律正确，审判程序合法，结合徐某娟所具备的从重或从轻情节对其所作量刑得当。对徐某娟要求撤回上诉的请求应予准予。

"上诉加刑"是指被追诉人的上诉行为虽然依据"上诉不加刑"原则不会导致刑罚的消极变化，但可能基于检察院抗诉、二审法院对"认罪认罚基础丧失"的审理和认定，撤回对被追诉人在量刑、程序上的优惠的情形。依据裁判文书分析，样本63与样本78就属于此类情况。认罪认罚案件的被追诉人通过检察机关较轻的量刑建议来实现"从宽"，一旦被追诉人撤回认罪认罚具结书或者不服一审判决提出上诉，办案机关很有可能产生"被追诉人悔罪不真诚""被追诉人不配合调查""态度不好"等想法。实践中，若被追诉人不服一审判决提出上诉，检察机关可能会以增加刑期、变更强制措施以及抗诉等行为作为回应，甚至希冀审判机关二审改判加重被追诉人刑罚，而审判机关也有极大的可能对抗诉理由予以支持，迫使被追诉人放弃反悔权。对于这种回应，若没有对被追诉人反悔的保障与救济，该权利的设置便将失去实际意义。

3. 检察机关量刑科学性不足致使上诉

在认罪认罚案件中，幅度量刑建议大量存在也是被追诉人在宣判后反悔的一个重要原因。量刑存在区间会使得被追诉人抱有"依区间最小值"判决的期待，而法官即便要采纳检察机关量刑建议，也会出于"合理合法""中立客观"以及保证"公平正义"的理念在幅度量刑建议中选定合适的刑罚，明显不可能直接取最小值。如果说被追诉人因为"期待落空"而反悔，检察机关量刑建议就需要向精准化靠拢。量刑建议向精准化发展完善会面临以下几个问题：其一，部分检察官对认罪认罚语境下的量刑建议重视不够，没有将量刑建议当作求刑权的重要组成部分，依然照搬陈旧的方式办案。此外，一些基层检察机关会考评量刑建议的采纳率，一些精准的量刑可能不会被采纳，为更易被法官采纳，最便捷的办法便是使用幅度量刑。[1]其二，速裁程序中存在法庭调查、辩论不充分的情况，因而庭审中对量刑建议的讨论亦是如此。其三，量刑建议若要精准有效，需要具有"同案同判"这一基础，而当下部分检察官随意制定量刑建议，在方式和结果上均缺乏客观性和统一性，导致各地针对类案的量刑建议差异化明显。[2]最高人民检察院发布的最新数据显示[3]：检察机关正在逐步探索"精准量刑"，且这种量刑的采纳率明显高于幅度量刑，可有效避免由"一审法院未采纳检察机关量刑建议"而导致的被追诉人上诉反悔。但精准化的量刑建议若要得到落实，还需要得到法官的认可，因为精准化的量刑在一定程度上会侵犯审判权，压缩裁判权的自由裁量空间。

四、认罪认罚从宽制度中被追诉人反悔权完善路径

（一）被追诉人行使反悔权限制

1. 限制反悔权的必要

一是保障诉讼效率。被追诉人反悔权从宏观来看是一把"双刃剑"，该权利的设置虽然可以有效地保护被追诉人的权益，但对司法效率确实会产生显著的影响，尤其是一些无正当理由的反悔、为"留所服刑"的反悔以及恶意反悔。因此，为防止权力滥用以及诉讼效率无谓的降低，反悔权行使的主体、形式、理由均需要进行相应的限制。二是维护司法权威。如果说认罪认罚从宽制度的实行将控辩双方的冲突解决方式由"对抗"转变为"协商"，那么

---

〔1〕　参见陈国庆："量刑建议的若干问题"，载《中国刑事法杂志》2019 年第 5 期。

〔2〕　参见钟政："认罪认罚案件量刑建议工作机制研究——以构建大数据量刑建议系统为视角"，载《贵州警官职业学院学报》2018 年第 6 期。

〔3〕　"最高人民检察院检察长张军作关于人民检察院适用认罪认罚从宽制度情况的报告"：认罪认罚从宽制度在 2020 年 1 月至 8 月的整体适用率达到 83.5%；2019 年 1 月至 2020 年 8 月量刑建议采纳率为 87.7%。其中，提出精准刑量刑建议率从 27.3% 上升至 76%，采纳率为 89.9%，高于幅度刑量刑建议采纳率 4.3%。提出精准刑量刑建议的案件的上诉率为 2.56%，低于幅度刑量刑建议案件3.1%。

被追诉人反悔权的行使又在此基础加强了其与公权力的"对抗性"。我国司法机关在行使国家公权力时应具有相应的权威性与公信力，若反悔权行使没有任何限制，被追诉人出于各种目的肆意反悔会使得真正需要反悔权保障的被追诉人无法得到相应的救济，也会严重影响司法权威。

2. 行使反悔权的主体

反悔权行使的主体限于当事人本人，若本人无诉讼行为能力，则行使主体为法定代理人，近亲属和辩护人只有经当事人同意才可代为行使反悔权。这是由于：一方面，被追诉人在认罪认罚程序中具有亲历性、直观性，其是极为重要的程序参与主体，受该制度与程序的直接影响，与判决结果有利害关系；另一方面，对认罪认罚案件一审判决的上诉是行使反悔权的表现形式之一，而《刑事诉讼法》关于上诉权的主体规定与反悔权主体限制具有一致性[1]，能够确保反悔权的行使主体不因诉讼阶段不同而产生割裂。当事人与辩护律师意见产生冲突在刑事诉讼各个阶段时有发生，原因不仅有专业知识、技能的差别，还有对于同一事物的不同价值判断。因此，若当事人或法定代理人与近亲属、辩护律师产生分歧，也应着重保护当事人的意愿，充分听取其意见。

3. 行使反悔权的形式

一是直接反悔。被追诉人明确表示反悔要求撤回认罪认罚具结书，如《认罪认罚制度告知书》第6条第1款的情形，或在上诉理由中列明要反悔或直接说明不愿认罪认罚。二是间接反悔。被追诉人并没有明确地表示撤回认罪认罚具结书，在上诉时也没有说自己要反悔，但却在后来称自己无罪，或对案件事实、罪与刑以及适用程序有异议。无论是行为的作出是直接还是间接，均表达了被追诉人对之前认罪认罚的不认可，均是反悔权行使的形式，并不会影响对反悔权行使的认定。但为避免被追诉人反悔的恣意，被追诉人若反悔需要以"书面"方式提出，以口头表示想要反悔的，可于之后补充书面申请。为避免被追诉人因"缺乏专业知识"产生认识错误而反悔，反悔时

---

[1] 《刑事诉讼法》（2018年修正）第227条规定："被告人、自诉人和他们的法定代理人，不服地方各级人民法院第一审的判决、裁定，有权用书状或者口头向上一级人民法院上诉。被告人的辩护人和近亲属，经被告人同意，可以提出上诉。附带民事诉讼的当事人和他们的法定代理人，可以对地方各级人民法院第一审的判决、裁定中的附带民事诉讼部分，提出上诉。对被告人的上诉权，不得以任何借口加以剥夺。"

还需要辩护律师在场。

4. 行使反悔权的理由

前文对反悔权的行使阶段的探讨已明确指出在审查起诉阶段的反悔不应当受到明显的理由性限制，即检察机关不应在审查起诉阶段以"未说明理由""理由不正当""理由不清晰、不充分"作为不准予被追诉人反悔的原因，因而这里讨论的"行使反悔权的理由"仅针对在一审判决后需要以上诉作为反悔形式的被追诉人。需要注意的是，以"理由"对上诉反悔进行限制并不意味着笔者主张限制或剥夺被追诉人的上诉权，因为这一诉权是被追诉人极为重要和正当的权利，只是被追诉人的上诉若不符合这种"理由"，则无法得到二审法院支持。前文对被追诉人反悔缘由的列举具有多样性，但并不是每一种缘由都具有正当性，那些具有一定合理性的缘由也并非反悔权行使的充要条件。对被追诉人反悔的理由进行相应的限制，其目的为：一方面，对被追诉人可能的权利滥用予以规制；另一方面，对认罪认罚从宽制度运行中的公正和效率进行一定的平衡。

（1）认罪认罚非自愿。认罪认罚自愿是认罪认罚从宽制度具有正当性的基础。其一，不自愿的认罪认罚从根本上说不但不利于该制度的发展，也是对刑事程序正义的违背。其二，不自愿的认罪认罚直接导致该制度的正当性基础丧失，此前办案机关的所有工作皆为徒劳。其三，认罪认罚案件程序简化，较普通刑事案件更依赖口供，若认罪认罚非自愿，此前获取的有罪供述就相当于"非法证据"，极易导致冤假错案的发生。"反悔权"的设置自始至终始终以反向保障被追诉人认罪认罚的自愿为根本目的，因而当被追诉人的认罪认罚并非自愿时，行使反悔权具有"合理性""当然性"。

（2）控方先行"毁约"。立足于现状，认罪认罚程序的启动基本由控方掌握，协商的过程、内容也基本由控方主导，检察院作为国家司法机关与自然人有天然的不同，如果说控辩双方基于认罪认罚从宽制度协商后，控方先行"毁约"，不主张适用认罪认罚从宽，那么被追诉人作为"相对方"自然也不必受认罪认罚具结书的约束，认罪认罚具结书将失去效力。检察机关相较于被追诉人处于优位，因此，基于对公信力的保障，控方"毁约"这种"出尔反尔"的行为应得到严格的规制。

（3）一审未接受量刑建议。我国《刑事诉讼法》"一般应当采纳"的规定〔1〕意味着法官的裁量权在一定程度上受到检察机关量刑建议的制约，但这种制约对法官而言并非绝对刚性，法官依然可以不接受认罪认罚具结书或量刑建议。从这种角度看，如果仅由被追诉人承担不得反悔的后果是不合适的。因此，一审法院并未接受认罪认罚具结书中控辩双方达成一致的量刑建议会导致的被追诉人反悔，即"提起上诉"，而这种上诉反悔的理由是正当的。

值得注意的是，尽管被追诉人反悔的缘由可能还有诸如办案人员未及时告知、辩护律师未尽职尽责或某些程序性因素等，但这些问题均可通过补足手段救济，如再次确认、办案机关与辩护律师共同告知等，这些因素并不当然地以单一状态构成被追诉人反悔的正当理由。以上三个理由均反映了被追诉人反悔的紧迫性，即不得不反悔，且具有一定的必要性，这种设置能从一定程度上削减由反悔权行使带来的效率性受阻的风险。

（4）分阶段明确反悔权行使的方式。既然被追诉人反悔的权利如此重要，那么如何落实到实际操作当中，也即如何反悔的问题。如何"反悔"涉及的是反悔权的行使问题。根据上文中将反悔分为侦查阶段的反悔、审查起诉阶段的反悔、审判阶段的反悔，接下来就这三个阶段的反悔分而论之。

第一，侦查阶段如何反悔？

《认罪认罚指导意见》第23条规定："认罪教育。公安机关在侦查阶段应当同步开展认罪教育工作，但不得强迫犯罪嫌疑人认罪，不得作出具体的从宽承诺。犯罪嫌疑人自愿认罪，愿意接受司法机关处罚的，应当记录在案并附卷。"该指导意见第24条紧接着又规定："起诉意见。对移送审查起诉的案件，公安机关应当在起诉意见书中写明犯罪嫌疑人自愿认罪认罚情况。……"由此可知，被追诉人在侦查阶段所作的有罪供述和愿意接受处罚的供述均体现在公安机关的"起诉意见书"中。因此，侦查阶段的反悔主要体现为对起诉意见书的反悔，否认起诉意见书中所作的有罪供述和拒绝接受司法机关的处罚。当然，这一反悔必须表现为明示，即由被追诉人明确向公安机关表示自己对起诉意见书中的相关内容的反悔。侦查阶段，被追诉人多次反悔的，以最后一次的供述为准。

同时还需明确，侦查机关还应当将起诉意见书送达犯罪嫌疑人。原因在于，《认罪认罚指导意见》第24条规定，对移送审查起诉的案件，公安机关应当在起诉意见书中写明犯罪嫌疑人自愿认罪认罚情况。如果要尝试在侦查

---

〔1〕 参见《刑事诉讼法》（2018年修正）第201条。

阶段吸引犯罪嫌疑人选择认罪认罚，提高认罪认罚从宽制度的适用率，公安机关应当展现出诚意，也即将犯罪嫌疑人自愿认罪认罚的情况写入起诉意见书，并向犯罪嫌疑人送达。在司法实践中，辩护律师将起诉意见书披露给被追诉人及其家属风险极高，披露不当的话轻则会受到律协的惩戒，重则可能会被追究刑事责任。具体到认罪认罚案件中，应当一律将起诉意见书送达犯罪嫌疑人。对于侦控方取得的证据材料，如果侦控机关能够及时披露给被追诉人，不仅可以给其提供一个核对真伪、提出反驳的机会，而且能够在充分听取被追诉人意见的基础上，及时发现新的线索，调整调查取证方向。这既有利于案件的正确处理，又可加快诉讼进程，避免和减少诉讼资源的浪费。[1]至于担心犯罪嫌疑人可能会根据起诉意见书中所提示的证据，按图索骥，通过毁灭伪造证据、翻供串供、订立攻守同盟等方式来逃避或者减轻处罚，笔者认为，可将起诉意见书分为两联：第一联根据犯罪嫌疑人的供述作出，其中写明犯罪嫌疑人认罪认罚的情况；第二联上列明全部证据。将起诉意见书的第一联送达犯罪嫌疑人。侦查结束后两联作为起诉意见书一并移送检察机关审查起诉。

需要注意的是，虽然《认罪认罚指导意见》第5条明确规定侦查阶段可以适用认罪认罚从宽制度，但在笔者看来，侦查阶段不是不可以适用，但适用的前提是犯罪嫌疑人必须在承认自己罪行的基础上，通过作出或者不作出一定的行为表明自己的悔罪态度。比如，积极赔偿被害人；积极退赃退赔；如实供述所犯罪行，交代作案工具；不得进出特定场所；不得接触特定人员；如果有强制措施，应当严格遵守监视居住和取保候审的规定。如果共同犯罪还必须交代同案犯的情况。试想，基于"主动认罪优于被动认罪，早认罪优于晚认罪，彻底认罪优于不彻底认罪，稳定认罪优于不稳定认罪"的刑罚评价原则，从一个理性经济人的角度出发，侦查阶段认罪导致的刑罚在一般情况下要轻于审查起诉和审判阶段认罪导致的刑罚，不排除有些犯罪嫌疑人为了暂时换取侦查机关有关自己认罪认罚的材料附卷而表面"认罪"的情况。[2]

---

[1]　韩旭："刑事诉讼中被追诉人及其家属证据知悉权研究"，载《现代法学》2009年第5期。

[2]　类似的案例也存在，典型的有：江苏省泰州市海陵区人民法院刑事判决书［2019］苏1202刑初256号。在本案中，被追诉人涉嫌开设赌场罪被取保候审，在取保期间再次实施赌博，被公安机关行政拘留并处罚款，公诉机关变更强制措施，决定依法逮捕被告人。法院最终认定，该被追诉人的行为符合《江苏省高级人民法院关于办理认罪认罚案件的指导意见》列举的不属于认罪认罚的情形第6项，"犯罪嫌疑人、被告人表面上认罪认罚，但有违反取保候审、监视居住规定……"因此对被追诉人不适用认罪认罚从宽处理。

等到了审查起诉或者审判阶段再相机决定是否继续认罪认罚。倘若这样的话，侦查阶段的认罪效果必定大打折扣。因此，要想在侦查阶段进行认罪认罚，必须打消犯罪嫌疑人的侥幸心理，也即必须要求犯罪嫌疑人以作为或不作为的方式表明"认罪"态度。

第二，审查起诉阶段如何反悔？

根据《认罪认罚指导意见》第十一章对反悔的划分，在审查起诉阶段，检察机关既可以作出不起诉的决定，被追诉人可以对此进行反悔；也可以作出起诉的决定，被追诉人亦可在起诉前对认罪认罚具结书进行反悔。分而述之。

其一，对不起诉决定的反悔。《认罪认罚指导意见》第51条规定，在审查起诉阶段，因为犯罪嫌疑人认罪认罚，检察机关适用《刑事诉讼法》第177条第2款的规定，即"对于犯罪情节轻微，依照刑法规定不需要判处刑罚或者免除刑罚的，人民检察院可以作出不起诉决定"。检察机关作出对犯罪嫌疑人不起诉的决定后，犯罪嫌疑人否认指控的犯罪事实（对认罪进行反悔）或者不积极履行赔礼道歉、退赃退赔、赔偿损失等义务的，检察机关可以区分情况，分别作出不起诉、维持原不起诉决定、撤销原不起诉决定，依法提起公诉。最新颁布的《人民检察院刑事诉讼规则》第278条对此进行了细化。其中规定：①检察机关经过审查发现犯罪嫌疑人没有犯罪事实，或者符合《刑事诉讼法》第16条中六种不起诉情形的，应当撤销原先的根据《刑事诉讼法》第177条第2款所作出的不起诉决定，依照《刑事诉讼法》第177条第1款重新作出不起诉决定；②经过审查发现犯罪嫌疑人犯罪情节轻微，依照刑法不需要判处刑罚或者免除刑罚的，可以维持原不起诉决定；③因为被追诉人反悔，发现符合起诉条件的，应当撤销原不起诉决定，依法提起公诉。

其二，起诉前的反悔。《认罪认罚指导意见》第52条规定："起诉前反悔的处理。犯罪嫌疑人认罪认罚，签署认罪认罚具结书，在人民检察院提起公诉前反悔的，具结书失效，人民检察院应当在全面审查事实证据的基础上，依法提起公诉。"认罪认罚从宽制度是围绕认罪认罚具结书展开的，被追诉人的反悔意味着认罪认罚具结书失效。起诉前被追诉人的反悔使得认罪认罚失去了适用的基础。因此，检察机关必须在全面审查全案事实和证据的基础上提起公诉。

以上是被追诉人在审查起诉阶段两种反悔权的行使。同时，在审查起诉

阶段还要注意如下内容：①根据《人民检察院刑事诉讼规则》第 271 条第 2
款的规定，检察机关在审查起诉阶段发现犯罪嫌疑人违背意愿认罪认罚的可
以重新开展认罪认罚工作。②程序的适用问题。根据《人民检察院刑事诉讼
规则》第 272 条第 1 款的规定，认罪认罚具结书包括犯罪嫌疑人如实供述罪
行、同意量刑建议和程序适用等内容，由犯罪嫌疑人及其辩护人、值班律师
签名。因此，被追诉人在审查起诉阶段反悔，必然导致全案适用普通程序进
行审理，不再适用简易程序和速裁程序。

　　第三，审判阶段的反悔？

　　审判阶段的反悔是当前反悔研究的重点。因为认罪认罚的效果最终要体
现在量刑的"从宽"上。其实，认罪认罚从宽制度本身就带有一种压迫和引
诱的力量。[1]如果刑罚上的"从宽"体现不出来，必然会引发被追诉人的反
悔，而这全部集中在审判阶段。审判阶段的反悔被规定在《认罪认罚指导意
见》第 53 条："审判阶段反悔的处理。案件审理过程中，被告人反悔不再认
罪认罚的，人民法院应当根据审理查明的事实，依法作出裁判。需要转换程
序的，依照本意见的相关规定办理。"

　　其实，审判阶段的反悔主要表现为上诉。以一审判决是否作出为界，未
作出判决之前，反悔表现为对认罪认罚具结书的否认；在作出判决后，反悔
的主要表现是上诉。

　　第一，一审判决作出前的反悔。被追诉人可以在判决作出前反悔，表现
为对认罪认罚具结书的否定。判决作出前反悔的，不再回到审查起诉阶段，
由法院根据审理查明的事实，依法作出裁判。

　　第二，一审判决作出后的反悔。仔细推敲《认罪认罚指导意见》第 53 条
的规定可知，该条其实暗含了被追诉人应当在判决作出之前反悔。从反面可
以推知，《认罪认罚指导意见》未将上诉作为反悔的表现之一。但笔者认为，
上诉仍是被追诉人行使反悔权的表现形式之一。理由如下：①无论被追诉人
是"技术性上诉"，还是因法院的量刑超过检察机关所提量刑建议而上诉，反
映出来的均是对认罪认罚具结书的否定。而对认罪认罚具结书的否定完全可
以被视为对适用认罪认罚的否定。这种否定当然应被视为反悔。②被追诉人
的上诉行为本身就是对整个一审程序的否定性评价。认罪认罚案件中，对整

---

　　[1]　韩旭："2018 年刑诉法中认罪认罚从宽制度"，载《法治研究》2019 年第 1 期。

个一审程序的否定自然应被视为对适用认罪认罚的否定。因此，对一审裁判不服提出上诉理所当然可以被视为被追诉人的反悔。同理，既然对一审裁判提出上诉应被视为被追诉人的反悔，那么被追诉人对一审生效裁判所提的再审申请也应被视为反悔。

至于对二审裁判所提出的再审申请是否应视为反悔，则要看二审是由上诉引起的，还是由抗诉引起的。对生效裁判案件提起再审，首先面临裁判的安定性与公正性两种价值的冲突问题。决定再审意味着对公正价值的优先选择。[1]对于由被追诉人上诉引发的二审，到了再审阶段不应被视为反悔。因为，如果一审适用认罪认罚，被追诉人上诉，二审不会再适用认罪认罚。对这个二审裁判不服提出再审自然不应被视为对认罪认罚的反悔。而如果一审没有适用认罪认罚，到了二审才适用，则对二审所作生效裁判不服所提的再审申请应被视为反悔。因为二审的生效裁判是基于认罪认罚作出的，对二审裁判的不服自然应当及于对认罪认罚的不服，因此应被视为反悔。但如果二审是由检察机关抗诉引起的，由于被追诉人并未上诉，因此出于保护被追诉人合法权益的考虑，其仍享有反悔权。

第三，在认罪认罚案件中，辩护律师做无罪辩护能否表示被追诉人反悔？

在实践中有判决认为，庭审中被追诉人同意辩护人做无罪辩护，视为翻供，不构成坦白。典型案例是"杨某、林某忠涉嫌聚众扰乱社会秩序案"。[2]法院认为，被告人杨某在庭审中同意辩护人作无罪辩护，视为对如实供述"情节严重、造成严重损失"的主要犯罪事实予以翻供，不宜认定为坦白。显然，在法院看来，辩护人从属于被追诉人，辩护人的无罪辩护应被视为被追诉人的无罪辩解，基于此，不应认定被追诉人的"如实供述"行为。

对此，笔者认为，在认罪认罚案件中，辩护律师有权做无罪辩护。同时，不应将辩护律师的无罪辩护视为被追诉人的无罪辩解，从而不认定被追诉人的认罪认罚情节。理由如下：其一，根据《刑事诉讼法》第37条的规定："辩护人的责任是根据事实和法律，提出犯罪嫌疑人、被告人无罪、罪轻或者减轻、免除其刑事责任的材料和意见，维护犯罪嫌疑人、被告人的诉讼权利

---

〔1〕 龙宗智："刑事再审案件的审理方式与证据调查——兼论再审案件庭审实质化"，载《法商研究》2019年第6期。

〔2〕 福建省闽侯县人民法院刑事判决书［2018］闽0121刑初447号。

和其他合法权益。"据此可知，辩护律师应当根据事实和法律独立发表辩护意见，当然包括发表无罪辩护的意见。其二，人都有趋利避害的心态。被追诉人认罪认罚，而辩护律师发表无罪辩护意见可能是双方协商好的辩护策略。在推进以审判为中心的刑事诉讼制度改革的大背景下，要求证据质证在法庭、案件事实查明在法庭、诉辩意见发表在法庭、裁判理由发表在法庭。辩护律师独立发表意见，其实更有助于事实真相的查明，同时也更有助于庭审实质化的推进。其三，被告人认罪，辩护人作无罪辩护并不会损害被告人的权益。实践中被告人当庭认罪的原因比较复杂，有的是被告人虽然明知自己无罪，但是基于各种外部压力被迫违心地认罪；有的是为了包庇他人犯罪故意虚假地认罪；有的是明知有罪证据不足或者罪与非罪界限不明，但考虑到法院判决无罪的可能性较小，如果认罪还有可能适用缓刑，因此被告人在权衡之后选择认罪；有的是由于对行为的法律性质缺乏正确认知，对此罪与彼罪的界限不甚明了而盲目地承认指控罪名。在上述这些被告人认罪的场合，如果律师不能据理力争，依据事实和法律进行独立的无罪辩护或者罪轻辩护，那么将不能最大限度地维护被告人的合法权益，实现司法的公平正义。即便律师的无罪辩护意见没有被法院采纳，但因其指出了证据不足或法律上不构成犯罪的问题，按照实践中流行的"疑罪从轻"的判决逻辑，可以促使法官在判决时将定罪问题转化为量刑问题来处理，被告人由此可以获得一个相对有利的判决结果。此外，律师提出的无罪辩护意见也为日后的申诉和再审创造了机会和条件。[1]

同时，辩护律师在认罪认罚具结书上签名的行为也不代表辩护律师不可以做无罪辩护。原因在于：其一，尽管辩护律师在认罪认罚具结书上签字，但其不是认罪认罚案件的当事人，不必受到认罪认罚具结书的约束。其二，司法实践中，被追诉人的一位辩护律师在认罪认罚具结书上签名后，被追诉人可能会聘请另一位辩护律师为自己做无罪辩护。与其让后一位辩护律师对前一位辩护律师在具结书上签名的效力不予承认，还不如允许辩护律师做无罪辩护。

5. 反复认罪认罚及反悔

反复的认罪认罚及反悔往往是同一"流水线"的产物，按照诉讼阶段的

---

〔1〕　韩旭："被告人与律师之间的辩护冲突及其解决机制"，载《法学研究》2010 年第 6 期。

不同，主要可分为以下不同的几类情形：一是在审查起诉阶段认罪认罚而后反悔，却在一审庭审中又主张适用认罪认罚的；二是在审查起诉阶段认罪认罚后在一审庭审中反悔，却在一审判决之后上诉主张适用该制度的。针对以上两者，我们需要对反悔的效力进行一定的讨论。除此之外，在审查起诉阶段或一审审判阶段，还有可能发生被追诉人在认罪认罚与反悔两者之间"反复摇摆"的情形，针对这种情况，我国须对反悔权行使的次数予以限制。

第一，关于被追诉人在审查起诉阶段认罪认罚而后反悔，却在一审庭审中又主张适用认罪认罚这一情形。笔者主张审查起诉阶段的反悔不具有理由性的限制，因而这种反悔具有法律上的效力，可以导致后续程序不适用认罪认罚从宽制度，先依案件情况适用普通或简易程序进行相应审理。但是，认罪认罚从宽制度贯穿刑事诉讼全过程，适用于侦查、起诉、审判等各个阶段，因此，被追诉人若在一审审判过程中又提出要认罪认罚，法官应确认其自愿性、真实性与明智性，在征求和听取检察机关与辩护人相关意见或建议后直接以认罪认罚制度相关规定和程序进行审理，量刑可直接在庭审过程中由控辩双方进行辩论。但为了保证司法机关权威性，若被追诉人作出这一行为，便不可以"量刑过重"等理由再次反悔，若上诉，二审法院应直接驳回。

第二，关于在审查起诉阶段认罪认罚后在一审庭审中反悔，却在一审判决之后上诉主张适用该制度这一情形。基于《刑事诉讼法》第 201 条的规定，被告人是有可能在庭审中"否认犯罪事实"的，因而这种反悔带来的最直接后果就是法官对检察机关量刑建议的不予采纳。除此之外，若被追诉人在一审审判中反悔，即"无认罪认罚的意愿"，那么认罪认罚基础将会丧失，若适用速裁程序应当及时转换审理程序，恢复正常的法庭调查、法庭辩论。关于被追诉人上诉称二审期间认罪认罚的情形，实践中已有具体案例。[1]在《雷某生、雷某洲开设赌场诈骗敲诈勒索故意伤害寻衅滋事二审刑事裁定书》中，原审被告人刘某辩护人上诉称"刘某平素表现良好，且在二审期间认罪认罚，请求对其从宽处罚"。最终二审法院认为："虽其在二审期间表示认罪认罚，但原审根据其归案后能如实供述自己罪行，系从犯等情节，已对其从轻处罚，

---

〔1〕 "雷某生、雷某洲开设赌场诈骗敲诈勒索故意伤害寻衅滋事案"，辽宁省鞍山市中级人民法院刑事裁定书［2020］辽 03 刑终 296 号。

故二审不宜对其适用认罪认罚从宽制度。故对上述辩解及辩护意见均不予支持。"可见，在该案中，司法机关对被追诉人二审期间的认罪认罚的态度为"可以适用，但若已从轻处罚，则不重复适用"。该案虽不属于反复反悔的情形，但可以看出二审裁判分析及结果均倾向"便宜主义"，即拒绝重复性的司法资源浪费。除此之外，二审的审理内容主要是针对一审的审判结果，若被追诉人在一审庭审中反悔，审判机关及时转换程序进行公正审理，并最终依法判决，二审法院不能也不应依据"被追诉人二审期间愿意认罪认罚"这类上诉理由轻易改变一审判决。基于此，笔者认为，若被追诉人在审查起诉阶段认罪认罚后在一审庭审中反悔，却在一审判决之后上诉主张适用该制度，应仅认定反悔的效力，进而对上诉主张予以驳回，维持原判。

第三，为避免在诉讼的某一阶段被追诉人无限制地时而认罪认罚时而反悔、故意拖慢诉讼进程、不利于诉讼效率及被害人权益保障的恶意反悔发生，笔者主张在审查起诉阶段允许 2 次反悔，若案件进入庭审，仅允许 1 次反悔。

（二）对被追诉人行使反悔权的保障

1. 树立正确理念，加强合理引导

（1）警惕"效率本位"。认罪认罚从宽制度的发展和完善离不开提高效率的目的，但这恰恰是需要始终警惕的，因为目的的正当不代表手段的正当。自司法存在以来，"公正"和"效率"便成了一对既对立又统一的概念，并共同成为社会发展所追求的司法价值。在这两个司法价值产生冲突时的权衡毫无疑问地体现了一国法制的价值取向。公正与效率总是相辅相成的，二者总是在不同的时期或阶段适应社会的发展此消彼长，并维持动态平衡，寻求恰到好处的平衡点并非易事，也绝非一蹴而就，但以此为追求却是每个法律人应当看重的。[1]尽管速裁程序和认罪认罚从宽制度改革的初衷是"提高司法效率"，但这绝不意味着司法机关在办案时应当然地以"效率"为本位，唯"效率"马首是瞻，否则极易造成因盲目追求司法效率而罔顾公正的现象。

（2）贯彻"全面告知"。实践中，被告人上诉的理由有很大一部分是"一审法院未按'具结书'以及公诉机关量刑建议书中可以适用缓刑的意见进行量刑""原判没有充分体现认罪认罚从宽处罚的规定"等。简而言之，大多

---

[1] 参见宋冰编：《程序、正义与现代化——外国法学家在华演讲录》，中国政法大学出版社 1998年版。

数被追诉人的上诉理由都很杂糅，缺乏指向性，甚至多个理由存在互相矛盾与冲突的情形，辩护人的辩护意见也明显缺乏对认罪认罚从宽制度本身及其运行的理解。因此，办案机关、值班律师、辩护律师要在认罪认罚从宽程序运行的始终贯彻"全面告知"。这就需要：其一，明确在《认罪认罚制度告知书》中写明被追诉人拥有认罪认罚的反悔权，且将具体适用规则释明；其二，检察机关与审判机关需要始终尊重被追诉人的知情权，尤其是将人权保障内容全面告知；其三，律师应主动掌握和深刻理解认罪认罚从宽制度，避免在给被追诉人提供专业知识及释明时发生错漏。[1]

（3）减少"留所服刑"。以"留所服刑"为目的的反悔上诉不但无法得到法院的支持，还有极大的可能引起检察机关的"报复性"抗诉，由于抗诉不受"上诉不加刑"原则的制约，因此法院有极大可能会予以支持，从而对被追诉人适用"更重"的刑罚。被告人之所以"策略性"上诉，一方面只是单纯想在较好的环境下服刑，另一方面也是因为缺乏法律知识。因此，为减少这种"留所服刑"的"策略性"上诉：其一，应将值班律师的职能延伸至一审判决之后，明确告知其无正当理由仅为"留所"就盲目上诉所带来的风险；其二，缩小看守所与监狱服刑的差别与待遇，使得看守所与监狱的管理制度相当；[2]其三，对于所剩刑期不长的被追诉人，检察机关可同法院一起视具体情况、社会危害性、相关表现等决定其最终服刑场所，而检察机关也可与这类被追诉人在量刑协商时就"服刑场所"展开协商。

2. 完善制度保障，确保真实自愿

（1）立法明确"反悔权"。我们已知，反悔权仅在《认罪认罚指导意见》以及某些试点地区的规范中被明确设置或默认，但《刑事诉讼法》不但没有直接明确，而且仅有 2 条与程序转换相关的条文。《刑事诉讼法》作为规定刑事程序的基本法具有其他任何规范及下位法所不具有的权威性和效力。为反向保障被追诉人的自愿性和完善认罪认罚从宽制度的退出机制，"认罪认罚被追诉人反悔权"应当在基本法中以法律条文的方式被明确赋予被追诉人。

（2）律师进行有效帮助。有效的律师帮助表现在律师综合全案后得出最

---

〔1〕 参见郑未媚："认罪认罚从宽背景下的法律援助值班律师制度"，载《政法学刊》2018 年第 2 期。

〔2〕 参见韩旭：《认罪认罚从宽制度研究》，中国政法大学出版社 2020 年版，第 254~255 页。

有利于犯罪嫌疑人、被告人的正确策略，且律师须"尽职尽责"、[1]合格且称职。这就要求：其一，对认罪认罚程序相关内容，包括但不限于制度、权利、义务的全面告知与讲解。其二，对案件事实准确把握，在量刑协商时主动积极。其三，律师必须与委托人进行有效的沟通和交流，以避免在认罪认罚从宽程序中辩护策略与委托人的意向相左，最终产生辩护抵消的情形。[2]其四，律师应负有"调查"的责任，不能仅依靠侦查机关提供的材料，在量刑协商中应积极提出意见与建议，甚至是有利于被告人的证据，为委托人争取有利结果。

（3）完善自愿性的审查。保证被追诉人认罪认罚的自愿性是认罪认罚从宽制度完善的重中之重，在程序过于简化的情形下，自愿性审查就是保证被追诉人认罪认罚明智性、防止其违背真实意愿的一道防线。[3]自愿性审查就是法官负有审查被追诉人认罪认罚是否出于自愿自主的责任，这需要在庭审中审核认罪认罚具结书的内容、值班律师是否释明且进行了有效律师帮助等。[4]为避免自愿性审查流于形式，对它的完善也应与时俱进。首先，自愿性审查标准应统一且明确。明确审查具体步骤、方式、内容，强调法官的责任感与使命感，确定量刑协商过程中是否存在不规范的现象。其次，加强自愿性的实质性审查。[5]形式审查只能作为初步审查的要件，但关于是否"自愿""明智"的判断无法通过简单的形式审查得出，因此在进行自愿性审查时，法官应结合案卷注重加强与被追诉人的沟通。有关实证研究显示，对认罪认罚流程以文书和录像资料"全程留痕"的实践并不少见[6]，因而法官在必要时可调取录音录像，确保被追诉人自愿认罪、接受处罚。

3. 提升工作水平，守好办案底线

（1）检察机关量刑建议科学化。首先，要改变当前检察官"重定罪，轻

---

〔1〕　参见陈瑞华：《刑事诉讼的前沿问题》（第5版）（下册），中国人民大学出版社2016年版，第68页。

〔2〕　参见韩旭："被告人与律师之间的辩护冲突及其解决机制"，载《法学研究》2010年第6期。

〔3〕　参见顾永忠、肖沛权："'完善认罪认罚从宽制度'的亲历观察与思考、建议——基于福清市等地刑事速裁程序中认罪认罚从宽制度的调研"，载《法治研究》2017年第1期。

〔4〕　参见韩旭：《认罪认罚从宽制度研究》，中国政法大学出版社2020年版，第251页。

〔5〕　参见孔冠颖："认罪认罚自愿性判断标准及其保障"，载《国家检察官学院学报》2017年第1期。

〔6〕　参见周新："认罪认罚被追诉人权利保障问题实证研究"，载《法商研究》2020年第1期。

量刑"的心态，从思想上增强对量刑重要性的认识。其次，提高其量刑业务素质。[1]一方面要加强对检察官的日常业务培训，定期组织与法院的学习交流，并选派有丰富量刑经验的法官专门传授量刑专业知识；另一方面，办案检察官在量刑协商过程中对专业问题有疑问时，可以与法官进行适当沟通。为了给量刑建议的准确性提供客观依据，检察机关应在前期积极推动与法院联合研究出台有关量刑的指导规则，为后期的量刑规范化提供标尺。从长远来看，可以利用"大数据"技术建立统一的量刑建议指导平台。数据系统需要输入法律规范数据和案例数据相关信息。前者可以通过对相关法律法规的整合，为该制度的最终量刑评价提供法律标准；后者则应该囊括全国所有自试点工作开展以来刑事案件，以便于平台挖掘各种量刑情节与量刑建议之间的关系。

（2）坚持法定证明标准不降低。《刑事诉讼法》明确规定了刑事案件证明标准[2]，对侦查机关、检察机关及审判机关提出了较高要求，为侦查终结、提起公诉以及作出有罪判决提供了统一的尺度。刑事案件证明标准对认罪认罚案件同样适用，但比起普通刑事案件，认罪认罚案件的办理则更依赖于"口供"，在某种程度上与《刑事诉讼法》第55条的内核相悖，在某政法大学课题组的调查问卷中，同意在刑事速裁程序降低证明标准的法官、检察官与警察竟然分别达到了七成、六成与八成。[3]诚然，降低证明标准可以更有效地处理认罪认罚案件，但这一"标尺"一旦被打破，刑事案件证明"是罪非罪""此罪彼罪"的基准将变得混乱。在认罪认罚从宽证明标准问题上，证明标准应当也必须与普通刑事案件相一致。坚持"事实清楚，证据确实、充分"的证明标准能够促使检察机关在掌握充足证据的情况下，与犯罪嫌疑人进行量刑协商，这样不至于使被追诉人行使反悔权后办案机关陷入"无证据可用"的窘况，保证被追诉人认罪认罚的自愿性。同时，对于被追诉人虽然认罪，但没有其他证据辅以证明的，或者认为"事实不清、证据不足"的，

---

〔1〕 参见熊秋红："认罪认罚从宽制度中的量刑建议"，载《中外法学》2020年第5期。

〔2〕《刑事诉讼法》（2018年修正）第55条规定："对一切案件的判处都要重证据，重调查研究，不轻信口供。只有被告人供述，没有其他证据的，不能认定被告人有罪和处以刑罚；没有被告人供述，证据确实、充分的，可以认定被告人有罪和处以刑罚。证据确实、充分，应当符合以下条件：（一）定罪量刑的事实都有证据证明；（二）据以定案的证据均经法定程序查证属实；（三）综合全案证据，对所认定事实已排除合理怀疑。"

〔3〕 参见陈瑞华："认罪认罚从宽制度的若干争议问题"，载《中国法学》2017年第1期。

应当坚持"疑罪从无"原则，依法作出不起诉决定。[1]

（3）明确被追诉人行使反悔权的影响。因为认罪认罚从宽制度既是一个程序法的原则，也涉及实体法的内容；既能够在速裁程序中适用，也能适用于普通程序和简易程序。反悔权的法律后果包括程序角度的后果和实体角度的后果。[2]因此，被追诉人行使反悔权既会影响程序，同时也会对证据产生影响。

第一，行使反悔权对程序的影响。反悔对程序有以下几点影响：①引起程序转换；②法庭审理的方式；③需要讨论反悔后是否需要值班律师或者辩护人签字。

（1）反悔引起程序转换。《认罪认罚指导意见》第 48 条规定："程序转换。人民法院在适用速裁程序审理过程中，发现有被告人的行为不构成犯罪或者不应当追究刑事责任、被告人违背意愿认罪认罚、被告人否认指控的犯罪事实情形的，应当转为普通程序审理。发现其他不宜适用速裁程序但符合简易程序适用条件的，应当转为简易程序重新审理。"

（2）反悔影响法庭审理的方式。以简易程序中的适用认罪认罚为例。《认罪认罚指导意见》第 46 条第 2 款规定："适用简易程序审理认罪认罚案件，公诉人可以简要宣读起诉书，审判人员当庭询问被告人对指控的犯罪事实、证据、量刑建议及适用简易程序的意见，核实具结书签署的自愿性、真实性、合法性。法庭调查可以简化，但对有争议的事实和证据应当进行调查、质证，法庭辩论可以仅围绕有争议的问题进行。裁判文书可以简化。"在简易程序中对认罪认罚反悔必然会导致上述法庭审理方式的改变。

（3）反悔对程序还可能产生的影响是，反悔后是否还需要值班律师或者辩护人签名。对此，首先需要明确值班律师和辩护人签名的目的何在？《认罪认罚指导意见》第 31 条规定辩护人或者值班律师应当在认罪认罚具结书上签名。提供值班律师的目的在于保障被追诉人认罪认罚的自愿性和明智性。因此，值班律师或者辩护人签名的目的在于表明认罪认罚这一过程的合法性和科学性。这从侧面反映出了值班律师或者辩护人并不是认罪认罚具结书的当

---

〔1〕　参见孙谦："'刑事案件认罪认罚从宽制度'试点工作这九大问题要注意"，载环球网：https://china. huanqiu. com/article/9CaKrnK0k8M，最后浏览日期：2020 年 12 月 20 日。

〔2〕　洪浩、方姚："论我国刑事公诉案件中被追诉人的反悔权——以认罪认罚从宽制度自愿性保障机制为中心"，载《政法论丛》2018 年第 4 期。

事人。其次需要明确被追诉人反悔的原因为何？正如上文的论证，被追诉人反悔与否与值班律师、辩护人是否签名无甚关系。需要明确，被追诉人才是认罪认罚的当事人，如果要求只有在值班律师或者辩护人签名的前提下被追诉人才能反悔，无疑是将律师的想法强加于被追诉人，反而有损被追诉人的自愿性。同时，在认罪认罚从宽制度中，值班律师和辩护人"见证人"的问题还没解决，又要求其需为被追诉人的反悔行为背书，无疑将加重值班律师和辩护人的负担。质言之，在值班律师或者辩护人在认罪认罚具结书上签名尚不能完全防范冤假错案的情况下，又怎能奢谈值班律师或者辩护人在反悔的材料上签名就能防范冤假错案？因此，反悔后无需值班律师或者辩护人签名。

第二，行使反悔权对证据的影响。对于认罪认罚案件的证据要求，《认罪认罚指导意见》第 3 条规定："办理认罪认罚案件，应当以事实为根据，以法律为准绳，严格按照证据裁判要求，全面收集、固定、审查和认定证据。坚持法定证明标准，侦查终结、提起公诉、作出有罪裁判应当做到犯罪事实清楚，证据确实、充分，防止因犯罪嫌疑人、被告人认罪而降低证据要求和证明标准。"因此，探讨反悔对证据的影响也要围绕证据能力、证明力和证明标准展开。

同时，《刑事诉讼法》第 15 条规定的认罪包括两层含义：第一层含义是"自愿如实供述自己的罪行"；第二层含义是"承认指控的犯罪事实"。既然要认罪、体现自己的悔罪态度便应当积极如实供述自己的罪行，也即"犯罪嫌疑人、被告人的供述和辩解"。如果将"犯罪嫌疑人、被告人的供述和辩解"划分为原始证据，将根据"犯罪嫌疑人、被告人的供述和辩解"所找到的其他证据划分为派生证据，那么我们应当依次讨论原始证据和派生证据的证据能力、证明力和证明标准。

其一，反悔对证据能力的影响。在我国的刑事证据理论中，关于证据的审查判断标准已经从原有的证据"三性"上升为证据的"两力"（证据能力、证明力）。其中，证据能力指的是能否作为定案根据。不具备证据能力的证据不得作为定案根据。在我国，判断证据能力的有无主要适用的是非法证据排除规则。

判断反悔之后原始证据和派生证据的证据能力首先要明确上述两种证据是否系非法证据。根据《人民法院办理刑事案件排除非法证据规程（试行）》（本章以下简称《排非规程》）第 1 条第 1 款的规定："采用下列非法方法收集的被告人供述，应当予以排除：（一）采用殴打、违法使用戒具等暴力方法或者变相肉刑的恶劣手段，使被告人遭受难以忍受的痛苦而违背意愿作出的供述；（二）采用以暴力或者严重损害本人及其近亲属合法权益等进行威胁的方法，使被告人遭受难以忍受的痛苦而违背意愿作出的供述；（三）采用非法拘禁等非法限制人身自由的方法收集的供述。"采用刑讯逼供取得的被追诉人的供述自然不具有证据能力。而派生证据的证据能力则要考察该证据的证据属性。对于言词证据，《排非规程》第 2 条规定："采用暴力、威胁以及非法限制人身自由等非法方法收集的证人证言、被害人供述，应当予以排除。"对于实物证据，《排非规程》第 3 条规定："采用非法搜查、扣押等违反法定程序的方法收集物证、书证，可能严重影响司法公正的，应当予以补正或者作出合理解释；不能补正或者作出合理解释的，对有关证据应当予以排除。"

因此，具体到被追诉人反悔的案件中，首先要查明被追诉人反悔的原因。只有在基于非自愿性而反悔的情况下才可能存在非法取证问题。因此，如果被追诉人的供述是经由刑讯逼供取得的，理应因不具备证据能力而被排除。至于通过被追诉人的口供取得的其他证据，不应当适用"毒树之果"理论而一概排除，应视具体情况，看该证据是否可以补正或者作出合理解释。如果能够补正或者作出合理解释，当然具备证据能力。同时还要注意重复性供述的排除。无论是 2017 年施行的"两高三部"《关于办理刑事案件严格排除非法证据若干问题的规定》第 5 条的规定，还是《排非规程》第 2 条的规定，采用刑讯逼供方法使被追诉人作出供述，之后被追诉人受该刑讯逼供行为影响而作出的与该供述相同的重复性供述，在一般情况下应当一并排除。理由无他，这种"重复性自白规则"其实就是一种言词证据的"毒树之果"。同时，考虑到被追诉人供述的反复性，反悔之前被追诉人的供述如果查明是基于其真实自愿所作出的，依然具备证据能力，只是在证明力上可能需要与其他证据相互印证方可作为定案证据。

其二，反悔对证明力的影响。在证据判断中，证明力的判断是指对单个证据的证明价值进行判断。证明力的判断一般遵循自由心证原则，在少数情况下由法律直接对证明力问题作出规范。证明力的大小取决于两个因素：真实性和相关性，且这两个因素均与证明力成正比。[1] 被追诉人对自己的口供

---

[1]　陈瑞华："关于证据法基本概念的一些思考"，载《中国刑事法杂志》2013 年第 3 期。

反悔，也就是出现了两种及两种以上的表述，根据《人民法院办理刑事案件第一审普通程序法庭调查规程（试行）》（本章以下简称《法庭调查规程》）第53条的规定："被告人的当庭供述与庭前供述、自书材料存在矛盾，被告人能够作出合理解释，并与相关证据印证的，应当采信其当庭供述；不能作出合理解释，而其庭前供述、自书材料与相关证据印证的，可以采信其庭前供述、自书材料。"

反悔自然会削弱被追诉人某一次或者某几次口供的证明力。口供证明力的大小要视当事人能否作出"合理解释"。根据《法庭调查规程》第48条的规定："对于经过控辩双方质证的证据，法庭应当结合控辩双方质证意见，从证据与待证事实的关联程度、证据之间的印证关系、证据自身的真实性程度等方面，综合判断证据能否作为定案的根据。证据与待证事实不存在关联，或者证据自身存在无法解释的疑问，或者证据与待证事实以及其他证据存在无法排除的矛盾的，不得作为定案的证据。"

同样，基于被追诉人的口供而找到的派生证据的证明力也要经过认证规则的检验。《法庭调查规程》第49条第1款规定："通过勘验、检查、搜查等方式收集的物证、书证等证据，未通过辨认、鉴定等方式确定其与案件事实的关联的，不得作为定案的根据。"

在探讨反悔对证据能力和证明力的影响时，还要注意"反复认罪认罚又反复反悔"的新情况。如何看待此种现象？是否会影响认罪认罚的适用？是否影响证据能力和证明力？如果影响，程度如何？是否会影响量刑？如果影响，程度如何？

第一点，需明确，对待"反复认罪认罚又反复反悔"的情况不能"一刀切"，即不能一概主张适用认罪认罚从宽制度，也不能一概主张不再适用认罪认罚从宽制度。检察机关在分析被追诉人反悔或者拒绝认罪认罚的原因基础上，一方面可以给被追诉人重新留下协商的空间，另一方面也可以更好地查明案件事实，这也更有助于保障被追诉人的合法权益。同时，还需要明确，被追诉人"反复认罪认罚又反复反悔"在某种程度上其实是一个正常现象，因为这正反映出了作为诉讼当事人的被追诉人对于自己处理结果有了更深度的参与，这也有助于提高裁判结果的可接受性。

第二点，既然在适用认罪认罚的问题上不能"一刀切"，就应当明确"反复认罪认罚又反复反悔"在何种情形下会对是否适用认罪认罚产生影响。对这个问题的探讨其实暗含了另一个命题：被追诉人行使反悔权不是没有限制的，而应当是基于正当的理据，否则不应支持。笔者对此表示认同。反悔的反复行使不仅会削弱刑事司法的严肃性，也会不利于对被追诉人权益的保障。因此，可以尝试在审查起诉阶段规定被追诉人反悔的次数，如2次。同时，明确反悔权行使的原因，尝试建立有因反悔制度。这样，在认罪认罚自愿性保障不足的情况下，既未限制被追诉人反悔权的行使，同时还可保障认罪认罚制度的严肃性。上诉内容均可在认罪认罚具结书中写明。

第三点，"反复认罪认罚又反复反悔"的行为自然会影响有关证据的证据能力和证明力。影响体现为：①证据能力和证明力的有无和高低是由公、检、法三机关决定的。被追诉人对自己的同一个罪行存有两种及两种以上的供述自然会降低或者加强司法机关办案人员的"内心确信"，因此也就影响了这些供述的证据能力和证明力。②被追诉人"反复认罪认罚又反复反悔"其实会人为"污染"证据，包括证据的取得和使用，自然也就影响了证据能力和证明力。在前述的情况之下，司法机关在使用这些证据时需要注意与其他相关证据之间的印证。

第四点，"反复认罪认罚又反复反悔"的行为也必然会影响量刑。虽说"反复认罪认罚又反复反悔"在某种程度上表示被追诉人积极主动参与认罪认罚，但在另一方面似乎也代表了被追诉人认罪悔罪的态度。认罪悔罪的态度对量刑的影响无需多言。如此可以考虑，在认罪认罚具结书中写明对反悔权行使次数和原因的内容时，在后面附上反悔对量刑的影响。一来要求被追诉人审慎行使反悔权；二来便于被追诉人明晰反悔的后果。至于"反复认罪认罚又反复反悔"对量刑的影响程度，笔者将在下文反悔对量刑的影响中再行单独论述。

其三，反悔对证明标准的影响。认罪认罚的适用在某种程度上会降低证明标准。对于这种证明标准的降低，我们暂时不去讨论正当与否。但在被追诉人反悔的案件中，应当坚守法定证明标准，坚决不能降低证明标准。理由如下：

第一点，在被追诉人反悔的案件中坚持法定证明标准有助于防范冤假错案。由于认罪认罚的适用，诉讼程序得以简化：一是速裁程序的引入；二是在每个程序中法庭审理的内容也大大简化。以速裁程序为例，《认罪认罚指导意见》第44条规定："速裁案件的审理程序。适用速裁程序审理案件，不受刑事诉讼法规定的送达期限的限制，一般不进行法庭调查、法庭辩论。……"
同时，适用速裁程序的案件可以集中开庭，当庭宣判。裁判文书也可以简化。
在此种情况下，要想有效防范冤假错案，必须坚守法定证明标准。尤其是在
有被追诉人反悔情形的案件中。认罪认罚案件中的冤假错案最有可能出现在
被追诉人有反悔情形的案件中。因为，被追诉人反悔的原因有很多，有自身
的原因，也有其他方面的原因，在无法排除案件存在刑讯逼供的情况下，必
须毫不动摇地坚持法定证明标准方可有效防范冤假错案。

第二点，在被追诉人反悔的案件中坚持法定证明标准有助于全部适用认
罪认罚的案件不降低证明标准。被追诉人反悔的案件在全部认罪认罚案件中
占一部分。在认罪认罚案件证明标准普遍降低的情况下，在被追诉人反悔的
案件中坚持法定证明标准不动摇有助于实现整体认罪认罚案件证明标准的不
动摇。被追诉人的反悔会引发证据存疑或者不足的情况。在这种情况下仅规
定一个"坚持法定证明标准"的原则恐怕尚不足以解决问题。此时需要分情
况讨论：①在证据不足或者存疑的案件中，通过被追诉人的积极认罪，司法
机关能够获得确实、充分的定罪量刑证据，也正是因为被追诉人的配合，节
省了司法资源，提高了司法效率，在此基础上被追诉人能够获得一个"从宽
处理"的结果。这就意味着，从宽应当以提高诉讼效率、降低诉讼成本为前
提，而不是一味以犯罪嫌疑人、被告人口头上的认罪认罚为依据。②在证据
不足或者存疑的案件中，如果通过被追诉人的认罪仍不能达到排除合理怀疑，
那就不能确定被追诉人有罪。③在证据不足或者存疑的案件中，被追诉人如
果不认罪，则只能通过普通程序进行审理。认罪认罚案件的定案证据在总体
上可以被分为两类：一是犯罪嫌疑人、被告人的有罪供述；二是供述以外的
证据。[1] 需要特别注意的是，由于认罪认罚的引入，获得被追诉人有罪的
"口供"成了定罪量刑的关键。但在此种情况下，要注意通过被追诉人的供述
获得客观证据，通过客观证据与被追诉人的供述以及客观证据之间的相互印
证来获得案件的实质真实。

第三，行使反悔权对量刑的影响。在认罪认罚从宽制度中，认罪认罚是
手段，从宽是目的。既然认罪认罚一般会导致从宽处罚，那么对认罪认罚的
反悔也必然会对量刑产生影响。同时，由于司法实践中反悔大多发生在审判

---

[1] 孙长永："认罪认罚案件的证明标准"，载《法学研究》2018 年第 1 期。

阶段，要么发生在受理后开庭前，要么发生在开庭后宣判前，所以笔者将重点讨论受理后开庭前反悔后量刑建议的变化和开庭后宣判前反悔后的量刑。

其一，案件受理后开庭前反悔后量刑建议的变化。一般来说，被追诉人在案件被法院受理后开庭前反悔的，检察机关会调整量刑建议，并在此前的基础上加重。典型案例如"常某学危险驾驶案"〔1〕、"李某危险驾驶案"〔2〕。下面，笔者将简要介绍后一案，对这一期间内反悔对量刑建议的变化作一说明。

案情如下：被追诉人李某涉嫌危险驾驶罪，在审查起诉阶段认罪认罚，被检察机关以危险驾驶罪公诉至法院，量刑建议为判决拘役 2 个月，并处罚金 3000 元。法院受理案件后，被追诉人反悔，对量刑建议表示异议。案件由速裁程序转为普通程序审理，并组成合议庭。之后，检察机关将量刑建议调整为判处拘役 3 个月，并处罚金 5000 元。而后法院支持了检察机关的全部量刑建议。

笔者认为，这种量刑建议的调整是适当的。被追诉人表示的是对量刑建议的异议，也就是对认罪认罚具结书上认罚的反悔，如果不相应调整量刑建议，将无法体现出认罪认罚从宽制度作为一个独立的量刑情节的价值。同时，又考虑到被追诉人仅是对认罚的反悔，不涉及对认罪的反悔，因此将认罪作为其他量刑情节进行考虑也体现了罪刑法定原则。

其二，开庭后宣判前反悔后的量刑。司法实践中有些案件被追诉人的反悔发生在一审开庭后宣判前，对此情况，一般的做法是在此前量刑建议的基础上加重。典型案如"陈某峰、伍某、温某三人非法拘禁，伍某容留他人吸毒案"。〔3〕

案情如下：被追诉人陈某峰、伍某、温某三人涉嫌非法拘禁罪，伍某涉嫌容留他人吸毒罪。因被追诉人温某自愿认罪认罚，并签署了认罪认罚具结书，检察机关所提量刑建议为有期徒刑 6 个月。开庭后，被追诉人温某提出在检察院签署认罪认罚具结书的事实，但请求对其适用缓刑。法院经审理认

---

〔1〕 "常某学危险驾驶案"，云南省石林彝族自治县人民法院刑事判决书 ［2019］ 云 0126 刑初 262 号。

〔2〕 "李某危险驾驶案"，云南省玉溪市红塔区人民法院刑事判决书 ［2019］ 云 0402 刑初 364 号。

〔3〕 "陈某峰、伍某、温某三人非法拘禁，伍某容留他人吸毒案"，浙江省诸暨市人民法院刑事判决书 ［2019］ 浙 0681 刑初 1010 号。

为："被告人温某在检察院审查案件时，在辩护人在场的情况下，自愿签署认罪认罚具结书后同意量刑建议，庭审中又反悔要求对其适用缓刑，本院不予支持并在量刑中予以体现。"而后法院判处被追诉人温某犯非法拘禁罪，判处有期徒刑 7 个月。

本案仍为对量刑建议的反悔，不包括对认罪的反悔。因此，在原先量刑建议基础上再加 1 个月的做法较为适当。

其三，"反复认罪认罚又反复反悔"的量刑。在反悔对量刑的影响中，比较棘手的要数"反复认罪认罚又反复反悔"的量刑。一般而言，在此情况下，法院可能会在原先量刑建议的基础上加重处罚。相关案例如"黄某健猥亵儿童案"。[1]

案情如下：被追诉人黄某健涉嫌猥亵儿童罪，自愿认罪认罚，在审查起诉阶段签署了认罪认罚具结书，检察机关的量刑建议是判处有期徒刑 1 年 6 个月至 2 年。一审法院改变量刑建议，判处被追诉人有期徒刑 1 年。而后检察机关抗诉，被追诉人上诉。上诉的理由是认为原判认定犯罪的证据不足。二审审理期间，被追诉人又申请撤回上诉，同时对认罪认罚的明智性提出了异议，认为"其签署认罪认罚具结书时没戴老花镜，看得模模糊糊的，相信办案机关签了字"。被追诉人的辩护人认为："二审庭审中上诉人对细节部分提出的辩解，不应认定为翻供，建议二审法院认定上诉人具有认罪悔罪的从轻量刑情节。"对此，二审法院认为"其不认罪、不认罚，其撤诉的请求并非其真实意思表示"，因此不予准许撤诉。同时认定："上诉人黄某健在二审庭审中无正当理由翻供，该行为系对认罪认罚的反悔，对其依法不再适用从宽处理。"最终二审法院认定被追诉人黄某健犯猥亵儿童罪，判处有期徒刑 2 年。

上述案例是一个较为典型的"反复认罪认罚又反复反悔"的案例。被追诉人在审查起诉期间认罪认罚，一审宣判后又反悔，进行了上诉。二审审理期间撤诉，又重新主张适用认罪认罚。这种"反复认罪认罚又反复反悔"导致最终法院决定不再适用认罪认罚。

以上几种情况就是反悔对量刑的影响。在此，考虑到反悔后对量刑的不利影响，特别是为了避免反悔后可能面临的从重的"不公正处罚"，可以从以

---

〔1〕 "黄某健猥亵儿童案"，安徽省安庆市人民法院刑事判决书［2019］皖 08 刑终 106 号。

下两个方面展开，完善相应的制度。

第一点，从长远来看，以《量刑指导意见》为基础，参考域外相关经验，制定我国的《认罪认罚量刑指南》。对于认罪认罚的被追诉人而言，最关心的问题莫过于量刑。出于保障被追诉人认罪认罚明智性的考虑，同时也为了提升控辩双方的协商能力，有必要制定我国的《认罪认罚量刑指南》。在其中明确认罪认罚达到何种程度可以从轻、减轻和免除刑事处罚。同时还要梳理认罪认罚作为一个独立量刑情节，与坦白、立功等制度的衔接。从短期来看，可以考虑针对常见罪名建立一个量刑幅度指南。以故意杀人罪的量刑幅度为例，明确认罪认罚达到何种程度可以获得从轻、减轻和免除的从宽处理结果。

同时，在《认罪认罚量刑指南》的附件上单独规定反悔后的量刑。为了避免反悔后可能出现的从重处罚，可以考虑针对反悔单独规定行使的次数和量刑的幅度。

第二点，从短期来看，首先可以通过发布司法文件或者司法解释的形式明确反悔后"从重"幅度的区间，将其作为禁止性规定，在一般情况下不得适用；其次，可以考虑通过出台相关指导性案例的方式明确反悔后量刑的幅度，提高反悔后量刑的科学性。

（三）对被追诉人行使反悔权的救济

1. 原有有罪供述的排除

被追诉人的有罪供述是认罪认罚案件定案的重要依据，如果被追诉人反悔，能否将有罪供述继续作为证据使用具有争议。实务中，司法机关对有罪供述等有罪证据在追诉人反悔后不作处理，依然适用的状况甚至高达100%。[1]笔者认为这种现象的产生有以下两点原因：一方面，办案机关对效率的追求决定了不可能将程序推倒重来，如果对被告人的有罪供述不予适用，那么"证据不足、证据链缺失"的情况将会接踵而至。另一方面，我国刑事诉讼模式与程序倒流的兼容性差，极易导致司法资源浪费。通说认为，在我国刑事诉讼中公、检、法三机关互相配合、互相补充[2]，被追诉人的反悔无疑会导致

---

〔1〕　参见马明亮、张宏宇："认罪认罚从宽制度中被追诉人反悔问题研究"，载《中国人民公安大学学报（社会科学版）》2018年第4期。

〔2〕　参见陈瑞华：《刑事诉讼的前沿问题》（第5版）（上册），中国人民大学大学出版社2016年版，第283~295页。

程序倒流，这种叠床架屋、重复工作的状态将导致司法资源的进一步浪费。[1] 为了避免这种情形，办案机关往往倾向于采用程序倒流前的有罪证据，以获取此后程序的便利。针对实务中存在的这一状况，学界也有不支持的声音。否定说认为认罪认罚反悔后应对被追诉人适用"认罪自白排除规则"，认为审查起诉阶段的有罪答辩受到"从宽"的激励可能会使客观性欠缺，为确保实体公正，理应排除。[2] 目前，折中说是学界支持者较多的观点，这种观点中和了两种声音，认为应当坚持证据审查原则，证据只要符合证据的三性便依然能够作为定案根据。[3] 例如，审查起诉阶段反悔权行使前的有罪供述等证据可不必强制排除，而是将其作为证据移交法院，由法院判断是否采信，[4] 这实际是将"应否排除"的难题抛给了法院。

在被告人行使反悔权后，针对其有罪供述及相关证据是否应当排除，不同的国家或地区也有不同的规定。

表 7-12　美国、德国被追诉人反悔权行使后的证据排除

情形具体 情形程序	美国 辩诉交易制度	德国 处罚令程序
未协商成功	排除全部依据"有罪供述"所得的证据	
协商成功后反悔	排除全部依据"有罪供述"所得的证据	

可以看到，美国辩诉交易制度将被告人反悔后的有罪供述及因有罪供述获得的证据一并排除，这种做法虽然在极大程度上保证了程序正义，但无疑对诉讼效率造成了重创，被告人反悔后诉讼程序需要重新开始，证据收集更加困难。

对于被告人此前的有罪供述能否作为定案根据使用的问题，《刑事诉讼法》没有作出明确规定，而《认罪认罚从宽制度告知书》第 7 条则规定"仍

---

〔1〕　参见陈瑞华："认罪认罚从宽制度的若干争议问题"，载《中国法学》2017 年第 1 期。

〔2〕　参见徐远太、黄美容："认罪认罚从宽制度的改革进路——以反悔机制的构建为视角"，载《山东法官培训学院学报》2018 年第 4 期。

〔3〕　参见杨立新："认罪认罚从宽制度理解与适用"，载《国家检察官学院学报》2019 年第 1 期。

〔4〕　参见张宁："认罪认罚案件中被追诉人反悔问题分析"，载《汕头大学学报（人文社会科学版）》2020 第 1 期。

可作为能其曾作有罪供述证据"[1]，也没有回答有罪供述是否能继续使用的问题。笔者认为，原有的有罪供述应当排除：首先，在证明标准不降低的前提下，若办案机关收集的证据已经达到"确实、充分"的程度，即使排除有罪供述也并不影响犯罪事实的认定，更何况单一的有罪供述并不能作为定案依据。其次，"反悔权"的行使若置于民商法语境，则与"缔约过失""违约"对标，被追诉人与检察机关虽不属于"平等主体"，但认罪认罚具结书具有"司法契约"的特性，反悔则意味着谈判失败，因而"谈判"之时所得的口供和有罪供述便不得作为证据使用。

2. 原有司法人员的回避

目前关于被追诉人行使反悔权后司法人员应否回避存在两种声音：肯定说认为被追诉人认罪认罚之后反悔，已经成了一个新的案件。原有的司法人员可能存在预断与偏见，应当予以更换。[2]否定说认为被追诉人反悔的案件，如果不符合允许反悔情形，按照程序正常进行，不存在更换司法人员的问题。[3]这种否定是建立在"原则上不允许认罪认罚后反悔"这一前提之上的。否定说认为司法工作人员已有"有罪的心证"这种意见不甚妥当，认为无论是检察官还是法官都无须更换。无须更换检察官的原因为"客观中立"是对法官的要求，检察官具有倾向性意见不可怕，更换新的检察官再次熟悉案情和办理案件无疑是对司法资源的耗损。笔者认为，这种观点并不合理。检察机关具有宪法赋予的法律监督权，其作为我国刑事诉讼中的重要主体具有"公诉"与"监督"两大权力，负有"除暴安良"和"保障人权"的双重客观义务，"倾向性"会使得检察官依照惯性办理案件。除此之外，否定说认为无须更换法官的原因是案卷移送主义本身会造成"因先前口供及相关证据先入为主"，不能将之归因于认罪认罚反悔后司法人员的不予更换。"多因一果"这种论调乍一听具有合理性，但颇具"破罐子破摔"的意味，更与"客

---

[1] 《认罪认罚从宽制度告知书》第 7 条：犯罪嫌疑人、被告人撤回《认罪认罚具结书》后，犯罪嫌疑人、被告人已签署过的《认罪认罚具结书》不能作为本人认罪认罚的依据，但仍可能作为其曾作有罪供述的证据，由法院结合其他证据对本案事实进行认定。

[2] 马明亮、张宏宇："认罪认罚从宽制度中被追诉人反悔问题研究"，载《中国人民公安大学学报（社会科学版）》2018 年第 4 期。

[3] 秦宗文："认罪认罚案件被追诉人反悔问题研究"，载《内蒙古社会科学（汉文版）》2019年第 3 期。

观中立是对法官的要求"这一论点相矛盾。回避制度的原理为"具有相关利害关系可能造成不公正的审判",而被追诉人反悔之前办理案件的司法人员因为已经形成了某种固式思维,若在被追诉人反悔后依然维持原状,不公正的审判结果就容易产生。

3. 避免反悔的不利后果

学术界对认罪认罚的被追诉人行使反悔权后是否会面临不利后果也存在争议。肯定说认为,对于被害人而言,诉讼的收益应当包括被告人得到应有的惩罚且自己的受损利益得到及时、有效的弥补。[1]认罪认罚从宽的模式实际上是一种"协商性的公立合作模式"[2],在这一模式下,被追诉人为寻求量刑上的优惠,会积极与控方沟通,对被害人的损失予以赔偿。但如若被追诉人反悔,其有很大的可能会失去对被害人赔偿的动力,对被害人的权利造成一定程度的影响。[3]否定说则认为应当基于被追诉人反悔行为是否具有"恶意"来确定是否会对被害人的权利造成影响,如果被追诉人恶意反悔,即使没有赋予被追诉人反悔权,因为怀有"恶意",被告人本无意主动赔偿被害人,因而并不产生影响。笔者认为这种观点也值得思考。被害人的权利保障问题是一项重大课题,若将保障的天平倾斜至被害人,会使被告人的权利保障式微。反之,将被告人的权利保障奉为圭臬会使被害人的主体地位饱受质疑。在认罪认罚从宽程序中,被追诉人反悔权的设置可能锐化了这种权利保障的矛盾。但在实务中,二审裁判文书已能反映出:其一,检察机关报复性抗诉的情形已然出现,且并不罕见;其二,由于认罪认罚后相较于未认罪认罚"从宽",所以反悔后"量刑优惠"的丧失会给人"量刑加重"的感受;其三,对被追诉人反悔的"负面评价"严重程度与刑事诉讼程序进展的深浅成正比,这是由于诉讼程序越靠后,反悔带来的成本越"昂贵"。基于此,应对被追诉人行使反悔权进行一定的救济,即预防由"反悔权"带来的不利后果,以维护被追诉人的合法权利。这需要:其一,限制检察机关的报复性抗诉,对被告人的上诉理由进行筛选,尊重、允许和支持基于正当理由的反悔;

---

〔1〕 参见陈瑞华:《刑事诉讼的中国模式》(第3版),法律出版社2018年版,第210~211页。

〔2〕 参见陈瑞华:《刑事诉讼的前沿问题》(第5版)(上册),中国人民大学大学出版社2016年版,第283~295页。

〔3〕 何静:"认罪认罚案件中被追诉人的反悔权及其限度",载《东南大学学报(哲学社会科学版)》2019年第4期。

其二，明确在事前告知被追诉人反悔权行使的法律效果，与律师有效帮助相结合，避免"恶意反悔"，保证反悔权行使的明智性。

4. 不同情形的程序转换

认罪认罚案件依据具体案情一般能够适用速裁程序、简易程序，若案件重大则适用普通程序。依据2018年《刑事诉讼法》第226条的规定，被追诉人在审判阶段行使反悔权时，可能导致审理程序的转变。有观点认为，速裁程序中若出现被追诉人反悔的情形，应当直接转为普通程序，而不必转为简易程序审理。[1]笔者认为，这种"一刀切"的办法缺乏灵活性，被追诉人反悔后的程序转换应依照不同的情况探讨分别适用的情形。首先，速裁转简易或普通程序。在这种情况中，选择转换哪一类程序应按照"量刑""定罪""非自愿"的标准予以区分。当被追诉人反悔仅影响"量刑"时，案件由速裁程序转为简易程序进行审理。2019年12月30日发布的《人民检察院刑事诉讼规则》第434条规定与这类程序转换较为吻合。公诉人出席简易法庭时，主要调查和辩论的内容围绕"量刑及其他有争议的问题"[2]，而速裁程序适用条件之一为"判处三年以下刑罚的案件"，因而对量刑的争议较小，需要核实的证据也较少，直接转为简易程序具有合法性与合理性；当被追诉人反悔影响到"定罪"或"认罪认罚非自愿"时，认罪认罚从宽制度的使用基础动摇，这类反悔对举证、质证、辩论的需求显然大于仅对"量刑"的异议，程序的简化将不利于证据适用和犯罪事实的发现，因此应该转为普通程序。其次，对于原先适用简易程序的案件来说，直接参照不适用简易程序审理的情形即可。最后，普通程序无需程序转换，若涉及事实或证据存在争议，可程序倒流回质证或辩论环节。换言之，认罪认罚案件若一开始便适用普通程序审理，则说明案件本身具有一定的"复杂性"，若转为简易程序或速裁程序则属于对被追诉人的程序保障降级，因而并不合情合理，也不符合司法改革"人权保障"的方向。

---

〔1〕 参见张宁："认罪认罚案件中被追诉人反悔问题分析"，载《汕头大学学报（人文社会科学版）》2020第1期。

〔2〕《人民检察院刑事诉讼规则》第434条规定："公诉人出席简易程序法庭时，应当主要围绕量刑以及其他有争议的问题进行法庭调查和法庭辩论。在确认被告人庭前收到起诉书并对起诉书指控的犯罪事实没有异议后，可以简化宣读起诉书，根据案件情况决定是否讯问被告人、询问证人、鉴定人和出示证据。"

结　语

认罪认罚从宽制度鼓励和引导被追诉人主动认罪、接受检察机关的量刑建议，在实体和程序上都能做到宽大。这一制度对被追诉人而言既能在程序上从简从快又能在实体上获得量刑优惠。对司法机关而言则有利于案件的繁简分流，缓解当下我国"案多人少"等司法资源不足的局面。当下我国刑事诉讼司法制度越来越注重对被追诉人的人权保障，因此以权利的形式保障和救济被追诉人十分必要。被追诉人的反悔权是一种依附于认罪认罚的正当权利，这一权利能够加快被追诉人从被动接受司法到主导参与司法的转变，对于确保其认罪认罚自愿性、防止冤假错案发生具有至关重要的作用。综上，笔者对本章的关键研究内容作如下总结。

第一，通过对有关试点地区实践的分析和对二审裁判文书的讨论，我们能够发现办案机关对"反悔权"持消极态度，被追诉人对"留所服刑"存在错误理念，被追诉人反悔时心理状态也难以判定。从各个角度来看，反悔权的"积极引领"都并不充分。针对这一点，办案机关与被追诉人需要一同树立正确理念，一者"警惕效率本位"，二者"贯彻全面告知"，再者"减少留所服刑"。

第二，被追诉人行使反悔权缺乏一定的制度保障，立法规制不明、权利告知欠缺、内部保障缺位的情况较为普遍。针对这一点，应完善制度保障，以法律的形式确认"反悔权"，确保反悔权行使有法可依。律师应进行有效的帮助，审判机关应完善自愿性审查。

第三，被追诉人行使反悔权时可能会有权利滥用的风险，会对办案机关的办案动力造成一定程度的削弱，致使诉讼效率降低。针对这一问题，被追诉人反悔权的主体应限于当事人本人，反悔形式无论是直接还是间接都应当确保"明智性"，避免"恣意性"。行使反悔权的正当理由应以被追诉人"正当利益"受到办案机关外部侵害为标准。除此之外，需注意几种反复反悔，区分具有效力的反悔和恶意反悔，明确不同阶段可以反悔的具体次数。

第四，被追诉人在反悔后可能会面临一些不利后果，如有罪供述不予排除、检察机关报复性抗诉给被追诉人带来加重处罚的隐忧。此时则需要对被追诉人行使反悔权进行必要的救济，从而减弱或避免不利影响，合理地转换审理程序。

对认罪认罚从宽制度中被追诉人反悔权的讨论和研究应远不止于此，本章对实践中产生的现象和问题虽予以了重点关注，但仍具有局限性。希冀这一研究在未来能多以实证研究的形式出现，在中国语境下思考中国问题，增加有关于值班律师和辩护律师的访谈，打破办案机关数据不易得的僵局，真正对认罪认罚从宽制度的发展有所助益。

第八章

论已满12周岁不满14周岁的人涉嫌严重暴力犯罪认罪认罚核准追诉程序问题

——以《刑法修正案（十一）》第17条第3款为中心展开

　　针对实践中特定年龄段的未成年人涉嫌严重暴力犯罪，限于罪刑法定原则约束，无法追究其刑事责任的司法困境，2020 年 12 月 26 日通过的《刑法修正案（十一）》规定："已满十二周岁不满十四周岁的人，犯故意杀人、故意伤害罪，致人死亡或者以特别残忍手段致人重伤造成严重残疾，情节恶劣，经最高人民检察院核准追诉的，应当负刑事责任。"此规定在为合法追诉相关涉罪未成年人提供出路的同时，其实创设了一种核准追诉涉罪未成年人的刑事程序（以下简称"涉罪未成年人核准追诉程序"）。[1] 但该程序目前过于原则，如不能及时对其加以细化，恐无法为司法实践提供指引，因此有必要以该款规定为中心，展开对涉罪未成年人核准追诉程序的研究。

一、涉罪未成年人核准追诉程序的理论问题

　　理论是实践的先导。对涉罪未成年人核准追诉程序的理论问题进行讨论，一方面可以明确该程序本身具有的独特性；另一方面也可以为相应的规则建构进行理论阐释。

（一）涉罪未成年人核准追诉程序与其他核准追诉程序的异同

　　在《刑法修正案（十一）》通过之前，刑法设置核准追诉程序主要针对的是已过 20 年追诉时效，但仍有追诉必要的案件（本章以下简称"已过追诉

---

　　〔1〕　本章中的"涉罪未成年人"如未特别指出，均指的是"已满十二周岁不满十四周岁的人"。

时效案件")。[1]为此,最高人民检察院于 2012 年 8 月出台了《关于办理核准追诉案件若干问题的规定》(本章以下简称《核准追诉规定》),该规定就核准追诉的条件和程序等内容作了较为详尽的规定。同时,该规定中的主要内容也为 2019 年发布的《人民检察院刑事诉讼规则》(本章以下简称《刑诉规则》)中的"核准追诉"规则所继承。涉罪未成年人核准追诉程序与前述案件的追诉程序相比,既存在共性之处,也具有自身的特殊性。

第一,从共性上看:其一,无论是涉罪未成年人核准追诉程序还是已过追诉时效案件的核准程序,决定机关均为最高人民检察院,均系检察机关内部的审批程序。其二,核准追诉的效果均为——按照《核准追诉规定》第 4 条第 3 款的规定——"未经最高人民检察院核准,不得对案件提起公诉"。其三,两种核准追诉程序所针对的案件的危害性都极大,即"涉嫌犯罪行为应当适用的法定量刑幅度的最高刑为无期徒刑或者死刑"。已过追诉时效案件自不必说,涉罪未成年人核准追诉程序也针对的是故意杀人罪和故意伤害罪。两罪的法定最高量刑幅度均为死刑。当然,按照《刑法》第 49 条第 1 款的规定,犯罪的时候不满 18 周岁的人不适用死刑,但却存在适用无期徒刑的制度空间。[2]

第二,从特殊性上看:其一,两种核准追诉程序针对的对象不同。已过追诉时效案件核准追诉针对的是"事",即"涉嫌犯罪的性质、情节和后果特别严重,虽然已过 20 年追诉期限,但社会危害性和影响依然存在,不追诉会严重影响社会稳定或者产生其他严重后果,而必须追诉的";而涉罪未成年人核准追诉程序针对的是"事+人",即既要考虑犯罪行为的严重程度,又要考虑犯罪嫌疑人的年龄,两者同时符合方可启动核准追诉程序。其二,两种核准追诉程序的适用条件不同。涉罪未成年人核准追诉程序有罪名的限制,即仅限于故意杀人罪和故意伤害罪。而已过追诉时效案件的核准追诉程序没有罪名的限制,仅考虑犯罪的严重程度和追诉的必要性。换言之,从理论上看,

---

〔1〕 2018 年修改《刑事诉讼法》时,在"缺席审判程序"中也加入了某些案件的核准追诉程序。但考虑到在已过追诉时效的案件对核准追诉程序适用较多,也较为典型和成熟,因此本文主要以其为讨论重点。

〔2〕 2005 年通过,2006 年公布施行的最高人民法院《关于审理未成年人刑事案件具体应用法律若干问题的解释》第 13 条规定:"未成年人犯罪只有罪行极其严重的,才可以适用无期徒刑。对已满十四周岁不满十六周岁的人犯罪一般不判处无期徒刑。"

已过追诉时效案件适用的罪名可能多于涉罪未成年人核准追诉程序适用的罪名。其三，两种核准追诉程序遵循的原则不同。根据《刑事诉讼法》中的"未成年人刑事案件程序"和《人民检察院办理未成年人刑事案件的规定》（以下简称《未成年人刑事案件规定》）的要求，司法机关在办理未成年人刑事案件时有一套独特的工作原则和工作方法。涉罪未成年人的核准追诉程序属于办理未成年人刑事案件的范畴，自然应遵循《未成年人刑事案件规定》的原则和方法。而在已过追诉时效案件的办理过程中并无类似前述办理未成年人刑事案件所应遵循的原则。其四，两种核准追诉程序虽然都旨在解决是否追究刑事责任的问题，但解决问题的出发点和思路不同。追诉时效的规定意味着对行为追究刑事责任的必备条件是在行为符合犯罪成立条件的前提下还必须符合追诉时效规定的要求。[1]而涉罪未成年人核准追诉程序是在行为符合犯罪成立条件的前提下，解决是否追究刑事责任的问题。

我们同时还应当看到涉罪未成年人核准追诉程序与已过追诉时效案件核准追诉程序之间的衔接关系。根据《刑法修正案（十一）》的规定，涉罪未成年人的核准追诉程序针对的是犯罪时已满 12 周岁未满 14 周岁的人。但如若当时未追诉，是否在 20 年后可以依据同一犯罪行为启动核准追诉程序？对此，应分两种情况进行讨论：第一种情况，如若案件发生后，经过立案侦查发现被追诉人系已满 12 周岁未满 14 周岁的人，根据犯罪情节的轻重启动涉罪未成年人核准追诉程序即可。对此，如若当时未启动涉罪未成年人核准追诉程序，绝对不允许经过时间推移在未成年人满足其他追诉条件时再行启动追诉程序，更不宜在未成年人成年后再行启动追诉程序。第二种情况，如若案件发生后，经过立案侦查在 20 年后将被追诉人抓捕归案，此时如若还有追诉必要，应按照已过追诉时效案件进行核准追诉。

综上，涉罪未成年人核准追诉程序的规则建构，一方面可以借鉴已过追诉时效案件的核准追诉规则；另一方面也必须建构符合自身办案特点的规则。

（二）涉罪未成年人核准追诉程序应遵循的原则

办理核准追诉案件应当遵循何种原则不仅事关追诉时效制度的正确贯彻落实，而且关涉当事人诉讼权益的依法保障。[2]

---

〔1〕 王志祥："'南医大女生被害案'的追诉时效问题研究"，载《法商研究》2020 年第 4 期。
〔2〕 史卫忠等："核准追诉中的若干实务问题考察"，载《人民检察》2016 年第 10 期。

与成年人相比，未成年人在社会认知方面还存在一定的欠缺。因此，办理未成年人刑事案件有一套符合未成年人身心特点的工作原则和方法。同时，考虑到未成年人涉嫌严重暴力犯罪案件与普通的未成年人刑事案件的办理存在不同之处，因此有必要在办理未成年人刑事案件的基础上提炼总结出一套未成年人涉嫌严重暴力犯罪案件的办理原则。

第一，即使是未成年人涉嫌严重暴力犯罪案件，其办理也应当遵循"教育、感化、挽救"的方针和"教育为主、惩罚为辅"的原则。这一方针和原则自然应当贯穿涉罪未成年人核准追诉程序始终。同时，这也就意味着在核准追诉涉罪未成年人的过程中要充分尊重未成年人刑事案件的办案特点和方法。比如，根据《刑事诉讼法》第 280 条第 2 款的规定："对被拘留、逮捕和执行刑罚的未成年人与成年人应当分别关押、分别管理、分别教育。"

第二，对于涉罪未成年人的核准追诉应当遵循"严格依法、从严控制"的原则。《核准追诉规定》第 2 条规定："办理核准追诉案件应当严格依法、从严控制。"此原则理应在涉罪未成年人核准追诉程序中得到体现。我国在刑事责任年龄制度的建立过程中，既应基于未成年人的身心特点给予适宜的刑事惩罚，也要加强对未成年人的保护力度，从而给予其区别对待。[1]同时，与通常的追诉程序相比，核准追诉程序属于一种例外的追诉，是一种应急机制，不应成为常态，因此司法机关在办理核准追诉案件时理应更加慎重。

第三，强制措施的适用。《刑事诉讼法》第 280 条第 1 款规定："对未成年犯罪嫌疑人、被告人应当严格限制适用逮捕措施。……"《刑诉规则》第 462 条和第 463 条对此进行了细化。[2]前述规定确立了未成年人刑事案件中

---

[1]　王胜华："降低刑事责任年龄的立法构想和配套举措"，载《重庆社会科学》2018 年第 3 期。

[2]　在此需要说明的是，尽管《刑诉规则》第 489 条第 1 款规定："本节所称未成年人刑事案件，是指犯罪嫌疑人实施涉嫌犯罪行为时已满十四周岁、未满十八周岁的刑事案件。"但笔者认为该节的相关规定依然适用于对涉罪未成年人核准追诉程序的探讨。原因在于：第一，《刑诉规则》制定在前，《刑法修正案（十一）》制定在后，《刑诉规则》自然无法对已满 12 周岁不满 14 周岁的人涉嫌严重暴力犯罪的案件办理作出规定。其次，《刑诉规则》的规定意在通过强调犯罪嫌疑人实施犯罪行为时的年龄，而非启动刑事追诉程序时的年龄，以此避免扩大打击面。因此，基于更好地保护未成年犯罪嫌疑人的宗旨，涉罪未成年人核准追诉程序自然应当适用《刑诉规则》"未成年人刑事案件诉讼程序"的相关规定。比如，根据《刑诉规则》第 458 条的规定，应当指派熟悉未成年人身心特点的检察人员办理未成年人刑事案件。

"不逮捕是原则，逮捕是例外"的办案原则。但考虑到涉罪未成年人涉嫌的罪行极其严重，因此对其适用的强制措施应是"逮捕是原则，不逮捕是例外"。

二、核准追诉涉罪未成年人的三个环节

尽管《刑法修正案（十一）》提出了涉罪未成年人的核准追诉程序，但却缺乏核准追诉的标准、报请核准追诉的机关、核准追诉的程序等规范。对此，有必要从制度方面建构涉罪未成年人的核准追诉程序。

一个完整的涉罪未成年人核准追诉程序应当包括三个环节：首先是准备环节，即由追诉机关准备报请核准追诉的材料；其次是实施环节，即由追诉机关将相关材料层报最高人民检察院并由最高人民检察院作出是否核准追诉决定的过程；最后是执行环节，即由追诉机关执行最高人民检察院的核准追诉决定。

（一）涉罪未成年人核准追诉程序的准备环节

设置本环节的目的在于明确报请核准追诉涉罪未成年人的标准。这一提请标准主要由两部分组成：第一是明确受理报请程序的检察机关；第二是明确报请核准追诉的要件。

1. 受理报请程序的检察机关的确定

核准追诉是检察机关内部的审批程序。因此，办理涉罪未成年人核准追诉程序的首要问题是明确哪个或者哪些检察机关享有对案件的管辖权。对此应从地域和级别两方面进行确定。

第一，地域管辖，刑事诉讼法的地域管辖制度在相当程度上是基于司法效率和诉讼经济的要求设定的。[1]我国的刑事地域管辖制度是以法院管辖为中心确立的，即刑事诉讼法中的管辖均是围绕审判管辖展开的。质言之，无论是侦查管辖还是审查起诉的管辖都服从和服务于审判管辖。因此，2020年7月发布的《公安机关办理刑事案件程序规定》（以下简称《公安规定》）第15条的规定完全遵照《刑事诉讼法》第25条的规定，在刑事案件的地域管辖上确立了以被追诉人犯罪地管辖为主、居住地管辖为辅的管辖原则。由此，检察机关办理涉罪未成年人核准追诉案件也应以此地域管辖原则为基准。

第二，级别管辖，根据《刑事诉讼法》第21条的规定，可能判处无期徒

---

[1] 龙宗智："刑事诉讼指定管辖制度之完善"，载《法学研究》2012年第4期。

刑、死刑的案件由中级人民法院管辖，因此这就决定了启动核准追诉程序的是设区的市级人民检察院。同时，从资源调配和办案便利性等方面来看，市级检察机关启动核准程序也更为适宜。

同时，根据《核准追诉规定》第 8 条的规定，是否提请核准追诉还需要本院的检察委员会作出决定。

此外，需要明确，受理报请核准追诉程序的机关与报请核准追诉的机关不是同一个概念。前者指的是检察机关，而后者指的是侦查机关。根据《核准追诉规定》第 4 条第 2 款的规定，侦查主体是报请核准追诉的主体。但由于《公安规定》并无相应的规定，因此司法实践中多以检察机关牵头报请核准追诉为主。[1]

2. 报请核准追诉的要件的确定

根据《刑法修正案（十一）》的规定，对涉罪未成年人报请核准追诉需要满足如下的要件：

第一，年龄要件，即犯罪时需要"已满十二周岁不满十四周岁"。此处，还需要明确的是《刑法修正案（十一）》第 17 条第 2 款和第 3 款的关系。这两款本来是相互独立的，第 2 款规定的是"已满十四周岁不满十六周岁的人"涉嫌犯罪的处理，第 3 款规定的是"已满十二周岁不满十四周岁的人"涉嫌犯罪的处理，但因其在罪行上存在重合关系，如不理清其关系，恐扩大犯罪打击面。

对此需要明确的是：其一，无论是第 2 款还是第 3 款，规定的均是被追诉人实施犯罪行为时的年龄，而非追究刑事责任时的年龄；其二，"已满十二周岁不满十四周岁的人"只有在涉嫌故意杀人罪和故意伤害罪时才能启动核准追诉程序，这就排除了以其他罪名启动核准追诉的可能性；其三，"已满十二周岁不满十四周岁的人"实施除《刑法修正案（十一）》第 17 条第 2 款规定的故意杀人罪和故意伤害罪之外的其他罪行时，不能启动核准追诉程序，这也意味着对该未成年人在"已满十四周岁不满十六周岁"的期间，亦不能以前述罪名进行追诉。

---

[1]　比如 2020 年引发社会各界关注的"南医大女学生被杀案"即是由南京市检察机关牵头报请，经江苏省检察机关审查，报请最高检核准追诉的。又比如，发生在广东省广州市黄埔区新围村的"录像店杀人案"，也是由黄浦区检察机关报请核准追诉，分别经广州市和广东省检察机关审查，报请最高人民检察院核准追诉。

　　同时，实施犯罪时"已满十二周岁不满十四周岁的人"被当场抓获或者在此年龄段内被抓获，对其进行追责自不待言。但如若抓获被追诉人时其"已满十四周岁"，再要因其过去的犯罪行为对其进行追责，是否还需要启动核准追诉程序？笔者认为，对于"已满十二周岁不满十四周岁的人"进行追责尚需启动核准追诉程序，对于"已满十四周岁的人"进行追责，就更需启动核准追诉程序了。原因在于：设置涉罪未成年人核准追诉程序的目的在于通过最高司法机关的把关，尽最大努力减少刑事司法活动对被追诉人的影响。特别是对涉罪未成年人而言，惩罚是手段而非目的。因此，为保障设置核准追诉制度目的的有效实现，对于"已满十四周岁"的涉罪未成年人进行追责，更需要启动核准追诉程序。

　　第二，行为要件，即《刑法修正案（十一）》规定的"故意杀人罪"和"故意伤害罪"指的是故意杀人和故意伤害的行为。对此有必要借鉴第 17 条第 2 款的解释方法。2002 年 7 月 24 日，全国人民代表大会常务委员会法制工作委员会作出《关于已满十四周岁不满十六周岁的人承担刑事责任范围问题的答复意见》规定："刑法第十七条第二款规定的八种犯罪，是指具体犯罪行为而不是具体罪名。"因此，基于体系解释，第 17 条第 3 款也指的是两种行为，而非两个罪名。

　　对于行为要件，还需要明确的是，根据《刑事诉讼法》第 109 条的规定："公安机关或者人民检察院发现犯罪事实或者犯罪嫌疑人，应当按照管辖范围，立案侦查。"而根据《刑法修正案（十一）》的规定，涉罪未成年人的犯罪行为会导致两个结果：要么是致人死亡；要么是以特别残忍手段致人重伤造成严重残疾。因此，公安机关基于行为要件即可进行立案活动，而非一定要求需同时满足年龄要件。

　　第三，危害结果要件，即涉罪未成年人的犯罪行为要达到"致人死亡或者以特别残忍手段致人重伤造成严重残疾，情节恶劣"。犯罪社会危害性程度是审查判断追诉必要性的最重要的衡量依据和标准。[1]因此，在此需要对"情节恶劣"进行明确。我国刑法中的犯罪情节，可以分为定罪情节和量刑情节。而定罪情节又可以分为基本情节与加重或者减轻情节。前者是区分罪与非

---

〔1〕　王牧、张萍："核准追诉制度实务问题研究"，载《法学杂志》2018 年第 3 期。

罪的情节，后者是区分轻罪与重罪的情节。[1]很显然，应将此处的"情节恶劣"视为故意杀人罪或者故意伤害罪的加重情节。

3. 报请准备环节中最高人民检察院的介入限度

根据《核准追诉规定》第 9 条和《刑诉规则》第 325 条的规定，最高人民检察院在收到案件相关材料后，必要时指派检察人员到案发地了解案件有关情况。由此也就产生了报请准备环节中最高人民检察院的介入限度问题。首先，基于检察一体的原则，最高人民检察院当然有权在相关检察机关报请核准追诉后派员介入，但是否有权在未报请核准追诉的情况下就介入案件？其次，如果可以介入，介入的限度何在？

第一，基于上命下从的检察领导体制，最高人民检察院可以介入任何案件的办理。即使相关检察机关未报请核准追诉，最高人民检察院亦可介入。

第二，在前述情况下，最高人民检察院的介入应有一定的限度。设置核准追诉制度的目的不仅在于打击犯罪，也在于保障人权，特别是注重在这两者间寻求一个相对的平衡状态。而当前的核准追诉程序明显是一个单向度的规则建构，《核准追诉规定》更未就被追诉人辩护权的保障进行规定。因此，为避免先入为主，有必要为最高人民检察院设置相应的介入规则，即尽管理论上最高人民检察院可以主动介入核准追诉程序，但为最大限度地发挥其在审查起诉阶段最终的把关作用，因此一般不得依职权主动介入，而应尽可能在收到《报请核准追诉案件报告书》后再介入案件。[2]

（二）涉罪未成年人核准追诉程序的实施环节

对涉罪未成年人的核准追诉是检察机关内部的审查起诉程序，因此设置本环节的目的在于明晰各个层级检察机关的职责以及行权的方式。

1. 实施环节的起止时间点

关于核准追诉程序的启动，应当有两个时间点：一个是大的时间点，即对涉罪未成年人的核准追诉最早可以从侦查阶段开始，到审查起诉截止前终止；另一个是小的时间点，即检察机关自收到公安机关移送的案卷材料后多少日内应当启动核准追诉程序，以及最高人民检察院收到提请核准追诉的材

---

〔1〕 陈兴良："作为犯罪构成要件的罪量要素——立足于中国刑法的探讨"，载《环球法律评论》2003 年第 3 期。

〔2〕 关于最高检的介入方式，可参见周涛抢劫追诉案。刘子阳："24 年前一起悬案被核准追诉——最高检解读周涛抢劫杀人案成功追诉五大关键点"，载《法制日报》2017 年 5 月 19 日。

料后，多少日内应当作出是否核准追诉的决定。

第一，对于大的时间点，因对涉罪未成年人进行核准追诉的案件案情较为复杂，检察机关可以积极介入侦查环节：一方面可以引导取证；另一方面可以积累材料，为开始受理核准追诉程序做准备。因此，报请核准追诉最早可以从侦查阶段开始。按照《核准追诉规定》的要求，对于核准追诉的案件，一般是由侦查机关报请核准追诉，因此自然在侦查阶段即可开始启动核准追诉程序。同时，又因为核准追诉其实是上级检察机关对下级检察机关审查起诉的再审查，直接目的还是服务于提起公诉，所以核准起诉决定的作出最晚不得迟于审查起诉的截止日期。

第二，对于小的时间点，《核准追诉规定》第8条规定，检察机关在受理案件后10日内制作《报请核准追诉案件报告书》，连同案件材料一并层报最高人民检察院。第9条规定，最高人民检察院应当在受理案件后1个月之内作出是否核准追诉的决定，特殊情况下可以延长15日。

对此，笔者认为，既然核准追诉程序属于检察机关内部就是否审查起诉进行的审批，因此理应被计算在审查起诉期限内。根据《刑事诉讼法》第172条的规定，审查起诉原则上应当在1个月以内作出决定，重大、复杂的案件，可以延长15日。因此，在刑事诉讼法未授权最高人民检察院就延长审查起诉期限可以进行例外规定的情况下，最高人民检察院不宜以内部文件的形式作出违反刑事诉讼法的规定。[1] 目前来看，在不违反刑事诉讼法的情况下，相对合理的做法是检察机关积极介入侦查阶段，在此阶段内，最高人民检察院基于检察一体的原则，亦可派员参加。由此可以避免最高人民检察院在不充分了解案件的情况下作出核准追诉决定。还有一种做法就是目前《核准追诉规定》的规定，即授权公安机关报请核准追诉，对此还需要及时将其补充入《公安规定》或者由公检联合出台相应的规范性文件。

同时还应考虑到程序倒流的问题。如若侦查机关和检察机关在审前阶段未发现被追诉人系涉罪未成年人，待诉讼进行到审判阶段后才查明根据案件性质需要报请核准追诉，则属于出现《刑事诉讼法》第204条规定的"影响

---

〔1〕 最高人民检察院或许意识到了《核准追诉规定》中自行授权延长核准追诉时限的做法似有不妥，因此在《刑诉规则》第325条对此重新作出规定，删去了一个月的核准起诉时限。规定："最高人民检察院收到省级人民检察院报送的报请核准追诉案件报告书及案卷材料后，应当及时审查，必要时指派检察人员到案发地了解案件有关情况。……"

审判进行的"情形。在此种情况下需要延期审理，由追诉机关将案件材料层报最高人民检察院进行核准，而后根据最高人民检察院的核准追诉决定再推进诉讼。若最高人民检察院决定不核准追诉，则检察机关应撤回起诉。若最高人民检察院决定核准追诉，则审判继续进行。

2. 实施环节中省级检察机关的定位

针对省级检察机关在核准追诉程序中定位的规定出现在《核准追诉规定》的第 9 条。该条规定，最高人民检察院应及时审查省级人民检察院报送的《报请核准追诉案件报告书》及案件材料。在作出决定后，逐级下达受理案件的检察机关。由此可以推知，省级检察机关主要在核准追诉中承担类似"上传下达"的功能。

其实，核准追诉程序中省级检察机关的定位不应仅止于此。其至少有两层应当发挥的功能：第一是审查。无论是区县级检察机关，还是市级检察机关，要将案件层报最高人民检察院核准追诉，均需经过省级检察机关。特别是其要将《报请核准追诉案件报告书》和案件相关材料直接报至最高人民检察院。因此，省级检察机关自然需要对相关材料认真进行审查。第二是分流。目前来看，相比于区县级和市级检察机关，省级检察机关对于法律和刑事政策的把握更为准确，核准追诉工作亦是如此。因此，省级检察机关有必要严格按照规定对报请核准追诉的案件进行把关，切实做好分流工作，而非"一律放行"。

省级检察机关对案件的分流体现在两个方面：一方面，如若案件欠缺主体要件、行为要件、危害结果要件中的一个或者数个要件，可以自行决定不追诉，不必再将案件报至最高人民检察院；另一方面，如若案件本身不属于涉罪未成年人核准追诉程序，则直接将案件材料发还报请追诉的检察机关，由其根据刑事诉讼法和《刑诉规则》继续开展相关工作。

3. 最高人民检察院核准决定的作出

谁有权作出核准追诉的决定？检察机关是有司法权的司法机关，却始终采用行政性办案方式而欠缺司法特征。[1]根据《核准追诉规定》第 9 条的规定可知，核准追诉决定可以由检察长批准或者由检察委员会审议决定。而《刑诉规则》第 325 条将其规定为，"……经检察长批准，作出是否核准追诉

---

〔1〕　龙宗智："检察机关办案方式的适度司法化改革"，载《法学研究》2013 年第 1 期。

的决定……" 如何理解这两则规定之间的关系。

根据《刑诉规则》第684条的规定："……最高人民检察院以前发布的司法解释和规范性文件与本规则不一致的，以本规则为准。"据此，当前的核准追诉决定由检察长作出即可。这样规定的合理之处在于能够最大限度地高效办理案件，特别是在审查起诉期限内作出是否追诉的决定。对此，为保障决策的科学性、加强人权司法保障，可先由检察长作出初步的决定，如若决定追诉，可直接生效；如若决定不追诉，可再交由检察委员会决定，此决定为最终决定，作出即生效。

如此制度设计，可以同时兼顾公平和效率。对于核准追诉决定的作出，经过了报请核准追诉的检察机关检察委员会和省级检察机关两道程序，此时再由最高人民检察院检察长决定核准，体现了决策的科学性和民主性。而不追诉直接意味着对涉罪未成年人不必因此次犯罪行为追究刑事责任，因此需要慎之又慎。综合考虑，由检察长作出不核准追诉的初步决定，再交由本院检察委员会对此进行讨论，可以保证不核准追诉决定具有相对的合理性。[1]

（三）涉罪未成年人核准追诉程序的执行环节

在执行核准追诉决定的环节，针对报请核准追诉，最高人民检察院会作出决定。如若最高人民检察院作出不予核准追诉的决定，根据《核准追诉规定》第11条第2款的规定，应撤销案件，并立即释放犯罪嫌疑人。此时，有必要要求负责执行决定的检察机关将执行情况层报最高人民检察院。对此不必过多赘言。但如若最高人民检察院作出核准追诉的决定，受理报请的检察机关则应执行该决定。

与此同时，考虑到核准追诉的目的还是要服务于审判，因此设置本环节的目的主要在于讨论如何将最高人民检察院的核准追诉决定与审判相衔接，尤其是如何执行最高人民检察院的核准追诉决定。

1. 核准追诉决定对侦查机关的影响

最高人民检察院的核准追诉决定对侦查机关的影响主要体现为：侦查进展会明显加快。最高人民检察院有权对案件不予追诉。借用民法学上的一个

---

[1] 2016年8月，最高人民检察院发布了第六批指导性案例。该批指导性案例中共包含4个案件，其中2个系核准追诉的案件，2个系不核准追诉的案件。第六批指导性案例为规范已过追诉时效案件的核准追诉制度提供了参考，对涉罪未成年人核准追诉程序的建构具有借鉴意义。

论述，在报请核准期间，核准追诉案件中的侦查活动类似于一种"附生效条件"的行为，最高人民检察院作出核准追诉决定才意味着条件生效，前期的侦查活动有效，案件得以继续进行下去。

在此需要明确的一点是，核准追诉表示的是核准起诉，而非核准立案。[1]如若将核准追诉视为核准立案，不仅于诉讼法理不符，更与司法实践不符。

从诉讼法理上看，立案是侦查、采取强制措施和审查起诉的前置程序。若认为核准追诉就是核准立案，则无法对被追诉人采取强制措施，更遑论进行侦查取证。从司法实践上看，根据《公安规定》第178条的规定，公安机关立案的标准是"认为有犯罪事实需要追究刑事责任，且属于自己管辖的，经县级以上公安机关负责人批准，予以立案"。在涉罪未成年人案件中，一般而言，最先发现的是行为要件和危害结果要件，主体要件往往是最后查明的。而满足行为要件和危害结果要件即可立案，而不必以最高人民检察院的核准追诉决定作为刑事立案的依据。

2. 核准追诉决定对检察机关的影响

我国政治体制属于集中性体制，检察机关也属于集中性检察机关。[2]基于检察一体原则，受理报请的检察机关自然要执行最高人民检察院的核准追诉决定。这也就意味着：一方面，检察机关要将审前的案件材料固定下来；另一方面，要面向审判，积极准备庭审所需的材料。对此，有三点值得明确的内容。

第一，在涉罪未成年人的刑事审判程序中，检察官应当第一时间向法院提供最高人民检察院的核准追诉决定。根据《刑法修正案（十一）》的规定，对涉罪未成年人进行追诉必须取得最高人民检察院的核准追诉决定。这是能将案件诉至法院的前提条件。

第二，社会调查报告的出具。《刑事诉讼法》第279条对公、检、法三机关对未成年被追诉人的成长经历、犯罪原因、监护教育等情况的调查进行了规定。特别是在认罪认罚案件中，出具社会调查报告是检察机关提出缓刑或

---

〔1〕 对于"核准追诉"的性质请参见朱孝清："'核准追诉'若干问题之我见"，载《人民检察》2011年第12期。

〔2〕 龙宗智："检察机关内部机构及功能设置研究"，载《法学家》2018年第1期。

者管制量刑建议的关键内容。现在的问题在于，根据《认罪认罚指导意见》第 36 条的规定，检察机关可以委托社区矫正机构进行调查评估，而 2020 年 7 月生效的《社区矫正法》第 17 条和第 18 条规定，只有包括人民法院、监狱管理机关和公安机关等在内的社区矫正决定机关才有权委托社区矫正机构进行调查评估。因此，在未来，可考虑赋予检察机关委托社区矫正机构进行调查评估的权力，或者赋予检察机关的自行调查评估结果以法律效力。

第三，对犯罪记录的封存。《刑法》第 100 条第 2 款规定了未成年人前科报告制度，同时，《刑事诉讼法》第 286 条也规定了未成年人犯罪封存制度，即对于"犯罪的时候不满十八周岁，被判处五年有期徒刑以下刑罚的，应当对相关犯罪记录予以封存"。考虑到涉罪未成年人的成长，在未来修法时应当考虑以年龄要件作为犯罪记录封存的唯一条件。

3. 核准追诉决定对审判机关的影响

最高人民检察院的核准追诉决定对审判机关的影响主要表现为其将会受理一个刑事案件。2020 年，最高人民法院发布的《关于加强新时代未成年人审判工作的意见》就未成年人刑事案件的审判组织组成、审判队伍建设等内容作出了原则性规定。其宗旨在于切实提高未成年人司法保护的水平和力度。其实，在法院对未成年人刑事案件进行审理时，还需要提高对未成年被追诉人供述的审查能力。特别是要保障未成年被追诉人供述的自愿性。对此，2021 年 2 月最高人民法院发布的《刑诉法解释》第 94 条明确规定，讯问未成年人，其法定代理人或者合适成年人不在场的，其供述不得作为定案的根据。同时，可以考虑赋予涉罪未成年人律师在场权，一方面充分保障涉罪未成年人供述的自愿性和明智性，另一方面为探索律师在场权提供有益经验。

同时，法院在审理一般刑事案件时要注意审查案件的被追诉人是否属于"已满十二周岁不满十四周岁的人"，发挥好审判的把关作用。如若属于，则应延期审理，要求检察机关在取得最高人民检察院的核准追诉决定后再推进诉讼。与强制医疗诉讼案件的审理类似，对于被审理人的精神健康状况和人身危险性的调查，涉及他们的家庭历史、社会背景、成长经历等个人隐私。如果这些个人和家庭的信息资料向社会公开，将会对他们将来的生活、工作造成不良的影响，不利于他们重新回归社会和再社会化。[1] 因此，对于涉罪

---

〔1〕 韩旭："论精神病人强制医疗诉讼程序的构建"，载《中国刑事法杂志》2007 年第 6 期。

未成年人刑事案件的审理应严格遵循不公开审理原则。

对于最高人民检察院核准追诉的案件，人民法院也不是"照单全收"。法院主持的庭审活动具备程序正义的最完整形态，法院对案件的认识和处理是建立在庭审中控辩双方对证据、法律意见的充分讨论和辩驳之上的。[1]因此，在涉罪未成年人案件中，审判机关仍然应当依法独立行使审判权，严格把握降低刑事责任年龄的要件，对于存在事实不清、证据不足情形的，坚决不予定罪。[2]

三、涉罪未成年人核准追诉程序与其他刑事诉讼制度的衔接配合

对涉罪未成年人进行核准追诉并不是一个孤立的程序，而是会同时牵涉与其他刑诉制度的衔接配合。

（一）与认罪认罚从宽制度的衔接

《认罪认罚指导意见》专门就"未成年人认罪认罚案件的办理"进行了专章规定。将对涉罪未成年人的核准追诉与认罪认罚从宽制度结合起来将有助于促使其认罪悔罪，早日回归社会，化解社会矛盾。

在对涉罪未成年人进行核准追诉的案件中适用认罪认罚从宽制度应注意如下几点：

第一，准确把握适用认罪认罚从宽制度的时间点。只有当最高人民检察院决定对案件核准追诉后，才能够适用认罪认罚从宽制度。如若最高人民检察院决定不追诉涉罪未成年人，则会导致侦查期限撤销案件或者是不起诉，在这两种情况下认罪认罚从宽制度都没有适用的空间。

第二，充分保障涉罪未成年人认罪认罚的自愿性和明智性。被追诉人在自愿和明智的基础上认罪认罚是保障认罪认罚案件质量的生命线，办理未成年人刑事案件更是如此。涉罪未成年人因其身心特点，对认罪认罚的后果不可避免地会存在误读。对此，一方面，要加强对涉罪未成年人辩护权的保障，如按照 2021 年《刑诉法解释》第 94 条的规定讯问未成年被告人，其法定代理人或者合适成年人不在场的，其供述不得作为定案的根据。同时还要考虑适当限制未成年被追诉人的自行辩护权。本身未成年人在社会认知方面存在

---

〔1〕 魏晓娜："以审判为中心的刑事诉讼制度改革"，载《法学研究》2015 年第 4 期。
〔2〕 李振林："降低刑事责任年龄规定的理解与适用"，载《青少年犯罪问题》2020 年第 6 期。

一定的不足，如若再允许其进行自行辩护，恐更不利于保障其辩护权。既然要对被追诉人的自行辩护权进行限制，那么就必须提高律师辩护的质量，实现从"有辩护"向"有效辩护"的转型。[1]另一方面，要允许被追诉人对认罪认罚进行反悔，反悔后，在认罪认罚情况下所作的供述均不得作为反对涉罪未成年人的证据。

根据《刑诉法解释》第351条的规定，法院对认罪认罚案件的审理重点在于"审查认罪认罚的自愿性和认罪认罚具结书内容的真实性、合法性"。同时，根据《刑事诉讼法》第174条第2款第2项的规定，未成年犯罪嫌疑人的法定代理人、辩护人对未成年人认罪认罚有异议的，未成年被追诉人不需要签署认罪认罚具结书。因此，在未成年人认罪认罚案件中，司法机关很可能面临尽管移送了认罪认罚具结书，但其上却没有未成年人签字的情况。在此种情况下，法院更应将审理重点放在审查未成年人认罪认罚的自愿性和明智性上。

第三，量刑建议的提出。检察官在对涉罪未成年人适用认罪认罚从宽制度提出量刑建议时要着重考虑两点要素：第一点，量刑建议的提出是以确定刑还是以幅度刑为好？第二点，是否可以提出刑罚执行方式？

在提出确定刑还是幅度刑量刑建议的问题上，《认罪认罚指导意见》第33条确立了以确定刑为主、幅度刑为辅的量刑建议提出原则。对此，在涉罪未成年人认罪认罚案件量刑建议的提出上，应确立以幅度刑为主，确定刑为辅的量刑建议提出原则。原因在于：其一，《认罪认罚指导意见》第33条第2款规定，提出幅度刑主要针对的是"新类型、不常见犯罪案件，量刑情节复杂的重罪案件等"。具体到涉罪未成年人刑事案件上，无疑，其属于"量刑情节复杂的重罪案件"，因此其具有提出幅度刑的制度空间。其二，提出幅度刑量刑建议有助于保障法官自由裁量权的有效行使，从而进一步保障未成年被告人辩护权的发挥。其三，提出幅度刑具有现实可能性。从可适用的罪名上来看，涉罪未成年人适用的罪名仅限于故意杀人罪和故意伤害罪。而根据《刑法》的规定，在不考虑犯罪主体的情况下，这两个罪名的量刑幅度本身较小，故意伤害罪的量刑幅度是"处死刑、无期徒刑或者十年以上有期徒刑"，而故意伤害致人死亡或者以特别残忍手段致人重伤或者严重残疾的量刑幅度

---

[1] 韩旭："自行辩护问题研究"，载《当代法学》2021年第1期。

是"处十年以上有期徒刑、无期徒刑或者死刑"。

至于刑罚执行方式的提出，因涉罪未成年人所涉犯罪行为不满足《刑法》第 72 条缓刑适用条件中"犯罪情节较轻"等要件，因此对于涉罪未成年人一般不得提出缓刑。未成年人实施犯罪行为，在很大程度上宣告了其家庭教育的彻底"破产"以及学校教育的个别失败，也证明了其不能适应正常的学校教育，应当受到特殊的教育。[1]为此，可以考虑探索建立健全未成年人违法犯罪矫治体系。

（二）与特殊不起诉制度的衔接

《刑事诉讼法》第 182 条规定了一种特殊的不起诉方式，即对于犯罪嫌疑人自愿如实供述犯罪事实，有重大立功或者案件涉及国家重大利益的，经最高人民检察院核准，公安机关可以撤销案件，检察机关可以作出不起诉决定，也可以对涉嫌数罪中的一项或者多项不起诉。[2]

从制度运行上看，特殊不起诉制度与涉罪未成年人核准追诉程序存在耦合之处。特殊不起诉决定需要由最高人民检察院作出，对于涉罪未成年人的核准追诉决定最终也由最高人民检察院作出，特别是如若最高人民检察院作出的是不核准追诉的决定，其效果其实与特殊不起诉制度的效果有异曲同工之处。

对此，一方面，在核准追诉涉罪未成年人的同时，可以结合具体案情，判断其有无被特殊不起诉的可能性；另一方面，在对涉罪未成年人核准追诉制度进行完善的同时，可以考虑借鉴第 182 条的规定，尝试建立涉罪未成年人的特殊不起诉制度。

涉罪未成年人的特殊不起诉制度本质上不同于最高人民检察院对涉罪未成年人不核准追诉的决定。首先，前者的特殊不起诉是附条件的，即"有重大立功或者案件涉及国家重大利益的"，而后者的不核准追诉是基于具体的案情考虑。其次，两者的后果不同。特殊不起诉既包括"作出不起诉决定"，也包括"对涉嫌犯罪中的一项或者多项不起诉"，而最高人民检察院的不核准起诉决定的内涵仅包含"作出不起诉决定"。

---

〔1〕　王登辉："降低未成年人刑事责任年龄的基本问题研究"，载《西南政法大学学报》2020 年第 4 期。

〔2〕　关于特殊不起诉制度的详细阐述，参见董坤："认罪认罚从宽中的特殊不起诉"，载《法学研究》2019 年第 6 期。

（三）与辩护制度的衔接

以原、被告和裁决者组合而成的"三方结构"塑造了司法运行的基本原则和法理，亦即正当程序的法律原则。其中的核心要素有两点，即避免偏私和听取意见。[1]如前所述，无论是《核准追诉规定》还是《刑诉规则》中的"核准追诉"规定均未就涉罪未成年人的辩护权保障作出规定，而根据《刑事诉讼法》的规定，特别是第35条第3款的规定，要对可能判处无期徒刑、死刑的被追诉人的辩护权予以特别保障。因此，即使《刑事诉讼法》并未对未成年人的辩护权保障作出明文规定，但考虑到涉罪未成年人的犯罪特征，也应充分保障其辩护权的行使。

1. 律师介入核准追诉程序的时间和方式

涉罪未成年人核准追诉程序中的律师参与，既与普通刑事案件的律师参与存在共通之处，也具有独特之道。

第一，对涉罪未成年人追究刑事责任增加了一道核准追诉的门槛，律师如何参与核准追诉程序成了实现有效辩护的当务之急。从律师介入核准追诉程序的时间上来看，自然应当遵循《刑事诉讼法》第34条的一般原则，即"自被侦查机关第一次讯问或者采取强制措施之日起，有权委托辩护人"。同时，针对被追诉人的未成年人身份，侦查机关也有义务在侦查阶段通知法律援助机构为其指派一名提供辩护服务的律师。

第二，从律师介入核准追诉程序的方式上来看，律师既可依涉罪未成年人的法定代理人的委托，也可依法律援助机构的指派，为被追诉人提供辩护服务。同时，可以考虑落实辩护律师在侦查阶段的调查取证权。[2]如此一来，一方面，律师可以在最短时间内介入案件，全面掌握案情，更好地保障未成年被追诉人的辩护权；另一方面，律师在侦查阶段的调查取证在涉罪未成年人核准追诉要件不符合的情况下，可以及时提出意见，终止程序，最大限度地减少刑事诉讼给未成年人带来的不利影响。

第三，从律师介入核准追诉程序的阶段上来看，有必要保障律师在省级检察机关和最高人民检察院作出是否核准追诉决定前的参与权。为此有必要明确，省级检察院在决定将案件报请最高人民检察院核准追诉前，应当听取

---

〔1〕 龙宗智："司法的逻辑"，载《中国法律评论》2018年第4期。
〔2〕 魏晓娜："审判中心视角下的有效辩护问题"，载《当代法学》2017年第3期。

律师的意见。最高人民检察院在作出核准决定前也应当听取律师的意见。

2. 对律师资格的要求

为涉罪未成年人提供辩护服务的律师应具备一定的资格。在刑事诉讼中，设立辩护制度的重要功能之一是提升辩方的对抗能力，促进控辩平等对抗。[1] 2020 年 10 月发布的《未成年人保护法》第 101 条规定："公安机关、人民检察院、人民法院和司法行政部门应当确定专门机构或者指定专门人员，负责办理涉及未成年人案件。办理涉及未成年人案件的人员应当经过专门培训，熟悉未成年人身心特点。……"第 104 条第 2 款规定："法律援助机构应当指派熟悉未成年人身心特点的律师为未成年人提供法律援助服务。"目的在于通过专业化队伍建设来提高办理未成年人刑事案件人员的素质。同时，还应考虑建立涉及未成年人刑事案件的律师库，从律师库中抽取符合条件的律师担任法律援助律师。

3. 值班律师的作用

在此，有必要进一步着重探讨值班律师在保障涉罪未成年人核准追诉程序中的诉讼权利方面的作用。值班律师制度的建立，实现了刑事法律援助在案件范围上的全覆盖，有助于保障犯罪嫌疑人、被告人获得律师帮助的平等与及时，但是律师辩护的有效性则难以得到充分保障。[2]因此，应将为涉罪未成年人提供法律帮助的值班律师定位为一个"急诊医生"。在辩护律师或者法律援助律师未在场或者未到场的情况下，为未成年被追诉人提供法律咨询等法律服务。

同时要明确，在适用认罪认罚从宽制度的过程中，严禁为涉罪未成年人提供值班律师，见证认罪认罚具结书签署。当下的值班律师"见证人化"，特别是不尽责的现象比较突出。因此，为充分保障涉罪未成年人的辩护权，应从其一开始进入诉讼程序时就告知其有权委托辩护人，如不委托，则由法律援助机构指派合格律师为其辩护。

结　语

最高人民检察院公布的司法大数据和 2018 年《中国法治报告》显示，我

---

〔1〕　左卫民："有效辩护还是有效果辩护？"，载《法学评论》2019 年第 1 期。
〔2〕　熊秋红："审判中心视野下的律师有效辩护"，载《当代法学》2017 年第 6 期。

国未成年人犯罪案件数整体上呈现下降趋势，但是故意杀人、强奸等恶性犯罪呈现低龄化现象，有些少年在 10 周岁至 13 周岁时就开始走上违法犯罪的道路。未成年人犯罪低龄化已经造成了很坏的示范效应，由于未达到刑事责任年龄而逃脱刑事制裁，使得部分低龄未成年人产生了"未成年人犯罪不会坐牢"的侥幸心理。[1]为此，在《刑法修正案（十一）》制定的过程中，针对是否应当降低刑事责任年龄的学术争议引发了热议。的确，一味降低刑事责任年龄、扩大犯罪圈的做法显然是不科学的。立足于打击犯罪和保障人权并重的考虑，《刑法修正案（十一）》作出了由最高人民检察院核准追诉涉罪未成年人的规定。

由最高司法机关统一把关核准追诉涉罪未成年人的标准，有助于准确惩罚犯罪，更好地贯彻《刑事诉讼法》中有关处理未成年被追诉人的精神。但同时也带来了新的挑战，即如何科学设置这一核准追诉程序？尤其是在核准追诉过程中，如何定位省级检察机关的作用？最高人民检察院内部作出核准追诉决定又当遵循何种规则？对上述问题，笔者尝试提出了一些合理做法。

涉罪未成年人核准追诉程序因被追诉人对象的特殊性而带有自身的独特属性，但同时也不应否认其本质上还属于核准追诉的一种类型。在刑法和刑事诉讼法中频频写入"核准"规定的过程中，一种"刑事核准规则"似乎已经隐约出现，如何对这一规则进行阐述、总结、提炼，或许是下一步应当进行的工作。

---

〔1〕 廖清顺："年少轻狂并非犯罪'护身符'——〈中华人民共和国刑法修正案（十一）〉亮点解读"，载《北京日报》2021 年 1 月 6 日。

下　篇

实践篇

第九章

论认罪认罚从宽制度在侦查和
调查阶段的适用

认罪认罚从宽制度设置的目的在于鼓励被追诉人早认罪，从而节约侦查和调查资源，获得有价值的证据或者线索，实现顺利定案的目标。但是从该制度实施后的情况看，审查起诉阶段成了最重要的适用阶段，而侦查或者调查阶段适用率比较低，这与设置该项制度的初衷相悖。我们不禁要思考以下两个问题：一是为什么侦查、调查阶段适用率低？二是如何提高最初阶段的适用率？对上述两个问题的回答可以给我们如下启示：一项制度的顺利实施需要以一定的条件作为支撑；政策性因素会促进或者阻碍制度的实施。

一、认罪认罚从宽制度在侦查调查阶段适用的积极意义

认罪认罚从宽制度在侦查、调查阶段实施至少具有如下三重意义：

（一）被追诉人获得更为宽大的处理

《认罪认罚指导意见》第9条第1款明确提出："从宽幅度的把握。办理认罪认罚案件，应当区别认罪认罚的不同诉讼阶段、对查明案件事实的价值和意义、是否确有悔罪表现，以及罪行严重程度等，综合考量确定从宽的限度和幅度。在刑罚评价上，主动认罪优于被动认罪，早认罪优于晚认罪，彻底认罪优于不彻底认罪，稳定认罪优于不稳定认罪。"显然，"认罪认罚的不同诉讼阶段"和"早认罪优于晚认罪"都是确定从宽幅度需要考量的重要因素。因此，被追诉人在侦查、调查阶段认罪认罚能够获得更为宽大的处理。实践中，通常在侦查、调查阶段认罪认罚可以获得30%的从宽处罚幅度，到

了审查起诉阶段认罪认罚至多只能获得 20% 的从宽幅度。从被追诉人能够获得的最大利益角度考虑，侦查、调查阶段认罪认罚对其更为有利，能够最大限度地节约侦查、调查资源，降低成本，提升效率，从而实现认罪认罚从宽制度设置的初衷。

（二）被害人的合法权益得到及时维护

被害人尽管具有当事人地位，但我国刑事诉讼法整体上却是以被追诉人为中心构建起来的，被害人诉讼权利保障不足的问题比较突出，以致出现了被追诉人权利与被害人权利保障严重失衡的问题。[1] 侦查阶段犯罪嫌疑人认罪认罚往往伴随着赔偿损失、赔礼道歉等意在取得被害方谅解的行为。对此，《认罪认罚指导意见》第 16 条规定："听取意见。办理认罪认罚案件，应当听取被害人及其诉讼代理人的意见，并将犯罪嫌疑人、被告人是否与被害方达成和解协议、调解协议或者赔偿被害方损失，取得被害方谅解，作为从宽处罚的重要考虑因素。……"并且，赔偿损失被视为"认罚"的考量因素。根据《认罪认罚指导意见》第 7 条对"认罚"的把握，"认罚"考察的重点是犯罪嫌疑人、被告人的悔罪态度和悔罪表现，应当结合退赃退赔、赔偿损失、赔礼道歉等因素来考量。为此，犯罪嫌疑人赔偿损失，不仅是从宽的重要考虑因素，也是判断是否"认罚"的外在表现。因此，侦查阶段的认罪认罚有助于使被害人尽早获得赔偿，从而弥补因犯罪行为而遭受的经济损失。

（三）能够尽快查明案件事实

犯罪嫌疑人在侦查阶段认罪认罚，侦查机关侦查取证的压力将大大减轻，司法付出将大大减少，可以提供侦查破案和收集证据的有价值的线索，使证据早日被提取和固定，防止和避免证据的灭失和毁损。尤其是证人证言因距离案发时间较近、证人记忆清晰，从而能够保障证言质量。因犯罪嫌疑人的配合，侦查取证的质量和效率大大提高，有利于侦查机关及时查明案件事实。特别是在涉黑涉恶犯罪、贩卖毒品犯罪案件中，部分被追诉人认罪认罚可以起到分化瓦解作用，获取指控其他同案人的犯罪证据。犯罪嫌疑人自愿认罪认罚后，其在侦查阶段和后续诉讼阶段提出非法证据排除申请的可能性将大大降低，这无疑为尽快查明案件事实提供了便利。犯罪嫌疑人在侦查阶段认罪认罚可以节省进一步证明犯罪、追诉的司法付出。越早促使犯罪嫌疑人认

---

〔1〕 参见韩旭："认罪认罚从宽制度中被害人权利之保障"，载《人民检察》2020 年第 15 期。

罪认罚、悔过自新，证明办案人员的司法专业能力越强，政治效果、社会效果、法律效果越好。[1]

（四）提升审查起诉阶段和审判阶段认罪认罚从宽制度的适用率

侦查和调查是刑事诉讼的前提和基础，如果该阶段认罪认罚从宽制度适用率高，就可为后续诉讼环节认罪认罚从宽制度的适用创造条件。毕竟，在侦查、调查阶段认罪认罚，而到了审查起诉阶段或者审判阶段反悔的是少数。因此，重视侦查、调查阶段的认罪认罚工作可以拉高审查起诉阶段和审判阶段认罪认罚从宽制度的适用率。

二、认罪认罚从宽制度在侦查调查阶段适用的现状

认罪认罚从宽制度目前主要适用于审查起诉和审判阶段，侦查、调查阶段适用率低是不争的事实。据原最高人民检察院副检察长朱孝清在最高人民检察院举办的"认罪认罚从宽制度与国家治理现代化"研讨会上的发言，截至 2020 年 7 月，侦查阶段认罪认罚从宽制度的适用率仅为 28.5%。据笔者进行的一项实证研究结果表明：在 768 个案件中，适用认罪认罚从宽制度的只有 46 件，其中贪污贿赂案件 45 件，职务侵占案件 1 件，认罪认罚从宽制度总体适用率不足 6%。[2]从上述数据我们可以看出，无论是侦查阶段还是监察委员会调查阶段，认罪认罚从宽制度的适用均在低位徘徊。侦查调查阶段适用率低是与设置该项制度节约司法资源、降低办案成本的初衷相悖的。尤其是在《刑事诉讼法》第 120 条和《监察法》第 31 条已对侦查、调查阶段认罪认罚的适用作出原则性规定的情况下，认罪认罚的适用率依然处于低位。

因此，目前认罪认罚从宽制度在侦查阶段的适用呈现出如下的特征：

（一）适用率偏低

有实证研究成果表明，公安机关适用认罪认罚从宽制度的刑事案件比例很低，在有的地区甚至几乎被束之高阁。[3]这也与笔者调研得出的结论相一

---

[1] 参见邱春艳："五问认罪认罚从宽制度，首席大检察官回应社会关切"，载最高人民检察院微信公众号。

[2] 参见韩旭："监察委员会办理职务犯罪案件程序问题研究——以 768 份裁判文书为例"，载《浙江工商大学学报》2020 年第 4 期。

[3] 周新："公安机关办理认罪认罚案件的实证审思——以 G 市、S 市为考察样本"，载《现代法学》2019 年第 5 期。

致。部分侦查人员对于此制度不敢用、不善用，同时部分犯罪嫌疑人也抱有对侦查阶段认罪认罚的效果不信任的心理。由于侦查阶段适用率低，达不到该制度节约司法资源、降低司法成本的目的，也无法体现《认罪认罚指导意见》规定"早认罪优于晚认罪"的制度初衷。

（二）侦查阶段适用认罪认罚的规则不完善

《刑事诉讼法》第120条第2款明确规定："侦查人员在讯问犯罪嫌疑人的时候，应当告知犯罪嫌疑人享有的诉讼权利，如实供述自己罪行可以从宽处理和认罪认罚的法律规定。"之后于2020年9月开始施行的《公安规定》又对侦查阶段适用认罪认罚从宽制度作出了配套规定。但其中却存在如下不足：其一，侦查阶段值班律师权能受限。根据《认罪认罚指导意见》第12条规定的值班律师的职责，值班律师可以对检察机关认定罪名、量刑建议提出意见。而《公安规定》第49条反而没有规定值班律师可以对公安机关认定的罪名提出意见。其二，被追诉人因认罪认罚而被变更强制措施的规定较为机械。《公安规定》第137条第2款规定："犯罪嫌疑人自愿认罪认罚的，应当记录在案，并在提请批准逮捕书中写明有关情况。"在侦查阶段，公安机关本可因被追诉人认罪认罚而自行决定变更强制措施，而《公安规定》却将相关权力转移给检察机关。其三，配套措施不到位。《公安规定》第203条遵循《刑事诉讼法》的规定，明确要求侦查人员讯问犯罪嫌疑人，应当"告知犯罪嫌疑人享有的诉讼权利，如实供述自己罪行可以从宽处理以及认罪认罚的法律规定"。此条可能因缺乏量刑激励而导致实施效果不彰。较为合理的做法是侦查人员告知被追诉人认罪认罚的规定，并向其释明认可罪名和审查起诉阶段检察机关提出的量刑建议可能导致的后果，如适用速裁程序加速案件办理。

（三）侦查阶段认罪认罚的权威性不足

我国的诉讼构造决定了后续的诉讼行为能够监督制约前一阶段的诉讼行为。因此，侦查阶段适用认罪认罚：一方面，侦查人员担心工作不被检察机关所认可，反而会削弱侦查阶段认罪认罚的效力，进而影响公安机关的侦查力度；另一方面，被追诉人担忧自己在侦查阶段认罪认罚不被检察机关和法院所认可，甚至因主动交代罪行而被加重处罚。

三、认罪认罚从宽制度在侦查调查阶段适用率低的原因分析

侦查、调查阶段认罪认罚从宽制度适用率低，既有犯罪嫌疑人自身的原

因，也有与其他政策相抵牾的原因，还有自身管理上的原因。

（一）犯罪嫌疑人心存侥幸

由于侦查、调查阶段证据尚在收集之中，尚未完全固定，一些指控犯罪的关键证据可能还未收集，加之对认罪认罚从宽制度的宣传、动员工作未及时跟进，导致一些犯罪嫌疑人心存侥幸，认为不认罪认罚，办案机关就难以收集到关键证据，因证据不足可能在侦查阶段撤案或者在审查起诉阶段作不起诉处理。一些犯罪嫌疑人希望认罪认罚即能被取保候审，并以此为条件。但是，犯罪嫌疑人可能并不符合取保候审的条件，其要求在办案机关看来属于无理要求，因此导致部分犯罪嫌疑人不是认罪认罚，而是采取对抗到底的态度。目前，尽管最高人民检察院会同公安部共同在看守所播放认罪认罚从宽制度宣传片，在侦查阶段对犯罪嫌疑人进行认罪认罚从宽的宣传教育，取得了较好的效果。但是由于侦查人员对实施认罪认罚从宽制度动力不足、积极性不高，"释法说理"和宣传教育工作整体上仍显不足。这也是侦查、调查阶段认罪认罚从宽制度适用率低的一个重要原因。

（二）该制度与现行的刑事政策存在冲突

认罪认罚从宽制度之所以具有吸引力，关键在于具有"从宽"的功能。然而，该制度与现行的要求"从严"的政策发生了冲突。例如，"扫黑除恶"专项斗争要求对黑恶犯罪"从严""从重"惩罚；又如，在保持反腐败高压态势的政治语境下，要求对职务犯罪案件"从宽"处理显然与"高压态势"不符。笔者到一些公安机关调研发现，上级公安机关对盗窃等六类涉及民生的案件，要求下级公安机关依法从严处理，尤其是在一些重点领域。如在野生动物保护工作中，2020年12月，最高人民法院、最高人民检察院、公安部、司法部联合发布的《关于依法惩治非法野生动物交易犯罪的指导意见》第1条明确提出："依法严厉打击非法猎捕、杀害野生动物的犯罪行为，从源头上防控非法野生动物交易。"基于公安机关打击犯罪的职能定位，加之政策导向的不同，侦查人员对"从宽"较为排斥，而对"从重""从快"则更容易接受。因为"从宽"意味着打击不力，而打击不力是要承担责任的。因此，即便是为了规避责任，侦查人员也会有意无意地拒绝认罪认罚从宽制度的适用。特别是在进行政法队伍整顿的当下，对侦查人员办案的审查重点大多放在从轻减轻的案件上。

（三）侦查调查阶段的"认罚"不明确

根据《认罪认罚指导意见》第 7 条的规定："……'认罚'，在侦查阶段表现为表示愿意接受处罚；在审查起诉阶段表现为接受人民检察院拟作出的起诉或不起诉决定，认可人民检察院的量刑建议，签署认罪认罚具结书；……"通过该规定我们可以看出，侦查阶段的"认罚"具有概括性和模糊性，不像审查起诉阶段那样有较为明确的量刑建议和签署认罪认罚具结书等形式要件。此种"认罚"其实就是"认罪"。"认罚"标准的不明确、不清晰增加了判断的难度，也给适用带来了困难。正是鉴于侦查阶段"认罚"标准不明确和对侦查机关收集证据懈怠的顾虑，在认罪认罚从宽制度"入法"前的试点期间，有部分学者反对侦查阶段搞认罪认罚从宽。理由有四：首先，根据 2018 年《刑事诉讼法》第 108 条第 1 款第（一）项之规定："'侦查'是指公安机关、人民检察院对于刑事案件，依照法律进行的收集证据、查明案情的工作和有关的强制性措施。"可见，侦查阶段开展的工作主要是收集证据、查明案情。根据学界和实务部门的一致观点：不能因为实施认罪认罚从宽制度而降低证明标准。如果在侦查阶段搞认罪认罚从宽，那么侦查人员会不会将精力用于获取有罪口供而忽略甚至放弃证据收集？尤其是在"口供情结"比较浓厚的当下，这一担忧不无道理。其次，根据实践经验，在侦查阶段只存在认罪问题，而不存在认罚问题。认罚建立在量刑建议的基础上，侦查阶段定罪量刑证据尚未被固定，侦查机关不可能提出一个量刑建议让犯罪嫌疑人"认"。再次，无论是认罪还是认罚，都是建立在控辩双方信息对称的基础上，如前所述，侦查阶段有罪的证据尚未被完全固定，律师尚没有阅卷权，对案件处理能提出有价值的实质性意见吗？最后，如果将认罪认罚情况作为是否可能发生社会危险性的考虑因素，很可能导致冤错案件发生，即那些事实上并未实施犯罪的人，为了能够及早摆脱牢狱之灾而违心认罪甚至认罚，这也是我们在实施该项制度时所应该警惕的。[1]正如有学者所指出的：认罪认罚制度的适用应当有严格的诉讼节点限制，只能在审查起诉阶段和审判阶段发挥特定优势，而不能适用于侦查阶段。因为认罪认罚的前提是事实清楚、证据确实充分，侦查机关只有全面侦查取证才能够达此目的，因此侦查阶段的主要任务是取证而不是认罪协商。从保障被追诉人基本人权的角度看，若许可侦查

---

〔1〕 韩旭："2018 年刑诉法中认罪认罚从宽制度"，载《法治研究》2019 年第 1 期。

机关促成犯罪嫌疑人认罪协商，则可能导致侦查人员放弃法定侦查职责，不去收集能够证明犯罪嫌疑人无罪的各种证据，过分依赖获取犯罪嫌疑人的口供定罪，冤枉无辜。基于侦查机关公权力的天然优势、侦查活动的秘密性，侦查机关一旦在办案过程中承担此项职能，很可能会出于减轻办案压力或者其他目的而采取威胁、利诱等方式迫使犯罪嫌疑人选择认罪认罚，进而成为冤假错案的诱因。[1]

如今，虽然我国在立法上规定侦查调查阶段可以适用认罪认罚从宽制度，但是其较低的适用率也印证了学者们当初的顾虑具有某种合理性。就监察委员会调查案件的认罪认罚，《监察法》第31条规定："涉嫌职务犯罪的被调查人主动认罪认罚，有下列情形之一的，监察机关经领导人员集体研究，并报上一级监察机关批准，可以在移送人民检察院时提出从宽处罚的建议：（一）自动投案，真诚悔罪悔过的；（二）积极配合调查工作，如实供述监察机关还未掌握的违法犯罪行为的；（三）积极退赃，减少损失的；（四）具有重大立功表现或者案件涉及国家重大利益等情形的。"可见，监察委员会调查的职务犯罪案件同样适用认罪认罚从宽制度。从文义解释来看，职务犯罪被调查人适用认罪认罚从宽制度比普通犯罪案件更加严格，适用标准更高。除了认罪认罚外，还必须有"自动投案、积极配合、退赃或者具有重大立功表现"等。[2]这就涉及职务犯罪案件的被调查人认罪认罚标准与普通刑事案件是否一致的问题了。亦即对于职务犯罪案件中被调查人的认罪认罚，究竟是适用《监察法》的规定还是适用《刑事诉讼法》的规定？

同时，职务犯罪中的从宽建议还应当报经上一级监察机关决定的规定，一方面可以促使从宽建议更加科学合理，另一方面则会影响监察机关提出从宽建议的积极性。

（四）缺乏相应的指标考评

近年来的实践证明，绩效考核指标犹如一根无形的"指挥棒"，引导甚至控制着办案行为。检察机关对认罪认罚从宽制度之所以有较高的适用率，与各级检察院将其列入考核指标、强力推进不无关系。然而，公安机关、监察机关并未将认罪认罚从宽制度的适用情况纳入考核体系，导致侦查人员、监

---

〔1〕 陈卫东："认罪认罚从宽制度研究"，载《中国法学》2016年第2期。
〔2〕 参见韩旭：《认罪认罚从宽制度研究》，中国政法大学出版社2020年版，第26页。

察人员适用的积极性不高、动力不足。这也是目前侦查、调查阶段适用率低的一个重要原因。

（五）侦查阶段辩护律师的权利受限

根据我国《刑事诉讼法》的规定，侦查阶段辩护律师并无阅卷权，在信息不对称的情况下，辩护律师无法向犯罪嫌疑人提出认罪与否的建议。辩护律师在侦查阶段的调查取证权并不明确。根据 2018 年《刑事诉讼法》第 42 条的规定："辩护人收集的有关犯罪嫌疑人不在犯罪现场、未达到刑事责任年龄、属于依法不负刑事责任的精神病人的证据，应当及时告知公安机关、人民检察院。"这是否意味着对上述"三类证据"辩护律师具有调查取证权？由于律师普遍对《刑法》第 306 条辩护人、诉讼代理人妨害作证罪心有余悸，导致其不愿自行调查取证。可以说，律师在侦查阶段难以有效地向犯罪嫌疑人提供法律帮助。而律师的有效法律帮助是认罪认罚从宽制度顺畅运行的重要保障。在我国的刑事诉讼活动中，律师参与辩护的比例较低。"根据中华全国律师协会的统计，刑事案件被告人律师出庭的辩护率不超过 30%，也就是70%的刑事案件被告人没有律师辩护。"[1]侦查阶段律师参与率更低，在辩护律师参与较少的情况下，犯罪嫌疑人对是否认罪茫然不知所措，认罪认罚从宽制度适用率低自然可以理解。

四、提升认罪认罚从宽制度在侦查调查阶段适用率的建议

侦查、调查阶段认罪认罚从宽制度的适用需要多措并举，统筹考虑。

（一）打破犯罪嫌疑人的侥幸心理并兑现"坦白从宽、抗拒从严"的刑
事政策

针对侦查阶段证据尚未完全收集固定而导致犯罪嫌疑人心存侥幸的现实：一方面，应当加大侦查取证的力度，尤其是对关键实物证据和隐蔽性证据的获取；另一方面，应当加强公诉对侦查的引导，密切警检合作，保持取证方向一致，防止因时过境迁导致的证据灭失或者毁损以及退回补充侦查质量不佳的问题。此外，应当注重兑现"从宽"的承诺。对于在侦查、调查阶段认罪认罚的，不仅可以"实体从宽"，而且可以探索进行"程序从宽"。因认罪认罚而评定为社会危险性较小的，公安机关和监察机关可不予报捕。对于已

---

〔1〕 卞建林等：《新刑事诉讼法实施问题研究》，中国法制出版社 2018 年版，第 46 页。

经被批准逮捕的，在进行羁押必要性审查时，应将认罪认罚作为一项重要的评价指标。

（二）坚持法律优先并保持刑事政策的一致性

鉴于政策之间相互抵牾导致认罪认罚从宽制度在侦查、调查阶段适用率低的问题。首先需要明确法律与政策之间的关系。既然认罪认罚从宽制度系刑事诉讼法的立法内容，属于立法事项，是法律化的政策，其比政策具有更强的稳定性和规范性，那就应坚持法律优先。"讲政治首先就是要讲法治"，"法治是最大的政治"。既然如此，严格执行法律就是讲法治、讲政治的表现。因此，在法律与政策发生冲突时，应严格依法才是正确的选择。同时，应当尽量减少法律与政策之间的冲突。

（三）明确"认罚"就是认同侦查机关和监察机关提出的处罚意见

"认罚"不是概括性的认同接受处罚，而必须有明确的指向。这种明确的指向就是提出量刑意见和刑罚执行方式。一方面，可以提升侦查调查人员的执法能力；另一方面，可以使"从宽"落到实处，给犯罪嫌疑人较为稳定的心理预期。侦查调查机关提出的系量刑意见，而非量刑建议。量刑建议作为求刑权的内容，仍由检察机关所保留。检察机关、人民法院不采纳侦查、调查机关量刑意见的，应当说明理由，以此增强侦查、调查机关量刑意见的效力。同时，应当进一步提升认罪认罚从宽制度的宣传、教育力度。对此，《刑事诉讼法》第120条第2款规定："侦查人员在讯问犯罪嫌疑人的时候，应当告知犯罪嫌疑人享有的诉讼权利，如实供述自己罪行可以从宽处理和认罪认罚的法律规定。"既然是义务性规范，侦查人员便必须严格遵守，对没有履行"告知"义务的，讯问笔录不得作为证据使用。

（四）将认罪认罚从宽制度适用情况纳入绩效考核指标体系

绩效考核对调动办案人员的工作积极性无疑具有重要意义。认罪认罚从宽制度作为一项基本的法律制度，若要得到贯彻落实，也必须纳入目标管理予以考核。公安机关应当像检察机关那样对该项工作实行绩效考核，以此调动办案人员适用该项制度的积极性。只有制度的实施与本人切身利益挂钩，才能产生自发力量，具有内生动力。认罪认罚从宽是宽严相济刑事政策的制度化体现，公安人员、检察人员应切实转变观念，不仅是重打击、重惩罚，也要重保障、重保护，如此才能取得良好的执法效果。

（五）检察机关实质性地提前介入侦查阶段

鉴于检察机关在审前环节的主导责任，为提升侦查阶段认罪认罚从宽制度的适用率，确保最大化释放制度红利，还可采取检察介入侦查的方式。一方面，基于捕诉一体改革，承担公诉职责的检察官亦负责批准逮捕，其在侦查阶段的介入可以实质性地提高公安机关办理认罪认罚案件的积极性；另一方面，如若检察官介入侦查，被追诉人在侦查阶段面对检察官认罪认罚的动力更足。

五、被追诉人侦查调查阶段认罪认罚的保障措施

"一般来说，没有法律知识的人受到犯罪嫌疑时，即使有辩护权，而事实上想要充分行使这种权利是困难的，因此，有必要保障其委托辩护人辩护的权利。"[1]在我国，这个问题也较为突出。一方面，高羁押率导致大部分被追诉人人身受限；另一方面，低委托辩护率导致有效辩护效果不佳。随着认罪认罚从宽制度的推进，控辩失衡日渐明显。侦查阶段是刑事程序的初始，在此阶段有必要进一步加强被追诉人的辩护权（法律帮助权），提高认罪认罚的适用，保障认罪认罚的自愿和明智。因此，为尽可能实现辩护和法律帮助的有效化，侦查阶段认罪认罚的辩护权和法律帮助权行使要围绕如下几点展开：

（一）确立侦查阶段讯问律师在场权

律师介入侦查程序，使得被指控人在有罪证据确立的关键阶段获得一种法律帮助，这种帮助既包括对其所享有的法律权利的介绍，也包括给予其一定的心理支撑，还可以得到律师通过调查取得的有利于被指控人的材料的支持。其有利于被指控人的意义是不可低估的。[2]尽管《刑事诉讼法》第34条规定犯罪嫌疑人有权自被侦查机关第一次讯问或者采取强制措施之日起委托辩护人，但鉴于认罪认罚案件的特殊性，理应探索侦查阶段讯问律师在场权。原因在于：其一，被追诉人认罪认罚的自愿性和明智性是认罪认罚从宽制度准确适用的关键。在侦查阶段，被追诉人囿于被限制人身自由等原因，本身就面临控辩失衡的困境，如不赋予律师在场权，恐无助于自愿性和明智性的

---

〔1〕 ［日］村井敏邦："日本的刑事辩护问题"，刘明祥译，载王丽、李贵方主编：《走有中国特色的律师之路》，法律出版社1997年版，第90页。

〔2〕 熊秋红：《刑事辩护论》，法律出版社1998年版，第213页。

实现。其二，律师在场能够起到监督侦查机关依法办案的作用。对此不再赘述。其三，符合"完善律师制度"的精神。2019年10月党的十九届四中全会通过的《中共中央关于坚持和完善中国特色社会主义制度推进国家治理体系和治理能力现代化若干重大问题的决定》明确指出，要"深化司法体制综合配套改革，完善审判制度、检察制度，全面落实司法责任制，完善律师制度，加强对司法活动的监督，确保司法公正高效权威，努力让人民群众在每一个司法案件中感受到公平正义"。在认罪认罚案件的侦查阶段确立律师在场权符合前述要求。

当然，律师在场权的实现也不是一步到位的。尝试在认罪认罚案件中对其进行探索应注意如下几点：其一，如若被追诉人事先对认罪认罚从宽制度知情，并在第一次接受讯问时主动提出适用该制度，侦查人员应立即安排值班律师到场见证。其二，如若被追诉人在第一次接受讯问时，经过侦查机关的释明并认可认罪认罚从宽制度的适用，侦查人员应立即停止讯问，待值班律师到场后方可继续进行。其三，在被追诉人提出适用认罪认罚从宽制度之后，到值班律师到位之前，被追诉人所作有罪供述在后续诉讼过程中不得被作为反对被追诉人的证据材料。其四，被追诉人有权拒绝被指派到场的值班律师并可要求更换。

（二）建立健全值班律师活动记录随案移送制度

《法律援助值班律师工作办法》第28条第1款规定："值班律师提供法律咨询、查阅案卷材料、会见犯罪嫌疑人或者被告人、提出书面意见等法律帮助活动的相关情况应当记录在案，并随案移送。"此条即为值班律师活动记录随案移送制度的确立。该制度在实施过程中应注意如下诸点：

第一，值班律师对认罪认罚案件发表的书面意见是"应当"移送，而非"可以"移送。承担这一职责的包括公安机关和检察机关。侦查阶段的贯彻，有助于审查起诉阶段提出准确的量刑建议；审查起诉阶段的贯彻，有助于审判阶段准确定罪量刑。

第二，随案移送的范围不仅包括值班律师对于案件发表的书面意见，还包括提供法律咨询、查阅案卷材料、会见被追诉人等。书面意见的移送有助于为检察官和法官办理案件提供实质性的辅助。对于后者的移送能够在一定程度上督促值班律师认真履职，也有助于检察官和法官从形式上判断被追诉人认罪认罚的自愿性和明智性。

第三，建立对值班律师意见的反馈机制。目前的随案移送规定还只是一个单向度的程序，在未来可以考虑设置一个双向互动的机制，即由公安机关或者检察机关、法院对值班律师的意见进行反馈。如此一来，一方面体现了对值班律师法律帮助权的尊重；另一方面能够提升法律帮助的效果。

第四，对于值班律师活动的记录应有一定的限度，不能应记尽记。值班律师不是辩护人，其只能被定位为法律帮助者，其提供法律帮助的权能较辩护人的辩护权能颇为有限。对履职情况进行全面记录既不科学也不可行。

（三）确立侦查人员听取值班律师意见制度

根据《公安规定》第50条的规定，辩护律师向公安机关了解案件有关情况的，公安机关应当依法将犯罪嫌疑人涉嫌的罪名以及当时已查明的该罪的主要事实等案件有关情况告知辩护律师。该条规定有两处值得注意的地方：其一，公安机关应当将已经查明的主要事实向辩护律师进行披露；其二，公安机关披露的前提是由于辩护律师主动向其了解。换言之，该条规定其实暗含了辩护律师与公安机关的互动。

具体到认罪认罚案件中，值班律师理应享有与辩护律师相同的权利，在主动向公安机关了解案情的情况下，公安机关应当将已查明的主要事实向其进行披露。原因在于：其一，值班律师提供的法律帮助服务中包括"对案件处理提出意见"。如若允许公安机关拒绝值班律师的申请，值班律师何谈对案件处理提出意见？何谈实现有效法律帮助？其二，公安机关在侦查阶段向值班律师披露已查明的案件事实，其实类似于审查起诉阶段的证据开示。侦查阶段就查明的主要犯罪事实进行披露，有助于被追诉人尽早认罪认罚。其三，侦查人员向值班律师披露已查明的犯罪事实亦可提高侦查工作的效果。值班律师介入侦查阶段，其角色可以被定位为监督者，特别是监督公安机关的办案活动。

值班律师如若知悉了被追诉人的主要犯罪事实，是否有权披露给被追诉人？对此，答案是肯定的。原因在于：其一，公安机关披露的是已查明的犯罪事实，经过值班律师传递给被追诉人，依然是已查明的犯罪事实，被篡改的风险较小。其二，公安机关都可以向有委托关系的辩护律师披露已查明的主要犯罪事实，而不用担心证据被销毁或者隐匿。值班律师与被追诉人之间不存在委托关系，两者的关联性更小，已查明的犯罪主要事实被篡改的概率自然也更低。其三，由值班律师向被追诉人适度披露已查明的犯罪主要事实，可以打消被追诉人的侥幸心理，促使其认罪认罚。

（四）侦查阶段认罪认罚案件的辩护要点

律师在侦查阶段的辩护应当以程序辩护为主，实体辩护为辅。因为从总体上讲，律师在侦查阶段开展实体辩护的条件、时机还不具备：一是侦查机关也只是认为某人涉嫌犯罪，为此展开调查、收集证据；二是侦查终结的结果有两种，即使是向检察机关移送审查起诉的案件，在法律上也不是确定嫌疑人犯罪成立，更不可能涉及量刑问题；三是基于侦查活动的特殊性，律师还不能查阅案卷材料，无法充分掌握案件事实和证据材料。因此，律师在侦查阶段的辩护重点不是实体问题，而是程序问题。[1]因此，即使在侦查阶段适用认罪认罚，其辩护工作也依然应当围绕程序性辩护展开。同时，基于认罪认罚案件的特殊性，侦查阶段的程序性辩护还需做到：首先，以认罪认罚为辩护要点，申请变更对人的强制措施。《公安规定》第137条第2款规定被追诉人自愿认罪认罚的，公安机关要将相关情况在提请批准逮捕书中写明。因此，在被追诉人认罪认罚的情况下，在侦查阶段可以申请将逮捕变更为取保候审或者监视居住。其次，以认罪认罚为辩护要点，申请变更对物的强制措施。公安机关对于在侦查活动中发现的可以用以证明犯罪嫌疑人有罪或者无罪的各种财物、文件，应当查封、扣押。通过被追诉人自愿认罪认罚，将使案件中的有罪证据与无罪证据、罪重证据与罪轻证据的界限更加清晰，辩护人就涉案财产的处理进行辩护将更加普遍。最后，虽然被追诉人在侦查阶段已认罪认罚，辩护人依然应尽力查明案情，根据案件的事实和证据选择辩护策略。

（五）调查阶段认罪认罚的保障措施

虽然留置期间不允许律师介入，但与其他刑事案件相比，在职务犯罪案件中，被调查人的自愿性和明智性更容易实现。问题的关键是：如何保障在被调查人主动提出适用该制度，并符合适用条件的情况下，监察机关根据《监察法》第31条的规定，提出从宽处罚的建议？

第一，应当明确在监察机关经集体研究决定不提出从宽处罚建议时，被调查人享有复议和复核的权利，其有权申请作出决定的监察机关进行复议，

---

〔1〕顾永忠："审时度势 应势而辩——不同诉讼阶段的辩护思路、重点及目标"，载《中国律师》2017年第9期。

或者直接向上一级检察机关提出复核申请。

第二，在上一级监察机关不批准下一级监察机关提出的从宽处罚建议时，被调查人有向作出决定的监察机关申请复议的权利。

第三，在案件被由监察机关移送至检察机关审查起诉期间，如若被追诉人在被调查期间提出的从宽处罚建议未被批准，其在审查起诉期间依然有权提出适用认罪认罚从宽制度。符合认罪认罚条件的，量刑建议的幅度追溯至监察调查阶段，等同于侦查阶段认罪认罚。

第十章

认罪认罚从宽案件中的
"骑墙式辩护" 问题

所谓"骑墙式辩护"是指辩护人与被追诉人、其他辩护人辩护意见发生冲突或者在此前已经签署认罪认罚具结书的情况下仍作无罪或者罪轻辩护。由于认罪认罚从宽制度实施时间不久，目前我国尚未对"骑墙式辩护"进行规制。该种辩护是否被允许，如果允许在何种限度范围内允许等均需予以讨论。从笔者调研的情况来看，检察官、法官对"骑墙式辩护"持否定态度。其最主要理由有二：一是认罪认罚从宽案件以效率为导向，"骑墙式辩护"不符合效率原则的要求；二是"骑墙式辩护"自相矛盾，辩护力量之间相互抵消，会使控诉和裁判失去重心，导致控辩双方争议焦点不集中。而作为辩护人的律师则坚称可以进行"骑墙式辩护"，因为他们有独立的辩护地位，可以根据证据和法律作出自己独立的判断。对上述纷争，笔者拟从"骑墙式辩护"的表现形态、缘起、该类辩护方式的利弊、处理的原则和未来的发展方向等五个方面进行分析论证，以期解决当前困扰司法实务的现实问题，也为我国认罪认罚从宽制度下的辩护理论发展寻找出路。

一、"骑墙式辩护"的形态及其特点

笔者拟讨论的"骑墙式辩护"，既包括辩护人在定罪程序审判中作无罪辩护的情形，也包括在随后的量刑程序审判中作量刑辩护的情形，也包括被追诉人认罪认罚，辩护人作无罪、量刑辩护或者被追诉人不认罪认罚，辩护人却径自发表认罪认罚意见的情形，还包括被追诉人的两个辩护人一个认罪认罚，另一个作无罪或者量刑辩护的情形。"骑墙式辩护"在认罪认罚从宽案件中表现得最为鲜明，主要有以下三种形态：

（一）同一辩护人辩护意见的前后冲突

随着我国诉讼制度的改革，定罪程序与量刑程序适度分离，由此可能导致辩护人在定罪程序中的辩护意见与量刑程序中的意见并未保持前后一致。最典型的是，辩护人在定罪程序审理中作无罪辩护，紧接着又在量刑程序审理中作量刑辩护。从逻辑上讲，无罪与量刑是相互排斥的，二者只能存在其一。两种逻辑上存在矛盾的辩护意见只能使辩护力量相互抵消、有效辩护难以实现。但是，为了配合量刑程序改革的需要，更为了保障律师的辩护权利，制度上似乎认可了该种辩护方式。2015 年"两高三部"《关于依法保障律师执业权利的规定》第 35 条规定："辩护律师作无罪辩护的，可以当庭就量刑问题发表辩护意见，也可以庭后提交量刑辩护意见。" 2020 年"两高三部"《关于规范量刑程序若干问题的意见》第 15 条第 3 款规定："……被告人及其辩护人参加量刑问题的调查的，不影响作无罪辩解或者辩护。"

（二）同一辩护阵营内部的辩护冲突

被追诉人与辩护人同属辩护阵营，理应辩护思路统一，诉讼立场一致。但是，被追诉人利益最大化的考量和意见的分歧导致被追诉人与其辩护人或者两个辩护人之间辩护意见存在分歧乃至对立。最典型的是被追诉人认罪认罚，辩护人却作无罪或者罪轻辩护；两个辩护人中的其中一个辩护人在场见证并在认罪认罚具结书上签字，另一个作无罪或者罪轻辩护。其核心是辩护阵营内部的分裂，具有相互攻击之势。

（三）同一辩护人的前后行为冲突

该种冲突表现为辩护人一方面在认罪认罚具结书上签字，另一方面在后续的辩护活动中作无罪或者罪轻辩护。实质上是同一辩护人在不同的时空下意见的分歧。这种辩护形态往往给司法机关以口实，认为辩护人"出尔反尔"，因此难以取得理想的辩护效果。其实，这涉及在认罪认罚具结书上签字的辩护人身份问题，以及在签字之前控辩双方是否进行量刑协商的诉讼行为问题。

"骑墙式辩护"具有以下五个方面特点：一是"骑墙式辩护"的主体是辩护人，而非犯罪嫌疑人或者被告人；二是表现形式为"辩护冲突"，既可能是辩护人与被追诉人之间的冲突，也可能是该辩护人与其他辩护人之间的冲突，还可以表现为同一辩护人前后意见的冲突；三是利益均沾，"骑墙式辩护"

系"脚踏两只船"，既可能获得缓刑判决，也可能为无罪判决一搏，进而实现利益的最大化；四是"骑墙式辩护"并非表明辩护阵营内部意见的不一致，更多的是一种辩护策略；五是具有较大的辩护风险，辩护人一旦选择此种辩护方式，无论何方作出的无罪辩护意见均会显得苍白无力，辩护人也将面临因不尽职尽责或者违背被追诉人意志而被解除委托的风险。

前一种形态的"骑墙式辩护"在认罪认罚从宽制度实施之前即已存在，后两种辩护形态是随着认罪认罚从宽制度实施而日益暴露出来的。因第一种形态的"骑墙式辩护"已为制度所认可，目前我们需要更多关注的是后两种形态的"骑墙式辩护"问题。对于后两种形态的辩护，法律、司法解释和规范性文件并未作出规定，实践中各地认识不一、做法不一。例如，被追诉人认罪认罚，辩护人能否作无罪或者量刑辩护的问题；两个辩护人能否一个配合被追诉人签署《认罪认罚具结书》、另一个作无罪或者量刑辩护的问题。从法理上讲，辩护权属于权利范畴，根据"法不禁止皆自由"的一般法理，司法机关似应容忍"骑墙式辩护"。但是，从辩护权行使的内在逻辑来看，又似有违辩护立场协调统一、辩护观点鲜明、辩护阵营坚固有力、以被追诉人为中心的辩护规则。

二、"骑墙式辩护"的缘起

"骑墙式辩护"是伴随着认罪认罚从宽制度实施而逐渐为人们所认识的一种辩护现象。分析其产生原因，大概有以下三点：

（一）基于辩护策略的考量

刑事案件中无罪判决率极低已是不争的事实。最高人民法院历年工作报告显示：2018 年对过去五年全国法院的工作进行总结，共对 2943 名公诉案件被告人和 1931 名自诉案件被告人依法宣告无罪；2018 年依法宣告 517 名公诉案件被告人和 302 名自诉案件被告人无罪。2019 年依法宣告 637 名公诉案件被告人和 751 名自诉案件被告人无罪。[1]据估算，我国的无罪判决率大约是 0.03% ~ 0.05%，几乎可以忽略不计，有些法院多年来甚至没有一件无罪案件。面对无罪判决极低的现实，辩护人"明知不可为"，于是"退而求其次"，让被追诉人认罪认罚，使其具备宣告缓刑的条件。在求得无罪判决不能的情

---

〔1〕　参见周强院长代表最高人民法院 2018 年、2019 年、2020 年所作的工作报告。

况下，将缓刑判决作为"兜底保障"变成了一种比较理性而务实的辩护策略。辩护人们会想：放手一搏，也许可以"博"得个无罪判决，即使不能，还有被追诉人认罪认罚从宽的缓刑判决触手可及，未何不去使用呢？这是当前"骑墙式辩护"兴起的最重要原因。

（二）辩护人遭遇认罪认罚从宽制度后的无奈选择和投机心理并存

不可否认，认罪认罚从宽制度下辩护空间被限缩，因为被追诉人已经认罪认罚，且罪名和从宽幅度都写在具结书上，被追诉人聘请律师和自行辩护的动力大大减弱。加之认罪认罚从宽制度具有一种压迫性的力量，在制度上被设计为"权力型"或者"压制型"的结构，被追诉人心悦诚服真正认罪的案件比例较低，很多被追诉人是在迫不得已的情况下认罪认罚，其内心仍然认为自己无罪或者欲追求一个无罪判决的人大有人在。〔1〕尽管认罪认罚从宽制度已为我国立法确立并得以实施，但是辩护制度仍维持不变，出现了认罪认罚从宽制度与辩护制度不相协调的问题。加之辩护人在认罪认罚具结书上签字时的身份地位不明确，实践中大多将其作为"见证人"对待，并且学界对我国辩护人"独立辩护"的限度问题在认识上也存在分歧。〔2〕一方面，认罪认罚从宽制度正在大力推进实施；另一方面，加强被追诉人辩护权保障成了当前新一轮司法改革的主题。在两者均需兼顾的情况下，"骑墙式辩护"也就应运而生了。认罪认罚从宽制度实施后，少数被追诉人"钻法律空子"，利用制度的不完善，一方面"假意"认罪认罚，并安排辩护人"见证"认罪认罚具结书的签署，另一方面安排另一位辩护人作无罪或者量刑辩护。后者明显带有投机性。

（三）"辩护协商"不充分或者未展开

由于被追诉人并不享有阅卷权，且辩护律师核实证据不充分，导致被追诉人与辩护律师之间在指控证据的知悉方面具有不对称性。〔3〕加之被追诉人大多并非法律专门人士，对法律的知晓和理解与律师相比不可同日而语。由

---

〔1〕 参见龙宗智："完善认罪认罚从宽制度的关键是控辩平衡"，载《环球法律评论》2020 年第 2 期；孙长永："认罪认罚从宽制度实施中的五个矛盾及其化解"，载《政治与法律》2021 年第 1 期。

〔2〕 关于律师独立辩护问题，参见韩旭："被告人与律师之间的辩护冲突及其解决机制"，载《法学研究》2010 年第 6 期。

〔3〕 关于辩护律师核实证据的范围和方式，参见韩旭："辩护律师核实证据问题研究"，载《法学家》2016 年第 2 期。

此导致双方对证据的判断和法律的理解存在分歧，在"辩护协商"尚未成为辩护常态的情况下，二者意见不一乃正常现象。被追诉人毕竟是案件的当事人，与诉讼结果有直接的利害关系。而辩护人作为法律方面的专家参与诉讼，维护被追诉人的合法权益。虽然同属辩护同盟，但却没有当事人的"感同身受"，于是就出现了"自说自话"的辩护格局。看来，尽快建立证据开示制度，保障被追诉人的知情权乃当务之急。实践中，"骑墙式辩护"可能是双方协商的结果，类似于"演双簧"。但这毕竟是少数，更普遍的是辩护人或者值班律师在未与被追诉人进行"辩护协商"的情况下，即在《认罪认罚具结书》上签字。在笔者看来，此时的所谓"法律帮助"主要是帮助检察官而非犯罪嫌疑人、被告人。

（四）独立辩护理论和制度

被追诉人的意见与辩护人的意见相左在很大程度上与我国的独立辩护理论有关。[1]据笔者调研，一些律师强调因为自己有独立的辩护权，所以可以与被追诉人的自行辩护意见不一致。我国学者大多持该种观点，认为"意见独立原则同样适用于认罪认罚案件辩护。辩护人在认罪认罚等问题上提出不同意见，不仅不会侵犯被追诉人自主认罪认罚的权利，还更加有利于实现认罪认罚案件的有效辩护"。[2]我国虽然要求辩护人在尊重当事人意见基础上进行辩护，但是仍然认可辩护人在不损害被追诉人利益的情况下进行独立辩护。例如，中华全国律师协会颁布的《律师办理刑事案件规范》第5条规定："律师担任辩护人，应当依法独立履行辩护职责。辩护人的责任是根据事实和法律，提出犯罪嫌疑人、被告人无罪、罪轻或者减轻、免除其刑事责任的材料和意见，维护犯罪嫌疑人、被告人的诉讼权利和其他合法权益。律师在辩护活动中，应当在法律和事实的基础上尊重当事人意见，按照有利于当事人的原则开展工作，不得违背当事人的意愿提出不利于当事人的辩护意见。"在大陆法系国家，"辩护人不是被告人在法庭上的代言人或法定代理人——因此其发言通常不代表被告人的意思——而是一个独立角色，即以其言行为被告人提

---

〔1〕　相关内容参见韩旭："被告人与律师之间的辩护冲突及其解决机制"，载《法学研究》2010年第6期。

〔2〕　闫召华："辩护冲突中的意见独立原则：以认罪认罚案件为中心"，载《法学家》2020年第5期。

供法律帮助的人"。[1]正是受这种"独立辩护理论"的影响，才会出现被追诉人认罪认罚，辩护人作无罪或者量刑辩护的"骑墙式辩护"现象。

三、"骑墙式辩护"的利弊分析

"骑墙式辩护"的运用有利有弊，只有充分认识到其弊害，才能慎重使用、适度使用。

（一）"骑墙式辩护"的优势

其优势有四：一是有利于认罪认罚案件中辩护权的充分保障。刑事诉讼法并未因为认罪认罚从宽制度实施而改变辩护人的职责和作用。《刑事诉讼法》第 37 条规定："辩护人的责任是根据事实和法律，提出犯罪嫌疑人、被告人无罪、罪轻或者减轻、免除其刑事责任的材料和意见，维护犯罪嫌疑人、被告人的诉讼权利和其他合法权益。"因此，即便辩护人在认罪认罚具结书上签了字也并不影响其在后续诉讼活动中作无罪或者罪轻辩护。"骑墙式辩护"为辩护人提供了一个较为宽容的辩护空间。我国《宪法》第 130 条规定："人民法院审理案件，除法律规定的特殊情况外，一律公开进行。被告人有权获得辩护。"辩护权，乃被追诉人的宪法性权利，不应因认罪认罚从宽制度的实施而被克减。二是被追诉人利益得到最大限度的维护。"骑墙式辩护"符合"两利相权取其重"的理性人、经济人假设。被追诉人通过"骑墙式辩护"既有可能获得无罪判决，也有可能获得缓刑的"从宽"判决。试想，如果被追诉人放弃无罪辩护，那么其获得无罪判决的机会将极小。尽管"骑墙式辩护"带有投机的成分，但是其能最大限度地维护被追诉人的合法权益，并因此而在辩护中得到了较广泛运用。三是可以避免冤假错案发生。随着我国犯罪结构的变化和认罪认罚案件比例的提升，未来轻罪案件中冤假错案的防范应引起重视。[2]在危险驾驶类案件中，被追诉人替人顶罪的现象较为常见，如果辩护人发现被追诉人并未实施危险驾驶行为，并非真正的加害人，难道其仍要维护虚假的认罪认罚行为吗？此时，辩护人进行无罪辩护，有利于防止冤假错案发生，实现司法正义。正如最高人民法院原常务副院长沈德咏所

---

〔1〕 ［德］托马斯·魏根特：《德国刑事程序法原理》，江溯等译，中国法制出版社 2021 年版，第 87 页。

〔2〕 参见王迎龙："认罪认罚从宽制度下轻罪冤假错案的防范"，载《人民法院报》2019 年 2 月 14 日。

言："从确保所有刑事案件审判的公正性、合理性、裁判可接受性而言，辩护律师都是法庭最可信赖和应当依靠的力量。"[1]四是辩护观点具有多元性和全面性，不同观点的展示可以为司法机关提供多角度的审视思路。即使无罪意见未被采纳，证据中的问题也能得到揭示。"求其上者得其中"，被追诉人可能获得更大幅度的"从宽"处理。五是"骑墙式辩护"具有利益均沾的优势。作为一种不为法律所禁止的辩护策略，其既关注了我国司法现实，也对律师自身处境有深深的体悟，在一定程度上获得了当事人及其家属的认同。

（二）"骑墙式辩护"的局限

"骑墙式辩护"虽有诸多上述优势，但仍存在不可回避的局限性。这种局限性主要体现在四个方面：一是辩护力量相互抵消。在辩护阵营内部，一个说有罪，一个说无罪，导致辩护力量相互抵消，辩护效果不彰，无罪辩护很难获得成功。量刑辩护削弱了无罪辩护的力量。法官会认为辩护方对被追诉人是否有罪本身就"拿不准"，辩护观点自相矛盾、前后不一。如此一来，尽管制度上认可辩护人在定罪程序和量刑程序中可以发表不同的观点，但是一旦在量刑程序中提出量刑意见，之前的无罪辩护意见可能便会"前功尽弃"。辩护人在定罪审理阶段发表无罪辩护意见尽管不影响其在后续的量刑审理程序中就量刑问题进行辩护，但是量刑辩护意见的提出必然会使其此前发表的无罪辩护意见功效大打折扣。二是模糊控辩争议焦点。辩护方有罪与无罪意见并存的局面导致公诉方的指控意见究竟是被认可还是被否定处于不确定状态。对争点的裁判乃审判职能之所在，法院具有定分止争的功能。由于"骑墙式辩护"的存在，法院通过审判对争议问题进行处置的功能会被弱化，同时也增加了裁判文书说理的困难。三是降低诉讼效率。由于允许辩护方作无罪或者罪轻辩护，诉讼效率尤其是庭审效率将大大降低，认罪认罚案件所追求的效率价值将会落空。这也是为法官、检察官普遍反对的原因。庭审中，当被告人认罪认罚而其辩护人作无罪辩护时，审判长通常会问被告人是否同意辩护人的意见，很多被告人支支吾吾，语焉不详，陷入尴尬境地。四是在辩护人参与量刑协商，且认罪认罚具结书上的量刑建议是控辩合意结果的情况下，如果在后续诉讼活动中辩护人仍作无罪或者罪轻辩护，不仅协商行为无意义，空耗了司法资源，而且辩护人还具有出尔反尔、违反契约精神的嫌

---

〔1〕　沈德咏："我们应当如何防范冤假错案"，载《人民法院报》2013年5月6日。

疑。两位同为律师的辩护人意见截然对立，差别如此之大，给人以辩护阵营"内讧"的感觉，也不利于法律职业共同体的建设。在辩护活动中，被告人与其辩护人共同构成辩护阵营，通过辩护活动的开展共同防御控诉方的指控，削弱控诉的力量，从而说服法官接受其辩护意见。要想增强辩护力量，辩方必须观点明确、焦点集中、不违反基本的逻辑思维规律。四是因丧失信任关系，辩护人可能被解除委托关系。当事人与辩护人之间的信任关系是有效辩护的前提。当辩护人发表的意见与当事人不一致时，当事人可能会认为辩护人未尽职尽责，由此导致双方之间的信任关系不复存在。此时，当事人解除与辩护人的委托关系的风险极高。律师和当事人之间的信赖关系是对抗制和有效的律师帮助的基础，对这种信赖关系的忠诚是"我们职业的光荣"。只有当事人愿意将那些可能牵连自己或使自己陷入困境的事实告知律师，并相信律师能为自己保密，律师才能为其提供最有效的帮助。那些认为律师值得信赖的当事人也更容易接受律师的建议作出正确的选择。[1]被告人与辩护人、同一被告人的两个辩护人都是辩护共同体或统一体，对外均代表辩方，发出的都是辩护的声音。如果"各说各话"，一个说"无罪"，另一个说"有罪"，不但缺乏统一的辩护焦点或者辩护核心，而且会因自乱阵脚而造成逻辑上的混乱。[2]

四、处理"骑墙式辩护"的原则

作为认罪认罚从宽制度实施中日益显现的一种新的辩护现象，我们对"骑墙式辩护"应当给予足够重视，并以下述五项原则为指导，正确对待"骑墙式辩护"问题。

(一) 辩护权保障原则

既然立法上并未基于认罪认罚从宽制度的确立而克减被追诉人的辩护权，那么在法律作出修改之前，我们便没有理由减少对被追诉人辩护权的保障。正如前述，"骑墙式辩护"有利于对辩护权的充分保障，那就没有必要"一刀切"地"一棍子打死"，要看到其所具有的优势。当前，一是需要明确在认罪认罚具结书上签字的辩护人的地位和功能。在笔者看来，辩护人仅是见证人，

---

〔1〕 参见 [美] 蒙罗·H. 弗里德曼、阿贝·史密斯：《律师职业道德的底线》（第 3 版），王卫东译，北京大学出版社 2009 年版，第 135 页。

〔2〕 参见韩旭："被告人与律师之间的辩护冲突及其解决机制"，载《法学研究》2010 年第 6 期。

而非意味着同意被追诉人认罪认罚。既然如此，辩护人即便签署了认罪认罚具结书，也并不构成对其后续辩护活动的限制。二是需要弄清楚被追诉人与辩护人之间的关系。也就是在被追诉人"认罪"的情况下，辩护人能否作无罪辩护。这就有必要分析被追诉人"认罪"与辩护人辩护之间的关系了。其一，认罪认罚从宽系被追诉人的权利，该权利的行使并不会对辩护权形成限制。辩护人仍可根据证据情况和法律提出辩护意见，包括无罪的辩护意见。"在认罪认罚问题上，辩护律师任何时候都无权代替当事人作出认罪认罚的决定，他（她）永远只是建议者、咨询者、协助者，而不是决定者。"[1]其二，辩护并非代理，辩护人具有"相对独立"的诉讼地位，并非完全依附于被追诉人，可以提出相对独立的辩护意见。[2]其三，即便辩护律师在认罪认罚具结书上签字，也并不等于其认可被追诉人有罪。其签字仅是对在被追诉人签署认罪认罚具结书时没有被强迫、威胁、利诱等违法行为发生的形式性见证。在辩护人事前与被追诉人没有进行"辩护协商"的情况下，被追诉人"认罪"并非辩护人的真实意旨。其四，作为法律外行人士的被追诉人因法律认识错误在罪与非罪问题上常存在认知错误，有的是故意"顶包"，"代人受过"，例如适用认罪认罚从宽制度比例最高的危险驾驶案件中的"顶包"现象较为突出。为了防范司法冤错，辩护人提出无罪辩护意见有助于防范冤错案件发生。其五，刑事诉讼是一个动态的发展过程，值班律师或者辩护律师在认罪认罚具结书上签字，对后续的其他辩护人并无约束力，其他辩护人仍可依据证据和法律独立作出无罪辩护。也许一开始是值班律师认可被追诉人认罪认罚并在认罪认罚具结书上的签字，但是后来被追诉人或其家属委托了辩护律师，辩护律师对值班律师的诉讼行为不予认可。其六，从辩诉交易制度比较发达的美国的情况来看，被追诉人在同意检察官提出的量刑建议时能否作无罪辩解是存在争议的。美国联邦最高法院认为，被告人为了避免更重的刑罚和刑事庭审的进行，同意检察官的指控，亦即作出有罪答辩时，仍可作无罪辩解。[3]既然被追诉人可以作无罪辩解，辩护人当然也可以作无罪辩护。

---

〔1〕　韩旭："辩护律师在认罪认罚从宽制度中的有效参与"，载《南都学坛（南阳师范学院人文社会科学学报）》2016年第6期。

〔2〕　参见韩旭："被告人与律师之间的辩护冲突及其解决机制"，载《法学研究》2010年第6期。

〔3〕　参见［美］斯蒂芬诺斯·毕贝斯：《庭审之外的辩诉交易》，杨先德、廖钰译，中国法制出版社2018年版，第95页以下。

根据最高人民检察院陈国庆副检察长的意见："若被告人系自愿认罪认罚并签署具结书，即使律师提出无罪或者罪轻的辩护意见，法庭经过审理认为检察机关指控罪名正确的，仍然应当依法适用认罪认罚从宽制度。"[1]既然辩护人作无罪辩护的场合，对被告人仍可适用认罪认罚从宽制度，这就意味着当被告人认罪认罚时，辩护人仍可作无罪辩护。明晰了上述基本问题，我们对"骑墙式辩护"和辩护权保障才能有更为深入的理解。

（二）公安司法机关适度容忍原则

既然"骑墙式辩护"有助于辩护权的充分行使，那么在辩护权保障成为本轮司法改革的重要主题的时代背景下，司法人员对"骑墙式辩护"应当予以适度容忍。尽管法院、检察院员额制改革后"案多人少"的矛盾更加突出，效率成了刑事司法追求的重要目标。但是，须知在公正与效率之间，公正永远是第一位的，效率应服从于公正。加强辩护权保障，固然可能损害刑事诉讼的效率价值，但是却有利于实现程序公正和实体公正。而"骑墙式辩护"具有防范冤假错案的重大优势，当然应当允许其存在，并予以必要的规制。权利的实现需要以义务的履行为保障。辩护权的实现也需要公安司法机关义务的履行，保障辩护权乃是公安司法机关重要的诉讼义务。该项义务要求其不应过度限制辩护权的行使。辩护策略的选择乃被追诉人与辩护人的权利事项范围，公权力应保持谦抑精神，不应过度介入。凡是对查明事实真相有利的诉讼行为（包括对公安司法机关尽到注意、提示义务的辩护行为）均应予以鼓励和保障，而非限制。因为此种辩护行为可以促使公安司法机关少犯错误，司法人员也可最大限度地避免因司法责任制而受到追究。以被追诉人认罪认罚、辩护人能否作无罪或者量刑辩护为例作一说明。辩护人作无罪或者量刑辩护时，会与被追诉人认罪认罚之间存在矛盾。但是以下理由可以说明辩护人作无罪或者量刑辩护具有制度的合法性和实践合理性。其一，2018 年《刑事诉讼法》第 37 条规定："辩护人的责任是根据事实和法律，提出犯罪嫌疑人、被告人无罪、罪轻或者减轻、免除其刑事责任的材料和意见，维护犯罪嫌疑人、被告人的诉讼权利和其他合法权益。"不因为认罪认罚从宽制度实施而克减被追诉人的辩护权。其二，辩护权属于宪法性权利，更应予以保障。我国《宪法》第 130 条规定："人民法院审理案件，除法律规定的特殊情况

---

〔1〕 陈国庆："认罪认罚从宽制度若干争议问题解析（下）"，载《法制日报》2020 年 5 月 13 日。

外，一律公开进行。被告人有权获得辩护。"不可否认，随着认罪认罚从宽制度的实施，辩护空间被压缩，但是作为被追诉人的宪法性权利的辩护权应当得到保障。其三，在"醉驾"犯罪案件中，存在"顶包"的现象，如果辩护人发现"顶包人"并非犯罪行为人，基于防范司法冤错的需要，也可提出无罪辩护。其四，即便是先前在《认罪认罚具结书》上签字的辩护人，只要其未参与量刑协商并形成一致的量刑建议，该辩护人的行为便只具有"见证"性质，其后他（她）发表无罪或者量刑辩护意见，不能认为其违反司法诚信、出尔反尔。在上述情形下，尽管存在"辩护冲突"和损及诉讼效率的弊端，但"骑墙式辩护"具有防范司法冤错，保障公民人权的功能，也符合我国"实体真实"的诉讼价值目标。在公正与效率之间，公正永远是第一位的，对此司法机关应予以适度容忍。

（三）辩护冲突有效化解原则

说到底，"骑墙式辩护"是一种辩护冲突。对此，应区分不同的情形，对由"骑墙式辩护"引发的辩护冲突予以适当处理。首先，对于辩护阵营内部的辩护冲突，需要进行必要的规制，避免辩护力量相互抵消，进而可以统一辩护立场，协调辩护思路。对于同一辩护人前后不一的辩护冲突，如前所言，在认罪认罚具结书上签字的辩护人仅系见证人，并不能以此为由限制其后续的辩护行为。根据"法不禁止皆自由"的权利行使法理，辩护人进行此类辩护并无明显障碍。对"辩护冲突"的化解，最重要的路径是辩护阵营内部进行"辩护协商"。在辩护协商过程中，辩护人不得利用其专业优势将自身意志强加于被追诉人，协商的平等性应贯穿协商的全过程。辩护人应当谨记：是否认罪认罚是被追诉人的权利，辩护人只能提供意见供其参考，而不能"越俎代庖"。"辩护冲突"的有效化解并不意味着被追诉人与辩护人之间不存在意见冲突。当被追诉人认罪认罚时，辩护人作无罪或者量刑辩护是被允许的，并且有利于对被追诉人权利的保障。被追诉人的自行辩护和律师辩护二元并存，可以使司法机关仔细斟酌不同的意见观点，有助于实现"兼听则明"。

（四）慎用原则

如上所述，"骑墙式辩护"从辩护效果上看，利弊兼有，尤其是无罪辩护的效果会大打折扣。同时，被告人通常会因与其辩护人观点不一致而在法官要求其确认是否同意辩护人的意见时面临极大风险：如果认可辩护人的无罪或者量刑辩护意见，"认罪认罚"将难以成立，由此可能失去"从宽"的量刑折扣；如果不认可辩护人的观点，将会失去无罪判决的机会，被告人可能会因彼此之间信任关系的破裂而面临庭审中无人替其辩护的局面，被告人的诉讼地位将进一步恶化。面对这种两难困境，被告人在庭审中经常处于一种尴尬的状态。鉴于此，辩护人在决定采取"骑墙式辩护"时应当权衡利弊，并征求被追诉人的意见，不可擅自做主、贸然行事。"慎用"并非不用，而是应当区分情况合理使用。如果辩护人参与了量刑协商，且检察机关提出的量刑建议是控辩双方合意的结果，在法庭审理中辩护人就不应再作量刑辩护，否则会给人一种辩护人不讲诚信、"出尔反尔"的感觉。一名被追诉人的两名辩护人，一位同意认罪认罚，另一位作无罪或者量刑辩护的情况应当避免。因为两位辩护人同为辩护阵营的成员，不能一个"向左"，一个"向右"。应该协调辩护立场，对外以"同一个声音""发声"。此种"骑墙式辩护"应予以禁止。

（五）合理规制原则

对于辩护人违背司法诚信、出尔反尔的辩护行为或者两位同受法律专业训练且接受案件事实信息一致的辩护人提出的相反的辩护意见应当予以限制。前者损害了诉讼效率，而后者则使辩护力量相互抵消，且具有明显的投机性。因此，从司法诚信和有效辩护视角审视，这两种"骑墙式辩护"应当予以禁止。由于认罪认罚从宽制度是一项新制度，立法者考虑的主要是如何保障认罪认罚的自愿性、真实性和合法性，对辩护权的影响和冲击以及辩护权的正当行使则虑及较少。鉴于此，随着认罪认罚从宽制度的立法确立和深入推进，辩护权的行使问题也应被纳入考量的范围，并通过立法、司法解释或者规范性文件进行规制。

五、"骑墙式辩护"的未来

"骑墙式辩护"尽管有诸多无法克服的局限，但是基于被追诉人利益得到最大限度维护和律师辩护空间在认罪认罚案件中得以拓展等优势，其日益为广大律师所青睐。因此，"骑墙式辩护"在我国刑事辩护领域将持续存在。只有当我国无罪判决率保持在一个合理区间，律师无罪的辩护意见更加受到重视、我国律师"独立辩护"理论得到适当矫正时，"骑墙式辩护"才有可能减少甚至消亡。

（一）"骑墙式辩护"作为一种辩护策略仍将持续存在

在立法作出规制前，"骑墙式辩护"因具有被追诉人"利益兼得"的特点，可以最大限度实现被追诉人的实体利益，而备受被追诉人和辩护人青睐。"骑墙式辩护"的日益盛行也在促使我们反思我国的认罪认罚从宽制度在保障被追诉人认罪认罚的自愿性方面存在的缺陷。首先，值班律师真的能保障认罪认罚的自愿性、真实性和合法性吗？其次，认罪认罚具结书签署制度的性质及其效力是什么？"骑墙式辩护"伴随着认罪认罚从宽制度实施而日益为人们所重视，它是我国无罪判决率极低现象催生出来的一种辩护策略。辩护人和被追诉人看到无罪判决无望才会"退而求其次"寻求一种"接近正义"的缓刑判决。"半个面包总比没有面包强"当是被追诉人和辩护人的心理。可以预料的是，在我国刑事案件无罪判决率大幅度提高前，"骑墙式辩护"将不会退出刑事诉讼。我们所能做的就是通过合理规制，发挥其最大效用，尽量减少辩护阵营的撕裂，而非完全禁止。在无罪判决的案件数量几乎可以忽略不计的情况下，在被追诉人认罪认罚的自愿性得不到保障且难以甄别的情况下，有什么理由禁止"骑墙式辩护"呢？正如前述，"骑墙式辩护"存在固有的局限性，即便是在未来刑事辩护中持续存在，也应加以规制，促使其健康发展。尤其是对辩护人参与量刑协商情况下的合意量刑建议，在后续的辩护活动中，应禁止辩护人发表无罪或者量刑辩护意见。两位辩护人一位发表认罪认罚意见、另一位发表无罪或者量刑辩护意见的情形应予以避免。

（二）以被追诉人意见为中心妥善处理辩护阵营内部的"骑墙式辩护"

现在需要进行规制的是辩护阵营内部的"骑墙式辩护"。无论是被追诉人与其辩护人，还是两个辩护人之间，一个认罪认罚，另一个作无罪或者罪轻辩护，损害的均是共同的辩护利益。当出现上述情形时，需要以被追诉人为中心进行取舍。在英美法系的"当事人中心主义"辩护模式下，一旦在重大辩护事项上发生冲突，律师就必须调整自己的辩护思路，按照当事人确定的辩护目标和方案进行辩护，否则便只能退出辩护。这一冲突解决模式充分体现了律师对当事人的忠诚义务和律师服从、服务于当事人的属性，即律师必须忠于当事人的选择和目标，必须按照当事人自己认为的"最大利益"进行辩护。在这种模式下，当事人对所要实现的"辩护利益"的判断高于律师的专业判断，这是以普通人的"理性人"假设为前提的。[1]在德国，通常由委托人界定其在案件中的利益。如果被追诉人与辩护人之间存在严重的意见分

---

〔1〕 参见韩旭："被告人与律师之间的辩护冲突及其解决机制"，载《法学研究》2010 年第 6 期。

歧，辩护人应当退出案件代理。[1]在美国辩诉交易制度下，被追诉人是否作出有罪答辩，决定权在被追诉人手上而非辩护律师手上。辩护人虽有独立的辩护地位，但这种独立是"相对独立"而非"绝对独立"，要求辩护人须尊重当事人的意志和选择。为避免辩护阵营内部的分裂和辩护力量的抵消，当被追诉人与辩护人意见发生冲突时，辩护人要么遵从被追诉人的意志，要么退出辩护。当两个辩护人意见发生分歧时（例如，一个辩护人执意要在认罪认罚具结书上签字，而另一位辩护人拟作无罪辩护），由于同为法律人的律师之间意见严重对立，可由被追诉人选择其中一位作为辩护人，另一位退出本案的辩护，以此解决辩护冲突、协调辩护立场。被选择作为辩护人的律师应当与被追诉人的辩护立场一致，尊重被追诉人的意见。当然，当辩护人拟作无罪辩护时，其也可劝说被追诉人不要认罪认罚，并采取与辩护人大体一致的辩护立场。如果辩护人丝毫不顾及当事人意见，一味进行所谓的"独立辩护"，不仅当事人不会"领情"，甚至有可能被当事人解除委托关系。即便是在强调独立辩护的德国，辩护人也必须"将其委托人的意愿纳入考虑"。[2]毕竟，被追诉人是与案件结局存在直接利害关系的人，需要承受不利后果。以被追诉人意见为中心，体现了其诉讼主体地位。如果连其辩护人都不将其作为诉讼主体、不尊重其意见和选择，又怎么可能寄希望于司法机关保障和巩固其主体地位呢？

在被追诉人拒绝认罪认罚的场合，辩护人绝不能发表认罪认罚的意见，否则就会出现被追诉人辩称自己无罪、辩护人却称被追诉人有罪的"辩护冲突"情形。这将从根本上损害被追诉人的利益，且给人以辩护人充当"第二公诉人"的感觉，有违辩护人职责。此时，辩护人可以建议被追诉人认罪认罚，如果建议不被接受，辩护人应退出辩护。

（三）法院应以更谨慎的态度对待"骑墙式辩护"

对于认罪认罚案件，法院既可以适用速裁程序和简易程序审理，也可以适用普通程序进行审理。由于"骑墙式辩护"，辩护人提出了无罪或者罪轻的辩护意见，更由于与被追诉人的辩护意见发生冲突，为了慎重起见，也为了

---

〔1〕 参见［德］托马斯·魏根特：《德国刑事程序法原理》，江溯等译，中国法制出版社2021年版，第86页。

〔2〕 参见［德］托马斯·魏根特：《德国刑事程序法原理》，江溯等译，中国法制出版社2021年版，第86页。

更好地保障辩护人的辩护权，法院应当适用普通程序进行审理。因为适用速裁程序审判的案件一般不进行法庭调查和法庭辩论，适用简易程序审判的案件，简化了某些审理程序。在前两种程序中，辩护人的发问权、质证权、辩论权都无法得到保障。适用普通程序审理的案件，庭审程序规范、严格，被告人的辩护权可以得到较好保障，被告人能够获得更好的公正审判。

"骑墙式辩护"作为一种日益显现并得到重视的辩护策略，以辩护冲突和利益均沾为特点。在无罪判决率极低和被追诉人认罪认罚自愿性无法得到保障的情况下，其必将长期存在，除非立法禁止此种辩护行为。"骑墙式辩护"可被区分为三种不同形态：对于在定罪程序中作无罪辩护的，在量刑审理程序中，仍应允许其发表量刑辩护意见。同一辩护阵营内部的辩护冲突和同一辩护人的辩护冲突。前一种冲突是指被追诉人与辩护人之间的冲突和两个辩护人之间的冲突；后一种冲突是指同一辩护人在认罪认罚具结书上签字的情况下在后续诉讼活动中又作无罪或者罪轻辩护。前一种辩护形态可以被追诉人意见为中心进行消弭，后一种辩护形态可予以保障。因为在认罪认罚具结书上签字的辩护人仅充当见证人角色，并非出尔反尔。对于"骑墙式辩护"，法院应尽可能适用普通程序进行审理，以充分体现对辩护权的保障。

（四）"辩护协商"之开展

无论是被追诉人与辩护人之间还是两个辩护人之间，一旦出现"辩护冲突"，即应展开协商，以协调辩护立场、统一辩护思路，进而形成辩护合力，一致对外。虽然事实问题交由被追诉人决定、法律问题交由辩护人决定具有一定的合理性，但是案件中的事实问题和法律问题并不能截然分开，因此无论是事实问题还是法律问题，如果辩护人欲发表不同于被追诉人的意见，均应事前与被追诉人协商，并取得其同意。否则，辩护人不得发表相左的意见。两位辩护人若发表相互对立的意见，应与被追诉人协商，由其选择其一进行辩护。观点未被认可的辩护人，要么退出辩护，要么改变辩护立场。"步调一致才能得胜利"同样适用于辩护活动。由此反思，那种事先不与被追诉人协商，只是应检察机关邀请在认罪认罚具结书上签字的行为值得反思。必须承认，辩护人在"辩护协商"中居于主导地位。尽管如此，在辩护活动中居于常态的委托辩护中，辩护人是"服务"于其"客户"的法律帮助人。因此，应当耐心倾听其"客户"的意见。协商应当在被追诉人认罪认罚前进行，辩护人应当帮助被追诉人分析认罪认罚与否的利弊，甚至对每一种方案进行分析，以供被追诉人选择。由于辩护律师享有被追诉人不享有的阅卷权，在其向被追诉人提供意见和建议时可以适当披露阅卷的内容。辩护律师核实证据的权利已为我国 2018 年《刑事诉讼法》第 39 条第 4 款所认可，即"辩护律师会见在押的犯罪嫌疑人、被告人……自案件移送审查起诉之日起，可以向犯罪嫌疑人、被告人核实有关证据……"[1] 只有在知悉侦控方证据的前提下，被追诉人的认罪认罚才具有明智性和正当性。在我国立法赋予被追诉人阅卷权之前，可以通过辩护律师核实证据权的行使予以弥补。因此，"辩护协商"应当将证据信息纳入协商的范围，以供被追诉人判断指控证据真实、充足与否。

（五）"骑墙式辩护"的增减乃至消亡受制于相关因素的变化

既然"骑墙式辩护"是我国无罪判决率极低、"辩护协商"不充分和"独立辩护"理论的产物，那么该种辩护形态的增减乃至消亡必然受制于上述各因素。因此，欲减少"骑墙式辩护"首先需要从提高我国无罪判决率入手。无罪判决率低，除了公、检、法三机关"配合有余、制约不足"这一因素外，也与辩护人对被追诉人无罪的内心信念是否坚定有关。如果我国刑事案件的无罪判决率保持在一个合理限度内，辩护人求得无罪判决的机会提升，也许其就没有必要再冒着较大诉讼风险进行投机性的"骑墙式辩护"。其次，应适度矫正我国的"独立辩护"理论。正是由于辩护人具有独立的辩护地位，可以不受被追诉人意志的左右而进行独立的辩护，才导致了"骑墙式辩护"形态的出现。为此，需要正本清源，从理论上明确律师独立辩护并非绝对独立，而是相对独立，不能置当事人意见于不顾，丝毫不考虑当事人的感受。辩护委托关系一旦成立，律师虽然可以独立行使职权，依法履行职务，不受被告人意志的控制，但是为了维系和巩固这种信赖关系，也为了保障辩护职责的顺利完成，律师在进行辩护时不可能置被告人的意愿于不顾而进行"完全独立的辩护"，因为一旦信赖关系遭到破坏，被告人随时可能终止辩护协议，解除委托关系。实践中，律师作为"受雇人"不能不考虑"雇主"的愿望和要求。在面对辩护冲突时，其处理结果未必一定是"求同"，也可能是"存

---

〔1〕 辩护律师核实证据的相关问题参见朱孝清："刑事诉讼法实施中的若干问题研究"，载《中国法学》2014 年第 3 期；龙宗智："辩护律师有权向当事人核实人证"，载《法学》2015 年第 5 期；韩旭："辩护律师核实证据问题研究"，载《法学家》2016 年第 2 期；朱孝清："再论辩护律师向犯罪嫌疑人、被告人核实证据"，载《中国法学》2018 年第 4 期。

异"，不过在"存异"的情况下，律师提出的辩护意见要尽可能取得被告人的理解和认同。我们既应坚持律师辩护的"独立性"也应坚持辩护的"协商性"，从而实现从"绝对独立"辩护向"相对独立"辩护的转型。[1]最后，加强辩护权保障。正是基于无罪辩护意见不受重视，正确辩护意见采纳率低，律师才会"退而求其次"，采用这种极具策略性的"骑墙式辩护"。因此，加强辩护权保障，尤其是正确辩护意见的采纳率，是从根本上治理"骑墙式辩护"的有效之道。[2]同时，对"骑墙式辩护"行为应区分情况进行必要的限制。当务之急是，立法或者司法解释应对辩护人参与协商程序且与控诉方达成合意后仍作无罪或者量刑辩护的行为和两位辩护人发表对立辩护意见的行为进行规制。如此才能保障认罪认罚从宽制度实施后辩护制度能够健康发展。

---

〔1〕　参见韩旭："被告人与律师之间的辩护冲突及其解决机制"，载《法学研究》2010 年第 6 期。

〔2〕　关于律师辩护意见被采纳的文献资料，参见韩旭："律师辩护意见被采纳难的多视角透视"，载《海南大学学报（人文社会科学版）》2008 年第 4 期。

第十一章

认罪认罚从宽制度实施对刑事辩护的
影响

　　认罪认罚从宽制度的实施压缩了律师的辩护空间，导致委托辩护比例下降；在被追诉人认罪认罚案件或者律师已经签署认罪认罚具结书的案件中，律师辩护将陷入"两难困境"。因一般不进行法庭调查和法庭辩论环节，在适用速裁程序的案件中，律师在庭审中的辩护几乎被取消；"骑墙式辩护"饱受争议，律师在辩护时心存顾虑。认罪认罚从宽制度实施带来的上述问题应当引起重视。在新一轮司法改革要求加强辩护权保障的语境下，律师辩护只能加强、不能削弱，即便是在认罪认罚从宽制度实施后也是如此。本章拟结合认罪认罚从宽制度实施后刑事辩护面临的挑战和律师面临的三重困境提出律师应善于运用三种方式进行辩护的应对策略，并对未来的辩护走向作出预判。

一、认罪认罚从宽制度实施后刑事辩护面临的挑战

（一）委托辩护率降低

　　当前认罪认罚从宽制度主要适用于轻微刑事案件［例如危险驾驶案件、盗窃案件、故意伤害（轻伤害）案件等］，导致大部分被追诉人均认为自己犯罪情节较轻，未来的量刑也不会太重，因此认为没有必要聘请律师辩护。分析其原因：一是部分被追诉人认为既然已经认罪认罚，委托律师便是多余的，且可能会被公安司法机关认为"态度不好"，对自己的实体处理不利；二是被追诉人文化程度低，缺乏基本的法律素养，存在着对法律和权力行使的误解。本来我国刑事案件的律师辩护率就比较低，据有关统计，可能不超过30%。"根据中华全国律师协会的统计，刑事案件被告人律师出庭的辩护率不超过

30%，也就是 70%的刑事案件被告人没有律师辩护。"[1]而认罪认罚案件中委托律师辩护的比例更低。由于认罪认罚案件主要是轻微刑事案件，因此不符合指定辩护条件。如此算来，认罪认罚案件中律师参与辩护的比例应远远低于 30%。这意味着绝大多数被追诉人是在无律师辩护的情况下接受审判并被定罪的。

（二）辩护空间缩小

辩护空间缩小既表现为被追诉人因认罪认罚导致自行辩护的空间缩小，也表现为辩护律师的辩护空间缩小。

认罪认罚具结书的签署意味着从宽的幅度将会兑现。根据 2018 年《刑事诉讼法》第 201 条之规定，人民法院对检察机关的量刑建议"一般应当采纳"。因此，认罪认罚具结书的签署意味着辩护的终结。而辩护的要旨无非是提出"从轻、减轻和免除处罚的意见"。根据《认罪认罚指导意见》第 7 条之规定："认罚"表现为接受人民检察院拟作出的起诉或不起诉决定，认可人民检察院的量刑建议。根据《认罪认罚指导意见》第 6 条的规定："'认罪'的把握。认罪认罚从宽制度中的'认罪'，是指犯罪嫌疑人、被告人自愿如实供述自己的罪行，对指控的犯罪事实没有异议。……"既然被追诉人对指控的犯罪事实和量刑建议没有异议，再作事实和量刑辩护似无必要。因此，认罪认罚从宽制度的实施无疑压缩了辩护空间。虽然辩护方可以对个别事实情节提出异议，或者对行为性质提出辩解，但是因其不影响主要犯罪事实的成立，所以辩护意义不大、效果有限。

辩护空间缩小还体现在，因认罪认罚从宽制度仅允许被追诉方就量刑与检察机关进行协商，而排除了就罪名和罪数进行协商的空间，导致本就不大的辩护空间被进一步压缩。

同时，在职务犯罪案件的辩护中，尽管根据《监察法》第 31 条的规定，涉嫌职务犯罪的被调查人在监察调查阶段可以适用认罪认罚从宽制度。但在监察调查阶段却不允许律师会见，这无疑削弱了辩护权行使的空间。尽管根据以往侦查阶段辩护的效果可以推知调查阶段辩护发挥作用的空间也较为有限，[2]但律师介入调查阶段，一则可以督促监察机关准确适用法律，严格办案程序；二则可以为被调查人提供法律建议。特别是在被调查人认罪认罚的

---

〔1〕　卞建林等：《新刑事诉讼法实施问题研究》，中国法制出版社 2017 年版，第 46 页。

〔2〕　顾永忠："2018 年刑事诉讼法再修改对律师辩护的影响"，载《中国法律评论》2019 年第 1 期。

情况下，辩护律师完全可以提前做好相关工作。

（三）辩护意见采纳更难

检察官虽有客观义务，但是其在诉讼中更多地扮演追诉者、指控者的角色。尽管我国检察官与法官同为司法官，二者同质性较高，但是检察官的客观性、中立性受其角色限制，难以与法官相比拟。随着认罪认罚从宽制度的实施，辩护方的"战场"由法庭转移至"战前"的审查起诉阶段；其工作方式从原来的控辩对抗转换为控辩合作。[1]由于辩护活动的重心发生转移，辩护方之前说服的对象是法官，现在要面向检察官。角色定位的差异决定了辩护方说服法官相对容易。而辩护的效果是以合理的意见是否被采纳为判断标准的，辩护的艺术就是说理的艺术。因此，在认罪认罚案件中，辩护意见被检察官采纳将变得更加艰难。

（四）辩护的方式转变

认罪认罚从宽制度为辩护方式带来的影响，除了从定罪辩护转为量刑辩护、程序性辩护增多外，更为重要的是协商性辩护的出现。诚如《认罪认罚指导意见》第33条第1款之规定："……人民检察院提出量刑建议前，应当充分听取犯罪嫌疑人、辩护人或者值班律师的意见，尽量协商一致。"与不认罪认罚案件相比，认罪认罚案件的辩护方式从过去的对抗式逐渐转变为协商式。对从事刑事辩护的律师而言，如何转换思路，跳出原先的思维定式，提炼出认罪认罚案件中科学的辩护方式无疑是挑战之一。

（五）"确认式辩护"增多

伴随着认罪认罚从宽制度的推广，尤其是速裁程序的适用，以审理形式的简约性、裁判生成的即时性、程序周期的精炼性为主要特征的"确认式庭审"出现。[2]与"确认式庭审"相伴而生的是一种"确认式辩护"，因在审查起诉阶段辩护人已就案情、证据和定罪量刑等内容达成一致，到了审判阶段，特别是在庭审过程中，辩护意见的发表多是对量刑建议的确认。

二、被追诉人违心认罪认罚而放弃辩护

我国的认罪认罚从宽是一种权力型的制度设计，目前的值班律师制度难

---

〔1〕 参见韩旭："2018年刑事诉讼法中的认罪认罚从宽制度"，载《法治研究》2019年第1期。

〔2〕 李奋飞："论'确认式庭审'——以认罪认罚从宽制度的入法为契机"，载《国家检察官学院学报》2020年第3期。

以保障被追诉人认罪认罚的自愿性。基于认罪认罚从宽的权力属性，被追诉人只能对检察机关的"开价"要么接受从宽，要么拒绝从严，并无自由、平等协商的余地。正如多位学者所指出的那样，认罪认罚从宽制度具有一种压迫性的力量，在制度上被设计为"权力型"或者"压制型"的结构，被追诉人心悦诚服地真正认罪的比例较低，很多被追诉人是在迫不得已的情况下认罪认罚，内心仍然认为自己无罪或者欲追求一个无罪判决的人大有人在。[1]被追诉人迫不得已地认罪认罚，等于是违心地放弃了辩护的机会。其放弃辩护权并非真的无"话"可说，而是担心公安司法机关不以"认罪认罚从宽"处理。放弃辩护权的后果是难以防范认罪认罚案件中冤错案件的发生。一些被追诉人在认罪认罚可以适用缓刑，从而避免牢狱之灾与不认罪认罚可能获得实刑判决之间，会选择后者，即便他（她）是无辜的。实行辩诉交易制度的美国鼓励认罪而惩罚无罪抗辩，也给被告和他们的律师施加了巨大压力，迫使其主动认罪以求轻判。有些可能被证明无罪的被告会选择承认有罪以确保较短的刑期，而不是去冒被定罪后刑罚加重的风险。[2]虽然笔者无法给出一个违心放弃辩护权的精确数字，但是这种情况应该不在少数。在这类案件中，如果没有辩护律师或者不允许辩护律师作无罪或者罪轻辩护，那无异于彻底取消了被追诉人享有的宪法性权利——辩护权。为了避免上述情形的发生，国家免费提供法律援助律师进行辩护的范围应当扩充至认罪认罚案件，同时允许律师进行不同于被追诉人意见的"独立辩护"。

如果以克减被追诉人辩护权为代价实施认罪认罚从宽制度，那么该制度的正当性就值得怀疑。尽管认罪认罚从宽制度以效率为导向，但是在公正与效率之间，公正永远是第一位的。实践中，当被追诉人认罪认罚时，人民法院、检察机关均普遍反对其律师作无罪或者量刑辩护，除了对被追诉人辩护权不重视外，注重办案效率的提高无疑是重要原因。在此种情况下，律师作无罪或者量刑辩护必然会降低诉讼效率，使"简案快审"的愿望落空。辩护权保障作为公正审判的重要因素，是审判公正性的度量衡。认罪认罚从宽制度的公信力来源于其公正性，公正性来源于辩护权的保障程度。如果我们不

---

〔1〕　参见龙宗智："完善认罪认罚从宽制度的关键是控辩平衡"，载《环球法律评论》2020年第2期；孙长永："认罪认罚从宽制度实施中的五个矛盾及其化解"，载《政治与法律》2021年第1期。

〔2〕　参见［美］艾伦·德肖维茨：《一辩到底：我的法律人生》，朱元庆译，北京大学出版社2020年版，第251页。

重视认罪认罚案件中被追诉人辩护权的保障，冤假错案丛生，若干年以后再通过再审程序进行纠正，那么现在的所谓"效率"将是一种"负效率"，不仅程序的公正性将大打折扣，而且被追诉人的人权也将得不到保障。

三、律师刑事辩护面临的三重困境

（一）在认罪认罚具结书上签字的身份困境

如何看待当犯罪嫌疑人在签署认罪认罚具结书时辩护律师在场并在认罪认罚具结书上签字的行为，是一个有争议的问题。具体是此时律师的身份究竟是辩护人还是见证人？如果是辩护人，其应该保持前后一致的辩护立场，而不是出尔反尔、自食其言。但如果是见证人，即见证犯罪嫌疑人签署认罪认罚具结书时办案机关没有实施刑讯逼供、威胁、引诱和欺骗行为，则犯罪嫌疑人签署认罪认罚具结书并不代表辩护人同意其认罪认罚，律师在后续的诉讼活动中仍有辩护空间，可以作出与认罪认罚相异的辩护。身份的不明确限制了在认罪认罚具结书上签字的律师的辩护行为。由于许多律师对此心中无底，导致其辩护的积极性和能动性受到了较大影响，一味迁就被追诉人的意愿，但被追诉人的意愿表面看似乎是自愿的，但其实在更多时候是违心的、无奈的选择。

（二）"骑墙式辩护"困境

在被追诉人认罪认罚时，律师作无罪辩护或者量刑辩护，被称作"骑墙式辩护"。一方面，被追诉人因认罪认罚可以获得从宽处理；另一方面，律师作无罪或者量刑辩护，也可能由此获得辩护利益。像"墙头草"一样两边都可以沾，因此被形象地称作"骑墙式辩护"。由于目前对该种辩护形态存在较大争议，律师在辩护时心存顾虑，怕得罪司法机关进而对自己当事人不利，因此不能大胆地行使辩护权。尤其是在庭审中，当出现"骑墙式辩护"时，法官通常会征求已经认罪认罚的被告人意见，此时不仅会令被告人陷入尴尬境地，辩护律师还可能被被告人抛弃，从而失去辩护的机会。"骑墙式辩护"是律师在当前无罪判决率极低的司法现实面前所采取的一种辩护策略。这种辩护形态在认罪认罚案件中表现得尤为突出。

（三）两位辩护人意见相左所引发的困境

认罪认罚案件中的被追诉人可能聘请两名律师进行辩护，一位作无罪或者罪轻辩护，另一位配合其签署认罪认罚具结书。此类辩护形态被称为"投机性辩护"。该类辩护因辩护同盟内部发生分裂导致辩护力量抵消而饱受争议。作无罪或者罪轻辩护的律师不仅与当事人的意见相左，而且与另一位辩护律师的观点针锋相对。如此一来，该名辩护律师可能产生一种"背叛"当事人的感觉。也许律师认为自己是在维护当事人的合法利益，但有时当事人并不"领情"。于是，律师就会在退出该案辩护与尊重当事人的内心意志配合其认罪认罚之间挣扎。

四、值班律师制度实施中的不足及其完善

论及认罪认罚从宽制度对刑事辩护的影响就不能回避值班律师制度。因应认罪认罚从宽制度的发展，值班律师应运而生。虽然根据刑事诉讼法的规定，值班律师提供的是法律帮助服务而非出庭辩护，但这并不妨碍值班律师的职能中包含了辩护的成分（如申请变更强制措施）。[1]特别是随着《法律援助值班律师工作办法》的出台，如何保障值班律师履行某些类似辩护律师的定位和职能亟待破题。

（一）当前值班律师制度的不足

在当前，值班律师之所以未发挥出应有的作用，还在于存在如下原因：

第一，设置值班律师的理念与实践发生了错位。按照本来的制度设想，值班律师制度的工作重心在于保障被追诉人认罪认罚的自愿性、真实性和明智性，特别是为某些欠缺法律常识的被追诉人提供最低限度的法律帮助。但随着实践的推进，值班律师"见证人化"现象突出，其越来越被异化为见证被追诉人自愿认罪认罚的手段。

第二，值班律师的权利和义务不对等。立法赋予了值班律师过多的义务，却未赋予其相应的权利。尽管《认罪认罚指导意见》明确了值班律师的会见权和阅卷权，但却未赋予其一定限度内的免责权。当前，部分律师对于认罪认罚案件之所以存在抵触情绪，很大原因在于担心在认罪认罚具结书上签字，一旦之后被证实为冤错案件，自己恐会承担责任。赋予值班律师完全的免责权固不利于其认真履职，但完全不赋予其在特定情形下的免责，则必然会降低其工作积极性。值班律师补贴太低，致使许多律师不愿去阅卷，更不愿去

---

〔1〕　顾永忠教授将辩护律师将检察机关提出捕后羁押必要性申请等作为程序性辩护的重要内容。参见顾永忠、娄秋琴："程序性辩护的理论发展与实践展开"，载《国家检察官学院学报》2020 年第 3 期。

会见。

第三，值班律师发挥作用的空间较为单一。2020 年 8 月"两院三部"发布的《法律援助值班律师工作办法》第 10 条第 2 款规定，值班律师对量刑建议和程序适用有异议的，也应当在认罪认罚具结书上签字，同时可以提出法律意见。但该条并未明确值班律师可以何种方式提出意见，是否既可以书面，也可以口头当面向检察官提出意见。

（二）值班律师如何实现有效的法律帮助

第一，进一步明晰值班律师的职责。《法律援助值班律师工作办法》明确了值班律师提供法律帮助的范围和权限，但司法实务中却存在值班律师日渐"见证人化"的现象和趋势，主要原因还源自其职责规定上的混乱。一方面，立法明确将值班律师与法律援助机构指派的律师、当事人聘请的律师区别开来；另一方面却赋予了值班律师会见、申请变更强制措施等只有辩护律师方可行使的权利。为防止值班律师进一步"见证人化"，我国可以考虑在其后的改革中进一步完善值班律师制度：其一，若值班律师对量刑建议和程序适用提出意见，检察机关应将该意见随案移送；其二，值班律师的工作空间不应局限于审前，在审判阶段，如若被追诉人认为针对某些问题需要咨询值班律师，值班律师亦可在庭外为其答疑解惑；其三，赋予值班律师有权拒绝在认罪认罚具结书上签字的权利。案件事实不清、证据不足、依法不应定罪或者值班律师不同意量刑建议的，可以拒绝在场及在认罪认罚具结书上签字，即便犯罪嫌疑人已经签署了认罪认罚具结书，值班律师也有权对检察机关说"不"，以体现其独立性。[1]

第二，建立健全听取值班律师意见的工作机制。值班律师"见证人化"之所以备受批评，主要原因在于值班律师无法起到监督检察机关办案、维护被追诉人合法权利的作用。同时，《法律援助值班律师工作办法》第 10 条第 2 款仅规定："值班律师对人民检察院量刑建议、程序适用有异议的，在确认犯罪嫌疑人系自愿认罪认罚后，应当在具结书上签字，同时可以向人民检察院提出法律意见。"却未对提出意见的方式、时间等程序性事项作出明确规定。因此，为保障被追诉人获得有效法律帮助，有必要建立检察机关在审前当面听取值班律师意见的制度。

---

〔1〕 韩旭："认罪认罚从宽案件中有效法律帮助问题研究"，载《法学杂志》2021 年第 3 期。

第三，加强值班律师与辩护律师的工作衔接。我国的值班律师制度更多地体现出一种"应急性""临时性"的特点，这也就决定了担任值班律师要有较强的应变素质，特别是面对案件要第一时间作出专业的判断，进而将可能导致的法律后果及时反馈给被追诉人。其与法律援助律师和被追诉人委托的辩护律师在工作上必然存在衔接。因此，一方面，在被追诉人有委托辩护律师的情况下，严禁值班律师代行辩护律师的某些权利，如见证认罪认罚具结书签署并在其上签字；另一方面，值班律师对量刑建议和程序适用提出的法律意见，辩护律师有权进行查阅并与值班律师进行交流。同样，如若发现被追诉人属于有权接受法律援助的范围，法律援助律师依然享有前述权利。

五、被追诉人行使辩护权应遵循的原则

对被追诉人认罪认罚自愿性的保障，需要以辩护权的充分行使为前提。这就需要在认罪认罚前、认罪认罚中和认罪认罚后充分保障被追诉人的辩护权。

（一）认罪认罚前与律师进行协商

认罪认罚不仅涉及案件的自然事实，还关乎法律适用的罪名和量刑问题。因此，在认罪认罚前与值班律师或者辩护律师进行协商非常重要。只有通过协商，被追诉人与律师才能采取统一的辩护立场，实行共同的辩护策略，避免辩护阵营内部的分裂。也只有这样，被追诉人认罪认罚才是明智的，且不容易为侦控方诱导。从美国实施辩诉交易制度的教训看，辩护律师更倾向于被告人认罪，甚至劝说其认罪。因为被告人一旦认罪便省却了辩护律师的时间，在这段时间内律师还可办理其他案件，由此增加其收入。这种情况我们应该避免。除了事实清楚、证据确实充分的案件外，律师不应劝说被追诉人认罪认罚，而应该像"斗士"一样投入与公权力的"战斗"之中。实践中，值班律师大多既不阅卷，也不会见，仅负责在认罪认罚具结书上签字并领取补助费用，由此沦为"见证人"角色，难以保障被追诉人认罪认罚的真实性和明智性。此种情况已为学界普遍诟病。

（二）附条件的认罪认罚

在一个完整的认罪认罚程序中，控辩协商是必不可少的。被追诉人认罪认罚往往是控辩协商的结果，而附条件的认罪认罚中所附"条件"其实就是辩方在协商中提出的"筹码"。例如，请求控方提出适用缓刑的量刑建议，请

求改变羁押的强制措施为取保候审，请求检察机关认定为自首、立功，等等。提出"条件"的过程就是辩护权的行使过程。如果被追诉人只能被动地接受检察机关的罪名和量刑"要约"，而不能提出自己的"条件"并进行"讨价还价"，就不是真正意义上的认罪认罚，其辩护权也未得到保障。被追诉人完全可以理直气壮地讲："我同意认罪认罚，但我提出的条件必须被接受"，以此体现该制度的程序参与性、被追诉人的程序主体地位。最高人民检察院在就十三届全国人大常委会对检察机关适用认罪认罚从宽制度情况报告的审议意见所提出的 10 个方面 28 条贯彻落实意见中提出："在听取意见时做到每案必听意见、凡听必记录、听后有反馈，避免办案人员'一锤定音'和'我说了算'，积极探索控辩协商同步录音录像制度。"同时提出："各地可根据案件实际情况和能够预期的量刑情节变化，探索在具结书和量刑建议书中提出多项或附条件的量刑建议，供法庭在审判环节根据情节变化选择采纳。"[1]将"附条件的量刑建议"写入上述意见。据此，被追诉人可以要求检察机关针对赔偿到位和不予赔偿提出多项量刑建议或者附条件量刑建议。

（三）认罪认罚后反悔权的保障

认罪认罚自愿性是认罪认罚从宽制度的核心。被追诉人辩护权保障也要围绕这一核心进行。被追诉人的反悔权，既是认罪认罚自愿性的保障，也是辩护权在认罪认罚案件中的体现。被追诉人因遭受酷刑、威胁、引诱、欺骗而认罪认罚的，当然可以反悔，即便不存在上述情形，被追诉人也可以根据自己的意愿反悔。在被追诉人反悔后，之前签署的认罪认罚具结书和认罪认罚口供不得被作为证据使用。根据 2018 年《刑事诉讼法》第 201 条第 2 款之规定："……被告人、辩护人对量刑建议提出异议的，人民检察院可以调整量刑建议。人民检察院不调整量刑建议或者调整量刑建议后仍然明显不当的，人民法院应当依法作出判决。"此处的"提出异议"其实就是一种反悔权的行使，并且这种反悔具有一定的法律效力，会引起检察机关调整量刑建议的后果。该"异议"可视为被告人庭审中辩护权的重要行使方式。

六、律师应擅于运用三种方式进行辩护

认罪认罚从宽制度实施后，刑事司法由"对抗性"转为"协商性"，辩

---

〔1〕 参见最高人民检察院《关于认真贯彻十三届全国人大常委会第二十二次会议对〈最高人民检察院关于人民检察院适用认罪认罚从宽制度情况的报告〉的审议意见的通知》。

护方式也应适应这一变化作出相应的调整。律师的辩护活动体现在三种形态的协商中。

（一）控辩双方之间的"量刑协商"

控辩之间的量刑协商是认罪认罚从宽制度的精髓，辩护活动更多地体现为参与协商。目前的量刑协商应重点解决控辩双方地位不平等、辩护方协商能力不足的问题。为此，应降低审前羁押率，对被追诉人是否采取取保候审的决定权应从检察官手中转移至法官手中。如果检察官掌控了被追诉人的自由，那么协商的平等性、自由性便无从谈起。除此之外，应从控辩协商的启动、协商前的准备、参与主体、协商方式、协商的效力、协商不成的证据使用、协商录像记录等方面作出规定，以规范协商行为。为了督促检察官积极参与协商，从而实现协商的充分性，应当规定未经协商程序提出的量刑建议不具有合法性。

（二）与被追诉人之间的"辩护协商"

被追诉人认罪认罚的前提应是"辩护协商"，即由值班律师或者辩护律师通过与被追诉人的会见，分析该案的证据情况、法律适用、认罪认罚与不认罪认罚可能的量刑等事项，尤其是对认罪认罚与不认罪认罚的利弊进行客观的介绍，然后由被追诉人决定是否认罪认罚。开展"辩护协商"是为了协调辩护思路、统一辩护立场，避免辩护阵营内部力量的相互抵消。为了督促律师尤其是值班律师进行"辩护协商"，我国应当规定未经协商的，不得在认罪认罚具结书上签字，从而使"辩护协商"成为认罪认罚案件的必经程序或者"规定动作"。

（三）与被害人之间的"谅解协商"

根据《认罪认罚指导意见》第16条的规定："听取意见。办理认罪认罚案件，应当听取被害人及其诉讼代理人的意见，并将犯罪嫌疑人、被告人是否与被害方达成和解协议、调解协议或者赔偿被害方损失，取得被害方谅解，作为从宽处罚的重要考虑因素。……"可见，被追诉人是否取得被害方谅解，是决定从宽处理幅度的重要因素。虽然参与该类协商增加了辩护律师的工作负担，但是一旦取得被害方的谅解，对当事人的处罚便会更加宽缓，辩护活动会更有成效。因此，在认罪认罚案件中，律师应督促被追诉人一方赔礼道歉、赔偿损失，以取得被害方的谅解。辩护律师在被追诉人一方的积极配合下，也可主动与被害人及其诉讼代理人联系，进行"谅解协商"。在是否谅解问题上，被害人有决定权，诉讼代理人的意见除非取得被害人的同意，否则不能代替被害人作出决定。[1]

七、认罪认罚从宽制度实施后刑事辩护未来的发展

（一）量刑辩护将成为辩护权的重心

在当前认罪认罚从宽制度的实施过程中，部分被追诉人"认罪"不"认罚"的问题比较突出。同时，根据律师辩护权"相对独立"行使的原则，被追诉人认罪认罚并不影响律师作量刑辩护。[2]由于被追诉人认罪认罚需要具备自愿如实供述自己的罪行、承认指控的犯罪事实、愿意接受处罚这三项条件。特别是前两项条件均是对案件事实的供述和认可，因此辩护律师在案件事实方面的辩护空间已经不大。认罪认罚案件辩护的重点将转向量刑和刑罚执行方式问题。在量刑辩护中，辩护律师普遍希望检察机关提出幅度刑量刑建议，并就此展开协商。律师将以幅度刑的下限为目标展开辩护。以幅度刑进行协商可以保持协商的弹性，避免确定刑导致的协商僵化、破裂，同时律师协商或者辩护的空间也更大，协商成功的可能性更高。

（二）程序性辩护勃兴

认罪认罚案件辩护中，律师有一种辩护策略——程序的实体转化。当律师发现侦查取证活动违法或者存在证据瑕疵时，会以不提出非法证据或者瑕疵证据排除为"筹码"，换得检察机关提出更为宽缓的量刑建议。一方面，避免了检察机关承担证据合法性的证明责任；另一方面，可以避免程序的拖延，使诉讼效率得以提升。对此，检察机关通常都会欣然接受。这种辩护形态具有很强的"交易"性质。只要实行认罪认罚从宽制度就无法避免"交易"行为的发生。笔者相信，随着认罪认罚从宽制度的实施，程序性辩护将成为律师们常用的辩护手段。可以说，认罪认罚从宽制度催生了程序性辩护。减少以"程序性辩护"为"筹码"进行"交易"的根本之道在于侦查取证活动的合法化和规范化。

同时，根据《刑事诉讼法》第81条的规定，应将犯罪嫌疑人、被告人认罪认罚的情况作为是否具有社会危害性的考虑因素，再结合最高人民检察院

---

[1] 参见韩旭："认罪认罚从宽制度中被害人权利之保障"，载《人民检察》2020年第15期。
[2] 参见韩旭：《认罪认罚从宽制度研究》，中国政法大学出版社2020年版，第20~21页。

提出的"可捕可不捕的不捕"理念。辩护律师应将此条规定作为认罪认罚案件程序性辩护的关键工作之一。

（三）辩护以协商方式在审前程序中展开

正如诸多学者所言，认罪认罚从宽制度的建立意味着我国刑事司法从"对抗制"向"协商制"的转变。这种转变对辩护方的行为方式产生了重要影响。具体体现在三个方面：一是辩护形态变化，由"针锋相对"转向"讨价还价"，控辩协商将成为重要的辩护方式；二是辩护阶段前移，辩护"战场"由法庭转向审前阶段，庭审在很多时候是对审前控辩协商结果的"背书"或者确认；三是听取辩护意见主体的转变，由过去的法官听"辩"转为检察官听取意见。律师群体要积极适应这一变化，提高预测、协商能力。协商不仅是与检察官的协商，还包括与被追诉人的协商。这对律师能力提出了更高要求，律师不能仅从侦控方精心编制的证据链条中发现漏洞，更要运用司法大数据和"两高"发布的指导性案例对可能的量刑结果进行研判。如此才能在与检察官的协商中保持主动，提出的辩护意见才会更具针对性，更容易被检察官所采纳，辩护才越容易取得成功。

顾永忠教授将认罪认罚案件的辩护总结为"把关、保障、协助"三项工作，即首先，辩护律师一定要通过阅卷、会见等途径，全面审查案件证据材料，并根据法律规定对犯罪嫌疑人是否确实有罪作出分析判断，将依法并不构成犯罪或依法不应负刑事责任等无罪情形及时向犯罪嫌疑人加以说明，使其对有罪与否形成正确认识，同时及时向检察机关提出意见；其次，辩护律师应当通过会见、阅卷等途径，确认犯罪嫌疑人所作的认罪认罚是自愿的，而不是被迫的、受骗的，或因其他原因而非自愿作出的；最后，对于确实有罪并自愿认罪认罚的犯罪嫌疑人，在参与见证其签署认罪认罚具结书的过程中，辩护律师要与其充分沟通交流，协助其对检察机关形成良性建议施加影响，力争使犯罪嫌疑人在法律允许的范围内获得最大限度的"从宽处理"。[1]

结　语

辩护制度是刑事诉讼活动的关键一环。其起着监督司法机关，维护被追

---

〔1〕　顾永忠："2018 年刑事诉讼法再修改对律师辩护的影响"，载《中国法律评论》2019 年第 1 期。

诉人合法权利的重要作用。认罪认罚从宽制度对刑事辩护的影响，既体现在对辩护制度的影响上，还体现在对辩护行为和辩护权的影响上。首先，从辩护制度来看，认罪认罚从宽制度直接催生了值班律师制度，丰富、完善了律师制度；其次，从辩护行为来看，被追诉人认罪认罚，签署认罪认罚具结书后，辩护律师将主要针对量刑建议开展辩护活动；最后，从辩护权来看，被追诉人主动认罪认罚，承认指控的犯罪事实，本质上属于一种放弃无罪辩护的行为。

研究认罪认罚从宽制度对刑事辩护的影响，其实质在于分析在认罪认罚案件中，如何保障被追诉人的辩护权，尽最大可能减少刑事诉讼活动对被追诉人的影响，同时避免冤错案件的发生。随着认罪认罚从宽制度被广泛适用，辩护律师面临来自检控方、被追诉人、被害人三方的挑战。其中，为了保障被追诉人的辩护权利，辩护律师要与检控方进行"量刑协商"，与被追诉人在是否认罪认罚的问题上进行"辩护协商"，与被害人进行"谅解协商"。这就决定了辩护律师将围绕量刑建议、程序性事项等内容以协商对话而非对抗的方式开展辩护活动。

在当前的学术研究中，有关认罪认罚从宽制度对辩护活动的影响，主要聚焦于对辩护制度和辩护行为的影响，如对值班律师的探讨和辩护律师是否可以进行无罪辩护等问题，但对基础理论的研究（如认罪认罚从宽制度对辩护权的影响）却着墨不多。其实，学界之所以会在辩护律师是否能进行无罪辩护的问题上产生纠纷，主要原因还在于对其问题研究不到位。特别是被追诉人自愿认罪认罚是否意味着在某种程度上属于"放弃审判制度"的一种方式。这或许将是下一步的研究重心。

第十二章

被追诉人认罪认罚律师拒绝签字的程序处理

在认罪认罚从宽制度实施过程中，出现了被追诉人认罪认罚而值班律师或者辩护律师拒绝在认罪认罚具结书上签字的现象，这一现象令司法实务部门的人员颇感困惑，也影响了认罪认罚从宽制度的顺利实施。因此，我们有必要就相关问题作一探析，以期对司法实践有所裨益。

一、认罪认罚谁说了算

"谁说了算"问题的提出，即暗含着被追诉人与律师之间的"辩护冲突"问题。[1]"辩护冲突"乃刑事诉讼中的正常现象，不可避免且经常发生。"被追诉人与辩护人身份、立场、知识储备、专业能力、职责义务不同，因此，被追诉人的想法与辩护人的意见不一致是完全正常的。"[2]在认罪认罚从宽制度实施伊始，我们对此问题需要予以重视。无论是 2018 年《刑事诉讼法》还是《认罪认罚指导意见》均未对认罪认罚谁说了算作出规定，实践中大多以被追诉人和其值班律师或者辩护人均同意适用认罪认罚从宽制度为标准，有一些地方以被追诉人或者值班律师、辩护人单方同意为前提。由于立法上对此问题尚未作出明确规定，笔者只能通过法理分析和借鉴域外经验进行探讨。

---

〔1〕 有关辩护冲突的论述，参见韩旭："被告人与律师之间的辩护冲突及其解决机制"，载《法学研究》2010 年第 6 期。

〔2〕 闫召华："辩护冲突中的意见独立原则：以认罪认罚案件为中心"，载《法学家》2020 年第 5 期。

（一）"以被追诉人为中心"的辩护理念要求律师应当尊重被追诉人的意志

现代各国之所以会建立辩护制度，就是要通过法律专业人士的帮助提升作为外行人士的被追诉人的防御能力，为实现控辩平衡而努力。从被追诉人与律师的关系上看，被追诉人才是律师法律帮助的主体。我国《律师法》第2条第2款规定："律师应当维护当事人合法权益，维护法律正确实施，维护社会公平和正义。"可见，"维护当事人合法权益"是对律师职责的基本要求，也说明其存在的价值是以当事人为前提的。"以被追诉人为中心"不仅体现在律师提供法律帮助的主体上，还表现在律师辩护权或者法律帮助权的来源上，除了法定情形下由国家提供法律援助外，刑事辩护大都由被追诉人基于信任关系委托律师进行。可以说，被追诉人委托是律师辩护权产生的根据。对此，我国《律师法》第2条第1款予以确认，即"本法所称律师，是指依法取得律师执业证书，接受委托或者指定，为当事人提供法律服务的执业人员"。在大多数情况下，离开了委托关系，律师便不可能介入到具体案件中行使法律规定的辩护权利。"从理论上来说，律师的辩护权来自于犯罪嫌疑人、被告人的权利。"[1]因此，律师的辩护权具有派生性，而被追诉人的权利具有原生性。我国《宪法》第130条规定"被告人有权获得辩护"即是明证。"以被追诉人为中心"还要求通过刑事诉讼实现被追诉人利益最大化。对于何谓"利益最大化"，被追诉人和其律师可能会存在不同的理解。对被追诉人而言，其更关心诉讼结果，即实体利益的最大化。在事实清楚、证据确实充分的情况下，被追诉人认罪认罚很多时候比作无罪或者量刑辩护具有更好的"从宽"处理结果，而此时律师越俎代庖作无罪或者量刑辩护可能会使被追诉人承受不利的结果。因此，所谓的"利益最大化"应是被追诉人的判断而非律师的判断，在实践中，不能以律师的判断代替被追诉人自己的判断。毕竟，被追诉人与案件结局有直接利害关系，可谓"感同身受"。是当事人而非律师才是自身利益的最佳判断者。是否符合被追诉人的最大利益往往并不局限于法律问题，而是必须结合被追诉人的诸多非法律的个体因素加以判断，而律师往往无从掌握，所以不能将法律利益和其个人利益盲目画上等号，否则难免事与愿违。[2]

---

〔1〕 陈永生："论辩护方以强制程序取证的权利"，载《法商研究》2003年第1期。

〔2〕 陈虎："律师与当事人决策权的分配——以英美法为中心的分析"，载《中外法学》2016年第2期。

（二）域外经验为破解我国认罪认罚从宽制度实施难题提供了一种参照

毋庸讳言，我国的认罪认罚从宽制度吸收了美国辩诉交易制度的精神。在当初我国准备建立认罪认罚从宽制度时，中央政法委即派出考察团赴美学习考察美国的辩诉交易制度。无论是我国的认罪认罚从宽制度还是美国的辩诉交易制度，均以效率为价值导向，均是破解案件爆炸的诉讼策略，均以被追诉人认罪为前提，均实行不同于普通程序的简化程序。因此，美国的辩诉交易制度对我国的认罪认罚从宽制度具有借鉴意义。美国律师协会制订的《职业行为示范规则》第1.2条规定："律师应当遵循委托人就代理的目标所作出的决定，应当就追求这些目标所要使用的手段同委托人进行磋商。在刑事案件中，委托人就进行何种答辩、是否放弃陪审团审判以及委托人是否作证等事项同律师磋商后所作出的决定，律师应当遵守。""委托人进行何种答辩"包括有罪答辩和无罪答辩，其中有罪答辩是适用辩诉交易制度的前提。进行答辩对被追诉人来讲，是目标而非手段。美国"目标"与"手段"的界分，正是被追诉人与律师之间权利分配的基本标准。"律师必须在诉讼目标上听从当事人的意见，并在诉讼策略上征求当事人的同意。"[1]在我国认罪认罚从宽制度中，对被追诉人来说，"从宽"是目标，但必须满足"认罪认罚"的条件，且"认罪认罚"与"从宽"并列适用。据此可以理解"认罪认罚"既是被追诉人的一项权利，也是实现"从宽"处理的目标。被追诉人究竟是选择认罪还是不认罪就属于目标事项，其决策应当由被追诉人自行决定，值班律师或者辩护律师不可代为决策，因为认罪认罚与否的法律后果最终要由被追诉人自行承担。[2]既然如此，是否认罪认罚完全应该由被追诉人决定，无论是值班律师还是辩护律师均不得代为作出。律师可以在被追诉人是否认罪认罚问题上给出建议，帮助其分析利弊得失，但绝不能将自己的意见强加于被追诉人。"在认罪认罚问题上，辩护律师任何时候都无权代替当事人作出认罪认罚的决定，他（她）永远只是建议者、咨询者、协助者，而不是决定者。"[3]

---

〔1〕 陈虎："律师与当事人决策权的分配——以英美法为中心的分析"，载《中外法学》2016年第2期。

〔2〕 参见陈虎："律师与当事人决策权的分配——以英美法为中心的分析"，载《中外法学》2016年第2期。

〔3〕 韩旭："辩护律师在认罪认罚从宽制度中的有效参与"，载《南都学坛（南阳师范学院人文社会科学学报）》2016年第6期。

我国新修订的《律师执业行为规范（试行）》第 36 条规定："律师与所任职律师事务所有权根据法律规定、公平正义及律师执业道德标准，选择实现委托人或者当事人目的的方案。"可见，我国律师也是根据"目的"与"手段"的标准来分配其与当事人或者委托人之间的辩护权的。

（三）立法与理论的悖论使广大检察人员无所适从

2018 年《刑事诉讼法》第 174 条第 1 款规定："犯罪嫌疑人自愿认罪，同意量刑建议和程序适用的，应当在辩护人或者值班律师在场的情况下签署认罪认罚具结书。"可见，辩护人或者值班律师在认罪认罚具结书上签字，是犯罪嫌疑人认罪认罚的基本要件。律师数量在某些地区不足导致认罪认罚从宽制度适用率难以提升，成了制约该项制度实施的瓶颈。最高人民检察院拟考虑从退休法官、检察官中选任部分人员从事目前值班律师的工作。[1]既然认罪认罚是被追诉人的一项权利，并由其决定，为何立法上却要求辩护人或者值班律师签字确认呢？原因无他，是为了以此保障被追诉人认罪认罚的自愿性、真实性和合法性。但实践证明，我国引进的值班律师制度在保障被追诉人自愿认罪认罚方面并未完全达到效果，值班律师已经异化为见证人，更多是配合检察机关工作而非被追诉人权利的维护者。与其"签署具结书"的要求捆绑了检察人员的手脚，影响了该项制度的适用率，不如遵从基本的诉讼法理和域外经验，只要被追诉人自愿认罪认罚，辩护人或者值班律师无须在认罪认罚具结书上签字，仍然可以适用该项制度对被追诉人从宽处理。如果值班律师制度被弃之不用，必须有相应的替代措施。可考虑采用录像方式证明被追诉人系自愿认罪认罚。如此，既可以对检察人员"松绑"，也可以将辩护人或者值班律师解脱出来，使其将更多的精力用于阅卷和与检察官进行协商，还可以缓解认罪认罚制度的实施对律师需求与律师供给不足之间的矛盾。

即便是由被追诉人决定是否认罪认罚，辩护人或者值班律师也应当帮助其进行选择。可以通过将本案的证据情况、比较认罪认罚与不认罪认罚所产生的不同结果的诉讼方案、不同程序选择的差异、律师的意见和建议等告知被追诉人，由其作出明智和理性的决定。

有学者认为，当被追诉人辩称无罪时，辩护人可以发表独立的辩护意见，

---

〔1〕 笔者参加了于 2020 年 9 月 4 日至 5 日上午最高人民检察院与中国刑事诉讼法学研究会联合举办的"国家治理现代化与认罪认罚从宽制度"研讨会，了解到了这一新的改革动向。

包括构罪但罪轻的意见。[1]对此观点，笔者不敢苟同。尽管辩护人认为构罪的意见并不代表被追诉人认罪，但是这可能给被追诉人带来不利的诉讼后果，不符合依法最大限度地维护被追诉人权益的辩护目的。因为，司法官员会认为其辩护律师就认为他（她）有罪，从而必将削弱被追诉人自行辩护的效果，被追诉人被定罪的概率会提高。律师发表独立意见应有一个基本底线，那就是不得损害被追诉人的利益，恶化其诉讼地位。[2]

二、被追诉人认罪认罚律师能否作无罪或者量刑辩护

在被追诉人认罪认罚情况下律师能否作无罪或者量刑辩护？这也是当前认罪认罚从宽制度实施中的一个突出问题。司法实务部门的人员基于诉讼效率的考量大多排斥律师作上述辩护，有些地方甚至将律师作无罪或者量刑辩护视为被追诉人反悔的表现，拒绝承认被追诉人认罪认罚从而不予从宽。"个别地区在试点办法或实施细则中甚至直接要求，认罪认罚案件中被追诉人和辩护人的意见必须一致，如果被追诉人认罪认罚但辩护律师作罪轻或者无罪辩护的，就不再适用认罪认罚从宽制度。"[3]在多场调研中，笔者深感实务部门的同志对此颇多困惑，因此有必要予以深入探析。

（一）"独立辩护"理论为律师发表无罪或者量刑意见提供依据

与英美法系采"当事人主导"辩护模式不同，我国坚持实体真实的诉讼目的观，强调律师可以相对独立于当事人发表辩护意见。例如，2017年修订的《律师办理刑事案件规范》第5条第3款规定："律师在辩护活动中，应当在法律和事实的基础上尊重当事人意见，按照有利于当事人的原则开展工作，不得违背当事人的意愿提出不利于当事人的辩护意见。"按照该条规定，只要不是"不利于当事人"，辩护律师可以发表独立的辩护意见，即便与当事人的意愿发生冲突。律师可以按照自己对案件的认识独立地发表辩护意见，不受当事人意志的左右。德国法学理论认为："辩护人既不是被告人的纯粹的代言

---

〔1〕　参见闫召华："辩护冲突中的意见独立原则：以认罪认罚案件为中心"，载《法学家》2020年第5期。

〔2〕　关于被告人作无罪辩护时，辩护人可否作罪轻辩护的论述，参见韩旭："被告人与律师之间的辩护冲突及其解决机制"，载《法学研究》2010年第6期。

〔3〕　闫召华："辩护冲突中的意见独立原则：以认罪认罚案件为中心"，载《法学家》2020年第5期。

人，也不是中立的司法官员。他的特征应当表述为，是刑事司法制度中的独立机构，单方面忠实于被告人的利益。德国的法学理论强调辩护人的独立地位，是为了防止其听命于当事人的不合理要求；而且，只有辩护人具有独立地位，他才能与法院和检察官在平等的层面上进行谈判和辩论。鉴于其独立的地位，辩护人不是帮助被告人作出或接受有约束力的程序性指令的代理人。"[1]《日本刑事诉讼法》第 41 条明文规定了"辩护人的独立行为权"，即"辩护人，以本法有特别规定的情形为限，可以独立进行诉讼行为"。我国学者林钰雄教授认为，就整个刑事司法体系的结构设计而言，辩护人虽为被告利益，但同时带有公共利益的色彩，并且担当一定的公法机能。基于辩护人担当一定公益功能并且独立于被告意思之外的自主地位，辩护人可谓整个刑事司法体系中自主的司法单元。[2]

基于辩护人具有独立于当事人意志的自主性以及具有当事人所不具备的专业法律素养，在当事人与其辩护人发生辩护冲突时，允许辩护人独立开展辩护活动，不受当事人意志的约束，有时为了维护当事人的利益，甚至可以违背其意思。"辩护人在诉讼程序中的独立地位亦显现在当其在维护被告之利益时，并不像代理人一样，处处受被告意愿控制。其亦得声请对被告进行心理调查，虽然被告自己觉得很正常，也根本不想进入精神病院被观察；而虽然被告自己已经承认有罪（不管其因何理由为此承认），辩护人仍得为促请无罪判决之辩护。"[3]在被告利益与被告意思冲突时，最能彰显辩护人独立于被告意思之外的自主地位。例如，杀人案件之被告，案发当时与其情妇过夜故有不在场证明，但为避免外遇曝光的情绪因素而忽略被误判杀人的危险及后果。在类似情形下，辩护人在不违反其保密义务的前提下，有可能乃至于有必要为被告利益但反于被告之意思而进行辩护。[4]尽管辩护人可以不受当事人意志的支配进行独立辩护，但是作为当事人权利的专门维护者，辩护人不得实施有损当事人利益的辩护行为。例如，被告人对辩护人坦白自己是替身

---

〔1〕 ［德］托马斯开·魏根特：《德国刑事诉讼程序》，岳礼玲、温小洁译，中国政法大学出版社 2004 年版，第 61 页。

〔2〕 参见林钰雄：《刑事诉讼法》（上册·总论编），中国人民大学出版社 2005 年版，第 161 页以下。

〔3〕 参见 ［德］克劳思·罗科信：《刑事诉讼法》（第 24 版），吴丽琪译，法律出版社 2003 年版，第 150 页。

〔4〕 参见林钰雄：《刑事诉讼法》（上册·总论编），中国人民大学出版社 2005 年版，第 161 页。

犯，辩护人也确信被告人无罪，这时即使被告人希望被认定为有罪，但辩护人为了维护被告人的正当利益也应该作无罪辩护。[1]实践中，在被追诉人认罪认罚时，律师们均坚称其可以作无罪或者量刑辩护，理论依据即在于"独立辩护"理论。"《刑事诉讼法》并未将辩护人认可指控事实列为适用认罪认罚从宽制度的必要条件，也即允许认罪认罚案件中辩护人作无罪或罪轻辩护。"[2]"辩护人是独立的诉讼参与人，其辩护意见不受被告人意志的约束，即使被告人认罪，辩护律师仍然可以根据事实和法律独立发表不同于被告人的辩护意见。"[3]

（二）律师签署认罪认罚具结书并非意味着其认可被追诉人认罪认罚

按照现行法律规定，律师在认罪认罚具结书上签字是犯罪嫌疑人认罪认罚的必经程序。然而，辩护人或者值班律师签字，仅仅证明犯罪嫌疑人此时此刻并未受到暴力、胁迫和引诱，并不意味着其认可犯罪嫌疑人认罪认罚。这就涉及如何看待律师在场签字的性质和功能的问题了。目前无论是理论界还是实务部门，均将其定位为"见证人"角色。该角色并不能当然推导出其对被追诉人认罪认罚的认可。因为，这些需要运用证据和法律进行判断，很多值班律师在签字时也许并未阅卷，更未与犯罪嫌疑人进行是否认罪认罚的"辩护协商"。显然，值班律师并没有对犯罪嫌疑人认罪认罚与否的判断能力。退一步讲，即便辩护人或者值班律师在认罪认罚具结书上签字的行为可以被理解为是对认罪认罚的认可，但是随着程序的进展，犯罪嫌疑人可能会反悔，认罪认罚具结书可能会无效，"以被追诉人为中心"的辩护理念要求律师最大限度地维护其合法利益，律师也可能会反悔，推翻此前签字行为所产生的法律效力。因此，我们不应当以律师在认罪认罚具结书上签字为由限制其后续的无罪或者量刑辩护。"辩护人或值班律师在场是具结书签署的必备形式要件，具结书一般也有对辩护人或值班律师签字的要求。但是，具结书在性质上属于被追诉人的单方声明书，反映的是被追诉人自愿认罪、认罚、认程序

[1] 关于"律师独立辩护"理论和"当事人主导辩护"理论的介绍，参见韩旭："被告人与律师之间的辩护冲突及其解决机制"，载《法学研究》2010年第6期。

[2] 闫召华："辩护冲突中的意见独立原则：以认罪认罚案件为中心"，载《法学家》2020年第5期。

[3] 陈虎："律师与当事人决策权的分配——以英美法为中心的分析"，载《中外法学》2016年第2期。

的态度。辩护人或值班律师在场及在具结书上签字的主要功能是见证具结书的签署过程，预防与遏制专门机关滥用信息不对称优势及威胁、引诱、欺骗被追诉人认罪认罚，保障认罪认罚的自愿性和明智性。将签字直接理解为辩护人对指控意见和量刑建议的认可缺乏根据。"[1]当然，在犯罪嫌疑人认罪认罚时，律师辩护的空间会被大大压缩，律师辩护的重点将不再是法庭而是与检察官进行协商，"协商性辩护"将取代"对抗性辩护"，律师辩护由庭审中的说服法官向庭审前的说服检察官转变。

（三）认罪认罚从宽制度并不否认律师依据证据和法律进行辩护

我国虽然实行认罪认罚从宽制度，但是辩护人的职责并未发生变化。根据 2018 年《刑事诉讼法》第 37 条的规定："辩护人的责任是根据事实和法律，提出犯罪嫌疑人、被告人无罪、罪轻或者减轻、免除其刑事责任的材料和意见，维护犯罪嫌疑人、被告人的诉讼权利和其他合法权益。"根据上述法律规定，提出无罪和量刑意见系辩护人职责所在，不应因实行认罪认罚从宽制度而使被追诉人的辩护权被克减。"如果辩护人仅仅是为了避免辩护冲突，刻意迎合被追诉人的态度和立场，显然有违辩护人的职责要求。"[2]根据最高人民检察院陈国庆副检察长的意见："若被告人系自愿认罪认罚并签署具结书，即使律师提出无罪或者罪轻的辩护意见，法庭经过审理认为检察机关指控罪名正确的，仍然应当依法适用认罪认罚从宽制度。"[3]据此，可以认为，律师提出无罪或者量刑辩护意见并不影响认罪认罚从宽制度的适用。实践中，以律师提出无罪或者量刑意见为由而对被追诉人不适用认罪认罚从宽制度是不符合基本法理和刑事诉讼法相关规定的，应予纠正。

（四）认罪认罚案件中防范司法冤错的必要性要求律师发挥制约力量

如果说之前的冤假错案发生在重罪案件中，那么在当前和今后的一段时间内，我们更应关注轻罪案件中的司法冤错问题。尤其是认罪认罚从宽制度实施之后，适用速裁程序审理的案件一般不进行法庭调查和法庭辩论，这就使法院通过审判纠错的能力大大下降。为此，我们更应重视轻罪案件中被追

---

〔1〕 闫召华："辩护冲突中的意见独立原则：以认罪认罚案件为中心"，载《法学家》2020 年第 5 期。

〔2〕 参见闫召华："辩护冲突中的意见独立原则：以认罪认罚案件为中心"，载《法学家》2020 年第 5 期。

〔3〕 陈国庆："认罪认罚从宽制度若干争议问题解析（下）"，载《法制日报》2020 年 5 月 13 日。

诉人辩护权的保障，尤其是其对专业人士律师发现真相、维护司法正义能力的倚重。在当前适用认罪认罚从宽制度比例较高的"醉驾"案件中，"顶包"现象多有发生。如果辩护人或者值班律师发现被追诉人并非驾驶人，当然有义务作无罪辩护。最高人民法院原常务副院长沈德咏曾撰文指出："法官思想深处有无轻视刑事辩护、不尊重律师依法履职的问题？工作关系上有无存在重视法检配合而忽视发挥律师作用的问题？对此，我们必须认真进行深刻反思。要充分认识到，律师是法律职业共同体的重要一员，是人民法院的同盟军，是实现公正审判、有效防范冤假错案的无可替代的重要力量。"[1]在认罪认罚案件中，律师作无罪或者罪轻辩护有助于司法人员"兼听则明"，发现案件真相，是实现权利制约权力的重要装置。如果我们不希望出现司法冤错，就没有必要排斥和拒绝律师发表无罪和罪轻的意见。检察官客观义务要求其对"不利"和"有利"犯罪嫌疑人的情形"一律注意"，而耐心倾听律师意见是衡量检察官是否履行客观义务的"试金石"。

（五）容忍被追诉人基于诉讼策略的认罪认罚

由于长期以来我国无罪判决率极低，面对这一现实，许多被追诉人均选择了较为务实的认罪认罚以期获得宽缓的处罚。例如，不少被追诉人为了获得缓刑判决而认罪认罚。此种认罪认罚可能是被追诉人的一种诉讼策略，在此种情形下被追诉人并不排斥其律师作无罪或者罪轻辩护。这种"辩护冲突"在刑事诉讼中较为常见，应当予以适度容忍。被追诉人认罪认罚可能是一种不得已的无奈选择，如果不允许律师作无罪或者量刑辩护，实际上便是剥夺了其辩护权，那么被追诉人在诉讼中将处于非常不利的境地。我们应充分认识到认罪认罚从宽制度所具有的权力型特点，防范被追诉人屈从于权力而被迫认罪认罚的现象发生。[2]在庭审中，当出现意见冲突时，主持庭审的法官大多会询问被告人是否同意该律师继续为其辩护，被告人未置可否。其实，被告人已经认识到其与辩护人存在意见冲突，法官的询问确实令其处于一种尴尬的地位，但是只要其未明确表示解除委托关系，其辩护人仍可作无罪或者量刑辩护。也许认罪认罚并非其内心的真实意思，仅是一种诉讼策略，以

---

〔1〕　沈德咏："我们应当如何防范冤假错案"，载《人民法院报》2013 年 5 月 6 日。

〔2〕　参见龙宗智："完善认罪认罚从宽制度的关键是控辩平衡"，载《环球法律评论》2020 年第 2 期。

此表明其认罪悔罪，无罪辩护才是其所追求的。

此外，被追诉人认罪在很多时候是对自然事实的认可，例如承认人是被其所杀，但是否具有正当防卫、紧急避险等违法阻却事由，这涉及比较复杂的法律专业问题，需要具有法律素养和诉讼经验的律师作出独立的专业判断。在被追诉人认罪的情况下，律师完全可以就上述专业问题发表独立的意见。

其实，2018 年《刑事诉讼法》已经认可了律师可作无罪或者量刑辩护。该法第 201 条第 2 款规定："人民法院经审理认为量刑建议明显不当，或者被告人、辩护人对量刑建议提出异议的，人民检察院可以调整量刑建议。人民检察院不调整量刑建议或者调整量刑建议后仍然明显不当的，人民法院应当依法作出判决。"《认罪认罚指导意见》第 41 条第 1 款规定："量刑建议的调整。人民法院经审理，认为量刑建议明显不当，或者被告人、辩护人对量刑建议有异议且有理有据的，人民法院应当告知人民检察院，人民检察院可以调整量刑建议。人民法院认为调整后的量刑建议适当的，应当予以采纳；人民检察院不调整量刑建议或者调整后仍然明显不当的，人民法院应当依法作出判决。""辩护人对量刑建议有异议"其实就是审判阶段的量刑辩护，并且此种辩护产生一定的法律效力，即"人民检察院可以调整量刑建议"。同时，辩护人还可进行罪名辩护，将起诉指控的重罪名改变为轻罪名。这种辩护不仅发生在审查起诉阶段的控辩协商过程中，还可在庭审中实现。根据 2018 年《刑事诉讼法》第 224 条第 1 款之规定："适用速裁程序审理案件，不受本章第一节规定的送达期限的限制，一般不进行法庭调查、法庭辩论，但在判决宣告前应当听取辩护人的意见和被告人的最后陈述意见。"根据前述《认罪认罚指导意见》第 40 条第 2 款的规定："对于人民检察院起诉指控的事实清楚，量刑建议适当，但指控的罪名与审理认定的罪名不一致的，人民法院可以听取人民检察院、被告人及其辩护人对审理认定罪名的意见，依法作出裁判。"该条规定就是辩护人进行罪名之辩的根据。如果重罪名被改变为轻罪名，那么量刑自然会被降下来。在"想象竞合犯"中，还存在一罪与数罪之辩，辩护人可能会提出一罪之罚。一般认为，对"想象竞合犯"实行从一重处断原则，只能定一罪而不能定数罪，既包括同种数罪，也包括异种数罪。[1]实践

---

[1] 参见陈兴良：《刑法适用总论》（上），法律出版社 1999 年版，第 660 页。

中，基于目标考核的考虑，不少检察机关担心公诉重罪名可能不被法院认可，犯罪嫌疑人不会认罪认罚，而公诉轻罪名被法院认可的可能性更大，因此基于保障定罪率以及降低"案-件比"的考虑，检察机关很可能被辩护律师说服，按照轻罪名提起公诉。《认罪认罚指导意见》第 41 条规定值班律师的职责之一是"对人民检察院认定罪名、量刑建议提出意见"，该规定允许值班律师就罪名或者量刑问题发表可能不同于犯罪嫌疑人的意见。《律师办理刑事案件规范》第 185 条规定："犯罪嫌疑人、被告人自愿认罪，同意适用刑事速裁程序，且辩护律师经全面审查后也同意适用刑事速裁程序时，辩护律师则不再做无罪辩护。"据此可以反推，犯罪嫌疑人、被告人自愿认罪，辩护律师不同意适用速裁程序的，可以进行无罪辩护。

三、缺少律师签字的认罪认罚具结书效力应如何认定

虽然按照《刑事诉讼法》的规定，认罪认罚具结书应当由辩护人或者值班律师签字，但是实践中也会遇到律师不到场或者到场后拒绝签字的情形，对于此时认罪认罚具结书是否仍然有效，立法和司法解释均不明确。这就有必要首先思考律师是否有拒绝签字的权利。律师作为对公权力的制约力量，对公权力有权说"不"，那种"凡请必到""凡到必签"的做法，其实是一种流于形式、不负责任的现象。如前所述，律师在认罪认罚具结书上签字至少表明其证明犯罪嫌疑人签字当时未受到暴力、威胁、引诱和欺骗等不当因素的影响，至于之前讯问过程中是否存在上述行为，由于律师无讯问时的在场权，因此不能对此予以证明。实践中，律师签字的行为起到的是对整个讯问过程和签署认罪认罚具结书过程自愿性、合法性的认可作用。需要注意的是，虽然犯罪嫌疑人签字时确实未受到不法行为的影响，但是如果此前讯问时发生了违法取证行为，那么可能会对后续的在认罪认罚具结书上签字的行为产生影响。正如"重复性陈述"排除规则的原理一样。由于律师未参与讯问过程，让其签字证明犯罪嫌疑人认罪认罚的自愿性、合法性未免有些"强人所难"。既然如此，律师在认罪认罚具结书上签字似乎没有太大的实际意义。即便缺少律师签字，仍然可以认定认罪认罚具结书有效。除了上述原因外，还有以下理由：一是律师享有阅卷权、会见权，可以凭自己的内心信念作出独立的判断，以此认定犯罪嫌疑人有罪与否。如果律师"每案必签"，那将意味着公权力机关的有罪认定都是正确的，这不符合刑事诉讼规律，长此以往值

班律师制度和辩护制度可能会被架空。二是认罪认罚具结书具有证据笔录的性质，缺少相关主体签名乃正常现象，并不影响笔录的效力。例如，2018 年《刑事诉讼法》第 140 条规定："搜查的情况应当写成笔录，由侦查人员和被搜查人或者他的家属，邻居或者其他见证人签名或者盖章。如果被搜查人或者他的家属在逃或者拒绝签名、盖章，应当在笔录上注明。"可见，搜查笔录并不因相关主体拒绝签名而失效。三是如果非要有辩护人或者值班律师签名不可，不仅增加了财政支出或者检察经费，而且徒增了律师的工作量，律师资源将捉襟见肘、不堪重负。四是值班律师拒绝签字时认罪认罚具结书仍然有效，已为现行制度所确认。《法律援助值班律师工作办法》第 10 条第 3 款规定："犯罪嫌疑人拒绝值班律师帮助的，值班律师无需在认罪认罚具结书上签字，应当将犯罪嫌疑人签字拒绝法律帮助的书面材料留存一份归档。"值班律师不需要在认罪认罚具结书上签字，是不是意味着值班律师不必到场呢？答案是否定的。律师在场可以监督、约束公权力，避免犯罪嫌疑人与检察机关地位严重失衡。"在没有值班律师见证的情况下签署具结书，不但会影响犯罪嫌疑人诉讼权利的保障，而且程序违法，所签署具结书内容的真实性、合法性也会受到质疑。"[1]根据《认罪认罚指导意见》第 14 条的规定，被追诉人拒绝法律帮助的，在审查起诉阶段签署认罪认罚具结书检察机关依然应当通知值班律师到场。易言之，值班律师签不签字，均不影响认罪认罚具结书的效力，真正决定认罪认罚具结书效力的因素是值班律师是否到场。[2]侦查机关讯问时律师在场权短期内难以确定，但是认罪认罚案件中犯罪嫌疑人签署认罪认罚具结书时律师在场权已经确立，可以此为突破口，待时机成熟时建立讯问时的律师在场权，这可能更具实质意义。

律师拒绝签字的情形之所以发生，可能是因为与律师正在办理的事务在时间上发生冲突，也可能是因为自己的意见未被采纳。无论何种情形，如果律师拒绝到场或者到场后拒绝签字，认罪认罚具结书均应注明，检察机关对此承担证明责任。

对于辩护人或者值班律师拒绝签字的情况，犯罪嫌疑人仍应签署认罪认

［1］ 朱孝清："深入落实认罪认罚从宽制度的几点建议"，载《人民检察》2020 年第 18 期。

［2］ 参见《认罪认罚指导意见》第 14 条规定："拒绝法律帮助的处理。犯罪嫌疑人、被告人自愿认罪认罚，没有委托辩护人，拒绝值班律师帮助的，人民法院、人民检察院、公安机关应当允许，记录在案并随案移送。但是审查起诉阶段签署认罪认罚具结书时，人民检察院应当通知值班律师到场。"

罚具结书。根据 2018 年《刑事诉讼法》第 174 条第 2 款之规定："犯罪嫌疑人认罪认罚，有下列情形之一的，不需要签署认罪认罚具结书：（一）犯罪嫌疑人是盲、聋、哑人，或者是尚未完全丧失辨认或者控制自己行为能力的精神病人的；（二）未成年犯罪嫌疑人的法定代理人、辩护人对未成年人认罪认罚有异议的；（三）其他不需要签署认罪认罚具结书的情形。"显然，辩护人或者值班律师拒绝签字并非犯罪嫌疑人不需要签署认罪认罚具结书的情形。缺少辩护人或者值班律师签字的认罪认罚具结书，仍应在起诉时被一并移送，作为证明犯罪嫌疑人认罪认罚并予以从宽的证据。对此，2018 年《刑事诉讼法》第 176 条第 2 款规定："犯罪嫌疑人认罪认罚的，人民检察院应当就主刑、附加刑、是否适用缓刑等提出量刑建议，并随案移送认罪认罚具结书等材料。"认罪认罚具结书并不因辩护人或者值班律师签名的缺失而被否认其具结书的性质，犯罪嫌疑人仍可被视为具结悔过，同样可以获得从宽处理。

四、程序如何进行

在犯罪嫌疑人签署认罪认罚具结书的情形下，律师若欲作无罪、量刑辩护或者发表此意见，虽然从法理上看是允许的，但是毕竟属于"辩护冲突"，辩护力量相互抵消导致辩护效果不佳。为了实现犯罪嫌疑人利益最大化，如果律师拒绝在认罪认罚具结书上签字，认罪认罚从宽制度将难以适用。此时，犯罪嫌疑人可以拒绝该律师的法律帮助或者辩护。如果是委托辩护，犯罪嫌疑人可以解除委托关系。对检察机关来说，如果犯罪嫌疑人与律师的辩护委托关系存在，检察机关不得避开辩护人而另行指定值班律师在认罪认罚具结书上签字。除此之外，检察机关不得威胁、劝说犯罪嫌疑人解除委托关系。如果犯罪嫌疑人未解除委托关系，律师可以独立发表意见，包括无罪、罪轻的意见。"辩护人的辩护意见独立于被追诉人的意见，二者即使发生冲突也有其内在合理性，如果通过沟通不能达成一致，只要被追诉人没有选择退出机制，辩护人就可坚持自己的辩护意见。"[1]可以考虑，如果律师拒绝在认罪认罚具结书上签字，应当向检察机关说明拒绝的理由，检察官应当记录在案。此时，应当全程同步录像以代替辩护人或者值班律师的签字。该录像资料在

---

〔1〕 闫召华："辩护冲突中的意见独立原则：以认罪认罚案件为中心"，载《法学家》2020 年第 5 期。

提起公诉时应随案移送。律师辞去委托、拒绝辩护可能面临法律上的障碍，按照我国《律师法》规定的律师拒绝辩护的要求，律师接受委托后拒绝辩护必须有"正当理由"，所谓的"正当理由"，主要是指《律师法》规定的"三种情形"，即"委托事项违法、委托人利用律师提供的服务从事违法活动或者委托人故意隐瞒与案件有关的重要事实"。显然，"辩护冲突"并不属于上述情形，可考虑扩大律师拒绝辩护的情形，将"意见分歧"作为解除委托关系、律师拒绝辩护的法定情形。对于这一法律空白，中华全国律协制订的《律师办理刑事案件规范》将"辩护冲突"增列为律师拒绝辩护的正当理由之一。该规范第 12 条第 2 款规定："律师与当事人或者委托人就辩护或代理方案产生严重分歧，不能达成一致的，可以代表律师事务所与委托人协商解除委托关系。"该规定可谓及时而必要。因为此时的律师辩护可能会出现"南辕北辙"的局面，彼此信任关系的消失，不利于实现委托人利益的最大化。针对当前值班律师既不会见，也不阅卷，更不与检察官进行协商、仅仅是在认罪认罚具结书上签字的现实，由于被追诉人并未获得有效法律帮助，值班律师补贴可少发或者不发。

对于被追诉人认罪认罚而律师发表无罪或者罪轻意见的案件，虽然可以适用认罪认罚从宽制度处理，但是法院按照普通程序审理较为适宜。一是可以保障被告人获得公正审判的权利；二是体现了法院对律师执业权利的尊重和对辩护意见的重视；三是显示出法院对此类案件处理的慎重。"辩护人作无罪辩护的案件，通常在事实或证据上都有争点，专门机关在审查后极有可能认为不再符合适用速裁程序要求的事实与证据条件，甚至不再符合简易程序的适用条件。"[1]

需要明确的是，作为法律援助主体的值班律师如果不认同被追诉人认罪认罚的态度和立场的话，是否可以采取如辩护人一样的处理方式，即被追诉人拒绝该值班律师的法律帮助或者值班律师可以拒绝为其提供法律帮助？在我国学界，2018 年《刑事诉讼法》修改前"值班律师辩护人化"的呼声较高，认为值班律师实际上履行了部分辩护律师的职责，是"特殊的辩护律师"，只有

---

[1] 闫召华："辩护冲突中的意见独立原则：以认罪认罚案件为中心"，载《法学家》2020 年第 5 期。

将其"辩护人化"才能发挥值班律师制度的实际功效。[1]虽然 2018 年《刑事诉讼法》并未将值班律师"辩护人化",但是从《刑事诉讼法》规定来看,值班律师除了不享有出庭辩护、调查取证、核实证据等权利外,其他权利与辩护人别无二致。《认罪认罚指导意见》第 12 条第 1 款规定:"值班律师的职责。值班律师应当维护犯罪嫌疑人、被告人的合法权益,确保犯罪嫌疑人、被告人在充分了解认罪认罚性质和法律后果的情况下,自愿认罪认罚。……"既然提供法律帮助的值班律师属于辩方阵营的一员,法律帮助的内容属于辩护的范畴,那么就应当遵循辩护逻辑,自然可以将值班律师作为辩护人对待,适用拒绝辩护的规则。被追诉人可以拒绝该值班律师为其提供法律帮助,并可要求公权力机关另行为其指派法律援助值班律师。如此,可以较好地保障被追诉人获得法律帮助权的实现。尚需注意的是,实践中对于共同犯罪案件的各被追诉人,检察机关通常会指定一名值班律师签署认罪认罚具结书,这种做法不符合基本的辩护规则。因为各被追诉人之间可能会推卸责任,存在利益冲突。《律师办理刑事案件规范》第 13 条第 1 款规定:"同一名律师不得为两名或两名以上的同案犯罪嫌疑人、被告人辩护,不得为两名或两名以上的未同案处理但涉嫌的犯罪存在关联的犯罪嫌疑人、被告人辩护。"根据我国《律师法》第 50 条之规定,违反规定接受有利益冲突的案件的,应当给予警告、停业整顿 1 个月以上 6 个月以下的处罚,可以处 10 万元以下的罚款;情节特别严重的,由省、自治区、直辖市人民政府司法行政部门吊销律师事务所执业证书。可见,我国法律是禁止律师接受有利益冲突的案件的。检察机关不应图省事和方便,将共同犯罪案件中对各犯罪嫌疑人的法律帮助指定同一值班律师进行。法律帮助权具有辩护权的属性,应当遵循辩护规则。

---

〔1〕　参见陈瑞华:"认罪认罚从宽制度的若干争议问题",载《中国法学》2017 年第 1 期;顾永忠、李道遥:"论我国值班律师的应然定位",载《湖南科技大学学报(社会科学版)》2017 年第 4 期。

第十三章

CHAPTER 13

论"案-件比"考评体系对认罪认罚从宽制度实施的影响

一、"案-件比"考评体系概述

"案-件比"是一项全新的办案质量评价指标体系。"当事人、老百姓被举报、诉至或者自己主动将他人举报、诉至司法机关，司法机关立案后，这就是'案'。用老百姓的话说，自己有个'案子'在公安，在法院有个'案子'等等。什么是'件'？就是公安机关、检察院、法院依照诉讼法规定的程序，在办理案件过程中，在自己相关的办案环节，在司法统计或者自己办案管理系统中，作为一个案件来统计的'案子'。不同司法机关统计的针对特定当事人的同一个'案子'，均自然地作为自己办案环节的一个或多个'案件'。也就是说，'案件'一般都远远多于当事人自己认为的在司法机关的那一个'案子'。比如，公安机关立案后是一个'案件'；检察机关批捕该案又是一个'案件'；起诉该案，统计上又是一个'案件'；法院受案后，该案进入一审程序，统计上又是一个'案件'；该案二审、再审后又会分别多出一二个'案件'。也就是说，在统计上共批捕多少'案件'，起诉多少'案件'，抗诉多少'案件'，这些都可能是同一个当事人的同一个'案子'的不同'案件'。对于当事人来讲，经过了公安机关、检察院、法院，自己的一个'案子'至少被办成三五个'案件'。据此不难看出，总体来讲，'件'和'案'之间的比越高，司法资源付出就越多，司法人员就越辛苦，案件的质效，至少当事人自己认为的案件质效往往就越低，案件的政治效果、社会效果、法律效果和当事人的感受可能就越差。无疑，最好的'案-件比'就是1:1。检察机关

— 258 —

受案后起诉到法院，一审宣告有罪，判决生效，当事人服判，那么检察机关和法院办理该案的'案-件比'均为1∶1，当事人由此可能最大限度地感受到了'案子'办理过程中的公平正义和效率。"[1]

通过对"案-件比"考评体系（以下简称"案-件比"）的定义进行分析可知，其具有以下三点特征：

第一，明确的指向性。"案-件比"考评体系指向明确，其一是为了最大限度地减少当事人的讼累；其二是为了最大限度地提升司法质效，特别是检察办案质效。对此，最高人民检察院检察长张军在2020年5月份所作的《最高人民检察院工作报告》中指出："创立这一评价标准意在督导检察官强化责任意识、提升司法能力，努力把工作做到极致，避免不应有的程序空转。"[2]

第二，鲜明的专属性。"案-件比"考评体系由检察机关率先提出，是针对检察官办案的考核评价体系。2020年4月，最高人民检察院印发了《关于开展检察官业绩考评工作的若干规定》（以下简称《检察官业绩考评规定》），姑且先不提及该规定的内容，单从标题即可看出其针对的是检察官个人的业绩考评。同时，基于考核结果对检察官个人未来发展的重要价值，考核工作成了检察官在工作中争先创优的内驱力。为了获得优秀的考核结果，检察官工作的热情和积极性必然会被调动起来。[3]

第三，广泛的联动性。虽然"案-件比"仅针对检察官办案质效进行考核，但基于检察机关在刑事诉讼中特殊的诉讼地位，其不可避免地会将影响波及其他机关。以认罪认罚案件的办理为例，因"案-件比"严格限制退侦的次数，检察机关必然会加强引导侦查的力度。

二、"案-件比"考评体系为何会对认罪认罚从宽制度产生影响

"案-件比"考评体系对认罪认罚从宽案件办理的影响是巨大的。因为，检察机关的绩效考核指标犹如一根"指挥棒"，对检察官的办案行为具有重要的指导作用。同时，由于"案-件比"考核范围涉及认罪认罚案件办理的方方面面，如批捕（不批捕）申诉、不批捕复议、不批捕复核、一次延长审查起

---

[1] 张军："关于检察工作的若干问题"，载《人民检察》2019年第13期。

[2] 张军："最高人民检察院工作报告——2020年5月25日在第十三届全国人民代表大会第三次会议上"，载《检察日报》2020年6月2日。

[3] 韩旭："检察官业绩考评具有鲜明科学性"，载《检察日报》2020年9月11日。

诉期限、二次延长审查起诉期限、三次延长审查起诉期限、一次退回补充侦查、二次退回补充侦查、不起诉复议、不起诉复核、不起诉申诉、撤回起诉、法院退回、检察机关建议延期审理、国家赔偿等内容，因此"案-件比"考评体系必然会对认罪认罚案件的办理产生影响。

（一）办理认罪认罚案件有助于提升质量指标

办理认罪认罚案件能够提升案件的质量是因为，被追诉人获得从宽处罚的前提是积极认罪，即必须首先自愿如实供述自己的罪行，承认指控的犯罪事实。因此，这就要求被追诉方通过积极作为，主动供述犯罪事实，减少司法资源的投入，由此获得一个从宽处罚。而被追诉人无疑是最了解案件事实的人，因此其如实供述便于司法机关更好地收集取证，提高办案质量。同时，因为被追诉人认罪认罚系自愿、量刑协商充分，其在后续诉讼过程中反悔的概率将大大降低，上诉率亦会随之下降。

（二）办理认罪认罚案件有助于提升效率指标

办理认罪认罚案件能够提升办案的效率是因为，认罪认罚从宽制度与诉讼程序勾连在了一起，即在普通程序、简易程序、速裁程序中均可以适用认罪认罚从宽制度。特别是速裁程序，一般不进行法庭调查和法庭辩论，这无疑能够节省大量时间、提高庭审的效率。普通程序简化审也可提升诉讼效率。

（三）办理认罪认罚案件有助于提升效果指标

办理认罪认罚案件能够提升办案的效果是因为：其一，在认罪认罚量刑建议的形成过程中，检察官要充分听取被追诉人和辩护人的意见，确保被追诉方的合法关切能够体现在量刑建议中。因此，被追诉人的诉讼主体地位进一步得到彰显。又由于他参与了裁判的形成，所以必然能够提升裁判文书的可接受性，也更有利于执行。其二，检察官在办理认罪认罚案件时要充分考虑被追诉人赔礼道歉、赔偿损失、退赃退赔的情况。有的被追诉人出于获得从宽处罚的目的、为了争取一个更轻的量刑建议，必然会努力得到被害方的谅解。因此，办理认罪认罚案件有助于化解社会矛盾，可以使被追诉人的主体地位得到尊重、被害人的合法权益得以维护、检察机关在审前程序中的主导地位得以实现。

三、"案-件比"考评体系会对认罪认罚从宽制度产生何种影响？

如前所述，考虑到"案-件比"考评体系的专属性和联动性，特别是在

"案-件比"中关于"件"的选择标准，重点指原本可以避免或者减少发生，但因前一个环节未将工作做到极致而产生，引起当事人负面感受并反映检察机关办案质效的业务活动。除了"案"的基准数外，目前主要选取了数十项业务活动：批捕（不批捕）申诉、不批捕复议、不批捕复核、一次延长审查起诉期限、二次延长审查起诉期限、三次延长审查起诉期限、一次退回补充侦查、二次退回补充侦查、不起诉复议、不起诉复核、不起诉申诉、撤回起诉、法院退回、检察机关建议延期审理、国家赔偿等内容。[1]应当承认，"案-件比"对认罪认罚从宽制度的影响主要是通过影响办理和参与认罪认罚案件的诉讼各方的行为来实现的，同时也为防止论述挂一漏万，笔者接下来将按照对参与认罪认罚案件办理的诉讼各方的影响依次展开分析。

（一）"案-件比"对检察官办理认罪认罚案件的影响

因检察官是办理认罪认罚案件的主体，同时又是"案-件比"考评体系的对象，毋庸置疑，"案-件比"通过考核检察官的办案质效，进而影响认罪认罚案件的办理。

"案-件比"对检察官办理认罪认罚案件的影响主要体现在：

1. 检察官适用认罪认罚从宽制度办理案件更加积极

"案-件比"考核会积极促进检察官办理认罪认罚案件的原因在于：其一，检察机关已将办理认罪认罚案件纳入了业绩考核范围；其二，通过办理认罪认罚案件能够切实、有效地降低"案-件比"。据河南省许昌市检察机关统计：2019年，许昌市检察机关适用认罪认罚从宽制度案件审查起诉2294件，退回补充侦查242件，延长审查起诉期限381件，二审上诉39件，其他3件，"案-件比"约为1.290；未适用认罪认罚从宽制度案件审查起诉2550件，退回补充侦查888件，延长审查起诉期限1067件，二审上诉359件，其他7件，"案-件比"约为1.910。可以看出，2019年适用认罪认罚从宽制度案件的"案-件比"低于其他适用普通程序案件的"案-件比"。实践证明，认罪认罚从宽制度有利于降低诉讼程序中的对抗，减少不必要的诉讼程序，进一步降低和控制"案-件比"。[2]

---

〔1〕 董桂文、郑成方："'案-件比'：新时代检察机关办案质效的'风向标'"，载《人民检察》2020年第11期。

〔2〕 范仲瑾、罗向阳、王峰："'案-件比'的控制和优化——以河南省许昌市检察机关'案-件比'情况为样本"，载《人民检察》2020年第6期。

2. 检察引导侦查的力度加大

从司法实践来看，退回补充侦查案件和延长审查起诉期限案件数是影响刑事"案-件比"指标的关键数据。[1]因此，为降低"案-件比"，检察机关会改变以往的办案模式，引导侦查和自行侦查的力度势必加大。

这种改变至少会体现在三个方面：其一，检察机关在案件发生后就积极介入案件的侦查活动；其二，检察机关在审查批捕环节积极介入案件的侦查活动；其三，在需要退回公安机关补充侦查的情形下，检察机关可能会更倾向于自行侦查。

具体到认罪认罚案件中，对于犯罪事实清楚、证据确实充分的轻微刑事案件，检察机关在很大程度上会适用"刑拘直诉"或者"取保直诉"方式进行办理，[2]即省去逮捕环节，在拘留或者取保候审期间直接审查起诉。

3. 检察文书释法说理的力度加大

因批捕（不批捕）申诉、不捕复议和复核、不起诉复议和复核、不服不起诉申诉、被告人上诉等内容均被纳入"案-件比"考核范畴，因此检察官释法说理的任务势必加重。

其实，在2017年6月最高人民检察院发布的《关于实行检察官以案释法制度的规定》就明确指出，检察官要重点围绕不批准逮捕、不起诉、附条件不起诉等案件中展开释法说理工作。检察官释法说理的对象包括审查逮捕、审查起诉案件的当事人及其近亲属；国家赔偿案件的赔偿请求人、案件涉及的其他诉讼参与人、利益相关人等与案件有关的人员和单位；对检察机关作出的决定可能存在异议的相关办案机关等。2017年7月最高人民检察院又发布了《关于加强检察法律文书说理工作的意见》。其中特别指出，对于"侦查监督工作中，作出不批准逮捕决定或者对在罪与非罪上有较大争议且社会关注的敏感案件作出批准逮捕决定的；复议复核维持原不批准逮捕决定的"，检

---

〔1〕 陈海潮："'案-件比'指标的理解与适用情况分析"，载《人民检察》2020年第6期。

〔2〕 山东省《关于适用刑拘直诉机制办理刑事案件的若干意见》第1条规定："刑拘直诉机制是指对于基层人民法院管辖的可能判处三年有期徒刑以下刑罚的案件，案件事实清楚，证据确实、充分，犯罪嫌疑人认罪认罚的，公安机关经犯罪嫌疑人同意，对其拘留后可以不再提请审查批准逮捕或者变更强制措施，在侦查终结后直接移送人民检察院审查起诉，公安机关、人民检察院、人民法院应当在刑事拘留期限内完成侦查、起诉、审判工作。"浙江省《关于推行刑拘直诉工作机制的意见》规定："刑拘直诉机制是指公安机关、人民检察院、人民法院在刑事诉讼活动中，对案情简单、事实清楚、证据确实充分、适用法律无争议的轻微刑事案件，在刑事拘留期间内完成侦查、起诉、审判的工作机制。"

察法律文书应当着重进行说理。

同时，检察机关为了推进释法说理工作，还会对检察权进行适度司法化的改革，也即建立普遍的听证程序。以羁押必要性审查为例，对于是否还有继续羁押必要的案件，检察官往往采取听证的方式进行决定，一方是犯罪嫌疑人及其辩护律师，另一方是侦查人员，检察官处于中立的地位，居中判断。在举行听证的过程中，充分保障被追诉方发表意见的权利。

4. 检察机关内部行政审批程序增加

在推进司法责任制的过程中，检察机关制作了针对检察委员会、检察长（副检察长）、检察官的权力清单。其中，多数省级院将普通案件的批准（决定）逮捕权、提起公诉决定权授权检察官行使，重大、疑难、复杂以及职务犯罪等案件的逮捕、起诉决定权保留由检察长行使。不批捕、不起诉的决定权则基本保留在检察长手中。[1]特别是在认罪认罚案件中，根据《人民检察院办理认罪认罚案件监督管理办法》第9条的规定："对于犯罪嫌疑人罪行较轻且认罪认罚，检察官拟作出不批准逮捕或者不起诉决定的案件，应当报请检察长决定……"

不捕申诉、不捕复议和复核已被纳入"案-件比"考核范围。因此，检察官在办理认罪认罚案件过程中，为降低"案-件比"，一方面会减少不捕率，另一方面基于考核不捕率的目的，会积极通过内部程序将不捕的案件提交检察长或者检察委员会决定。

（二）"案-件比"对公安机关（监察机关）办理认罪认罚案件的影响

"案-件比"考评对公安机关的影响是通过检察官来传导的。基于"捕诉合一"和检察引导侦查制度，检察官为降低"案-件比"，会努力做好侦查阶段的工作。在处理检警关系的层面上，检察机关会发挥引导作用，及时介入侦查引导取证，减少不必要退回补充侦查情形的发生，确有退回补充侦查必要的，也应对退回补充侦查加强引导和监督，减少无效补充侦查情形的发生。[2]自然而然，"案-件比"就会对公安机关办理认罪认罚案件产生影响。

"案-件比"对公安机关办理认罪认罚案件的影响主要体现在以下几点：

---

〔1〕 龙宗智、符尔加："检察机关权力清单及其实施问题研究"，载《中国刑事法杂志》2018年第4期。

〔2〕 参见樊崇义、李思远："由理念走向制度——评检察机关'案-件比'为核心的案件质量评价指标体系"，载《人民检察》2020年第9期。

1. 在侦查阶段适用认罪认罚从宽制度更加积极

检察引导侦查更加积极自不待言，更为关键的是，在侦查阶段适用认罪认罚更加积极。原因在于：其一，检察机关与公安机关在侦查阶段就认罪认罚的适用达成共识，可以有效地减少不捕复议和复核，降低"案-件比"；其二，被追诉人侦查阶段认罪认罚获得的量刑优惠较之审查起诉和审判阶段更大；其三，认罪认罚案件的证明难度降低，能有效地减少公安机关在侦查环节的投入。

2. 案件在侦查阶段开始分流

案件在侦查阶段开始分流主要表现为公安机关根据《刑事诉讼法》第16条的规定，对情节显著轻微、危害不大，不认为是犯罪的案件作撤销案件的处理。

由于"案-件比"考核将不起诉复议和复核纳入其中，同时检察机关内部对不起诉率也进行考核，因此，检察机关会以引导侦查的方式将部分情节显著轻微、危害不大，不认为是犯罪的案件建议公安机关撤销案件，将此类案件拦在审查起诉之前，以防在审查起诉阶段被检察机关作不起诉决定后，公安机关对不起诉决定进行复议和复核，拉高"案-件比"。同时要考虑到，必须经过补充侦查是适用存疑不起诉的程序条件。[1]对于可能不起诉的案件，检察机关与其在审查起诉阶段将案件退回补充侦查，拉高"案-件比"，还不如在侦查阶段建议公安机关撤销案件。

3. 逮捕适用率下降，非羁押强制性措施适用率上升

"案-件比"的评价指标，重在以数字对比凸显诉讼程序的衍生现象，即办案环节增多，造成司法案件的"件数"随之增多，从而拉低诉讼效率。而办案环节多的主要原因，是办案质量可能存在问题，亦即没有"将工作做到极致"所致。[2]为降低"案-件比"，特别是降低公安机关对不捕案件的复议和复核，同时由于刑事诉讼法已将被追诉人认罪认罚的情况纳入是否适用逮捕措施的考察范围，因此，在司法实践中，逮捕的适用率会下降，而代之以取保候审或者监视居住等非羁押措施。

逮捕率下降会以两种方式呈现出来：其一，检察机关不批准逮捕，而决

---

〔1〕 参见余啸波主编：《公诉实务教程》，上海交通大学出版社2012年版，第134页。
〔2〕 参见张建伟："以'案-件比'为核心的案件质量评价指标解析"，载《人民检察》2020年第9期。

定适用取保候审或者监视居住；其二，公安机关根据案情自行决定取保候审或者监视居住，而不提请检察机关批准逮捕，也就是提请逮捕率的下降。

4. 检察引导侦查转变为检察指挥侦查

众所周知，优化"案-件比"的关键在于强化案件质量。证据质量高，就会大大减少案件延长、退查、上诉等诉讼环节，而证据质量的源头在侦查，因此提高侦查质量就成了优化"案-件比"需要面对的首要问题。[1] 如前所述，为降低"案-件比"，特别是为降低公安机关对不捕和不起诉的复议和复核，为谋求在某些诉讼行为上的一致性，检察机关会积极介入侦查环节的取证活动。由此，传统的检察引导侦查模式可能会转变为检察指挥侦查的新模式。在"案-件比"推动下的检察引导侦查的力度会加强，因此会出现一种"强引导"，近似于"指挥"的侦检办案新模式。

这种检察指挥侦查的新模式会有四种表现形式：其一，检察机关对刑事立案环节的监督更加积极，特别是对不应当立案而公安机关立案的案件；[2] 其二，检察机关对公安机关的取证活动介入更加积极；其三，检察机关对退回公安机关补充侦查的案件介入更加积极。2020年3月最高人民检察院和公安部联合发布的《关于加强和规范补充侦查工作的指导意见》第5条明确指出公安机关应当按照人民检察院的要求开展补充侦查。其四，为保证被追诉人认罪服判和减少无罪判决率，检察机关会积极推动侦查人员等出庭作证。

同时，也不应忽视"案-件比"对监察机关办理职务犯罪案件产生的影响。与检察引导侦查不同，当下的检察机关还无力对监察机关调查取证活动产生类似公安机关的约束力，更遑论检察引导监察。但一方面出于以审判为中心的刑事诉讼制度改革要求，监察机关调查取证的成效在某种程度上直接决定了检察机关指控犯罪成功与否。因此，为保障检察机关指控犯罪的顺利进行，监察机关会尽力配合检察机关的公诉工作。另一方面，监察机关的

---

〔1〕 于潇："墙内开花墙外也香"，载《检察日报》2021年2月9日。

〔2〕 湖南省长沙市雨花区人民检察院降低"案-件比"的举措之一就是充分发挥捕诉联动作用，实现对侦查活动的实质化监督，形成审查、引导、反馈、规范的良性循环机制。案件审查逮捕流程结束、移送审查起诉之前，由同一名检察官连续引导捕后案件的侦查方向、侦查重点，跟踪引导侦查，弥补侦检对接的"空窗期"，对于侦查人员怠于取证、违法取证等活动全程监督，并有效追责，扩宽了监督的时空维度。马贤兴："依托'捕诉一体'降低'案-件比'"，载《人民检察》2020年第6期。

工作人员有相当一部分是由检察机关反贪渎职等部门人员转隶而来，由此监察办案的方式必然会带有检察机关办案的思路和做法，这也为监检衔接提供了共同的工作思路和话语体系。因此，尽管目前退回补充调查未被纳入"案-件比"考评，但监察机关在办案过程中势必会根据检察机关的建议办理案件。

（三）"案-件比"对当事人参与认罪认罚案件的影响

在新的依法治国语境下，检察机关要完成宪法所赋予的法律监督的使命，就必须顺应历史潮流，以宪法"依法治国""尊重和保障人权"的精神为依归，努力成为宪法、法律的守护者，公民基本权利的守护者。[1]以"案-件比"为核心的案件质量评价指标体系其实是以当事人为中心的案件质量评价体系，它注重当事人的"用户体验"，以程序优化、诉讼便捷、效率提升、当事人满意作为评判标准，可以避免不必要的诉讼环节、减少当事人的诉累，给当事人带来"福音"。[2]该指标考核体系体现了"以人民为中心"的检察工作理念。"案-件比"主要会对两类当事人产生影响，一类是被追诉人，另一类是被害人。因为"案-件比"考核"不服不起诉申诉"和"被告人上诉"，因此为降低"案-件比"，检察机关会努力争取被追诉人的认罪服判和被害人的认可，所以"案-件比"会对当事人参与认罪认罚案件产生影响。

1. "案-件比"对被追诉人诉讼行为产生的影响

第一，被追诉人的诉讼权利得到充分保障。"案-件比"通过将"被告人上诉"纳入考核指标，实现了被追诉人有途径对检察官的办案质量和方式进行评价的目的。因此，检察官为减少被追诉人的上诉，必定充分保障被追诉人的诉讼权利，如在审前阶段有效的法律帮助权、要求开示证据的权利、反悔以及申请变更强制措施等权利，让被追诉人尽可能将辩护意见充分发表在审前阶段。

第二，认罪认罚案件中量刑协商更加充分。准确量刑是认罪认罚从宽制度实施的关键一环。被追诉人之所以认罪认罚，一方面是基于认罪反悔权，另

---

〔1〕 魏晓娜："依法治国语境下检察机关的性质与职权"，载《中国法学》2018 年第 1 期。

〔2〕 参见熊秋红："'案-件比'质量评价指标体系的学理观察"，载《人民检察》2020 年第 9 期。

一方面则是量刑适当。特别是《认罪认罚指导意见》第33条第1款明确规定："……人民检察院提出量刑建议前，应当充分听取犯罪嫌疑人、辩护人或者值班律师的意见，尽量协商一致。"为减少被告人基于量刑不当而上诉的现象（"留所服刑"等技术性上诉除外），检察官会尽量与其就量刑进行充分协商。[1]

第三，被追诉人行使权利更加积极，诉讼主体地位进一步得到彰显。认罪认罚从宽制度通过量刑减让的方式使得被追诉人能够充分发表自己的意见，以便其更好地参与到刑事诉讼活动中来，进一步提高了裁判文书的可执行性。特别是"案-件比"考核将"被告人上诉"纳入其中，一方面，检察官听取被追诉人意见的压力更大、动力更足；另一方面，被追诉人行使权利的主动性也会被大大激发。

2. "案-件比"对被害人诉讼行为产生的影响

第一，被害人行使权利更加积极主动。根据《认罪认罚指导意见》第16条的规定，被害方谅解是从宽处罚的重要考虑因素。因此，一方面，被追诉人会积极赔偿、赔礼道歉，取得被害方的谅解，争取从宽处罚；另一方面，检察官也会积极促成被害方对被追诉人的和解谅解。特别是考虑到当前检察机关正在推进的羁押必要性和不起诉听证制度，被害方作为听证会的当然参加者，因后续的决定直接关乎自己的切身利益，在对被追诉人是否批捕和是否起诉的问题上会积极发表意见和看法。

第二，检察官听取被害人的意见更加充分。长期以来，被害人一直处于刑事诉讼被遗忘的角落中。如何保障被害人合法权益得到实现是刑事司法治理的难题。造成这种现象的原因主要有两个：其一，被害方的谅解对被追诉人量刑的影响有限；其二，被害方表达诉求的方式较为单一，仅是由检察官听取意见。而在认罪认罚从宽制度的背景下，再加上"案-件比"考核，检察官听取被害方意见的方式将更加多样。特别是在"案-件比"的引导下，每一名检察官办案都要综合考虑天理、国法、人情，把自己摆进去，与当事人换

---

〔1〕 2020年12月，最高人民检察院下发的《关于认真学习贯彻十三届全国人大常委会第二十二次会议对〈最高人民检察院关于人民检察院适用认罪认罚从宽制度情况的报告〉的审议意见的通知》指出："（检察机关）在听取意见时做到每案必听意见、凡听必记录、听后有反馈，避免办案人员'一锤定音'和'我说了算'，积极探索控辩协商同步录音录像制度。"戴佳："最高检提出28条意见'十个着力'积极贯彻落实全国人大常委会对适用认罪认罚从宽制度情况报告的审议意见"，载《检察日报》2020年12月11日。

位思考。[1]以不起诉为例，有的地区检察机关试行不起诉听证制度，通过召开听证会，使得被追诉人和被害方在听证会上充分发表意见，检察官处于中立裁判的地位，综合双方的意见形成最好的决定。由此改变了过去检察官单方面分别听取被追诉人和被害方意见的方式，促进了司法公正，提高了司法效率。被害人作为当事人的诉讼地位得到尊重，诉讼权利得以维护，可以降低不诉案件的申诉率。

（四）"案-件比"对法院办理认罪认罚案件的影响

"案-件比"对法院办理认罪认罚案件的影响也主要是通过检察官传导的。因为"案-件比"考核"法院退回""国家赔偿"等内容，因此检察机关会通过与被追诉人进行量刑协商，让其自愿认罪认罚的方式，要求法院根据《刑事诉讼法》第201条的规定，"一般应当采纳"指控的罪名和量刑建议，以此降低"案-件比"。

具体而言，"案-件比"会对法院办理认罪认罚案件产生如下影响：

1. 推动庭审实质化的发展

在检察机关推进认罪认罚从宽制度的过程中，一直伴随着其与审判中心主义改革的关系的学术争论。在笔者看来，"案-件比"的推行有助于推动庭审实质化的发展，原因在于：

第一，"案-件比"考核围绕的是庭审，重点在于减少不必要的程序流转。此点改革举措与审判中心主义改革的宗旨相一致。

第二，审判中心主义针对的是"侦查中心主义"，目的在于改变刑事司法实践中侦查决定审判的不当做法。而"案-件比"通过督促检察官积极履职，加强对侦查工作的引导，保障在案证据质量，进一步使得侦查收集的证据经得起审判的检验。

第三，"案-件比"其中一项考核指标就是延期审理，特别是检察官建议法院延期审理的行为。可以想见，在"案-件比"的考核之下，检察官在庭审环节建议延期审理的行为和次数会大大减少，进而保障集中审理、迅速审判原则的实现。

2. 对认罪认罚案件更多地进行形式审查

认罪认罚从宽制度被写入《刑事诉讼法》给法院带来了两大挑战：一大

---

[1] "深刻认识'案-件比'蕴含的司法规律"，载《检察日报》2020年11月9日。

挑战是如何审查认罪认罚的自愿性和真实性？另一大挑战是面对检察机关的量刑建议，如何进行科学量刑？[1]

由于速裁程序可以省略法庭调查和法庭辩论的规定，使得法院对认罪认罚案件的审理变为了一种形式审查。2021年4月最高人民法院发布的《刑诉法解释》对此也有所体现。其中第351条规定："对认罪认罚案件，法庭审理时应当告知被告人享有的诉讼权利和认罪认罚的法律规定，审查认罪认罚的自愿性和认罪认罚具结书内容的真实性、合法性。"这就表明，法院审理认罪认罚案件将主要围绕"审查认罪认罚的自愿性和认罪认罚具结书内容的真实性、合法性"展开。

特别是检察官面对"案-件比"考核的压力，对量刑建议的适用率和采纳率会极大提升，进而有可能迫使法官进一步通过速裁程序的适用，对案件更多地进行一种形式审查。对此，2020年10月，在下发4起认罪认罚案件适用速裁程序典型案例的同时，最高人民检察院第一厅厅长苗生明介绍，检察机关适用认罪认罚从宽制度办理的案件，起诉至法院后适用速裁程序审理的占27.6%。这一制度所蕴含的效率价值尚未得到充分彰显。[2]因此，可以预见，未来检察机关会加强对速裁程序的适用。

3. 对量刑建议的采纳率上升

认罪认罚从宽制度的推行和"案-件比"考核的出台，在一定程度上会导致法院对量刑建议的采纳率上升。对此，原因在于：

第一，《刑事诉讼法》第201条"一般应当采纳"条款本身就暗含着审判权对检察权的适度容忍义务。因此，法院采纳检察机关所提量刑建议本身就存在制度空间。

第二，随着认罪认罚从宽制度的推行，其包含的制度红利（如化解社会矛盾等）将进一步得到释放，同时获得参与案件办理各方的认可。因此，法院采纳检察机关所提的量刑建议就具有了实践理性。

第三，随着检察官量刑方面的实践，其量刑建议的科学化将得到提高，进而法院的采纳率也会随之提高。

---

[1] 关于法院审查认罪认罚案件的方式请参见陈瑞华："论量刑协商的性质和效力"，载《中外法学》2020年第5期。

[2] 史兆琨："最高检下发4起认罪认罚案件适用速裁程序典型案例　认罪认罚案件要善用多用速裁程序"，载《检察日报》2020年10月14日。

第四，法检实质上的配合关系，也会促使量刑建议采纳率的提升。总的来看，法院和检察机关之间仍是"配合有余，制约不足"。因此，法检在认罪认罚案件中的配合也必然导致采纳率上升。

四、"案-件比"考评体系对认罪认罚从宽制度产生的不利影响

建立绩效考评制度对保证案件的质量与数量的统一是必要的，但必须科学合理，以免发生副作用，有碍司法公正。[1]我们在看到"案-件比"考核对认罪认罚从宽制度带来诸多好处之时，亦不能忽略其可能对认罪认罚从宽制度造成不利影响。结合"案-件比"在司法实际中的运行，其带来的不利影响包括如下几点。

（一）片面追求降低"案-件比"，案件质量下降

"案-件比"在减少不必要的程序流转方面效果显著，但部分检察官片面追求"案-件比"的降低，导致案件质量下降。较为典型的表现如：

第一，诱发"带病起诉"。减少退回补充侦查的次数对于降低"案-件比"具有显著效果。因此，部分检察官为降低"案-件比"，对于本该退回补充侦查的案件可能直接提起公诉。在司法实践中，的确存在通过单纯的退回补充侦查而获得较多办案时间的现象，但对此不能一概而论。补充侦查并不是每个刑事案件必须经过的诉讼程序，但补充侦查主要针对事实不清、证据不足或者有漏罪漏犯等情形，在及时收集固定证据、保证准确查明犯罪事实、依法惩治犯罪分子、保障无罪的人不受刑事追究、确保司法公正等方面至关重要。[2]特别是在某些涉众型案件中，退回补充侦查是常态。因此，如果一刀切地将任何案件的退回补充侦查计入"案-件比"考核结果，必然会诱发"带病起诉"。

第二，审查起诉对侦查结果的把关作用下降。审查起诉环节存在的意义在于对侦查行为和结果进行监督制约，从而保障案件质量。但为降低"案-件比"，检察机关过度介入侦查环节可能导致审查起诉环节沦为走过场，这样不仅不利于审判中心主义改革，反而会强化侦查中心主义。

---

〔1〕 陈光中、龙宗智："关于深化司法改革若干问题的思考"，载《中国法学》2013 年第 4 期。

〔2〕 史兆琨："最高检下发 8 起检察机关补充侦查典型案例 规范补充侦查切实提升办案质效"，载《检察日报》2020 年 11 月 30 日。

第三，认罪认罚案件中"检察主导"地位更为明显，审判对审前行为的制约效果更加不明显。审判中心主义对于保障案件质量，杜绝冤假错案具有积极作用，此点不言而喻。除此之外，无论是"侦查中心主义"还是"检察主导"都不利于保障案件质量。认罪认罚从宽制度建构了一套全新的刑事诉讼职能关系和行权模式。[1]在认罪认罚从宽制度的推行过程中，检察机关通过一系列体制机制的保障获得了某种程度上的主导地位，从而致使审判的中立地位不足、把关效果不彰。一旦在检察环节出现冤错，那么"起点错、跟着错、错到底"的问题就将难以避免。由于适用速裁程序审理的案件，法院一般不再进行法庭调查和法庭辩论，对于检察机关提出的量刑建议法院原则上应当采纳，审判程序对此类案件的纠错能力将大大下降。[2]

（二）片面追求降低"案-件比"，检察官压制当事人诉讼权利的正当行使

"案-件比"通过与当事人诉讼权利的行使进行挂钩，来反馈检察官的履职效果。以"案-件比"考核中的不捕申诉为例：如果检察官的不批准逮捕决定没有充分考虑到被害人的感受，很容易引发被害人的申诉，提高"案-件比"，从而说明检察官的工作不到位。因此，为降低"案-件比"，检察官具有压制当事人诉讼权利行使的动力。

第一，压制当事人的程序权利。在"案-件比"考核涉及的数十项指标中，有多项涉及当事人程序权利的行使，如批捕（不批捕）申诉、不服不起诉申诉、被告人上诉、国家赔偿等。同时，又考虑到检察一体的工作机制，上下级检察机关具有天然的一致特性，因此极易导致对当事人的程序权利保障不到位。

第二，压制被害人的诉讼权利。被害人长期属于刑事司法中被遗忘的角落，合法权益易受到忽视，尤其是在认罪认罚案件中，其行使权利的范围更窄。同时，因被害人无法有效参与量刑协商，其对量刑结果的形成没有太大影响，权利更易受到忽视和压制。

（三）"案-件比"考评体系对前期司法改革成果的冲击

司法责任制是司法改革的"牛鼻子"，"案-件比"考评体系更是检察机

---

〔1〕　闫召华："检察主导：认罪认罚从宽程序模式的构建"，载《现代法学》2020年第4期。

〔2〕　韩旭："认罪认罚从宽制度实施检察机关应注意避免的几种倾向"，载《法治研究》2020年第3期。

关推进检察责任制的重要举措，如何使得"案-件比"能够促进检察改革而非削弱前期检察改革的成效尤为值得深思。

"案-件比"考评体系对司法改革尤其是检察改革可能产生的阻碍主要在于对检察官责任制的冲击。检察机关司法责任制改革的目的是实现适度司法化，发挥检察官的办案主体作用，贯彻"谁办案谁负责，谁决定谁负责"的办案机制。[1]而"案-件比"考核的诸多指标均非由检察官个人决定，以不起诉决定为例，根据《人民检察院办理认罪认罚案件监督管理办法》第9条的规定，检察官拟作出不起诉决定的案件应当报请检察长决定。报请检察长决定前，可以提请部门负责人召开检察官联席会议研究讨论。

因此，目前的"案-件比"考核存在一个二律背反的现象：一方面，"案-件比"考核检察官个人的工作绩效；另一方面，考核的诸项指标并非由检察官个人决定。还是以不起诉为例，"案-件比"考核不起诉的复议、复核等内容，但是否不起诉的决定权却不在检察官个人手中。换言之，考核的不利后果由检察官独自承担，但导致检察官担责的行为却并非由检察官作出。

五、如何化解"案-件比"考评体系对认罪认罚从宽制度的不利影响

（一）化解案件质量下降的举措

第一，"案-件比"考核注意区分案件类型。目前，"案-件比"在推行过程中存在"一刀切"的做法，即没有充分考虑到各类案件的特殊性，片面强调对数十项指标的考核，因而引发了一些争议和不良做法。因此，在今后的考核中，首先要划分案件的难易程度，如以涉案人数的多少或者涉案标的的大小为基准；其次，在前一阶段的基础上，划定考核的指标。如此做法，一方面可以激发检察官履职的积极性，另一方面更能保障案件质量。

第二，完善认罪认罚案件中的退侦标准。"案-件比"的提出对于减少当事人的讼累、提升检察官履职的效率具有积极作用。同时，为了保障案件的质量，某些案件退回补充侦查也是不可避免的。因此，为了保障在案件质量和减少程序空转中寻找一个平衡之处，有必要对认罪认罚案件中的退侦标准进行完善，对于应当退回补充侦查的案件，"案-件比"考核要予以充分考虑，减少此类案件的权重或者不计入考虑；而对于不应当退回补充侦查的案件，

---

[1] 龙宗智："新《人民检察院刑事诉讼规则》若干问题评析"，载《法学杂志》2020年第5期。

坚决进行考核。

第三，完善认罪认罚案件中的不起诉标准和证明标准。认罪认罚从宽制度之所以能够分流案件，在很大程度上是基于检察机关对不起诉权的适用。为降低"案-件比"考核中的不起诉复议、复核和申诉的比重，应当对不起诉的适用标准进行完善，特别是采用检察听证的方式，广泛听取各方意见，减少对检察机关不起诉决定的不服。同时，认罪认罚案件中虽然以口供为中心进行证明，但并不意味着检察机关降低起诉的证明标准。检察机关在证明方式上仍要坚持"印证证明"方式，在证明标准上应坚持"事实清楚、证据确实充分"的标准不动摇。[1]

第四，完善认罪认罚案件中检察介入侦查的标准。检察介入侦查，对于引导取证，提高侦查效率具有积极作用，但同时也导致了对侦查的制约不足。检察官在审前程序中的主导责任，主要是对侦查、调查取证成果的监督审查。[2]为降低"案-件比"考核中的退回补充侦查，应当对检察介入侦查的标准进行完善，一方面既能发挥检察对侦查的制约和监督作用，另一方面又能保证侦查效果。

（二）保障当事人诉讼权利完整行使的举措

第一，检察机关加强内部监控机制建设。继 2016 年印发了《人民检察院案件流程监控工作规定（试行）》之后，2020 年 5 月最高人民检察院又印发了《人民检察院办理认罪认罚案件监督管理办法》，从而强化了对检察官办案的管理。特别是后者中的第 8 条和第 9 条，分别确立了特定情形的报告制度和不批准逮捕、不起诉决定的讨论制度。

第二，检察机关改进办案方式，即有必要对办案方式进行适度司法化的改造。2020 年 9 月最高人民检察院发布了《人民检察院审查案件听证工作规定》，其中对检察听证的原则和程序进行了规定。听证的方式即为一种司法化的改造模式。特别是在有必要听取当事人意见的环节，采取听证的方式，兼听则明，充分保障其诉讼权利的行使，可以有效降低"案-件比"。

在此，我们需要考虑到检察听证的效率和成本问题。为此，可以采取依当事人申请和检察官依职权提出的方式，借鉴审判组织和程序，组成听证组

---

〔1〕 韩旭、刘文涛："认罪认罚从宽制度下的诉讼证明"，载《江苏行政学院学报》2020 年第 5 期。
〔2〕 韩旭："刑事诉讼中检察官主导责任的理论考察"，载《人民检察》2020 年第 5 期。

织，举行听证活动。

第三，法院加强对认罪认罚案件的审查。法院是司法质量的最后一道防线。随着认罪认罚从宽制度的推行，首当其冲的问题即是法院如何审查认罪认罚案件？在认罪认罚案件中，"一般应当采纳"条款要求法院对检察机关的量刑建议负有适当的容忍义务，特别是适用速裁程序审理的案件。为此，首先应当明确，在认罪认罚案件中法院仍然具有审查案件的权力；其次，根据《刑事诉讼法》第 201 条的规定，在认罪认罚案件中，法院审查的重点应当放在被告人的行为是否构成犯罪、被告人认罪认罚的自愿性和真实性、量刑建议的适当是否等方面。

（三）加强"案-件比"考评体系与司法责任制的衔接举措

检察官司法责任制是保障案件质量的重要举措，只能加强、不能削弱。因此，一方面，检察官无法自行决定的事项不宜被纳入考核范围，特别是要明确检察委员会工作规则与司法责任制改革之间的关系。[1]如果不起诉决定是由检察官本人作出的，自然应当纳入考核范围。如若不起诉决定是由检察官层报检察长（分管副检察长）后作出的，则不宜再将此不起诉决定纳入考核范围。另一方面，要合理划分"案-件比"考核指标。司法指标是司法评价的前提，是司法活动的风向标和指挥棒，因此合理设定指标既能决定考绩成效，又可对司法运行产生重要影响。[2]同时，切忌搞"一刀切"，要注重考核指标的动态调整，尤其是在设置指标时考虑畅通案件退出机制。刑事诉讼乃前后相继程序的设置和层层过滤机制，随着证据的变化和办案主体认识的深化，已经进入诉讼的案件在审查后退出诉讼是一件再正常不过的事情。[3]

结 语

"案-件比"的提出是司法理念的升级，特别是体现了检察机关办案理念的更新。"案-件比"制度的建立，旨在通过高质量的检察办案，在有效、及时打击犯罪和保障人权的同时，赢得人民群众的信任和认同。[4]推行"案-

〔1〕 韩旭："司法责任制与检察委员会制度新发展"，载《检察日报》2020 年 11 月 20 日。
〔2〕 龙宗智："试论建立健全司法绩效考核制度"，载《政法论坛》2018 年第 4 期。
〔3〕 韩旭："检察官客观义务的立法确立——对检察官第五条的理解与适用"，载《人民检察》2019 年第 15 期。
〔4〕 刘荣军："程序正义视野下的检察机关'案-件比'制度"，载《人民检察》2020 年第 9 期。

件比"考核对于减少当事人讼累、提升司法质效,特别是检察质效,成效显著。在注意到"案-件比"对于检察官办案方式所产生的巨大影响的同时,更应注意到考核指标的合理设置,如此才能在提高检察官履职积极性的同时,更好地保障案件质量。

第十四章

同一值班律师为共同犯罪案件中多名被追诉人
提供法律帮助之检讨

　　《刑事诉讼法》第 36 条对值班律师的适用范围和职能作出了规定，即在被追诉人既没有委托辩护人，也不符合法律援助的条件下，可以约见值班律师为其提供法律帮助。法律帮助的范围限于提供法律咨询、程序选择建议、申请变更强制措施、对案件处理提出意见等事项。如果运行得当，值班律师可以起到帮助被追诉人准确认定案件事实和证据、提供科学辩护方式和策略的作用。

　　但在司法实践中，值班律师制度的运行却变形、走样了，非但未能起到维护被追诉人合法权益的做法，反而导致被追诉人的辩护空间恶化。比较典型的例子是同一值班律师同时为共同犯罪案件中多个被追诉人提供法律帮助的现象。之所以是"多个被追诉人"，是因为在有的案件中，因部分被追诉人聘请了辩护律师或者符合法律援助的条件而无需值班律师提供法律帮助。当然，在某些案件中，因全部被追诉人均未聘请辩护律师，亦全部不符合法律援助的条件，也存在由同一值班律师同时为共同犯罪案件中各被追诉人提供法律帮助的现象。因此，无论是前述的何种情况，均存在由同一值班律师同时为共同犯罪案件中的 2 名及以上的被追诉人提供法律帮助的做法。笔者调研发现，此种做法并非个别现象，带有某种普遍性，故而有必要从学理的角度对此进行检讨，以期提高法律帮助的有效性，更好地保障被追诉人的合法权益。在此，需要提前交代，本章中所称的"共同犯罪案件中的多个被追诉人"不仅包括同案处理的多个被追诉人，还包括未同案处理但涉嫌的犯罪存在关联的案件中的多个被追诉人。

一、原因分析

司法实践中之所以会出现由同一值班律师同时为 2 名及以上的共同犯罪案件被追诉人提供法律帮助的做法，原因无外乎资源有限、值班律师发挥作用的空间有限、公权力机关的认识不足三个方面。

（一）资源有限

资源有限主要体现在办案资源有限和值班律师资源有限两方面。对于前者，其一是办案人手有限。众所周知，共同犯罪案件的首要特点就是涉案人数众多，特别是一些经济犯罪案件和涉黑涉恶犯罪案件，经济犯罪案件如非法吸收公众存款和集资诈骗案。面对如此众多的涉案人员，数量有限的办案人员要从事收集固定证据、制作司法文书等工作尚且力不从心，遑论为每个被追诉人各配备一名合格的值班律师。退一步讲，律师资源是否足够问题暂且不谈，仅是为每名值班律师与各被追诉人会见交流提供场所的压力就不小。其二是办案经费有限。笔者调研发现，值班律师提供法律帮助工作的经费有两种途径供给，一种是由承办案件的检察机关拨付给值班律师，另一种是由当地司法行政机关拨付给值班律师。在各级财政压力紧张的当下，无论是何种拨付途径，拨给值班律师的经费恐怕都会精打细算。

对于后者，主要是因为当下值班律师资源不足。改革开放以后，我国法律服务行业飞速发展，取得了不小的成就，但依然面临着律师资源分布不均匀的情况。一方面，从全国范围来看，东部多、西部少的情况突出；另一方面，具体到某一省份范围内，特别是某些西部省份，很多专业律师（尤其是从事刑事辩护的律师）多集中于省会城市。由此，某些经济欠发达地区的律师资源不丰富，能够提供法律帮助的值班律师力量也显得捉襟见肘。

值班律师是伴随着刑事速裁程序和认罪认罚从宽制度改革试点而建立起来的一种新型律师种类，旨在提供一种"即时初步"的法律帮助。[1]有鉴于此，在内外两种压力的作用之下，出现由同一值班律师同时为共同犯罪案件中多个被追诉人提供法律帮助的现象也就不足为奇了。

（二）值班律师发挥作用的空间有限

当前，值班律师发挥作用的空间有限也是导致此种做法出现的原因之一。

---

[1]　韩旭：《认罪认罚从宽制度研究》，中国政法大学出版社 2020 年版，第 92 页。

值班律师法律帮助的形式化问题较为突出，导致其在很多情况下被认为是可有可无的。这种认知偏差进一步削弱了值班律师提供法律帮助的作用。虽然《认罪认罚指导意见》第 10 条明确了"有效法律帮助"的概念，但自试点以来法律帮助的无效化问题突出。其原因在于值班律师诉讼权利不明确、值班补贴较少和律师基于未来利益的考量，导致很多值班律师在既不会见、也不阅卷、更不进行量刑协商的情况下在认罪认罚具结书上签字。

（三）公权力机关对值班律师制度的认识不足

出现此种做法还与公权力机关对值班律师制度的认识不足有关系。我国《宪法》第 130 条规定："人民法院审理案件，除法律规定的特殊情况外，一律公开进行。被告人有权获得辩护。"此处的"辩护"一词不同于刑事诉讼法中的"辩护"，后者仅指代刑事司法活动中的辩护权能，而前者中的"辩护"处于宪法规范之中，包括刑事诉讼中辩护权能在内的一切带有为被追诉人合法权益提供法律帮助的活动，其中自然包括值班律师的法律帮助行为。换言之，《刑事诉讼法》第 36 条赋予的值班律师为被追诉人"提供法律咨询、程序选择建议、申请变更强制措施、对案件处理提出意见等法律帮助"，一概属于宪法中的被告人有权获得的"辩护"范畴，更是"尊重和保障人权"原则的题中之义。只有站在宪法的角度看"法律帮助权"，才能认识到其不仅关涉《刑事诉讼法》基本规则的落实，更是宪法中"加强人权司法保障"的体现。当然，这种对值班律师制度认识的不足也与长期以来"重实体、轻程序"的司法理念有莫大关联。

二、实践弊害

由同一值班律师同时为共同犯罪案件中多名被追诉人提供法律帮助的做法断不可行、贻害甚多。显而易见的弊端有如下数种：

（一）顾此失彼，导致利益冲突

辩护律师的主要使命在于"受人之托，忠人之事"。因此一旦接受委托，律师必当全力以赴，为当事人合法权益的实现不懈努力，但如果一名律师同时为两位以上的同案犯提供法律帮助，势必会出现厚此薄彼的现象。为此，2017 年，中华全国律师协会颁布的《律师办理刑事案件规范》第 13 条明确规定："同一名律师不得为两名或两名以上的同案犯罪嫌疑人、被告人辩护，不得为两名或两名以上的未同案处理但涉嫌的犯罪存在关联的犯罪嫌疑人、被告人辩护。同一律师事务所在接受两名或两名以上的同案犯罪嫌疑人、被告人的委托，分别指派不同的律师担任辩护人的，须告知委托人并经其同意。"出台前述规定的主要目的在于防止律师面对多个当事人，出现利益冲突。假如律师在出具意见时，一会儿为一名同案犯作无罪辩护，一会儿为另一名同案犯作量刑辩护，难免顾此失彼、难以两全。

　　同理，根据刑事诉讼法的规定，虽然值班律师不具备辩护人的资格，特别是不提供出庭辩护服务，但其提供法律帮助的行为与辩护律师提供辩护服务的行为并无二致。"值班律师在程序参与上的名不符实——所提供的法律帮助实质上是一种辩护职能却没有辩护人的地位。"[1]究其根本，还是尽可能为被追诉人提供专业法律意见。因此，同一值班律师同时为共同犯罪案件中的多个被追诉人提供法律帮助的做法依然会导致值班律师面临利益冲突。

　　对证据和程序得漫不经心就是对罪行和尊严漫不经心。[2]由同一值班律师同时为多个同案犯提供法律帮助的做法，既不利于值班律师个人，更不利于值班律师制度的发展。值班律师制度的设置因应了人权司法保障的需要，属于司法体制改革的一部分。但在司法实践中却被异化为一种形式，限制了设置值班律师制度的应当释放的制度红利，降低了其制度预期。长此以往，其制度功能发挥不完全必将导致该制度被虚置。

　　（二）无效帮助，难期被追诉人利益之周全维护

　　由于各被追诉人之间涉嫌的犯罪事实存在关联，避重就轻、相互推诿自然成了其"趋利避害"的本能。此时，若由同一值班律师提供法律帮助，难以兼顾相互冲突之利益，法律帮助的无效性显而易见。根据《刑事诉讼法》第 36 条的规定，值班律师有权对案件处理提出意见。如若允许同一值班律师同时为多名同案犯提供法律帮助，进而对案件处理提出意见，要么一视同仁，要么厚此薄彼。原本被追诉人寄希望于值班律师帮助其尽可能减少刑事司法的影响，但现在反而将此种影响扩大了。特别是同一值班律师通过会见多名被追诉人自然会掌握最多的案件信息，如若处理不慎，案件处理将全凭其个人好恶。与此同时，一旦值班律师的意见被法院采纳，被追诉人的辩护空间

---

〔1〕　韩旭："认罪认罚从宽制度中的值班律师——现状考察、制度局限以及法律帮助全覆盖"，载《政法学刊》2018 年第 2 期。

〔2〕　［美］亚历山德拉·纳塔波夫：《无罪之罚：美国司法的不公正》，郭航译，上海人民出版社 2020 年版，第 165 页。

便将进一步限缩，致使法律帮助无效化。相关研究资料显示，"有效法律帮助"标准虽然低于"有效辩护"标准，但具有共同的规律和特点，即均不能由同一律师为存在利益冲突的各被追诉人提供法律服务。[1]

（三）偏信则暗，不利于实体真实的发现

司法的首要功能在于定分止争。而实现这一功能的关键环节在于查明案件事实。案件事实一旦真伪不明，司法的功能便将无法充分实现。因此，为保障法官准确认定事实和适用法律，势必要求控辩双方围绕案件争议进行充分辩论，从而呈现出一种司法竞技主义的现象。

而一旦允许同一律师同时为多名同案犯提供法律帮助，势必会导致值班律师掌握了最多的案件信息，但其又不提供出庭服务，仅能对案件处理提出意见。由此就出现了一个悖论，掌握案件信息最多的值班律师无法将信息直接提供给有权决定案件处理的法官，而有权决定案件处理的法官却因为制度设计而无法全面掌握案件信息。

同时，虽然根据《法律援助值班律师工作办法》第28条的规定，值班律师提出书面意见的相关情况应当随案移送。且不论随案移送的书面意见能对法官裁判产生何种影响，因值班律师同时接触了多名同案犯，因彼此之间很大程度上会相互推诿，一旦值班律师经验不足，势必会成为同案犯之间互通消息的工具，很容易得出错误结论。试举一例，共同故意伤害案件中各被追诉人均承认自己实施了伤害行为并造成了伤害后果，但实际上伤害后果仅系一人造成，如果各被追诉人均认罪认罚，值班律师在认罪认罚具结书上签字并将各被追诉人均造成伤害结果的书面意见随案移送必然导致案件事实难以查清，不利于实体真实的实现。正是基于这样的考虑，2021年最高人民法院发布的《刑诉法解释》第43条第2款明确规定："一名辩护人不得为两名以上的同案被告人，或者未同案处理但犯罪事实存在关联的被告人辩护。"如果说全国律协出台此项规定主要是为了防止出现利益冲突，最高人民法院出台此项规定则主要是为了防止案件出现事实不清、真伪不明的情况。

（四）怠于履职，不利于司法公信力的提高

刑事诉讼法赋予被追诉人对案件处理提出意见的立法本意在于作为一种控辩协商的书面形态，为检察机关提出合理的量刑建议服务。但考虑到我国

---

[1] 参见韩旭："认罪认罚从宽案件中有效法律帮助问题研究"，载《法学杂志》2021年第3期。

"案多人少"的矛盾依然突出，再加上部分共同犯罪案件中涉案人数众多，司法机关要想在法定期限内办结案件，很可能会直接吸纳值班律师的书面意见。而不分情况地采纳值班律师意见，虽然有助于对被追诉人合法权益的维护，但也可能出现司法偏差。长此以往，必然会降低司法公信力，不利于司法权威的树立。虽然我国刑事诉讼法对共同犯罪案件中能否由同一值班律师提供法律帮助没有作出明确规定，但从实现有效法律帮助的角度来看，可以推定立法精神是禁止由同一值班律师同时为多名同案犯提供法律帮助的。以此，司法人员应本着"良善"之心解释和适用法律。

三、改革之道

人类缔造了刑事司法制度，但这并不意味着人类能够维持司法制度的有效运转。人类存在一些先天不足，这导致我们难以践行既定的原则，也难以实现预期的目标。有鉴于此，我们有必要减少法律制度对人类的依赖。[1]当前，有必要对由同一值班律师同时为共同犯罪案件中多个被追诉人提供法律帮助的做法进行改革，可以采取的方案如下：

（一）改革值班律师制度

为实现有效法律帮助，有必要改革当前的值班律师制度，途径有三种：

第一，借鉴刑事辩护的规定，禁止由同一值班律师同时为共同犯罪案件中的多个被追诉人提供法律帮助。对此，可首先由最高人民法院、最高人民检察院和司法部以"联合通知"形式下发给各级机关，禁止此种做法；其次，在适当的时候启动对《法律援助值班律师工作办法》的修改，将此禁止条款写入其中；最后，可以配合当前《法律援助法》的制定工作，将此禁止条款写入其中。

第二，加强对值班律师的管理，特别是要求其为在认罪认罚具结书上签字的行为负责，一旦出现冤错案件，便可以给予值班律师惩戒或者实施其他处分。当然，这需要大幅度提高值班律师的工作待遇，激发其担任值班律师开展会见、阅卷工作的积极性。

第三，为值班律师设置准入门槛。经调研，现在一方面，可以设置年限

---

〔1〕　［美］亚当·本福拉多：《公正何以难行：阻碍正义的心理之源》，刘静坤译，中国民主法制出版社 2019 年版，第 305 页

准入机制，如担任值班律师应当执业 5 年以上；另一方面，可以设置办案资格准入机制，如办理刑事案件不少于 30 件。对此，可以借鉴《法律援助法（草案）》的相关规定。《法律援助法（草案二次审议稿）》第 24 条规定，对于"可能被判处无期徒刑、死刑的人"和"死刑复核案件的被告人"，法律援助机构应当指派具有 3 年以上相关执业经历的律师担任辩护人。司法的生命不在于逻辑，而在于经验。综上，为保障法律帮助的有效性，应当参照《法律援助法（草案）》的规定为值班律师设置准入门槛。

（二）发挥司法行政机关的作用

司法行政机关作为律师行业的主管机关，能够在完善值班律师制度方面发挥其独特作用。其一，提高值班律师的待遇，特别是尽可能提高其报酬，调动其参与法律帮助工作的积极性；其二，设立值班律师库，保证值班律师提供法律帮助的质量；其三，加强对司法机关的沟通协调。《法律援助值班律师工作办法》第 28 条一方面规定值班律师应当将提供法律帮助的情况记入工作台账或者形成工作卷宗，按照规定时限移交法律援助机构；另一方面也规定公、检、法三机关应当将值班律师履行职责情况记录在案，定期移送法律援助机构。此互动机制如若运行得当，可以逐步解决值班律师制度推行过程中遇到的困难。当然，此互动过程的良性运行在很大程度上依赖于司法行政机关的积极推动。

（三）深化司法责任制改革

短期来看，值班律师待遇难获显著提高，办案积极性也难被调动。较为合理的做法是进一步落实司法责任制，强化司法工作人员办理案件的责任感和使命感。当下，我国正在推行新一轮司法体制改革，司法责任制是该轮司法改革的"牛鼻子"。试想，如若全面落实办案责任追究制度，司法工作人员办理案件在认定证据、适用法律的过程中便将更为慎重，由此也就可以倒逼其改变由同一值班律师同时为共同犯罪案件中多名被追诉人提供法律帮助的做法。

第十五章

认罪认罚从宽案件二审实证研究*

一、认罪认罚从宽案件中仅被告人一方上诉的实证分析

(一) 样本选取方法

启动认罪认罚从宽案件二审程序的方式有两种，即上诉人提起上诉或检察机关提起抗诉。在认罪认罚二审案件中可能存在仅抗诉、仅上诉、同时存在抗诉与上诉三种类型的案件。在认罪认罚从宽案件的一审程序中，"协商"是主旋律；而在二审程序中，公诉方与被告方之间的"对抗性"更强。又由于样本搜集方式的限制，此次实证研究主要对获得的两大类案件展开研究，第一类是仅存在上诉的案件；第二类是存在抗诉的案件，在第二类案件中又包含仅抗诉与同时存在上诉与抗诉两类情形。

为了获得目标样本，笔者分两次访问中国裁判文书网[1]，在"高级检索"的页面设置若干检索条件。具体为全文搜索：认罪认罚从宽；案由：刑事案由；案件类型：刑事案件；审判程序：刑事二审。

在这样的检索条件下，第一次共获得了 1356 份裁判文书，其中判决书 298 份，裁定书 1058 份。这 1356 份文书的年份分布情况整体呈现出一个逐年递增的趋势，其中 2016 年文书 4 份、2017 年文书 95 份、2018 年文书 239 份、2019 年文书 732 份、2020 年文书 286 份。从地区分布的情况来看，有三个省

---

* 本章是在韩旭教授具体指导下，由四川大学法学院硕士研究生韦香怡执笔撰写。

〔1〕 网址：https://wenshu.court.gov.cn，第一次访问时间为 2020 年 5 月 20 日；最后浏览日期：2021 年 2 月 24 日。

级行政区的案件数量大于等于 100，其中广东省以 210 份文书的数量居第一位。有 5 个省级行政区的案件数量大于等于 50 小于 100，数量小于 50 份的省级行政区共 6 个。

第二次检索共计获得 3232 份裁判文书，其中判决书 816 份，裁定书 2416 份。这 3232 份文书的年份分布情况也整体呈现出一个逐年递增的趋势，其中 2002 年 1 份、2016 年文书 4 份、2017 年文书 95 份、2018 年文书 240 份、2019 年文书 809 份、2020 年文书 2044 份、2021 年文书 39 份。从地区分布的情况来看，有 15 个省级行政区的案件数量大于等于 100，其中广东省以 388 份文书的数量居第一位。有 7 个省级行政区的案件数量大于等于 50 小于 100，具体包括河北省、北京市、吉林省、江苏省、湖南省、云南省、新疆维吾尔自治区。

为准确研究认罪认罚程序在二审中的实践情况，每次检索后都将搜集到的裁判文书按照审判日期进行排序，选取了该次检索后获得的最近的 100 个相关案例，将 2020 年 5 月获得的 100 个样本依次编号为样本 1~样本 100；2021 年 2 月获得的 100 个样本依次编号为样本 101~样本 200。为避免与后续搜集到的抗诉案件重复，笔者在对案例进行具体分析时有选择地剔除了涉及抗诉的案件。两次检索的间隔时间为 9 个月，获得的样本数量同比增长约 238%，广东省的相关案件数量始终位列第一。

（二）辩护律师帮助情况

上诉人提起上诉的原因为何？是因为不了解上诉可能带来的不利后果；还是了解法律后企图在认罪认罚从宽制度与上诉不加刑规则的中间找到法律的“漏洞”以牟取诉讼上的利益？首先，我们应当探究在诉讼过程中律师对被告人的帮助效果或影响程度。对搜集到的 200 个样本进行分析后笔者发现，共计 141 个样本的上诉人有辩护律师，59 个样本中的上诉人无辩护律师[1]，辩护率约 70%；接近 20% 的案件有指定辩护律师的帮助。两次检索结果横向对比差异极小，说明在此类案件中辩护情况分布较为稳定。

---

〔1〕 其中有一例样本其诉讼代理人为其亲人，由于此处是为了考核具有专业知识的律师对案件整体诉讼进程的影响，故对这一情况不做考虑。

表 15-1　辩护情况分布

辩护律师类型（个）	指定辩护律师（个）	委托辩护律师（个）	无辩护律师（个）
2020 年 5 月样本情况	19	50	31
2021 年 2 月样本情况	17	55	28

　　除了上述指定或自聘律师的帮助，还应当考虑到值班律师对上诉人可能造成的影响。在《刑事诉讼法》《认罪认罚指导意见》《法律援助值班律师工作办法》等相关立法规定都反复强调值班律师应当充分发挥其作用，维护犯罪嫌疑人、被告人的合法权益，为其提供法律帮助。在此类案件中，值班律师可能是犯罪嫌疑人、被告人最早接触的能够维护其正当利益的专业人士，基于一种特殊的依赖和信任的心理，值班律师的相关专业意见能够在很大程度上影响被告人对认罪认罚从宽制度的态度。在认罪认罚从宽的二审案件中，辩护率远高于一般二审案件的平均水平。可见，律师对二审程序的启动存在一定程度的推进作用。

　　我国在落实认罪认罚从宽制度时多次强调要保障犯罪嫌疑人、被告人的合法权益。强调被追诉人在签订认罪认罚具结书时，应当由值班律师为犯罪嫌疑人提供必要的法律帮助，同时值班律师应当见证认罪认罚具结书的签署。虽然我国已通过立法的方式确定了值班律师为犯罪嫌疑人、被告人提供法律帮助的模式，但实质上值班律师的职务履行依然在很大程度上依赖于检察机关、公安机关的配合。在《法律援助值班律师工作办法》出台之前，值班律师并非辩护律师，需要有检察官或者侦查人员陪同才能会见。[1]基于立场的原因，值班律师很少会就此给被告人提供真正切实有效的帮助，或者说，值班律师难以完全站在被告人的立场为其考虑，既缺乏动力，又难有条件。[2]本次获得的样本显示，值班律师多以"在值班律师的见证下签署认罪认罚具结书"的形式出现在判决或裁定中。

（三）上诉理由与开庭审理

　　许多国家和地区都对认罪认罚案件或控辩协商案件的上诉作出了不同程度的限制，其中最常见的就是通过区分上诉理由以限制上诉。除非其上诉理

---

〔1〕　龙宗智："完善认罪认罚从宽制度的关键是控辩平衡"，载《环球法律评论》2020 年第 2 期。
〔2〕　龙宗智："完善认罪认罚从宽制度的关键是控辩平衡"，载《环球法律评论》2020 年第 2 期。

由符合条件，否则不会启动二审程序。为了研究这一限制条件是否适合我国的相应情况，在对样本进行分析时，笔者从其上诉理由的角度进行了分类。

对相应样本进行分析后笔者发现，绝大多数上诉人提起上诉都是对原判决量刑存在异议，认为量刑过重。仅有少部分的被告人会以一审法院定罪有误为由提起上诉，这种情况下的上诉当然也意味着对量刑存在异议。统计发现，大部分上诉人提起上诉的理由都可以被概括为"一审量刑过重"，剩余少部分的上诉人提起上诉的理由为"一审法院定罪有误"。在因对量刑存在意见而提起上诉的案件中，大部分上诉人都没有提出新的证据或新的事实，仅为"空白上诉"。提出限制此类案件上诉的重要原因之一就是在案件事实清楚、证据确实充分的情况下，上诉人再次提起上诉会浪费司法资源、降低司法效率。

表 15-2　上诉理由

上诉理由	仅对量刑发表意见（个）	对定罪量刑均有意见（个）
2020 年 5 月样本情况	91	9
2021 年 2 月样本情况	90	10

在仅存在上诉人上诉的案件中，约 88% 的案件都是不开庭审理的，仅有 12% 的案件开庭审理。根据我国《刑事诉讼法》第 234 条〔1〕之规定，在检察机关没有提起抗诉时，除非法院认为被告人可能被判处死刑或被告人的上诉请求可能影响对其的定罪量刑，否则一般不用开庭审理。由于目前广泛存在空白上诉类案件，二审采取书面审理方式在一定程度上也确实能够减轻法院的诉讼负担。

---

〔1〕《刑事诉讼法》第 234 条规定："第二审人民法院对于下列案件，应当组成合议庭，开庭审理：（一）被告人、自诉人及其法定代理人对第一审认定的事实、证据提出异议，可能影响定罪量刑的上诉案件；（二）被告人被判处死刑的上诉案件；（三）人民检察院抗诉的案件；（四）其他应当开庭审理的案件。第二审人民法院决定不开庭审理的，应当讯问被告人，听取其他当事人、辩护人、诉讼代理人的意见。第二审人民法院开庭审理上诉、抗诉案件，可以到案件发生地或者原审人民法院所在地进行。"

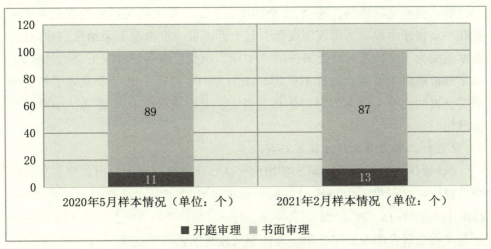

图 15-1　案件开庭审判情况

（四）量刑建议采纳情况

由于检索条件的限制，此次检索得到的部分案件可能是在二审程序中首次认罪认罚并适用该程序。为调查一审程序量刑建议采纳情况与被告人提起上诉之间是否存在关联，笔者对样本进行了更加深入的分析。

在 2020 年 5 月搜集到的 100 个样本中，有 76 个样本是从一审程序开始适用认罪认罚从宽制度的，还余 24 个样本属于二审首次适用该制度或是由于未能在一审程序中成功适用该制度而引起上诉。在一审即适用的 76 个样本中，有 71 个样本的量刑建议获得了一审法院的认可从而得到适用，占比为 93.42%；在剩余的 5 个样本中，一审时检察机关提出的量刑建议并未得到认可，其中有 4 个样本是关于缓刑的量刑建议并未得到认可。根据有关学者的考察，在《刑事诉讼法》修改以后量刑建议之所以能够得到快速实施，并且精准量刑建议比例较大，与检察机关提出量刑建议时的学习和沟通机制的盛行有关。特别是在实施认罪认罚从宽制度的初期，检察官和法官基本一案一沟通[1]，在一审法院未适用认罪认罚从宽制度且未采纳量刑建议时，被告人一般会"反应较大"，进而提出上诉，但这也确实是人之常情。

在 2021 年 2 月搜集到的 100 个样本中，有 65 个样本是从一审程序开始适

---

〔1〕　左卫民："量刑建议的实践机制：实证研究与理论反思"，载《当代法学》2020 年第 4 期。

用认罪认罚从宽制度的，还余 35 个样本属于二审首次适用该制度或是由于未能在一审程序中成功适用该制度而引起上诉。当一审法院不采纳量刑建议时，检察机关为了维护其对此类案件的"主导"地位，在多数情况下会选择抗诉。仅个别检察机关可能会选择不抗诉。正因为一审过程中已经争取到了较轻的刑罚，再加之"上诉不加刑"的相关规定，上诉人最终有"底气"争取更低的刑罚。

（五）二审中首次适用认罪认罚从宽

《认罪认罚指导意见》第 5 条指出，认罪认罚从宽制度应当贯穿刑事诉讼全过程。在二审程序中当然可以适用认罪认罚从宽。在搜集到的个样本中，样本 14、样本 15、样本 22、样本 26、样本 149、样本 159、样本 170 的法官就直接就二审程序中如何适用认罪认罚从宽制度表明了立场。

部分法官并不认可上诉人在二审过程中的认罪认罚，且最终裁判也并未减轻刑罚。如，在"谢一、谢二等开设赌场案"[1]中，一审并未适用认罪认罚从宽，二审庭审过程中上诉人当庭提出其请求适用认罪认罚从宽制度。二审法官判决认为："本案系恶势力团伙犯罪，在犯罪地造成了较为恶劣的社会影响。鉴于本案属于恶势力犯罪案件、社会危害性大以及谢一等七名上诉人在一审期间均没有认罪悔罪表现，因此本院认为谢一等 7 名上诉人在二审期间不宜适用认罪认罚从宽制度。"检察机关也并未认可上诉人的认罪认罚行为，未与其签订认罪认罚具结悔过书。同样，在样本 26"黄某合同诈骗案"中，上诉人同样当庭表示希望能够适用认罪认罚从宽制度，法院对此作出了认定，认为当庭表示自愿认罪仅是酌定量刑情节，而非认罪认罚从宽的法定量刑情节，最终对此不予认可。在样本 16"包某桂诈骗案"[2]中，虽然二审检察机关对上诉人启动了认罪认罚从宽制度并提出了更轻的量刑建议，但是二审法院认为，并无证据证实上诉人已经退赔了被害人全部的经济损失且取得了谅解，不足以对其从宽处罚，最终仍然维持原判。

部分二审法官认可适用认罪认罚从宽制度，最终轻判。如样本 22"王某、李某寻衅滋事案"[3]在二审程序中成功适用了认罪认罚从宽制度，依法签署

---

〔1〕 该案案号为［2020］新 32 刑终 90 号。

〔2〕 该案案号为［2020］新 42 刑终 45 号。

〔3〕 该案案号为［2019］新 42 刑终 317 号。

了认罪认罚具结书，上诉人最终被免予刑事处罚。通过对比可以发现，在二审程序中首次适用认罪认罚从宽制度的情况比较少见，且适用起来存在一定的难度。虽然认罪认罚从宽制度具有"协商"的特性，但是制度设置时强调了检察机关在此类案件的主导地位。刑事诉讼程序本身也是追溯犯罪的过程，被告人的认罪认罚行为最终也需要检察机关的认可，仅因被告人的申请就单方面启动认罪认罚从宽程序显然不合法理。因此，即使是上诉人主动申请适用认罪认罚从宽制度，但由于检察机关并未与其签订认罪认罚具结书，审判机关在最终定罪量刑时就无法确认其"法定从宽"，只能作为"酌定从宽"。

（六）二审法院量刑结果

在搜集到的 200 个样本中，仅一个案件的定罪因上诉被改判，多数二审法院的改判都是针对量刑部分。二审法院对量刑作出的改变主要可以分为三类：包括加重刑罚、维持刑罚、减轻刑罚。认定量刑减轻的标准主要可以从以下三个方面进行考虑：其一是考虑刑罚是否由实刑转变为了缓刑；其二是考虑是否存在免予刑事处罚；其三是考虑是否减轻了财产刑与实刑。由于上诉不加刑原则的限制，在仅存在上诉的案件中几乎不会出现二审判决加重量刑的现象。且由于大部分上诉人都是"空白上诉"，并不会提出新的证据与事实，因此必然导致大部分的二审结果都是维持原判。

表 15-3　量刑结果

量刑结果	量刑加重（个）	量刑维持（个）	量刑减轻（个）
2020 年 5 月样本情况	——	88	12
2021 年 2 月样本情况		77	23

二审法院减轻量刑主要是基于三种理由：首先，在一审过后案情出现了变化，如上诉人完成了退赃退赔、获得了被害人的谅解等。其次，通过对上诉人的社会调查，发现对其适用缓刑并无社会危险性、更能体现罪刑相适应的原则等。最后，上诉人在一审过程中并未接受认罪认罚从宽，并未履行签署认罪认罚具结书，通过上诉启动二审程序后接受认罪认罚，从而获得量刑上的"好处"。样本 22（免予刑事处罚）、样本 52（减刑幅度 25%，包括自由刑与财产刑）等案例就属于这种情况。

二、认罪认罚从宽案件抗诉情况实证分析

（一）样本选取方法

在认罪认罚从宽案件的二审程序中，检察机关与被告人之间的"对抗性"更强。最为常见且引起广泛注意的是检察机关为应对上诉而提起抗诉。为了进一步研究检察机关抗诉是否普遍、提起抗诉的具体理由、抗诉是为了何种利益、量刑建议的适用情况、抗诉结果为何等问题，笔者通过中国裁判文书网进行样本搜集，设置相应检索条件，获得了目标样本。检索条件包括，设置全文关键词——认罪认罚从宽、抗诉机关；案由——刑事案由；案件类型——刑事案件；审判程序——刑事二审。

2020年5月30日第一次检索最终得到341份裁判文书，其中判决书106份、裁定书235份。年份分布情况与仅上诉的案件分布情况相类似，分别为2020年70份、2019年221份、2018年32份、2017年17份、2016年1份。地区分布并不均衡，其中分布数量最多的省份是浙江省，高达57份，山东省与河南省都是25份，再次四川省有23份，安徽省有21份。为了方便后续的细化分析，笔者将此次检索获得的案例按照裁判时间进行排序，选取了最近的100个案例，依次编号为样本201～样本300号。

2021年2月28日第二次检索最终得到1092份裁判文书，其中判决书401份、裁定书691份。年份分布情况与仅上诉的案件大体相似，分别为2021年21份、2020年770份、2019年250份、2018年33份、2017年17份、2016年1份。地区分布亦不均衡，其中分布数量最多的省份是浙江省，高达116份。为了方便后续的细化分析，故将此次检索获得的案例按照裁判时间进行排序，选取了最近的100个案例，依次编号为样本301～样本400。

表15-4　抗诉比例

	进入二审程序的认罪认罚案件（个）	认罪认罚案件抗诉数量（个）	抗诉比例
2020年5月样本情况	1356	341	25.25%
2021年2月样本情况	3232	1092	33.79%

与2020年5月获得上诉的案件进行对比我们可以发现，在过去近一年的

时间内，有更多的认罪认罚案件进入了二审程序，且检察机关的抗诉比例也有一定程度的增加，由 25.25% 增加至 33.79%。从分布地区来看，浙江省全省进入二审程序的案件数量并不多，但是该省提起抗诉的案件数量却是全国第一，显然，抗诉的比例也是全国第一。可见，在认罪认罚案件中，提起抗诉的标准在各地区检察机关间存在显著差异，不同地区的检察机关对认罪认罚案件的主导程度也存在巨大差异。因存在抗诉，根据法律规定法院应当开庭审理此类案件，不能采用书面审理的方式。因此，在抗诉案件中，开庭审理的比例为 100%，在二审程序中控辩双方的对抗性更强，更能体现在二审程序中不同主体所持的立场。

在存在检察机关抗诉的案件中，往往也同时存在上诉人的上诉。基于搜集到的有关抗诉的 200 个样本笔者发现，在过去的 10 个月里抗诉的比例有了一个小幅度的增加：

表 15-5 抗诉与上诉情况分布

情况分布	仅抗诉（个）	抗诉+上诉（个）
2020 年 5 月样本情况	23	77
2021 年 2 月样本情况	13	87

检察机关抗诉的重要目的是对抗"滥用"上诉权的行为。抗诉意见认为，上诉人的上诉行为是对认罪认罚从宽协议的违反，因此法院应当撤销先前对其在量刑上的优惠，从裁判结果的角度把握，就是要求在二审程序中加重对其的刑罚。

（二）上诉理由

由于我国尚未就认罪认罚案件的二审程序作出专门立法，因此仍应当适用《刑事诉讼法》关于二审程序的相关规定，提起上诉并无限制。大量上诉人选择上诉的原因是认为一审法院量刑过重，具体包括一审法院未采纳检察机关的量刑建议、采纳量刑建议后上诉人反悔、二审过程中首次提出认罪认罚等原因。

根据"上诉不加刑"的规则，上诉人认为根据上诉不加刑的相关规定，即使其上诉是违背原有"承诺"的，也不会遭到"惩罚"，上诉行为对其百利而无一害。对此，检察机关认为，上诉人选择上诉的行为实质上是对原有承诺的违反，且一旦上诉即不适用认罪认罚从宽制度，原有的"协议"也随之失效，由此便出现了检察机关通过选择抗诉来达到给上诉人加重刑罚的目的的现象。

少部分上诉人在面对检察机关的"强硬"态度时依然选择上诉是为了"留所服刑"。在此部分搜集到的 200 个样本中，有 9 个样本均是如此。样本 203 "刘某盗窃案"、样本 211 "郎某春危险驾驶案"、样本 212 "石某巍、马某海、马某麦等寻衅滋事案"、样本 213 "张某闯、吴某点、戴某龙寻衅滋事案"、样本 216 "孙某刚容留他人吸毒案"。此类人员一般是在交付执行时剩余刑期略大于 3 个月的情况下，提起上诉并不是因为对一审判决的内容存在不满，而仅仅是一种服刑策略。[1] 面对这种技术性上诉，不同地区法院、检察机关的反应存在很大差别。在"刘某盗窃案"中，二审法院四川省内江市中级人民法院从认罪认罚适用基础不在、浪费司法资源、损害司法权威的角度指出对上诉人的这种行为应当通过增加刑罚的方式予以惩戒，法院对上诉人处以增加有期徒刑 10 日的刑罚（一审判决其有期徒刑 6 个月）。

而在"郎某春危险驾驶案""石某巍、马某海、马某麦等寻衅滋事案""张某闯、吴某点、戴某龙寻衅滋事案""孙立刚容留他人吸毒案"四个案例中，上诉人也是为留所服刑而提起上诉并且也引起了检察机关的抗诉，检察机关抗诉后上诉人又选择撤回上诉。在这四个案件中，法官在最终判决时均未加重其刑罚。通过进一步研究笔者发现，上述四个案件存在两处共同点：一是上述案件均由同一法院审理，且合议庭组成也相同；二是上述四个案件的上诉人均由法律援助机构的律师指定辩护，其中三人由同一法律援助机构进行辩护。法院的判决意见几乎都是允许上诉人撤回上诉、驳回检察机关的抗诉意见，并且未对上诉人作出惩戒。当然，由于检索方法的限制，只有在上诉人明确提出其上诉是为了实现"留所服刑"的目的的情况下案件才能被统计到。可以推断，在司法实践中应当存在更多具有相同情况的案例因未被写入判决书而被忽略。

除此之外，2021 年搜集到的案例还存在原审附带民事诉讼原告人提出上诉的情况。如在样本 368 "吴某、罗某义寻衅滋事案"[2] 中上诉人即为原审附带民事诉讼原告人，其提起上诉是对该案被告人定罪量刑过轻、赔偿不当

---

[1] 我国《刑事诉讼法》第 264 条规定，罪犯的剩余刑期在 3 个月以下的，可由看守所代为执行。因此他们多会通过上诉来延后判决生效时间，最终达到留所服刑的目的。
[2] 该案案号为［2020］鄂 09 刑终 233 号。

的不满。

（三）抗诉意见与抗诉目的

检察机关何以抗诉？有观点认为，被告人的上诉行为、法院无法定理由不采纳量刑建议的行为都属于程序违法，检察机关当然有权就程序违法提起抗诉。还有观点认为，认罪认罚案件二审程序可以改判的原因在于在原本的一审、二审的审理过程中出现的问题可能会影响公正审判。

检察机关提起抗诉的理由最常见的为"一审判决适用认罪认罚从宽制度后，原审被告人提出上诉，不再符合认罪认罚条件，一审判决依据的事实证据已发生变化，导致量刑不当，建议二审予以改判"。这一抗诉理由旨在强调应当对原审被告人违反承诺实施惩罚，旨在确保认罪认罚制度的实施，并试图起到填补原有法律漏洞的作用。

另一重要抗诉理由为一审法院未依法采纳检察机关的量刑建议。如样本209"吴某彬盗窃案"、样本217"郭某危险驾驶案"、样本222"张某明、吴某昀开设赌场案"、样本223"彭某才盗窃案"，均是因为一审法院在量刑时无法定理由未采纳检察机关的量刑建议，因此遭到了一审检察机关的抗诉，从而启动二审程序。

检察机关还会因一审法院在对原审被告定罪量刑时认定事实错误、适用法律错误而选择提起抗诉。在样本214"陈某林、陈某春假冒注册商标案"[1]中，检察机关以法院与原审被告人签订认罪认罚具结书违法、法院适用法律错误从而导致量刑不当为由提起抗诉。一审法院在原审过程中存在违法行为也是检察机关抗诉的一大原因。在样本283"程某寿故意伤害案"[2]中，检察机关以被告人未履行赔偿损失、未与被害人达成调解协议为由，认为原有的认罪认罚从宽基础不存在，因此提出抗诉，要求对其加重刑罚。

表 15-6　抗诉理由及数量分布情况

抗诉理由	因上诉人上诉（个）	因一审量刑建议并未得到采纳（个）	其他（个）
2020 年 5 月样本情况	78	20	2（分别为样本 214、样本 283）

---

〔1〕　该案案号为［2019］粤 01 刑终 500 号。

〔2〕　该案案号为［2020］云 26 刑终 9 号。

续表

抗诉理由	因上诉人上诉（个）	因一审量刑建议并未得到采纳（个）	其他（个）
2021 年 2 月样本情况	90	10	0

量刑建议未被采纳就会出现被告人实际所判刑罚低于或高于预期的情况。在因量刑建议未被采纳而提起的抗诉中，在多数情况下检察机关提出抗诉的最终目的是希望法院能够减轻对原审被告人的刑罚。

表 15-7　二审判决结果

量刑结果	加重刑罚（个）	减轻刑罚（个）
2020 年 5 月样本情况	91	9
2021 年 2 月样本情况	94	6

总体而言，检察机关提出抗诉几乎全是就案件的量刑提出异议，希望法院加重刑罚，在极少数情况下希望二审法院能够减轻对被告人的刑罚。

（四）撤回上诉与撤回抗诉

前文提到，多数上诉人上诉都并没有提出新的证据或事实，属于"空白上诉"。其上诉基于侥幸心理，认为即使上诉请求不能得到法院的认可也不会对其产生负面影响，还有部分上诉人的目的仅仅是"留所服刑"。鉴于此，大部分上诉都可以说是"基础不牢"。当"上诉引发抗诉"后，就会引发连锁反应，即上诉人请求撤回上诉，部分检察机关基于上诉人撤回上诉的请求也会选择撤回抗诉。在此部分搜集到的 200 个抗诉的样本中，有共计 60 个案件的上诉人撤回了其上诉请求。在撤回上诉请求后，有接近一半的检察机关会选择撤回抗诉，不再继续主张加重刑罚，但仍有检察机关继续要求二审法院从重处罚，认为原审签订的认罪认罚具结书无效。

上诉人在二审程序中撤回上诉的行为在司法实践中并未得到统一的认定，其撤回效果会因审判机关的不同而存在较大的差异。大部分的法院都是认可其撤回上诉的行为，在其撤回上诉后也不会作出加重刑罚的处理，在多数情况下会继续维持原判。如在样本 205[1]中，上诉人谭某在上诉后又撤回，法

---

〔1〕 该案案号为［2019］宁 05 刑终 170 号。

官予以了认可，并未裁定加重其刑罚。但是少部分的法院即使是在上诉人撤回上诉后，仍然会对其作出惩处，认为其反悔上诉的行为是对先前协议的违背，应当承受一定的不利后果。如在样本 320 "李某、韩某新非法制造、买卖、运输、邮寄、储存枪支、弹药、爆炸物罪案"[1]中，法院并未准许李某撤回上诉的申请："上诉人李峰虽然自愿撤回上诉，但时间系在原公诉机关抗诉之后，上诉期限亦已届满，其上诉行为已经引起原公诉机关的抗诉，导致本案启动二审程序，浪费了司法资源，对李某的此种行为应当予以惩戒，增加其刑罚量，故对抗诉机关所提抗诉意见予以采纳，对上诉人李峰撤回上诉的申请，本院不予准许。"

（五）二审法院的判决倾向

在涉及抗诉的认罪认罚案件中，检察机关的立场变得更加强硬，上诉人与检察机关二者间的"对抗性"更强。通过对涉及抗诉的样本进行研究笔者发现，二审法院的最终立场大致可以分为四大类。包括仅认可抗诉意见、仅认可上诉意见、均认可、均驳回四种。

第一种是仅认可抗诉意见。这一现象在搜集的样本中较为常见，主要表现为两种情况：第一种是仅检察机关提起抗诉；第二种是虽然上诉人也提起了上诉，但上诉意见被驳回。第二种情况的典型案例为样本 202 "孟某铭盗窃案"，在该案中，上诉人提起上诉后引起了检察机关的抗诉。法院认定上诉人的上诉理由不成立，且其上诉属破坏原有的认罪认罚基础，并最终认可了检察机关的抗诉意见，上诉人被判主刑增加，由一审判决的有期徒刑 1 年增加为 1 年 2 个月。近 90% 的抗诉案件检察机关都希望二审法院能够加重刑罚，这一结果也能与检察机关的抗诉倾向相对应。

第二种是指仅认可上诉意见，指虽然检察机关提起抗诉，但是法院最终仅认可上诉人的上诉意见，这一状况出现的概率极低。造成这一现象的原因在于在认罪认罚案件中，上诉人若无正当理由提起上诉本身就属于对原有承诺的违反，除非上诉确有强有力的理由，能够提出新的证据或事实，否则上诉人的请求难以被认可。且在一审过程中案件事实清楚，证据确凿无误，量刑正确。在这样的情况下，法院是很难作出判决认可上诉人的上诉理由的。

第三种是均采纳。此类情况是指二审法院同时认可上诉意见与抗诉意见，

---

〔1〕　该案案号为〔2020〕辽 05 刑终 135 号。

这一现象又可细分为两类，即上诉意见与抗诉意见相左、上诉意见与抗诉意见相同。样本 201 "韩某永交通肇事案" 即是相左的典型情况。在该案中，上诉人认为 "其有自首情节、与被害人亲属达成和解并取得谅解，系初犯，可以对其减轻处罚并判处缓刑"。检察机关认为："韩某永一审认罪认罚，又以量刑过重提起上诉，其已不符合认罪认罚从轻处罚的条件，原审量刑较轻，应予纠正。"法院在审理后认为上诉人上诉后，原有认罪认罚的量刑基础已不存在，因此检察机关的抗诉理由成立，又综合考虑上诉人初犯、认罪态度良好等情况，最终认定原审判决的量刑适当。法院同时认可上诉理由与抗诉理由的情况实质上是各打五十大板，一方面对上诉人上诉后不再适用认罪认罚制度的问题作出了说明，另一方面也指出原有量刑建议并不准确，未完整考虑所有量刑情节。

上诉意见与抗诉意见相同是指双方都是基于 "维护被告人的利益" 而作出的，其目的都是减轻刑罚。检察机关与被告人天然处于对立的立场，但是认罪认罚从宽制度的出现为双方搭建起了 "协商" 的基础，创造了二者意见相同的可能性。如在样本 300 "余某平案" 中，由于一审法院并未采纳认罪认罚具结书中写明的量刑建议，因而检察机关的抗诉目的与上诉人的上诉目的都是 "减轻刑罚"，希望二审法院能够采纳量刑建议。

第四种是均驳回。法院作出此类裁判的原因在于：一方面，该法院并不认可空白上诉，在未被认定有事实或新证据出现的情况下，不会推翻原审法院的定罪量刑。另一方面，该类法院认为上诉是被告人享有的一项基本权利，不应当被限制，也鉴于此，法官不会支持检察机关的抗诉意见。如在样本 321 "李某梅开设赌场案" 中[1]，该案的法官直接指出："……但法律规定其有权提起上诉，不能因其上诉便加重刑罚，应全面审查本案的上诉、抗诉理由及本案的事实、证据。"

（六）二审法院量刑结果

调查发现法院在认罪认罚二审案件中持保守态度，在多数情况下会选择维持原判，即使是改判也主要针对量刑发表意见。通过对样本的分析笔者发现，二审法院对量刑的意见主要可被分为三种：

第一种是维持原有量刑不变，维持理由可能是上诉人撤回上诉、检察机

---

[1] 该案案号为 [2020] 吉 01 刑终 407 号。

关撤回抗诉；抑或是在一审过程中，检察机关考虑量刑建议时未完整考虑所有可能减轻刑罚的情节，但上诉人上诉后使原有的认罪认罚基础不再存在，"正负相抵"后恰好一审判决的刑罚适当。但在样本中出现更多的还是法院驳回上诉、抗诉后作出的维持原有量刑不变的结论。

第二种是加重刑罚。作出这一决定的原因可能是对上诉人无正当理由滥用上诉权的行为作出惩戒或是确实是因为一审法院在定罪量刑时存在事实认定错误或法律适用错误导致一审量刑过轻。

上诉人违反协议上诉后检察机关提起抗诉，最终法院判决加重刑罚的情况并不算少见。在此时，法院加重量刑主要是基于两种原因。第一种是认可检察机关的抗诉意见，认定被告人认罪认罚后上诉是违反协议的行为，导致先前的量刑基础不复存在，在上诉后被告人也不能继续享受原有的量刑优惠。基于此意见，法官加重刑罚的标准就是假设认罪认罚自始不存在，因此加重刑罚的程度也会较大。例如，在样本2"孟某铭盗窃案"的审判中，法官最终判决加重刑罚，由原来的有期徒刑1年，增加为有期徒刑1年2个月。在样本27"舒某忠盗窃案"中，被告人申请撤回上诉的请求也并未被采纳，最终法院审判将原判的有期徒刑8个月增加量刑2个月，并处罚金数额不变。其他最终加重量刑的案件，刑罚加重的幅度一般都在20%左右。

违反协议上诉后，部分被告人会由于检察机关抗诉的压力而在庭审过程中表明愿意继续认罪认罚，进一步还可能选择撤回上诉。面对这种被告人，部分法院会选择稍微加重量刑，以示惩戒。例如，在样本3"刘某盗窃案"中，法院裁判认为刘某上诉的行为损害了司法权威、浪费了司法资源，因此应当予以惩戒。虽然在本案中刘某最终说明上诉动机是留所服刑，且主动撤回了上诉，但法院出于惩戒的目的还是决定增加10日的刑罚量。

第三种是通过二审，被告人的刑罚获得了减轻。样本217[1]即为典型案例。在本案中，抗诉检察机关与上诉人均认为一审法院所判处刑罚畸重，且一审法院不采纳量刑建议的行为无正当理由。二审法院通过审理对一审判决进行了改判，由原判决拘役3个月，并处罚金4000元，最终改为判处拘役2个月，并处罚金2000元。样本209"吴某彬盗窃案"[2]中被告人也正因如此

---

〔1〕　该案案号为〔2019〕晋05刑终222号。
〔2〕　该案案号为〔2019〕浙11刑终270号。

而被二审法院最终裁定主刑与附加刑均减轻。

三、认罪认罚案件二审特征分析

(一) 上诉人滥用上诉权

1. 具体表现

上诉权是法律赋予被告人的一种救济途径,是对诉的结果不认可而使其延续的权利。当事人行使上诉权可以实现对其的权利救济,避免裁判错误或量刑不公。早在认罪认罚制度试点之时就出现了上诉人滥用上诉权的情况。例如,华东某市某区法院在 2017 年上半年有 10.16% 的认罪认罚从宽案件存在上诉,多是为了留所服刑。[1]由于立法并未限制被告人的上诉权,在普通案件中上诉人与辩护人采用这种"技术性上诉"无可厚非。但是在认罪认罚案件中的上诉在多数情况下会被认为违背了原有的"承诺",应当被责难。概括而言,在认罪认罚从宽案件中滥用上诉权是指上诉人无正当理由提起上诉的行为,表现为案件并未出现新的证据、一审法院认定事实与适用法律并无错误。2018 年《刑事诉讼法》以及后续的相关立法虽然基本确定了我国的认罪认罚从宽制度,但并未就滥用上诉权的行为作出细化规定。

2. 形成原因

第一,上诉人上诉缺乏明智性。造成滥用上诉权的原因之一就是上诉人并未正确认识认罪认罚从宽制度,不了解认罪认罚具结书的真实内涵,缺乏"契约意识"。一方面,上诉人在签署认罪认罚具结书时并不了解此协议的约束性;另一方面,在上诉时也未预料到上诉行为可能给其带来的不利后果。在样本 224 "周某振盗窃案"中,上诉人的辩护律师提到"被告人周某振出身贫苦,没有接受过学校教育,规则意识淡薄,个体情况特殊",该被告人并未认识到认罪认罚具结书的效力,也并不清楚提起上诉可能给自己带来的不利后果,仅凭借自己并不专业的判断和片面的理解就选择提起上诉。上诉人的认识不到位,一方面可能是因为公、检、法机关没有完整地履行告知义务,或虽履行了告知义务但告知内容并未被上诉人正确理解和认知;另一方面,可能是因为辩护律师没有提供有效的帮助,未能向其说明签订认罪认罚具结

---

〔1〕 陈庆安、潘庸鲁:"认罪认罚从宽制度试点期间的问题与应对",载《河南师范大学学报(哲学社会科学版)》2018 年第 5 期。

书的后果如何，也未让其了解上诉可能带来的风险。正是因为缺乏认知才会使得上诉人在面对检察机关的抗诉时措手不及。

在当下的立法中，虽然强调检察机关应当在适用认罪认罚制度之时向被告人进行充分的解释，但在实践中这一义务在落实过程中往往围绕着被告人关心的如何减轻量刑、量刑减轻的幅度展开说明。而对于被告人的盲目上诉可能会造成何种后果则可能会选择简要说明或不说明，解释的重心有所偏移。通过对更多案件审理情况的分析我们可以发现，部分被告人滥用上诉权，盲目上诉的原因在于其先前根本并未完全了解适用此制度可能给其带来的影响。上诉人面对检察机关的抗诉选择撤回上诉的现象也印证了这一推测。在今后的工作中：一方面，可以在认罪认罚具结书上明确规定抗诉不受"上诉不加刑"原则的限制；另一方面，可以采取值班律师判后答疑的方式，为被追诉人释法解惑。

第二，认罚后上诉或可"双重减刑"。签订认罪认罚具结书的基础是上诉人自愿认罪，如实供述自己的犯罪事实，同意认罪认罚具结书中所述的量刑建议与程序适用建议。在司法实践中存在部分上诉人为了获取较低的量刑，在一审过程中积极认罪认罚，后又因法院判定的刑罚不符合其心理预期，为了"赌一把"争取更低的量刑而再次提起上诉的情况。其以为根据"上诉不加刑"的原理，即使其上诉理由不被支持也于其无害，大部分的"空白上诉"的发生都是基于这种认知。在样本375"唐某保、唐某生产、销售不符合安全标准的食品案"[1]中，二审法院明确提到上诉人上诉不仅就量刑提出了建议，同时也否认了犯罪事实，实质上属于"不认罪"，但是由于在该案中检察机关并未抗诉，因此二审法院最终基于"上诉不加刑"的原理最终并未加重量刑。"空白上诉"目前已经成了一种诉讼策略，被广泛地应用在司法实践中，对这种行为是否应当作出限制以及如何进行限制也是当下学界讨论的重点与难点。

第三，针对此类上诉缺乏有效规制。在一般情况下，被告人选择认罪认罚后上诉是综合衡量上诉的利弊后作出的决定。由于我国立法并未明确限制认罪认罚案件的被告人上诉，目前司法实践中检察机关虽然对此明显持否定态度，但是由于在二审过程中检察机关对案件的主导作用被减弱，因此即使检察机关明确对此提出抗诉，认定原协议是否无效的裁量权也仍然由二审法

---

〔1〕　该案案号为〔2020〕湘06刑终357号。

院把握。对搜集到的裁判文书进行分析后笔者发现，同样是缺乏明确的立法指导案件的审判，对于同一问题不同的二审法院可能会作出不同的裁判，部分法院并不会对滥用上诉权作出惩戒。正是因为检察机关与审判机关无法或不愿作出有效限制，才会导致认罪认罚从宽案件频频出现上诉。

（二）检察机关面对上诉案件的立场

综合考虑检察机关面对此类情况的抗诉比例、抗诉理由、不抗诉的原因、开庭审理时出庭检察官发表的意见为何，能够帮助我们找到检察机关在此类二审案件中所持的立场。

检察机关作为认罪认罚从宽案件的主导者，在审查起诉阶段就不遗余力地推动被告人认罪认罚，承担了大部分的工作。在此过程中签订的认罪认罚具结书实际上被看作是控辩双方的协议。被告人一审认罪后又提起"空白上诉"，不仅是不信守承诺的行为，也是对检察机关前期工作的全盘否定。面对上诉人的上诉，检察机关在大多数情况下都是持反对态度的。但是在不同的情况下，反对意见的表现形式可能存在些许差异。对数据进行分析后笔者发现，并非所有上诉人上诉的案件，检察机关都会作出抗诉决定。检察机关的抗诉比例并不高，仅维持在20%至30%。

检察机关未提起抗诉的案件大部分都不会进行开庭审理，而是会选择进行书面审理，仅有少部分需要开庭审理的案件，出庭检察官会发表意见来指明一审认罪认罚从宽制度的适用并无错误，请求法官驳回其上诉请求。而检察机关选择抗诉的案件又可被进一步区分为加重刑罚的抗诉与为减轻刑罚的抗诉，为减轻刑罚的抗诉又可被称为是为被告人利益的抗诉。可见，检察机关并非反对所有认罪认罚案件的上诉，本质上仅反对"空白上诉"。

（三）审判机关的态度

我国目前立法并未就认罪认罚的二审程序作出细致规定，仅在《认罪认罚指导意见》第45条中提到了相关内容。通过对该条法律进行进一步分析我们可以发现，在认罪认罚从宽案件的二审程序中，案件办理的"指挥棒"被从检察机关交到了审判机关的手上，法院占据主导地位。因此，一旦被告人选择上诉就架空了原有的协议，检察机关的量刑建议也不再对其有约束力。二审法院重新掌握了认罪认罚从宽案件的主导权，其对留所服刑上诉、上诉权的限制、撤回上诉的判断会直接影响对被告人的定罪量刑。研究发现，由于缺乏明确的立法引导，目前司法实践中审判机关面对同一问题的态度并不全然相同。

1. 留所服刑上诉

从裁判结果来看，对留所服刑上诉不同法院持不同立场。部分法院对此行为持否定性评价，即使上诉人撤回上诉，也会裁定其上诉使得原本的认罪认罚量刑基础不复存在，最终加重刑罚。但是，还有个别法院对上诉人因留所服刑而提起的上诉持较为宽容的态度。通过对搜集到的样本进行进一步分析笔者发现，在样本212、样本213、样本216三个案件中，上诉人都是为了达到留所服刑的目的而选择上诉，向法官说明上诉目的后又选择撤回上诉。三个案件都得到了准许撤回上诉的处理，法官同时驳回了检察机关的抗诉意见。对比判决书可以发现，上述三个案件均由同一合议庭审理，样本212与样本213中上诉人的指定辩护律师甚至是同一人。可见，一旦辩护律师摸透了合议庭的立场，通过上诉达到留所服刑的目的可能便会成为一种不会被明确提起的"潜规则"，"上诉"已变成了辩护律师的诉讼策略。

2. 上诉权认定

从裁判理由来看，许多法院都开始在判决书的说理部分肯定上诉人的上诉权利。例如，在样本242中，法官在判决中明确指出该制度虽以节约司法资源、降低刑事诉讼成本为价值取向，但在当下的立法中并未取消被告人的上诉权。同样是在样本279中，法院认为上诉权是被告人享有的基本权利，不能因其上诉就否定原认罪认罚的效力。故上述所列案件的抗诉意见都被法院予以驳回。在样本262[1]中，法院在裁判文书的说理部分直接对量刑权作出了定义，认为只是"建议权"，本质上属于"求刑权"的范畴，因此对量刑建议是否采纳，法官仍然有最后的裁判权。司法实践中存在部分法院虽肯定上诉权，但反对无正当理由的上诉的情况。如在样本203"刘某盗窃案"中，法院判决层层递进地表达了自身立场。首先肯定上诉权是被告人依法享有的权利，接着指出被告人为"留所服刑"这一"不正当理由"提起上诉的行为实质上浪费了司法资源，损害了司法权威，最终导致二审程序启动。最后认定其上诉行为使得原有的认罪认罚基础不复存在，故应对被告人予以惩戒。

3. 撤回上诉

在法院控制二审程序的基础上，检察机关的抗诉意见可能不被采纳，原

---

[1] 该案案号为［2020］闽07刑终34号。

审量刑建议的效力可能被进一步弱化。对滥用上诉权的行为检察机关都会选择提起抗诉，希望法院能够认定原有认罪认罚的基础已经不存在，对其加重量刑。但是，研究法院的判决结果我们可以发现，多数法院并不会对其加重刑罚，特别是在上诉人在二审过程中撤回上诉的情况下，多数会选择认可其撤回行为，同时驳回检察机关的抗诉理由。只有少部分法院经过审理后会选择支持检察机关的抗诉意见，即使上诉人在审判过程中选择撤回上诉。样本74〔1〕即是典型，该案上诉人范某斌上诉请求对其改判无罪，属于同时对定罪和量刑提起上诉。但是，法院经过审理仍然未判决对其加重处罚，而是裁定维持原判。概括而言，由于我国立法并未对此问题作出细化规定，不同法院在处理认罪认罚从宽的二审案件时立场存在差异，可能就同一问题作出完全不同的裁判意见。但是从整体来看，近来越来越多的法院认为，上诉权应当是被告人享有的法定权利，不应当被剥夺或进行限制。

4. 量刑建议采纳

立法赋予了检察机关对认罪认罚案件提出量刑建议的权利，除非存在法定情形，否则法院"一般"应当采纳检察机关的量刑建议，量刑建议的采纳情况也成了衡量某一检察机关工作情况的重要指标。在绝大多数情况下，法院会认可检察机关提出的量刑建议，在明确的范围内对被告人量刑。若原审法院未采纳量刑建议则易引起上诉或抗诉。作为二审中的案件争点，二审审判机关依法应当对这一问题作出回应。若经过审理，二审法院认为原量刑建议并无不当一般会以此为依据进行改判。但也有判决指出，量刑建议本身是"求刑权"，法院当然有改判的余地。

（四）检察机关"主导"地位缺失

刑事诉讼二审程序最重要的功能是实现权利救济，这一救济包括对实体权利的救济和对程序权利的救济。即使在认罪认罚案件中，被告人也仍然有权利提起上诉，不应当以"一刀切"的方式驳回上诉请求或限制所有的上诉。一直以来，学界始终围绕着认罪认罚案件的"一般情况"即一审程序讨论检察机关的主导地位，甚少有学者讨论在二审程序中检察机关应当扮演何种角色，是否还应当有权对案件的审理作出实质性的影响。

一般认为，检察机关主导该类案件的方式是通过认罪认罚具结书形成案

---

〔1〕 该案案号为［2020］京01刑终142号。

件的拟处理意见，实现控辩协商。且检察机关也是案件的实质影响者，能对案件作出的特殊处理作出核准。检察官在刑事诉讼程序中居于主导地位，是对检察官在刑事诉讼程序中的法律地位和职责权限的一种形象描述。[1]认罪认罚从宽制度是我国刑事诉讼制度的重要组成部分，是实现案件繁简分流、确保以审判为中心的刑事诉讼制度改革能够真正落地的基础性制度。检察机关在认罪认罚从宽制度中居于主导地位，应当发挥主导作用。[2]2018年我国立法确定认罪认罚从宽制度之时，并未对该类案件的二审程序作出特殊规定。因此，认罪认罚案件一旦进入二审程序，在现有的立法条件下，检察机关就无法对案件的审理作出实质性的影响，且其对案件的量刑建议（二审程序中表现为抗诉意见）也就失去了原有的效力。搜集到的样本也证实了这一观点。一旦认罪认罚案件进入二审程序，检察机关对该案件的主导作用便将会持续减弱，原有的量刑建议将不被采纳。

因此，在二审程序中，法院独立行使审判权，主导案件的审理。二审法院主导案件的审理主要可以通过以下几个方式：其一，认可上诉人撤回上诉的请求。如前所述，许多上诉人为了达到留所服刑的目的，即使其对一审案件的定罪量刑均认可，也会选择提起上诉。虽然检察机关对此类行为持反对立场，并且会在抗诉意见书中写明要求加重其刑罚，但是部分法院会选择认可该上诉人的撤回上诉，并同时驳回检察机关的抗诉意见。在此类上诉人"反悔"后再"反悔"的情况下，检察机关无法对此类行为作出任何规制，其反对意见也常常被忽略。其二，选择"各打五十大板"。由于立法缺乏相应的规定，部分法院在审理认罪认罚二审案件的过程中采用了一种较为保守的立场，并不愿意对一审判决的结果（即定罪量刑部分）直接作出更改。因此，在判决过程中会选择同时采纳上诉人的上诉意见与检察机关的抗诉意见。但由于上诉行为是对认罪认罚的"反悔"，最终"正负相抵"，判处刑罚并未出现相应变化。其三，直接在判决书中明确上诉权是上诉人享有的一项基本权利，不应当被限制或剥夺，此类审判机关将检察机关的量刑建议看作是"求刑权"。因此，无论最终判决为何都印证了检察机关的主导地位被削弱的事实。

（五）辩护律师帮助不够

辩护律师是为了被辩护人的利益而进行活动，被辩护人会认为辩护律师

---

[1]　万毅："论检察官在刑事程序中的主导地位及其限度"，载《中国刑事法杂志》2019年第6期。

[2]　朱孝清："检察机关在认罪认罚从宽制度中的地位和作用"，载《检察日报》2019年5月13日。

是其同盟，辩护律师提供的"专业意见"显然比自己的朴素判断更加具有说服力与可信力。如果辩护律师对认罪认罚从宽制度的认识和了解出现了错误，就会直接影响被告人的判断。

值班律师制度可能与错案风险相关联，在部分案件中值班律师的"缺乏作为"会实质上影响案件的审理进程与审判结果。在样本211"郎某春危险驾驶案"中[1]，上诉人郎某春就提到了其自身情况，即其为文盲、认知能力差。在签署认罪认罚具结书时值班律师并未提供实质性的帮助，导致其"并未认识到撤销缓刑数罪并罚即意味着判处实刑"。值班律师究竟应当如何对上诉人提起帮助，帮助到何种程度才能被认定为具有"实质性"也是当下司法实践面临的一大问题。我国《刑事诉讼法》第36条明确了值班律师对犯罪嫌疑人、被告人提供帮助的具体方式。[2]在认罪认罚从宽案件中，值班律师应当见证认罪认罚具结书的签署。虽然当下立法反复强调了值班律师的作用，但是在司法实践中，由于缺乏相应的履职动力，值班律师更多是"消极"地发挥作用。除非是被告人主动问及，否则难以察觉或难以主动地为某一特定的被告人、犯罪嫌疑人提供法律帮助。为了进一步加强值班律师的作用，保障被告人认罪认罚的明智性，应当以直接列举的方式写明值班律师应当发挥的作用或应当履行的职责。

如果说值班律师是因为其设置的特殊性而无法一对一地为被追诉人提供有效的辩护服务，那么作为被告人自己委托的辩护律师在理论上便不应当存在这一问题。但是实际上，由于辩护水平的参差不齐，即使是被追诉人自己聘任的律师也可能存在提供"无效"辩护的情况。在样本206"税某林抢劫案"中，辩护律师在上诉意见中认为："……不具备抢劫故意，事前不明知，没有共同犯意。其签具结书系认识错误，原判定罪错误，量刑过重。"但是，辩护律师并未提供相关证据证明其观点。又由于检察机关认为税某林的上诉行为使得原本的认罪认罚基础不复存在，故提起抗诉。最终，二审法院判决加重了税某林的刑罚，主刑由原本的有期徒刑3年6个月变更为有期徒刑4年，附加刑不变。本案中，辩护律师在不能提供有关证据证明其观点的情况

〔1〕 该案案号为［2019］浙06刑终646号。
〔2〕 如值班律师可以为犯罪嫌疑人、被告人提供法律咨询、程序选择建议、申请变更强制措施、对案件处理提出意见等帮助。

下就贸然上诉，最终给被告人造成了不利后果。可见，认罪认罚从宽案件对辩护律师的辩护水平提出了更高的要求。"不当"的帮助可能会适得其反。

认罪认罚上诉案件的辩护率远高于平均水平，可能正是因为辩护律师的帮助会引起被告人的上诉。认为辩护律师的帮助并不存在太大效用的另一原因在于，大部分有辩护律师的上诉案件都并未提出新的证据或事实，上诉意见也相对简略，缺乏逻辑推理与专业指导。

（六）"认罚"的认定

《认罪认罚指导意见》指出，考察"认罚"应当结合退赃退赔、赔礼道歉等因素，但应当如何进行综合考虑、影响到何种程度仍然有待明确。

在样本 226[1] 中原审法院并未适用认罪认罚制度。后上诉人提起上诉认为量刑过重，抗诉机关也认为一审法院的判决错误，要求改判。但二审法院认为："上诉人陈某案发后即未退赃退款、亦未取得被害人谅解，更未缴纳罚金。最终仍然认定其不符合'认罪认罚'相关法律规定，维持原判。"同样，在样本 232 中[2] 也是出现了同样的情况。二审法院认为上诉人虽然口头上"认罚"，但没有预交罚金，没有从实际行动中接受"认罚"，最终认定其不符合认罪认罚的适用条件。在样本 45[3] 中，上诉人郭某的上诉理由之一就是"并不知道需要全部退缴非法所得和预缴罚金后才能适用认罪认罚从宽"。可以说，被告人并未履行赔付义务或罚金缴纳义务存在被认定为违约的风险，可能会不再适用认罪认罚从宽制度。

毫无疑问，认罪认罚应当以"退赃退赔、赔礼道歉"等情况为基础进行综合考虑，甚至应当成为认定其认罪认罚的前提。在签订认罪认罚具结书时就应当向被告人明确这一内容，明确应当如何退赃退赔、赔礼道歉，因其犯罪行为对被害人或其亲属造成损失的，还应当进行赔偿。但是，并非所有的被告人都有足够的经济能力在较短时间内落实全部的经济补偿。以交通肇事案件为例，被告人为了获得被害人及其家属的谅解，获得从轻量刑，会积极地赔偿给其造成的经济损失，但由于涉及金额数目往往较大，因此会选择签订一个分期付款的协议。在案件的审查起诉阶段显然不能实现对上诉款项的

---

〔1〕　该案案号为［2020］皖 03 刑终 108 号。
〔2〕　该案案号为［2020］皖 03 刑终 116 号。
〔3〕　该案案号为［2020］川 08 刑终 26 号。

完整赔付，检察机关应当结合案件的实际情况来判断被告人是否的确认罪认罚。

赔偿被害人的经济损失也可能被认定为新出现的事实与理由，影响二审法院的裁判。在样本 242 中，被告人常某的上诉行为引起了检察机关的反感，因此提起了抗诉。抗诉理由为，其反悔上诉的行为导致原有的认罪认罚的基础不复存在，因此应当对其加重刑罚。但是，二审法院审理认为，上诉权是被告人依法享有的一种权利，不应当被剥夺。在该案中，上诉人的上诉理由是其在一审开庭审理后赔偿了被害人近亲属的经济损失并取得了谅解。属于案件出现新的事实后的上诉，不应当被简单地看作是对认罪认罚具结书的反悔。最后，二审法院裁定减轻了对上诉人的量刑，由一审判决认定的有期徒刑 1 年 4 个月减轻为有期徒刑 10 个月。在样本 271 中，二审法院也判决认为"上诉人在审查起诉阶段认罪认罚，其近亲属代为退缴全部赃款，被害人对其予以谅解的量刑情节未得到从轻认定"。

（七）上诉并不必然导致加重刑罚

笔者在先前的对比研究中提到，在英美法系国家，被告人作出有罪答辩的同时就被要求声明放弃上诉权，无特定理由不得再提起上诉。一般认为，被告人在一审认罪认罚后再次提起上诉是对原有协议的违反。因此，在认定认罪认罚基础不复存在的基础上，一旦上诉就可能造成法官不区分地加重刑罚，应当对上诉人的上诉理由进行区分后再认定。实际上，检察机关并不一味抗诉的态度也印证了这一观点。上诉人的上诉行为不能被简单地被看作是对认罪协议的违反。上文谈到，部分上诉人的上诉原因是拖延时间从而"留所服刑"，还有部分上诉人上诉是基于新的事实或理由，如在交通肇事类犯罪中已经完成了对被害人或其家属的抚慰，获得了谅解书等。在这类上诉案件中，上诉人实质上都未作出反悔。

"反悔"后效果如何？《认罪认罚指导意见》第十一部分对认罪认罚的反悔和撤回作出了规定。其中第 53 条[1]对审判阶段的反悔应当如何处理进行了明确，在被告人反悔后，人民法院就应当根据审理查明的事实而非被告人认罪认罚后供述的事实依法作出裁判。根据这一规定，在裁判时被告人就无

---

[1] 《认罪认罚指导意见》第 53 条规定："审判阶段反悔的处理。案件审理过程中，被告人反悔不再认罪认罚的，人民法院应当根据审理查明的事实，依法作出裁判。需要转换程序的，依照本意见的相关规定处理。"

法获得量刑上的优惠。

"反悔"后能否再"反悔",再次认罪认罚？实务中，上诉人的上诉可能会引起检察机关的抗诉，一旦检察机关提出抗诉，上诉人就面临被加刑的风险，因此部分上诉人会选择再次撤回上诉，即反悔后再次反悔。反悔后再次反悔实质上是上诉人想要再次适用认罪认罚从宽制度。在司法实践中，审判机关对此类反悔后再次反悔的现象具有较高的宽容度，一般在上诉人撤回上诉请求后，就会选择驳回抗诉请求，最终裁判维持原判，不会加重被告人的刑罚。

四、认罪认罚从宽案件二审程序的完善路径

通过对比研究我们可以发现，在被告人于公开的法庭上自愿作出有罪供述或者自愿作出有罪答辩的案件中，两大法系的立法或者实践均允许对被告人的上诉权作出一定的限制，这不仅是基于提高诉讼效率的需要，也是落实被告人的主体地位和诉讼威信的必然要求。[1]对认罪认罚从宽二审制度的完善，应当充分结合不同阶段的基本国情与立法现状。在接下来的短暂阶段，认罪认罚从宽制度仍将继续由检察机关主导，在二审程序中检察机关也应当充分发挥其作用。检察机关应当充分发挥其监督职能，对技术性上诉等行为作出有效规制，但规制的同时也应当审慎地进行抗诉。如前所述，检察机关的抗诉必然会引起开庭审理，因此若一味地强调抗诉的作用，增加抗诉的比例，在某种程度上可能还是会导致司法资源的浪费，并且这也是对被告人上诉权的过度限制。在将来，我国可以通过立法对上诉的具体条件作出相应的限制，从根源上解决滥用上诉权、各机关职能模糊的问题。最后，还应当有针对性地解决当下司法实践中存在的一些现实问题，明确这一制度具体的价值取向，避免再次出现法院就同一问题作出截然不同的判决的现象。

（一）域外经验

在当事人主义思想的指导下，被追诉人是否作出有罪答辩是程序分流的一大标准；在职权主义下，案件的复杂程度为程序分流的标准。程序分流的一大目的是节省司法资源、提高诉讼效率。认罪认罚从宽制度一直被视为中国化的"辩诉交易"，原因就在于早在该制度建立之前，许多学者就为了提供

---

[1] 孙长永："比较法视野下认罪认罚案件被告人的上诉权"，载《比较法研究》2019年第3期。

有益的建议而对域外的"辩诉交易""有罪答辩""无罪答辩"等类似或相关制度进行了研究。但那时对域外经验的认识主要还是从在什么条件下适用、适用后果、如何保护犯罪嫌疑人合法权利等方面展开的，尚未就域外二审程序进行模式展开讨论。

1. 美国——事先放弃的上诉

关于辩诉交易案件的上诉，美国总体上采取了"事先放弃+原则+例外"的基本模式。首先，关于事先放弃上诉权利。根据正当程序的要求，被告人应当在自愿、明智的基础上作出有罪答辩和放弃上诉。这一要求具体是指，被告人应当明确认知到自己享有何种权利、放弃权利的具体后果为何。为了确保这一放弃的准确性和可靠性，法庭应当再次确认这一事实。《美国联邦刑事诉讼规则》第 11 条第（b）款规定，法庭在接受辩诉协议之前必须要向被告人履行一定的告知义务。法庭若未履行这一告知义务，就会造成被告人的有罪答辩自动撤销或撤回，通过判例确定的"托来特规则"[1]强化了这一规定。其次，原则上，被告人在作出有罪答辩后仅能针对案件的量刑部分提起上诉，不能就定罪部分提起上诉。基于美国是判例法国家，联邦最高法院通过作出一系列判决实现了对例外情形的列举，如未提供有效的法律援助、未排除非法证据等。

2. 英国——案件分流后的二次上诉分流

关于上诉案件的处理模式，英国与美国的相关立法存在较大的差异。在英国，被告人作出有罪答辩便意味着可以享受量刑折扣。治安法院和刑事法院负责对刑事案件的审理。由治安法院审理的轻罪案件在被告人作出有罪答辩后，原则上就只能就定罪部分提出上诉，除非存在例外情形。同样的，这些例外情形通常是因为原本取得的有罪答辩存在违反法律规定的情况，进而无法确保认罪的真实性与自愿性。而对由刑事法院审理的重罪案件，英国则未设置任何关于上诉的限制条件。即使被告人在第一审程序中作出了有罪答辩，其也有权就定罪和量刑提起上诉。概括而言，英国首先通过对案件的分流使得不同法院审理不同类型的案件，最后再通过设置一定的上诉条件实现对案件的进一步分流。

---

〔1〕 即在辩诉交易中，被告人在公开的庭审中认罪后就不得就有罪答辩以前被剥夺宪法权利的相关事项提出独立的诉讼请求。

3. 德国——立法与实践的"差异"

从立法来看，德国的刑事诉讼法并未限制被告人的上诉权，甚至还在立法中反复强调应当如何保护其合法权益。《德国刑事诉讼法》第 257c 条对认罪协商程序作出了具体规定。这一程序由法官依职权启动，程序启动后法官可以根据案件的具体情况告知被告人其可能被判处刑罚的具体范围以寻求被告人当庭供认罪行。在这一过程中，法官会听取辩护律师与检察官的意见。为了防止被告人因受到非法压力和欺骗而认罪协商，该法第 35a 条明确规定："如按第 257c 条以协商的方式作出的判决，要告知相关人员在任何情况下其都有权自由决定是否上诉"[1]。

在司法实践中，适用认罪协商程序通常包含着被告自愿对上诉权的放弃。与英美法系的国家相关法律类似，被告人通常被要求在一个正式的认罪协议中作出放弃上诉的声明。这一方面是对司法现状的妥协，另一方面也是为了强调保障被告人的合法权益。至 2013 年合宪性判决止，"协商放弃上诉"在认罪协商的司法实务中一直被作为一种常用的灰色手段来使用。[2]司法实践与原始立法之间的对抗使得德国致力于在处理此类案件时找到一个平衡点，既强调了被告人应当享有的基础权利，又默认在司法实践中检察官与被告人签订的正式协议只要实施了必要的保障手段就是有效的。

4. 对比评析

对比上述三个国家的相关立法我们可以发现，对认罪协商或辩诉交易的案件限制上诉已经成了一个通行做法。虽然限制上诉的具体方式存在一定程度的差异，但其根本目的存在共性，即为了节约司法资源、维护司法尊严或帮助检察官（控方）更加便捷地开展协商程序。在英美法系国家，被追诉人在作出有罪答辩时就意味着放弃了上诉权或是同意其上诉权被设置一定的限制条件。而如德国一类的大陆法系国家，即使是在立法之时强调要保障其上诉权，在司法实践中也会进行"折中"。

虽然立法规定各有细节上的差异，但整体而言，英美法系国家在限制上诉时都采用了"严格+例外"的模式。所谓"严格"，是指严格限制上诉，包括完全不允许上诉或不允许就定罪提起上诉；所谓"例外"，是通过案例或立

---

〔1〕　孙长永："比较法视野下认罪认罚案件被告人的上诉权"，载《比较法研究》2019 年第 3 期。
〔2〕　李倩："德国认罪协商制度的历史嬗变和当代发展"，载《比较法研究》2020 年第 2 期。

法设置许多例外情况，允许被告人在该类情况出现时提起上诉。例外情况的出现往往是为了周延地保护被告人的合法权益。例如，被告人如果是在被胁迫、不属于真实意思等情况下认罪，其便可以就定罪提起上诉。

在规范可以上诉的案件时，许多国家都对上诉的目的进行了区分，允许针对量刑的上诉，但不允许针对定罪的上诉（除非上诉人能够证明自己在作出认罪答辩时处于不理智的状态或者一审程序确有瑕疵）。这是因为认罪协商的基础就是被告人作有罪答辩来交换一个量刑上的优惠，因此在作出（公开）认罪答辩后，被告人无权再针对定罪提起上诉。

英美法系的坦白从宽政策及其实际贯彻不能说没有弊端，但这种有效率的处置方式起码保证了违法犯罪者可以受到一定程度的追究和惩治，其利大于弊。[1] 就审理内容来看，在涉及辩诉交易（或认罪协商）后又提起上诉的案件中，法律一般不会仅就这一特殊制度作出专门立法。针对此类案件的二审程序，立法仅会就如何启动作出规定，其余审理过程仍然参照普通案件的二审程序进行。

（二）限制被告人上诉的必要性分析

1. 限制上诉符合认罪认罚从宽制度的制定目的

认罪认罚从宽制度的设定目的是节约诉讼资源、减轻诉累；同时减少社会矛盾、恢复社会关系，最终构建和谐社会。限制上诉权主要从两个方面进行考虑：一方面，对上诉权进行限制能够有效地"抑制"滥用上诉权的行为，维护司法尊严，强化认罪认罚从宽制度的适用效果。另一方面，通过采取一系列措施加强对被告人权利的保障，可以极大地降低限制上诉的负面影响。通过对域外类似制度进行比较我们也可以发现，认罪协商或辩诉交易程序或多或少都会为被告人的上诉设置一定的限制条件。不对上诉行为作出任何限制还可能存在两大风险：其一，在一审过程中，控方在庭审过程中已经将所有的证据进行了公示；其二，目前在司法实践中已经出现了"突袭上诉"的情况，即被告人在上诉期限临近截止的时候才提起上诉，并且极力避免被一审检察机关知晓这一事实，以避免检察机关提起抗诉。

2. 仅依靠抗诉无法规制滥用上诉权

对搜集到的样本进行分析我们可以发现，大部分的抗诉都是为了对抗不

---

[1] 龙宗智："论坦白从宽"，载《法学研究》1998 年第 1 期。

诚信的被告人，少部分是因为案件出现了新的事实或理由、一审法院未采纳量刑建议等。有学者认为，在认罪认罚从宽案件中，即便被告人在一审判决后提出上诉，检察机关也不可贸然提出抗诉，而是应当在抗诉前预测二审法院可能的裁判结果，保证在"确有把握"的情况下再行抗诉。[1]检察机关针对不诚信被告人提起的抗诉，本质上是针对被告人的上诉。[2]上文也提到过，检察机关抗诉后，案件就必须开庭审理，这极大地增加了审判机关的负担。从审判结果来看，对此类案件的抗诉并不能次次都达到加重刑罚的目的。根据立法的相关规定，检察机关的抗诉能驱使案件"开庭审理"，我国本就规定二审案件的审理范围为全案审理。开庭审理能够帮助二审法官更加完整地认识案件的整体情况，控辩双方也能实现一定程度的对抗，更有利于双方发表各自的意见。但是，在认罪认罚从宽案件中，许多上诉案件的二审程序都是由被告人滥用上诉权启动的，一审程序已经解决了案件的事实问题与程序问题。此时如果仍然坚持全案审理，可能会加重二审法院的负担。并且，由于此类案件的案情简单，若仅仅就因为被告人反悔上诉就对抗诉也是对检察资源的一种浪费。

检察机关的抗诉是其行使"监督权"的一种具体方式，抗诉能够督促法院对确有错误的案件进行重新审判。在一审过程中签订的认罪认罚具结书，实质上是检方与被告方之间互相让步后形成的"协议"，在一方违约后，当然应当给另一方（检方）一个发表意见的机会。并且，检察机关的抗诉行为也是其发挥主导作用的必然要求。检察机关的抗诉一方面能够表明原有的协议内容不应当继续发挥作用，被告人因此获得的量刑优惠也应当被撤销。另一方面，检察机关的抗诉也恰好能够突破"上诉不加刑"的限制，使得法官有合法依据加重刑罚。同时，要有效对抗"空白上诉"或者"假上诉"现象，关键还是从源头上治理，要求检察官在提出量刑建议时就应当对这一情况有所预判，所提出的量刑期间应当避免被告人借上诉期间"留所服刑"，打消其侥幸心理。[3]获取的样本也表明，仅依靠抗诉无法从根源上规制滥用上诉权的行为，只能对被告人造成一定的心理威慑。

---

〔1〕　韩旭："认罪认罚从宽制度实施检察机关应注意避免的几种倾向"，载《法治研究》2020年第3期。

〔2〕　王洋："认罪认罚从宽案件上诉问题研究"，载《中国政法大学学报》2019年第2期。

〔3〕　万毅："认罪认罚从宽程序解释和适用中的若干问题"，载《中国刑事法杂志》2019年第3期。

3. 限制上诉权给被告人带来的不利影响可被消除

救济权的限制性设计应建立在初审裁判正当性有充分保障的基础之上。[1]认为不应当对上诉权进行限制的学者的主要观点是限制上诉权后无法保障其合法权益，存在无法实现诉讼价值的可能性，但保障其权利并不意味着放大其权益。在认罪认罚案件中，被告人通过如实供述、认罪认罚，在一审过程中已经获得了确定的量刑优惠。其后反悔实际上是违反原有协议的行为。由于认罪认罚从宽制度具有的协议性质，一方违反协议，另一方当然也可以要求对其施以"违约惩罚"。特别是在刑事诉讼过程中，检察机关还兼具追诉犯罪的职责。因此，被告人违反协议又上诉的行为理应受到责难。

采取适当的保障措施就能实现对被告人合法权益的适度保护。例如，可以强调审判机关与检察机关应当重视履行告知义务，确保被告人能够准确理解认罪认罚可能带来的具体后果。同时，加强值班律师的作用，在强化其履职保障的同时，进一步明确让其深入参与案件处理的具体方式，让被告人能够获得有效的法律帮助。

（三）当下可"限制"被告人上诉的手段

1. 审慎使用检察机关的抗诉权

如前所述，基于二审程序独特的权利救济功能，检察机关无法继续主导认罪认罚案件的二审程序。但若以"一刀切"的方式一概否定检察机关的主导地位，亦不可取。抗诉是维护认罪认罚制度权威性的必要手段，可以有效阻止被告人的任意反悔。让法院依法采纳量刑建议的实质是加强检察机关在认罪认罚案件中的主导作用。关于如何让法院依法采纳检察机关的量刑建议，学界在认罪认罚从宽制度确立之初就展开了广泛的讨论。事实上，认定检察机关在认罪认罚案件办理过程中的主导地位最为重要的理由就是默认法院会采纳检察机关确定的量刑建议，从而增强检察机关在整个案件办理过程中的地位。

量刑建议实质上是检察机关与原审被告人协商的结果，在一般情况下只要出现上诉、抗诉，原有的量刑建议即应当被认定为无效，"从宽"的效果也应当不复存在。在二审程序中法院一般会结合具体案情和上诉、抗诉理由作出量刑不变、量刑加重的判决结果。但在原审法院未认可原有的量刑建议时，

---

〔1〕 郭烁："二审上诉问题重述：以认罪认罚案件为例"，载《中国法学》2020 年第 3 期。

虽然出现了抗诉、上诉，但一审签订的具结书的基础并未改变，检方与被告人双方仍然认可原有的量刑建议，曾引起学界热议的"余某平交通肇事案"即属于这种情况。

针对被追诉人认罪认罚后又无正当理由上诉的情况，目前有的地方检察机关提出了"探索同步抗诉制度"的理念。通过与法院沟通协调，加快文书流转程序，以有效应对被告人的突袭上诉。[1]

2. 审判机关根据个案情况加重量刑

空白上诉本质上是一种诉讼策略，是上诉人利用当下的法律漏洞作出的选择。因提起上诉而最终留所服刑的操作一旦成功，可能会在看守所形成负面影响，会导致更多的犯罪嫌疑人"学习"这种诉讼策略。因此，对该行为应当采取一定的限制措施，以应对当下司法实践中出现的问题。在检察机关作出抗诉的情况下，法院当然有理由作出加重刑罚的判决。对于上诉后又主动撤回上诉的情况，审判法院也可以视情况选择维持原判，对具体案情具体分析，审慎地决定是否应当对该上诉人加重刑罚。总而言之，在当下的司法实践中，审判机关应当审慎地根据个案的具体情况选择加重量刑，综合考量上诉人在二审过程中的认罪认罚态度、社会危害性、退赃退赔情况、抗诉意见等多个因素。

（四）未来限制被告人上诉的模式探索

基于对有关认罪认罚案件二审程序的实证分析，被追诉人试图通过"技术性上诉"达到留所服刑或者继续获得量刑优惠的目的，不仅得不到二审法院的支持，还会徒耗司法资源。但同时也有部分案件的被追诉人系基于事实不清、证据不足或非自愿认罪认罚等原因提起上诉，其诉求在一定程度上得到了二审法院的支持。因此，从加强人权司法保障的角度出发，兼顾司法效率，笔者针对认罪认罚案件的二审程序提出了如下的完善思路：

1. 声明放弃上诉权并不适宜我国国情

限制被告人提起上诉的方式主要是提高其上诉条件，将认罪认罚案件的二审程序与不认罪认罚案件的二审程序区分开来。但英美法系采取的做法（即让被告人在签订认罪认罚具结书是声明放弃上诉权利）显然并不适合我国的诉讼现状。一方面，我国刑事诉讼的辩护率并不高，有效辩护率则更低，

---

〔1〕　栾福成："被告人认罪认罚后又上诉原因与对策分析"，载《检察日报》2020年7月28日。

在无法保证被告人获得有效辩护的前提下就让其"主动"放弃上诉实际上是对其权利的过度限制；另一方面，在签订认罪认罚具结书阶段，多数犯罪嫌疑人可能只能依靠值班律师的帮助，而当下值班律师的帮助效果仍然存疑，并未很好地发挥其应有的作用。通过对司法实践情况的把握也能证明这一观点。由于犯罪嫌疑人在现阶段不能获得有效辩护或有效法律援助，因此让其在签订认罪认罚具结书时即声明放弃上诉权显然并不适宜，实质上仍然无法保障其放弃权利时的明智性与自愿性。

2. 设置上诉条件以提高上诉门槛

限制滥用上诉权的行为并非剥夺其上诉权。我国《刑事诉讼法》并未对上诉作出限制，目前立法采取的是绝对上诉制，但是并非所有国家都作出了此类规定。当下学界关于限制上诉权的观点主要有三种：第一种观点认为，在充分保障上诉权的原则下，我国可以根据一审管辖和认罪认罚这两个因素，探索构建多元化的上诉结构，引入裁量型上诉和上诉理由审核制。第二种观点认为，应当以程序为标准对认罪认罚案件进行区分并选择性地赋予上诉权，对适用速裁程序的案件不允许上诉，适用普通程序的允许上诉。[1]更多的学者支持第三种观点，认为应当规定仅在部分情况下上诉人才可以选择上诉，一般禁止提起上诉，即采取"严格+例外"的模式。例外的理由主要是在先前的一审程序中出现了程序的错误，譬如非法取证或以强迫或威胁的形式取得认罪认罚的供述。限制上诉人滥用上诉权可以让上诉人意识到没有正当理由的上诉行为是不被支持的，从而显著降低上诉率，最终合理提升检察机关在二审程序中的影响，维持其主导地位。

滥用上诉权的常见表现就是无新证据、新事实提起上诉，作为回应，应当以立法的方式明确提起上诉的具体条件。首先，一般情况下上诉人在提起上诉的同时应当提出新的事实或证据，属于"空白上诉"的，应当驳回；其次，在一审法院并未采纳原有的量刑建议时，上诉人也可以提起上诉；最后，如果在一审过程中出现了程序违法、事实不清、证据不足等情况，上诉人也可以提起上诉。

上诉标准提高后，滥用上诉权的行为必然会大幅缩减，抗诉的比例也必

---

〔1〕 牟绿叶："我国刑事上诉制度多元化的建构路径——以认罪认罚案件为切入点"，载《法学研究》2020 年第 2 期。

然会随之下降。此时，检察机关可提起抗诉的理由可能就包括一审法院为依法采纳其量刑建议、在一审程序结束后案件又出现了新的事实或者证据等。最后，在立法并未限制上诉权前，要对当下滥用上诉权的行为进行规制只能依靠检察机关与审判机关。在不提起抗诉的情况下，根据"上诉不加刑"的原则，审判机关只能做到维持原判，而无法对其作出惩戒。只有检察机关的抗诉才能有效规制这一行为，对其造成心理威慑。在成本低而收益高的情况下，若无检察机关抗诉权的威慑，认罪认罚从宽制度的推进必然会面对更多的挑战。

3. 保障认罪认罚的明智性与自愿性

这一要求实质上就是为被告人提供更多的保障措施。任何简化诉讼程序的改革都会面对一个共同的正当化困境。但是，如果是被告人"自愿"地选择放弃诉讼权利，那么这一难题便将迎刃而解。[1]首先，应当为被告人提供有效的辩护帮助。早在制定认罪认罚从宽制度之时，我国就为其配套制定了值班律师制度。但是，司法实践表明，建立值班律师制度并不意味着被告人能够得到有效法律帮助。在实务中，值班律师能够比被告人自己聘任的律师更早地介入案件，在向被告人说明案件情况时，不仅应当就其提出的问题作出解答，更应当主动地就某些事项进行说明。例如，应当说明被告人认罪认罚的后果、其在诉讼过程中仍然享有的诉讼权利等。

另一方面，应当进一步强调检察机关与审判机关的告知义务。现行立法已经明确在签署认罪认罚具结书与审判时上述两个机关均应当履行一定的告知程序，以确保被告人认罪认罚的自愿性与明智性。只有在提供充分自由的情况下才有可能说被告人的选择是明智的或自愿的。在审查起诉阶段，检察官应当告知其享有的"诉讼权利和认罪认罚的法律规定"；在审判阶段，审判长也应当履行告知义务并审查认罪认罚的自愿性和认罪认罚具结书内容的真实性、合法性。在告知关于认罪认罚的法律规定时，还应当告知其上诉可能造成的不利后果。认罪认罚从宽制度的告知程序可以参照非法证据排除制度的相关规定，保证被告人的认罪认罚自愿性的根本在于确保其是在了解到案件情况之后基于自身意志作出的独立判断，并未受到他人的影响。

---

[1]　魏晓娜："结构视角下的认罪认罚从宽制度"，载《法学家》2019年第2期。

4. 关注被害人合法权益保障

在构建认罪认罚从宽制度的二审程序时，还应当考虑对被害人合法权益的保护。在我国的刑事诉讼中，被害人长期以来一直处于一个边缘化的诉讼地位。在案件的审判过程中，被害人的诉讼需求极少得到关注。在以效率为主导价值的认罪认罚案件办理过程中这一表现更甚，具体主要表现在三个方面：值班律师制度仅适用于被追诉人；被害人对是否适用认罪认罚从宽制度并无决定权；对于适用速裁程序审理的案件，被害人及其代理人难以发挥介入作用。[1]司法实践中也有越来越多的被害人在不满原审判决时选择提起上诉。根据当下的法律规定，即使是适用认罪认罚从宽制度，法官也应当遵循要求向被害人做相关的信息披露。但仅是"信息披露"显然不能为被害人提供适度的保护。如何采取适当的保护措施，以兼顾对被害人的权益保护与诉讼的公正、效率是我们在未来的阶段需要讨论的问题。

余 论

认罪认罚从宽制度的设立旨在解决当下"案多人少"的突出问题，实现对司法资源的优化配置。推进这一制度也可以鼓励犯罪人员真诚悔罪、接受改造、恢复社会和谐关系。司法实践中频频出现的一些"异常"现象足以引起我们的反思。

无论上诉人的上诉理由为何，其最终目的都是追求更低的量刑。检察机关的抗诉目的也不单纯是加重量刑，在案件事实情况发生改变或原审法院未采纳量刑建议的情况下，检察机关的抗诉还有可能是为了追求减轻量刑。检察机关的抗诉既可能是为了对抗上诉行为，也可能是为了纠正原审错误判决。研究发现，进入二审程序的认罪认罚案件主要呈现出以下几个特点：其一，上诉人基于侥幸心理，无新证据、新事实，滥用上诉权，这一举动造成司法资源被极大浪费；其二，检察机关并未百分之百地就上诉而抗诉，在认罪认罚从宽二审案件中检察机关的抗诉比例仅为30%左右；其三，在当下的司法实践中，由不同法院针对相类似法律问题常常作出截然相反的判决，这也是被告人上诉的动力之一；其四，在二审程序中，检察机关的主导地位缺失，原审量刑建议存在不被认可的风险。除此之外，辩护律师帮助不到位、"认

---

[1] 韩旭："认罪认罚从宽制度中被害人权利之保障"，载《人民检察》2020年第15期。

罚"的认定存在新的含义、上诉并不必然导致刑罚加重都是该类案件二审程序的常见现象。

上诉人滥用上诉权、检察机关频频抗诉、不同审判机关面对相类似的情况作出不同判决等现象在司法实践中广泛存在。当下的认罪认罚从宽二审运行模式实质上已经对上诉人的上诉权作出了限制。限制被告人的上诉是进一步明晰审判过程中各主体职能、完善认罪认罚从宽制度的必然要求。对认罪认罚制度中被告人的上诉权利加以限制，应当从当下与未来两个方向切入：当下应当有效利用检察机关的抗诉权、法官也应当视案件的具体情况加重上诉人的刑罚；在未来应当在进一步保障被告人认罪认罚的明智性与自愿性的同时设置一定的上诉门槛，即要求上诉人是基于新的事实、新的证据提起上诉。

第十六章

论认罪认罚案件中抗诉权的合理行使

　　自认罪认罚从宽制度实施以来，认罪认罚案件中的被追诉人是否应当继续享有上诉权的学术争论便一直甚嚣尘上，随之而来的是由一些新出现的"上诉引发抗诉"案件引发的对抗诉权行使问题的讨论。对于如何在认罪认罚案件中合理行使抗诉权的问题，最高人民检察院检察长张军指出："完善认罪认罚案件抗诉标准，对法院采纳量刑建议后被告人没有正当理由反悔上诉，或者量刑建议并无明显不当而未被采纳、符合抗诉条件的，依法审慎提出抗诉，维护制度严肃性和司法公信力。"[1]对此，在 2020 年 12 月最高人民检察院下发的《关于认真学习贯彻十三届全国人大常委会第二十二次会议对〈最高人民检察院关于人民检察院适用认罪认罚从宽制度情况的报告〉的审议意见的通知》（以下简称《28 条意见》）也指出："对法院违反刑事诉讼法及相关规定精神，未告知检察机关调整量刑建议而径行判决的，依法进行监督。"[2]

　　由此可见，认罪认罚案件中抗诉权的合理行使理问题应得到理论关注。笔者拟以认罪认罚案件中的抗诉权行使为研究中心，结合抗诉权的基本理论，提出认罪认罚案件中抗诉权合理行使的路径。

一、认罪认罚案件中抗诉权的行使样态

　　为全面把握认罪认罚案件中抗诉权行使的实际情况，应当从司法实践出

----

　　〔1〕　张军："认罪认罚从宽：刑事司法与犯罪治理'中国方案'"，载《人民论坛》2020 年第 30 期。

　　〔2〕　最高人民检察院：《关于认真学习贯彻十三届全国人大常委会第二十二次会议对〈最高人民检察院关于人民检察院适用认罪认罚从宽制度情况的报告〉的审议意见的通知》。

发，从抗诉权行使的原因、特点、后果等方面进行总结提炼。

（一）行使的原因

检察机关之所以对认罪认罚案件提出抗诉，主要是基于如下原因：

第一，被告人在法院采纳检察机关量刑建议的情况下上诉。检察机关认为其上诉行为属于对认罪认罚的反悔，进而提起抗诉，以防被告人"以合法形式掩盖非法目的"。认罪认罚从宽制度实施伊始，因被追诉人对其认罪认罚的效力仍持观望态度，特别是未充分认识到检察机关对于推行此项制度所怀有的巨大决心，试图利用"上诉不加刑"原则实现减轻处罚的目的。同时，该上诉行为在无形中浪费了司法资源，抵消了认罪认罚从宽制度所欲实现的功能价值，基于此，为彻底打消被追诉人的投机心理，检察机关进行了抗诉。

第二，法院未依据《刑事诉讼法》第 201 条的规定采纳检察机关的量刑建议，且未要求检察机关进行调整而径行判决。根据《刑事诉讼法》第 201 条第 2 款的规定，对于经法院审理认为量刑建议明显不当的，"人民检察院可以调整量刑建议"。在检察机关看来，此款其实要求法院即使认为量刑建议明显不当，也应当通知检察机关进行调整，而不能直接宣判。基于未通知调整量刑建议的行为，检察机关认为法院违反了法定程序，遂进行抗诉。同时，在某些案件中，即使法院通知检察机关对明显不当的量刑建议进行调整后再行宣判，检察机关仍会以案件不存在"一般应当采纳"的例外情形为由进行抗诉。[1]

第三，法院作出的判决、裁定确有错误。根据《刑事诉讼法》第 228 条的规定，抗诉主要针对的是"确有错误的第一审的判决、裁定"。在部分认罪认罚案件中，法院存在适用法律错误的问题，如对于应当追缴违法所得的案件未追缴违法所得、应当适用禁止令的案件未适用等情形，[2]检察机关理当提起抗诉。

以上提起抗诉的理由既有可能单独出现，也有可能共同出现，也即不仅存在检察机关单独针对被告人的行为或者法院的行为提起抗诉的情形，也存在检察机关同时对被告人和法院的行为提起抗诉的情形。

---

〔1〕　相关案件的具体案情可参见：四川省成都市中级人民法院［2020］川 01 刑终 640 号刑事裁定书。本章中的裁判文书如未特殊说明，均来自中国裁判文书网。

〔2〕　相关案件的具体案情可参见：河南省漯河市中级人民法院［2020］豫 11 刑终 101 号刑事判决书、江苏省盐城市中级人民法院［2020］苏 09 刑终 395 号刑事判决书。

（二）行使的特点

检察机关在认罪认罚案件中抗诉权的行使上呈现出如下几个特点：

第一，"惩罚性抗诉"现象抬头，在某些案件中表现得尤为明显。这种惩罚既包括检察机关对无故反悔上诉的被追诉人的惩罚，也包括检察机关对法院不采纳量刑建议而自行作出裁判行为的惩罚。一方面，尽管认罪认罚从宽制度已被写入《刑事诉讼法》，但并未明确在认罪认罚案件中能够限制被追诉人的上诉权。因此，部分被告人在法院采纳其与检察机关协商一致后达成的量刑建议的基础上，出于投机心理，片面理解"上诉不加刑"原则，提起上诉。对此，检察机关认为，被告人在审查起诉阶段享受到了足够的量刑优惠之后上诉，将削弱认罪认罚的效力，在刑事诉讼法未明确限制被告人上诉权的情况下，有必要对被告人的上诉行为进行惩戒，故而针锋相对地提出抗诉。当然，检察机关不是"逢上必抗"。另一方面，在《刑事诉讼法》第 201 条规定"一般应当采纳"的情况下，法院无故不采纳检察机关的量刑建议，特别是在某些案件中未通知检察机关调整而直接判决，检察机关认为此行为违反法律规定的诉讼程序，属严重违法，有必要对此行为提出抗诉，以示惩戒。

第二，针对类似案情，各地检察机关启动抗诉程序的标准不一。对此，有如下表现：其一，同样是被告人上诉的认罪认罚案件，有的检察机关启动了抗诉程序，有的检察机关则未启动抗诉；其二，同样是被告人上诉后又撤回的认罪认罚案件，有的检察机关撤回了抗诉，有的检察机关则未撤回抗诉；其三，同样是法院未采纳检察机关的量刑建议，有的检察机关启动了抗诉程序，有的检察机关则未启动抗诉。

第三，针对类似情形的抗诉行为，各地法院的处理方式各异：其一，同样是"上诉引发抗诉"的认罪认罚案件，有的法院选择撤销原判，发回重审，有的法院选择驳回抗诉、上诉，维持原判，还有的法院不仅未采纳检察机关的抗诉理由，反而还在一审裁判的基础上减轻量刑。[1]其二，同样是未采纳检察机关量刑建议而提起抗诉的认罪认罚案件，有的法院撤销原判，采纳检察机关的抗诉理由；有的法院驳回抗诉，维持原判；有的法院在撤销原判的同时未完全采纳检察机关的量刑建议，而另行作出了一个判决。

---

〔1〕 相关案件的具体案情可参见：湖南省株洲市中级人民法院［2020］湘 02 刑终 297 号刑事判决书、河南省南阳市中级人民法院［2020］豫 13 刑终 737 号刑事判决书。

（三）行使的后果

检察机关在认罪认罚案件中行使抗诉权会产生如下后果：

第一，检察机关主动撤回抗诉。有部分抗诉案件是由被告人的上诉引发的，在被告人撤回上诉后，检察机关也随之撤回抗诉。也有部分抗诉案件，被告人未撤回上诉，经上级检察机关审查认为抗诉不当，主动撤回抗诉。当然，在检察机关撤回抗诉、被告人未撤回上诉的案件中，法院一般会驳回上诉，维持原判。[1]

第二，抗诉被法院驳回：其一，在"上诉引发抗诉"的案件中，如若法院认为一审判决结果量刑适当，会驳回抗诉和上诉。特别是一些法院认为根据《刑事诉讼法》第228条的规定，抗诉的对象应当是确有错误的一审裁判，而非被告人的上诉行为，因此理当驳回抗诉。[2]其二，在"上诉引发抗诉"的案件中，被告人撤回上诉、检察机关未撤回抗诉的，法院会裁定驳回抗诉。其三，对于法院未采纳检察机关量刑建议，且未经法定程序通知检察机关调整而径行判决的案件，检察机关以违反法定程序抗诉的，法院经审理认为量刑适当的，一般裁定予以驳回。

第三，抗诉理由被法院采纳：其一，一审判决结果本身存在错误，检察机关提起抗诉，法院采纳抗诉，进行改判。如上文中提到的应当适用禁止令未适用的案件。其二，一审判决未采纳检察机关的量刑建议，检察机关以不存在《刑事诉讼法》第201条第1款规定的例外情形为由提起抗诉的，法院采纳抗诉理由，进行改判。较为典型的例子就是2019年浙江省仙居县人民检察院办理的危险驾驶认罪认罚案件。[3]

第四，抗诉理由未被法院采纳。其实，抗诉被法院驳回也属于广义的未被法院采纳的情况。但考虑到驳回抗诉属于一种较为特殊的不采纳种类，因此将其单独讨论，而将除其之外的其他处理方式统一归入未被法院采纳的范畴。抗诉理由未被法院采纳这种处理方式对应了两种不同的裁判思路：其一，二审法院撤销原判，发回重审；其二，二审法院直接改判。对于前一种处理方式，二审法院认为存在抗诉，说明认罪认罚案件事实不清，因此需要发回重审。[1]对于后一种处理方式，二审法院会根据《刑事诉讼法》第 236 条第 2 项的规定，直接改判。[2]

此外，还有一种特殊情况也属于法院未采纳抗诉理由的情形，如若检察机关只以法院未通知调整量刑建议而抗诉，二审法院经过审理认为一审判决量刑适当的，一般会指出不通知检察机关调整量刑建议而径行判决的行为系审理瑕疵，但不属于《刑事诉讼法》第 238 条第 5 项规定的"其他违反法律规定的诉讼程序"。对此，法院会驳回抗诉理由，维持原判，而非发回重审，或者改判。[3]检察机关提起抗诉的本意是希望援引《刑事诉讼法》第 238 条第 5 项的规定，将案件发回重审，以此强调通知检察机关调整量刑建议程序的重要性。但在法院看来，从《刑事诉讼法》第 201 条的规定中并不能直接得出，针对明显不当的量刑建议法院应当通知检察机关进行调整。因此，法院既无法作出撤销原判，发回重审的裁定，也无法作出改判的判决，只能在裁判文书中确认审理程序存在瑕疵。检察机关尝试发回重审的目的没有达到，自然应当将其视为未采纳抗诉理由。

二、认罪认罚案件中抗诉权行使的特殊性

在此，需要明确两个问题：其一，在认罪认罚案件中，检察机关是否还应继续行使抗诉权？其二，认罪认罚从宽制度的实施对抗诉理论产生了何种影响？

（一）认罪认罚从宽制度的实施对抗诉理论及实践产生的影响

认罪认罚从宽制度的实施从理论和实践两方面对刑事抗诉制度产生了影响。具体如下：

第一，抗诉对象多样。根据《刑事诉讼法》第 228 条的规定，检察机关行使抗诉权主要针对的是法院确有错误的裁判。《人民检察院刑事诉讼规则》

---

〔1〕 相关案件的具体案情可参见，湖北省鄂州市中级人民法院［2020］鄂 07 刑终 49 号刑事裁定书。

〔2〕 相关案件的具体案情可参见，四川省广元市中级人民法院［2020］川 08 刑终 110 号刑事判决书。

〔3〕 相关案件的具体案情可参见，河南省周口市中级人民法院［2020］豫 16 刑终 274 号刑事裁定书。

（本章以下简称《刑诉规则》）第584条对此进行了细化规定。而在认罪认罚案件中，检察机关的抗诉对象不仅包括确有错误的法院裁判，还包括了被告人的上诉行为、法院未采纳检察机关量刑建议的行为、法院不通知检察机关调整量刑建议而径行判决的行为等。

在某些认罪认罚案件的抗诉中，法院未通知检察机关调整量刑建议而径行判决的行为可能属于《刑诉规则》第584条第6项规定的"人民法院在审理过程中严重违反法律规定的诉讼程序的"情形，但无论如何也无法将被告人的上诉行为、法院未采纳检察机关量刑建议的行为完全囊括其中。

第二，法院针对抗诉作出的裁判类型多样。根据《刑事诉讼法》第236条的规定，法院对于抗诉案件主要有三种处理方式：维持原判；改判；撤销原判，发回重审。《刑诉法解释》又增加了一种，即第472条第（二）项规定："原判决、裁定定罪准确、量刑适当，但在认定事实、适用法律等方面有瑕疵的，应当裁定纠正并维持原判决、裁定。"而在认罪认罚案件中，特别是在法院未通知检察机关调整量刑建议而径行判决的案件中，在量刑适当的情况下，虽然法院也会作出维持原判的裁定，但同时会指出原审法院未通知检察机关调整量刑建议而径行判决的行为属于程序瑕疵。由此，除了第236条规定的三种处理方式以及《刑诉法解释》的规定外，司法实践中出现了第五种处理方式：在维持原判的同时确认一审法院存在程序瑕疵。

第三，行使抗诉权试图实现的目标多元化。从理论上看，抗诉权是一种法律监督性质的权力，是检察机关对审判权进行的监督。[1]但在某些认罪认罚案件中，抗诉已经异化为对被告人行使上诉权的限制和惩罚。认罪认罚从宽制度并未限制被追诉人的上诉权，因此即使被追诉人签署了认罪认罚具结书，法院也采纳了检察机关提出的量刑建议，出于投机心理，被追诉人也依然会试图通过上诉行为继续获得一个量刑从宽。无疑，这种上诉行为损害了量刑建议的效力，在无形中削弱了检察机关推行认罪认罚从宽制度的公信力。对此，为防止被追诉人在享受认罪认罚制度福利的同时利用制度漏洞钻空子、损害该制度的实施，检察机关会针对被告人的上诉行为，提出抗诉。设置抗诉权的目的原本在于监督审判权，此时则异化为对被追诉人不诚信行为的警告。

---

〔1〕 龙婧婧：《抗诉权研究》，武汉大学出版社2017年版，第81~82页。

（二）认罪认罚从宽制度中行使抗诉权的必要性

既然认罪认罚从宽制度的实施对刑事抗诉理论和实践均产生了深刻影响，也在一定程度上促使了刑事抗诉制度的变革，那么就有必要对认罪认罚案件中行使抗诉权的必要性作一探讨。

1. 监督审判权，保障公正司法的实现

在认罪认罚案件中继续行使抗诉权，有利于通过监督审判权的行使，实现公正司法，理由有三：

第一，根据《刑事诉讼法》和《认罪认罚指导意见》的规定，认罪认罚从宽制度贯穿刑事诉讼全过程，适用于侦查、起诉、审判各个阶段。换言之，有些案件在审判阶段依然可以适用认罪认罚从宽制度。《认罪认罚指导意见》第49条规定，对于审判阶段认罪认罚的案件，应由法院"根据审理查明的事实，就定罪和量刑听取控辩双方意见，依法作出裁判"。这无疑赋予了法院在审理被追诉人审判阶段认罪认罚的案件过程中较大的裁量权。因此，对于这部分案件，检察机关如若发现确有错误，当然可以提出抗诉。

第二，办理案件的机关和人员在办案过程中对于有罪与无罪、此罪与彼罪、罪轻与罪重难免存在观点冲突。根据《刑事诉讼法》第201条的规定在赋予法院"一般应当采纳"义务的同时也肯定了在特定情形下法院有权否定检察机关的指控和量刑建议。在后一情形出现后，作为控辩一方主体的检察机关自然有权将案件提交给上级法院裁判。实现这一目的的方法就是抗诉。

第三，即使是适用认罪认罚从宽制度案件，与非认罪认罚案件相比，其也不排除《刑事诉讼法》第228条规定的"确有错误的"情形出现。对此，检察机关理应提出抗诉。

2. 维护认罪认罚从宽制度的公信力

认罪认罚从宽制度的有效实施兼具多重价值，检察机关通过行使抗诉权能够维护这些价值的实现。

第一，有利于提升司法效率价值的实现。认罪认罚从宽制度的提出主要着眼于案多人少的矛盾，通过被追诉人认罪认罚实现案件分流、提升办案刑事案件的效率。部分认罪认罚案件的被追诉人出于投机心理，企图通过技术性上诉的方式达到"留所服刑"的目的。检察机关针对此种案件，依法行使抗诉权，一方面能够打消存心不良的被追诉人的不诚信行为，制止其钻制度的空子；另一方面能够震慑企图效仿的被追诉人，提升制度运行的效率。

第二，有利于节约司法资源价值的实现。根据《认罪认罚指导意见》第 45 条的规定，被追诉人以事实不清、证据不足为由上诉的，二审法院一律撤销原判，发回重审。在案情重大复杂的案件中，适用本规定无疑是恰当的。但在一些事实清楚、证据确实充分的案件中，仅仅因为被追诉人认为事实不清、证据不足就一律发回重审显然是对司法资源的极大浪费。因此，对于后者，检察机关有必要根据实际情况提出抗诉，减少司法资源无谓的损耗。当然，根据现有的规定，即使检察机关提出抗诉，案件依然会被发回重审。对此，检察机关应当对被追诉人慎用认罪认罚从宽制度。同时，从长期来看，《认罪认罚指导意见》第 45 条的规定应进一步作出完善，而非只要被追诉人以事实不清、证据不足提出上诉就发回重审，应当将检察机关抗诉的情形纳入考虑范畴。检察机关未提出抗诉的，可以发回重审；检察机关提出抗诉的，原则上应由二审法院依法裁判，在例外情况下发回重审。

第三，有利于保障司法公正价值的实现。案件质量是司法的生命线，"欲速则不达"，过度追求办案效率反而会制约办案质量的提高。此时，法律程序的重要性将得以彰显。其价值体现在两个方面：一方面是工具价值、外在价值，即程序法是实现实体法要求的手段和工具。除此以外，法律程序还具有一种独立的、内在的价值。这是指法律程序所具有的内在优秀品质和独立的社会功能，包括公正显示价值、法制维护价值，以及人权保护价值等。[1] 面对审判机关办理认罪认罚案件存在的问题，检察机关自然有权通过抗诉的形式进行监督。如此，案件质量将得到保障。

3. 恪守检察官客观公正义务的应有之义

检察权是贯穿刑事诉讼始终的权力，检察官的职责除了"除暴"外，还要"安良"，但"安良"的功能发挥不够。为此，2019 年《检察官法》修改，正式在第 5 条写入检察官履行职责"秉持客观公正的立场"，此即为检察官客观公正义务。立法上确立检察官客观义务具有"纠偏"功能，可以为检察官正确履行职责、尊重和保障人权提供制度性依据。[2]

---

〔1〕 龙宗智：《检察制度教程》，法律出版社 2002 年版，第 193 页。

〔2〕 韩旭："检察官客观义务的立法确立——对检察官法第五条的理解与适用"，载《人民检察》2019 年第 15 期。

我国的检察官客观公正义务包括客观取证义务、中立审查责任、公正判决追求、定罪救济责任、诉讼关照义务、程序维护使命等六项。[1]检察机关在认罪认罚案件中行使抗诉权主要体现出的是公正判决追求、定罪救济责任、程序维护使命等内容。如针对确有错误的裁判提出抗诉即是为了追究司法公正；为了当事人利益，在法院不采纳较轻量刑建议的情况下提出抗诉则更多地承担了定罪救济责任。

简而言之，检察官客观公正义务，一方面要求检察官根据事实和证据，准确认定犯罪和提出量刑建议，另一方面要求检察官保障无罪的人不受刑事追究。检察机关针对适用法律错误和不当量刑的裁判提出抗诉即属于此。特别是根据《刑诉规则》第 589 条第 4 款的规定，针对下级检察机关的抗诉，上一级检察机关根据案情和证据"可以变更、补充抗诉理由"，更是检察官履行客观公正义务的进一步彰显。

三、认罪认罚案件中抗诉权行使的标准

根据司法实践并结合抗诉权的基本理论，认罪认罚案件中抗诉权的行使应遵循如下标准：

（一）行使的原则

1. 合法原则

检察机关的抗诉权属于公权力的一种，其行使自然首先应当遵循合法原则。这一原则也得到了《人民检察院刑事抗诉工作指引》的肯定。该工作指引的第 1 条开宗明义地指出："刑事抗诉是法律赋予检察机关的重要职权。……"因此，始终坚持依法行使抗诉权自然是检察机关应当遵守的首要原则。

检察机关依法行使抗诉权主要包含两个层次的内容：其一，从行权方式来看，行使抗诉权必须严格遵循宪法和刑事诉讼法规定的程序；其二，从行权目的来看，行使抗诉权应当体现和围绕法治目的行使。

根据刑事诉讼法的规定，刑事抗诉只能针对人民法院"确有错误的判决和裁定"提出。也就是说，刑事抗诉有特定的对象和适用条件，并不能任意提出。另一方面，刑事抗诉必须一案一抗，即每次抗诉只能针对某一特定案

---

〔1〕 龙宗智："检察官客观公正义务的理据与内容"，载《人民检察》2020 年第 13 期。

件的判决或裁定提出，不能同时针对几个案件提出一次抗诉。[1]故而，在当前的司法实践中，检察机关针对被追诉人上诉而提起抗诉的行为显然于法无据。解决的方法有二：其一，从长远考虑，扩大刑事抗诉的范围，将被追诉人认罪认罚后上诉的行为也纳入抗诉对象；其二，从短期来看，还要加强检察机关与法院的沟通协作，打消部分被追诉人通过上诉获得量刑优惠的投机心理。

2. 比例原则

比例性原则是法律所追求之目的和人民因此遭受权利的损失，有没有一个比例之谓。因此，这个原则是对法律目的和人权价值作一个衡量。[2]强调比例原则意在明确抗诉权的行权目标与行权方式之间应当寻求一个平衡状态。

比例原则在抗诉权行使中有两点体现：其一，要争取通过运行成本最低的抗诉方式，实现最佳的抗诉效果；其二，抗诉成本过高，即使能够实现抗诉目标，也应当尽量放弃抗诉。

司法实践中有两种做法显然违背了比例原则，一种是"凡上必抗"，针对被追诉人的上诉行为，检察机关一律提出抗诉，同时附带提出从重量刑的抗诉意见；另一种是针对法院未通知检察机关调整量刑建议而径行判决的行为提出抗诉。前述既不利于抗诉权行使目标的实现，也损害了认罪认罚从宽制度的公信力。较为合理的方法是，针对被追诉人的上诉行为，检察机关一方面在审查起诉环节向其释明"上诉不加刑"的例外情况，另一方面向被追诉人展示量刑建议的形成过程，打消其幻想；针对法院不通知检察机关调整量刑建议而径行判决的行为，检察机关一方面可以通过检察建议的方式向法院说明《刑事诉讼法》第201条第2款的真实含意，另一方面也要加强与法院的沟通协作。

3. 谦抑原则

《人民检察院刑事抗诉工作指引》第3条指出："……提出或者支持抗诉的案件，应当充分考虑抗诉的必要性。"所谓"抗诉的必要性"涉及抗诉权行使的谦抑性原则。

抗诉权行使的谦抑性原则主要包含两个内容：其一，"非必要不行使"。

---

〔1〕　贺恒扬主编：《抗诉论》，中国检察出版社2008年版，第63页。

〔2〕　陈新民：《德国公法学基础理论》（增订新版·上卷），法律出版社2010年版，第435页。

提出抗诉是检察机关监督法院效力最强的方式，能够引发案件的重新审理，在某些情况下还会动摇判决的既判力。特别是针对被追诉人的上诉行为，检察机关一旦提出抗诉，法院就获得了从重量刑的权力。典型例子是"余某平交通肇事案"。考虑到抗诉权行使对法院裁判和被追诉人量刑的影响巨大，我们应重点强调其谦抑性。其二，注意与其他方式的配合使用。考虑到抗诉权行使的效力之强，理应寻找与其行使目标相同，但行权方式较为灵活的替代方法，即检察建议。

面对法院未通知检察机关调整量刑建议而径行判决的情况，如果检察机关一律提出抗诉，势必会损害抗诉权的行使目标，还会阻碍认罪认罚从宽制度的顺利推行。因此，面对此种情形，检察机关完全可以以检察建议的方式向法院表明自己的观点。如此一来，既能维护裁判的权威，也能推进认罪认罚工作。

（二）行使的方式

1. 对于确有错误的裁判，坚决抗诉

对于确有错误的法院裁判进行监督，是抗诉权行使的应有之义。无论是错误适用法律，抑或是由错误认定案件事实导致的错误裁判，都损害了被追诉人的合法权益，降低了司法公信力。对于错误裁判，检察机关应本着"有错必纠"的态度，发现一起、抗诉一起、纠正一起，切实发挥好宪法赋予的法律监督作用。

2. 对于被追诉人的上诉，减少抗诉

今后，检察机关应逐步减少针对被追诉人上诉的抗诉。原因有三：其一，刑事诉讼法并未限制认罪认罚案件中被追诉人的上诉权，检察机关动辄以抗诉的形式"惩罚"被追诉人，损害了被追诉人的程序性权利。其二，当前我国的司法现状致使限制被追诉人的上诉权不具有现实合理性。认罪认罚案件中，控方力量远超辩方是不争的事实，达成认罪认罚的过程本身就存在压制被追诉人自愿性的倾向。如若再限制被追诉人的上诉权，恐不利于对冤假错案的防范。其三，某些认罪认罚案件中被追诉人上诉是因为检察官审查起诉环节的工作不到位，未充分进行释法说理。检察机关对于这部分案件再提出抗诉，显然是在要求被追诉人为检察官的工作不到位负责。

诚然，被追诉人上诉的行为损害了认罪认罚的公信力，限制了制度本应释放的红利，但一律对上诉行为提出抗诉则可能会有机械执法的嫌疑。较为适当的做法有三种：其一，检察机关通过发布典型案例的方式，使得被追诉人充分了解上诉和抗诉的后果；其二，检察官加强释法说理工作，在审查起诉环节被追诉人签署认罪认罚具结书的过程中，充分向其告知法律后果，相关内容可在认罪认罚告知书中予以明确；其三，完善值班律师制度。可考虑由值班律师在一审判后通过判后答疑或者释法说理向被告人讲明"上诉不加刑"原则的例外情形及其上诉可能面临的风险，促使其理性地放弃上诉权，避免二审加刑的风险。[1]

3. 对于法院未通知检察机关调整量刑建议或未采纳量刑建议，慎重抗诉

将针对确有错误的裁判进行抗诉的情形排除，检察机关还会针对法院的另外两种做法进行抗诉，一种是法院未通知检察机关调整量刑建议而径行判决，另一种是法院未采纳检察机关的量刑建议。在检察机关看来，法院不通知检察机关调整量刑建议的行为违背了《刑事诉讼法》第 201 条第 2 款的规定，未采纳量刑建议的行为违背了《刑事诉讼法》第 201 条第 1 款"一般应当采纳"的规定。从本质上看，法院的这两种做法其实均表示不认可检察机关的量刑建议。

如果检察机关对法院的两种做法均一律提出抗诉，反而会出现一种"无效抗诉"的现象。各举一例加以说明。

径行判决的例子：被追诉人刘某华涉嫌危险驾驶罪，认罪认罚，检察机关对其提出拘役 1 个月，并处罚金 6000 元的量刑建议，一审法院在未通知检察机关调整量刑建议的情况下，判处刘某华拘役 1 个月，缓刑 2 个月，罚金 6000 元。检察机关以法院未通知调整量刑建议和量刑畸轻为由提出抗诉。二审法院认为，原审审理程序并无不当，作出驳回抗诉、维持原判的裁定。[2]

未采纳量刑建议的例子：被追诉人臧某林涉嫌聚众斗殴罪，认罪认罚，检察机关对其提出有期徒刑 5 年 6 个月，剥夺政治权利 1 年的量刑建议，法院将其改为有期徒刑 4 年 6 个月。检察机关以重罪轻判，适用刑罚明显不当为由提出抗诉。二审法院认为："一审在法定刑幅度内量刑，不属于重罪轻判，

---

〔1〕　韩旭："认罪认罚从宽案件中有效法律帮助问题研究"，载《法学杂志》2021 年第 3 期。

〔2〕　相关案件的具体案情可参见：陕西省咸阳市中级人民法院［2020］陕 04 刑终 162 号刑事裁定书。

且综合臧某林的犯罪事实、认罪悔罪态度以及归案前的社会表现，一审所作量刑并无明显不当，对该抗诉意见本院不予采纳。"〔1〕

在以上两个例子中，法院均未采纳检察机关的量刑建议，由此导致抗诉的目的没有实现，此即为"无效抗诉"。当然，也存在二审法院按照检察机关的抗诉理由改判的案例。〔2〕但"无效抗诉"的存在会在很大程度上削弱检察机关的公信力，不利于认罪认罚从宽制度的推行。因此，对于法院未采纳量刑建议的行为，检察机关应当审慎提出抗诉。同时，针对法院不通知检察机关调整量刑建议而径行判决的行为，检察机关和法院应当加强协作，一方面以检察建议书的方式将情况通报法院，另一方面以会签文件的方式减少此类行为的发生。

笔者认为，对于法院的做法应分情况进行讨论。首先，如果法院在检察机关量刑建议的基础上从宽处罚，检察机关一般不应当提出抗诉；其次，如果法院超出检察机关的量刑建议进行量刑，检察机关有必要根据个案的具体案情为被追诉人的利益进行抗诉。进行如此区分的意义在于：其一，有利于最大限度地保障被追诉人的合法权益。被追诉人无论选择上诉，抑或是对认罪认罚反悔，其实质均在于尽可能为自己谋求一个最轻的刑罚处罚。因此，如果检察机关对于法院从宽的量刑进行抗诉，其行为显然不利于被追诉人。相反，如果检察机关对于法院从重的量刑进行抗诉，自然会起到保障被追诉人的作用。其二，有利于维护法院裁判的权威。抗诉的提起中断了法院裁判的生效，在一定程度上抵消了司法的权威。对于法院从宽处罚的量刑建议一般不提起抗诉，在保障法院裁判效力的同时，也兼顾了司法公正。其三，有利于认罪认罚从宽制度的顺利推行。该制度的实施是一个系统性工程，不但需要检察机关的主动担当，也需要法院的协作。一律对法院的行为通过抗诉的形式进行监督，自然会影响法院参与认罪认罚工作的积极性。而根据个案选择恰当监督方式的做法，一方面提升了法院的工作积极性，另一方面更会推动认罪认罚从宽制度的准确实施。

在此，还有必要对所谓的"检察主导"与"审判中心"的关系作一辨

---

〔1〕　相关案件的具体案情可参见，江苏省泰州市中级人民法院［2020］苏 12 刑终 76 号刑事裁定书。

〔2〕　相关案件的具体案情可参见，辽宁省铁岭市中级人民法院［2020］辽 12 刑终 156 号刑事判决书。

析。检察官在认罪认罚从宽制度中发挥主导责任指的是："根据这个制度，检察官要更加负责、明确地在庭前即与犯罪嫌疑人就案释法：如果认罪，案件将会依法从宽处理。检察官把道理讲清楚，让辩护人与犯罪嫌疑人沟通达成一致意见，犯罪嫌疑人同意检察官提出的量刑建议，签署认罪认罚具结书，案件将起诉至法庭。这就是在践行检察官的主导责任。"[1]换言之，认罪认罚从宽制度并未改变以审判为中心的诉讼制度改革，前者仍是在后者的背景下开展的改革工作。检察官主导责任的提出，不仅有助于强化检察机关的法律监督职能，而且有利于强化检察官的职责，从而在刑事诉讼中发挥更大的作用。[2]因此，从本质上来看，"检察主导"理念的提出重在督促检察官积极履职，而非赋予检察官在认罪认罚案件中"一锤定音"的权力。

同理，承认认罪认罚案件应遵循以审判为中心并不是否认检察机关的主导责任，相反，相对于一般案件而言，检察机关的主导责任在此类案件中更加凸显。[3]以审判为中心的诉讼制度改革重在实现"举证质证在法庭、案件事实查明在法庭、诉辩意见发表在法庭、裁判理由形成在法庭"。而上述功能的实现均离不开检察官的积极履职。尤其是在认罪认罚案件中，检察官要证明被追诉人认罪认罚的自愿性和真实性。

在认罪认罚案件中出现"检察主导"与"审判中心"争论的原因有三：其一，误解了"主导责任"的内涵，误以为主导就是决定一切。其二，以审判为中心的诉讼制度还未形成。因此，一出现可能动摇此改革目标的声音和举措，均与之呈现出"博弈"的态势。一听到"检察主导"，就误以为要动摇"审判中心"。其三，对认罪认罚从宽制度中的检法关系理解不到位。因为无法准确概括认罪认罚从宽制度中的检法关系，所以才会出现认罪认罚"谁说了算"的争论，"检察主导"与"审判中心"的观点才会此消彼长。

（三）配套的保障措施

考虑到抗诉是效力最强、效果最明显的检察机关行使法律监督权的方式，其启动应慎之又慎。因此，为保证刑事抗诉目的的顺利实现，有必要为其设置一定的保障措施。

---

〔1〕 张军："关于检察工作的若干问题"，载《国家检察官学院学报》2019年第5期。
〔2〕 韩旭："刑事诉讼中检察官主导责任的理论考察"，载《人民检察》2020年第5期。
〔3〕 汪海燕："认罪认罚从宽制度中的检察机关主导责任"，载《中国刑事法杂志》2019年第6期。

1. 改革抗诉率考核指标

绩效考核作为一种管理手段，对检察官的履职发挥着指挥棒的作用。当前检察机关推行的绩效考核主要存在如下问题：犯罪追究指标的偏重违反了无罪推定原则、捕诉一致性指标的强化加剧了捕诉证明标准的异同、认罪认罚指标的拔高造成了当事人自愿性的缺失。[1]具体到抗诉权行使上，因检察机关内部为抗诉率设置了一定的考核指标，考核达标，检察官得分；考核不达标，检察官扣分。这导致检察官会千方百计地提出抗诉，完成考核。

检察机关在强调认罪认罚适用率的同时又提出了对抗诉率的考核，两者之间存在一定的冲突。既然被追诉人认罪认罚，法院也采纳了检察机关的量刑机关，检察机关谈何抗诉？在某些认罪认罚案件中，法院未通知检察机关调整量刑建议，检察机关依据《刑事诉讼法》第 201 条第 2 款抗诉；法院通知调整而检察机关未调整，判决之后，检察机关又依据《刑事诉讼法》第 201 条第 1 款抗诉，认为案件不存在例外情形，法院"一般应当采纳"。前述现象的出现恐怕与对抗诉率的考核关系密切。因此，应当对抗诉率的考核指标进行改革，特别是在认罪认罚案件中，一般不应当设置抗诉率的考核。

2. 加强检法协作的力度

认罪认罚从宽制度实施伊始，尤其是《刑事诉讼法》第 201 条的规定，检法之间出现了一些冲突，如法院不采纳检察机关量刑建议；检察机关针对法院不通知其调整量刑建议而径行判决的行为提出抗诉。从被追诉人的角度出发，检法之间的动作不协调会损害被追诉人的利益、影响制度的顺利推行。因此，检法应当加强在某些共同关心议题上的协作配合。

当然，此处的检法协作主要是指制度层面的协作，绝非个案协作。

3. 善用检察建议

对于法院未通知检察机关调整量刑建议而径行判决的行为，检察机关动辄提出抗诉的做法负面影响较大。检察机关面对类似行为，完全可以采取发送检察建议的方式督促法院改进工作。

根据《人民检察院检察建议工作规定》第 9 条中的兜底条款：检察机关发现诉讼活动中其他需要以检察建议形式纠正违法的情形时，可以向司法机关提出纠正违法检察建议。法院未通知检察机关调整量刑建议而径行判决的

---

[1] 印波："绩效考核指标对刑事程序法治的冲击与反制"，载《法学论坛》2021 年第 2 期。

行为理所当然属于此处的违法情形范畴，检察机关自然可以提出检察建议。

结　论

抗诉权作为刑事诉讼法赋予检察机关的一项法律监督权，发挥着监督审判，维护公正司法的关键作用。伴随着认罪认罚从宽制度的实施，抗诉被赋予了新的内涵和功能。因该制度实施不久，很多配套措施未完全跟进。反映到抗诉权的行使上就是针对被追诉人上诉的"惩罚性抗诉"现象，某些案件中甚至出现了针对法院未采纳检察机关量刑建议而提起抗诉被驳回的"无效抗诉"现象。这些现象不利于抗诉制度的发展和完善。

从司法案例着手，并结合抗诉权的基础理论，探讨认罪认罚案件中抗诉权行使的原因、特点和后果，有利于提炼出认罪认罚案件中抗诉权行使的合理限度。

检察机关作为唯一全程参与刑事诉讼活动的主体，既发挥着审前主导的作用，更发挥着全程监督的功能。抗诉权的启动即是监督的表现之一。因此，检察机关行使抗诉权要始终站在客观、公正的立场上，在保障司法公正、充分实现的同时，也能维护被追诉人的合法权益和法院裁判的权威性。

参考文献

一、著作

卞建林等:《新刑事诉讼法实施问题研究》,中国法制出版社 2018 年版。

陈光中主编:《刑事诉讼法》(第 3 版),北京大学出版社 2016 年版。

陈丽天:《单位犯罪刑事责任研究》,中国法制出版社 2010 年版。

陈瑞华:《刑事诉讼的前沿问题》(第 5 版)(上、下册),中国人民大学出版社 2016 年版。

陈瑞华:《刑事诉讼的中国模式》(第 3 版),法律出版社 2018 年版。

陈瑞华:《司法体制改革导论》,法律出版社 2018 年版。

陈兴良:《刑法适用总论》(上),法律出版社 1999 年版。

樊崇义:《证据法治与证据理论的新发展》,中国人民公安大学出版社 2020 年版。

韩旭:《检察官客观义务论》,法律出版社 2013 年版。

韩旭:《认罪认罚从宽制度研究》,中国政法大学出版社 2020 年版。

胡云腾主编:《认罪认罚从宽制度的理解与适用》,人民法院出版社 2018 年版。

何秉松主编:《法人犯罪与刑事责任》,中国法制出版社 2001 年版。

贺恒扬主编:《检察机关适用认罪认罚从宽制度研究》,中国检察出版社 2020 年版。

李本灿等编译:《合规与刑法——全球视野的考察》,中国政法大学出版社 2018 年版。

黎宏:《单位刑事责任论》,清华大学出版社 2001 年版。

林钰雄:《刑事诉讼法》(上册·总论编),中国人民大学出版社 2005 年版。

龙宗智:《证据法的理念、制度与方法》,法律出版社 2008 年版。

牟军:《自白制度研究——以西方学说为线索的理论展开》,中国人民公安大学出版社 2006 年版。

聂立泽:《单位犯罪新论》,法律出版社 2018 年版。

石磊:《单位犯罪适用》,中国人民公安大学出版社 2012 年版。

《世界各国刑事诉讼法》编辑委员会编:《世界各国刑事诉讼法·亚洲卷》,中国检察出版社 2016 年版。

《世界各国刑事诉讼法》编辑委员会编:《世界各国刑事诉讼法·欧洲卷（上）》,中国检察出版社 2016 年版。

宋冰编:《程序、正义与现代化——外国法学家在华演讲录》,中国政法大学出版社 1998 年版。

宋英辉等:《刑事诉讼法修改的历史梳理与阐释》,北京大学出版社 2014 年版。

王爱立主编:《中华人民共和国刑事诉讼法修改与适用》,中国民主法制出版社 2018 年版。

王丽、李贵方主编:《走有中国特色的律师之路》,法律出版社 1997 年版。

王兆鹏:《刑事救济程序之新思维》,元照出版公司 2010 年版。

谢佑平、万毅:《刑事诉讼法原则:程序正义的基石》,法律出版社 2002 年版。

熊秋红:《刑事辩护论》,法律出版社 1998 年版。

余啸波主编:《公诉实务教程》,上海交通大学出版社 2012 年版。

张吉喜:《量刑证据与证明问题研究》,中国人民公安大学出版社 2015 年版。

［德］克劳思·罗科信:《刑事诉讼法》（第 24 版）,吴丽琪译,法律出版社 2003 年版。

［德］托马斯·魏根特:《德国刑事诉讼程序》,岳礼玲、温小洁译,中国政法大学出版社 2004 年版。

［德］托马斯·魏根特:《德国刑事程序法原理》,江溯等译,中国法制出版社 2021 年版。

［法］乔治·费希尔:《辩诉交易的胜利——美国辩诉交易史》,郭志媛译,中国政法大学出版社 2012 年版。

［美］艾伦·德肖维茨:《一辩到底:我的法律人生》,朱元庆译,北京大学出版社 2020 年版。

［美］艾瑞克·卢拉、［英］玛丽安·L. 韦德主编:《跨国视角下的检察官》,杨先德译,王新环审校,法律出版社 2016 年版。

［美］蒙罗·H. 弗里德曼、阿贝·史密斯:《律师职业道德的底线》（第 3 版）,王卫东译,北京大学出版社 2009 年版。

［美］斯蒂芬诺斯·毕贝斯:《庭审之外的辩诉交易》,杨先德、廖钰译,中国法制出版社 2018 年版。

［美］亚当·本福拉多:《公正何以难行:阻碍正义的心理之源》,刘静坤译,中国民主法制出版社 2019 年版。

［美］亚历山德拉·纳塔波夫:《无罪之罚:美国司法的不公正》,郭航译,上海人民出版社 2020 年版。

［日］佐伯仁志:《制裁论》,丁胜明译,北京大学出版社 2018 年版。

［英］麦高伟、路加·马什:《英国的刑事法官:正当性、法院与国家诱导的认罪答辩》,付欣译,马庆林、冯卫国校,商务印书馆 2018 年版。

二、 论文

卞建林、陶加培："认罪认罚从宽制度中的量刑建议"，载《国家检察官学院学报》2020 年第 1 期。

鲍键、陈申骁："认罪认罚从宽制度中量刑建议的精准化途径与方法——以杭州市检察机关的试点实践为基础"，载《法律适用》2019 年第 13 期。

曹坚："认罪认罚中专业辩护与自我辩护的法律边界"，载《上海法治报》2020 年 7 月 1 日。

陈光中、龙宗智："关于深化司法改革若干问题的思考"，载《中国法学》2013 年第 4 期。

陈国庆："刑事诉讼法修改与刑事检察工作的新发展"，载《国家检察官学院学报》2019 年第 1 期。

陈国庆："量刑建议的若干问题"，载《中国刑事法杂志》2019 年第 5 期。

陈国庆："认罪认罚从宽制度若干争议问题解析（下）"，载《法制日报》2020 年 5 月 13 日。

陈海潮："'案-件比'指标的理解与适用情况分析"，载《人民检察》2020 年第 6 期。

陈虎："律师与当事人决策权的分配——以英美法为中心的分析"，载《中外法学》2016 年第 2 期。

陈惊天："为民营企业打造最好的营商环境——专访浙江省人民检察院党组书记、检察长贾宇"，载《人民法治》2019 年第 5 期。

陈庆安、潘庸鲁："认罪认罚从宽制度试点期间的问题与应对"，载《河南师范大学学报（哲学社会科学版）》2018 年第 5 期。

陈瑞华："论量刑辩护"，载《中国刑事法杂志》2010 年第 8 期。

陈瑞华："量刑程序中的证据规则"，载《吉林大学社会科学学报》2011 年第 1 期。

陈瑞华："论量刑建议"，载《政法论坛》2011 年第 2 期。

陈瑞华："关于证据法基本概念的一些思考"，载《中国刑事法杂志》2013 年第 3 期。

陈瑞华："认罪认罚从宽制度的若干争议问题"，载《中国法学》2017 年第 1 期。

陈瑞华："刑事辩护的第六空间——刑事辩护衍生出来的新型代理业务"，载《中国律师》2018 年第 2 期。

陈瑞华："论量刑协商的性质和效力"，载《中外法学》2020 年第 5 期。

陈瑞华："刑事诉讼的合规激励模式"，载《中国法学》2020 年第 6 期。

陈卫东："认罪认罚从宽制度研究"，载《中国法学》2016 年第 2 期。

陈卫东："认罪认罚从宽制度的理论问题再探讨"，载《环球法律评论》2020 年第 2 期。

陈卫东："认罪认罚案件量刑建议研究"，载《法学研究》2020 年第 5 期。

陈兴良："作为犯罪构成要件的罪量要素——立足于中国刑法的探讨"，载《环球法律评论》2003 年第 3 期。

陈永生："论辩护方以强制程序取证的权利"，载《法商研究》2003 年第 1 期。

戴佳："最高检提出 28 条意见'十个着力'积极贯彻落实全国人大常委会对适用认罪认罚从宽制度情况报告的审议意见"，载《检察日报》2020 年 12 月 11 日。

戴中璧："远程销售中消费者撤回权的强制性与任意性——兼论〈消费者权益保护法〉第 25 条第 2 款"，载《山东社会科学》2019 年第 2 期。

张远煌："企业家刑事风险分析报告（2014—2018）"，载《河南警察学院学报》2019 年第 4 期。

董桂文、郑成方："'案-件比'：新时代检察机关办案质效的'风向标'"，载《人民检察》2020 年第 11 期。

董坤："认罪认罚从宽案件中留所上诉问题研究"，载《内蒙古社会科学（汉文版）》2019 年第 3 期。

董坤："认罪认罚从宽中的特殊不起诉"，载《法学研究》2019 年第 6 期。

董坤："证据标准：内涵重释与路径展望"，载《当代法学》2020 年第 1 期。

董坤："认罪认罚案件量刑建议精准化与法院采纳"，载《国家检察官学院学报》2020 年第 3 期。

樊崇义："'以审判为中心'与'分工负责、互相配合、互相制约'关系论"，载《法学杂志》2015 年第 11 期。

樊崇义："认罪认罚从宽与无罪辩护"，载《人民法治》2019 年第 23 期。

樊崇义、李思远："由理念走向制度——评检察机关'案-件比'为核心的案件质量评价指标体系"，载《人民检察》2020 年第 9 期。

范仲瑾、罗向阳、王峰："'案-件比'的控制和优化——以河南省许昌市检察机关'案-件比'情况为样本"，载《人民检察》2020 年第 6 期。

顾永忠："审时度势　应势而辩——不同诉讼阶段的辩护思路、重点及目标"，载《中国律师》2017 年第 9 期。

顾永忠："2018 年刑事诉讼法再修改对律师辩护的影响"，载《中国法律评论》2019 年第 1 期。

顾永忠："对余金平交通肇事案的几点思考——兼与龙宗智、车浩、门金玲教授交流"，载《中国法律评论》2020 年第 3 期。

顾永忠、李逍遥："论我国值班律师的应然定位"，载《湖南科技大学学报（社会科学版）》2017 年第 4 期。

顾永忠、娄秋琴："程序性辩护的理论发展与实践展开"，载《国家检察官学院学报》2020 年第 3 期。

顾永忠、肖沛权："'完善认罪认罚从宽制度'的亲历观察与思考、建议——基于福清市等地刑事速裁程序中认罪认罚从宽制度的调研",载《法治研究》2017 年第 1 期。

郭烁:"控辩主导下的'一般应当':量刑建议的效力转型",载《国家检察官学院学报》
2020 年第 3 期。

郭烁:"二审上诉问题重述:以认罪认罚案件为例",载《中国法学》2020 年第 3 期。

郭松:"被追诉人的权利处分:基础规范与制度构建",载《法学研究》2019 年第 1 期。

郭松:"认罪认罚从宽制度中的认罪答辩撤回:从法理到实证的考察",载《政法论坛》
2020 年第 1 期。

何静:"认罪认罚案件中被追诉人的反悔权及其限度",载《东南大学学报(哲学社会科学
版)》2019 年第 4 期。

韩旭:"论精神病人强制医疗诉讼程序的构建",载《中国刑事法杂志》2007 年第 6 期。

韩旭:"律师辩护意见被采纳难的多视角透视",载《海南大学学报(人文社会科学版)》
2008 年第 4 期。

韩旭:"完善我国刑事见证制度立法的思考",载《法商研究》2008 年第 6 期。

韩旭:"刑事诉讼中被追诉人及其家属证据知悉权研究",载《现代法学》2009 年第 5 期。

韩旭:"被告人与律师之间的辩护冲突及其解决机制",载《法学研究》2010 年第 6 期。

韩旭:"证据概念、分类之反思与重构",载《兰州学刊》2015 年第 6 期。

韩旭:"辩护律师核实证据问题研究",载《法学家》2016 年第 2 期。

韩旭:"辩护律师在认罪认罚从宽制度中的有效参与",载《南都学坛(南阳师范学院人文
社会科学学报)》2016 年第 6 期。

韩旭:"认罪认罚从宽制度中的值班律师——现状考察、制度局限以及法律帮助全覆盖",
载《政法学刊》2018 年第 2 期。

韩旭:"2018 年刑诉法中认罪认罚从宽制度",载《法治研究》2019 年第 1 期。

韩旭:"检察官客观义务的立法确立——对检察官法第五条的理解与适用",载《人民检
察》2019 年第 15 期。

韩旭:"认罪认罚从宽制度实施检察机关应注意避免的几种倾向",载《法治研究》2020 年
第 3 期。

韩旭:"监察委员会办理职务犯罪案件程序问题研究——以 768 份裁判文书为例",载《浙
江工商大学学报》2020 年第 4 期。

韩旭:"刑事诉讼中检察官主导责任的理论考察",载《人民检察》2020 年第 5 期。

韩旭:"认罪认罚从宽制度中被害人权利之保障",载《人民检察》2020 年第 15 期。

韩旭:"检察官业绩考评具有鲜明科学性",载《检察日报》2020 年 9 月 11 日。

韩旭:"司法责任制与检察委员会制度新发展",载《检察日报》2020 年 11 月 20 日。

韩旭:"自行辩护问题研究",载《当代法学》2021 年第 1 期。

韩旭:"认罪认罚从宽案件中有效法律帮助问题研究",载《法学杂志》2021 年第 3 期。

韩旭、刘文涛："认罪认罚从宽制度下的诉讼证明"，载《江苏行政学院学报》2020年第5期。

何家弘、马丽莎："证据'属性'的学理重述——兼与张保生教授商榷"，载《清华法学》2020年第4期。

洪浩、方姚："论我国刑事公诉案件中被追诉人的反悔权——以认罪认罚从宽制度自愿性保障机制为中心"，载《政法论丛》2018年第4期。

胡云腾："我们应如何看待和实施认罪认罚从宽制度"，载《法制日报》2019年12月11日。

胡云腾："正确把握认罪认罚从宽保证严格公正高效司法"，载《人民法院报》2019年10月24日。

黄京平："幅度刑量刑建议的相对合理性——《刑事诉讼法》第201条的刑法意涵"，载《法学杂志》2020年第6期。

贾志强："'书面审'抑或'开庭审'：我国刑事速裁程序审理方式探究"，载《华东政法大学学报》2018年第4期。

贾宇："认罪认罚从宽制度与检察官在刑事诉讼中的主导地位"，载《法学评论》2020年第3期。

蒋安杰："实体正义之'轮'不能滑离程序正义之'轨'：从一起交通肇事认罪认罚抗诉案件谈起"，载《法制日报》2020年4月22日。

孔冠颖："认罪认罚自愿性判断标准及其保障"，载《国家检察官学院学报》2017年第1期。

李奋飞："论'确认式庭审'——以认罪认罚从宽制度的入法为契机"，载《国家检察官学院学报》2020年第3期。

李刚："检察官视角下确定刑量刑建议实务问题探析"，载《中国刑事法杂志》2020年第1期。

李倩："德国认罪协商制度的历史嬗变和当代发展"，载《比较法研究》2020年第2期。

李艳飞："试论速裁程序中的被追诉人反悔权"，载《行政与法》2018年第11期。

李扬："论辩护律师的公益义务及其限度"，载《华东政法大学学报》2020年第3期。

李振林："降低刑事责任年龄规定的理解与适用"，载《青少年犯罪问题》2020年第6期。

李芝春："提高量刑建议准确度应考虑的因素"，载《人民检察》2018年第19期。

廖清顺："年少轻狂并非犯罪'护身符'——《中华人民共和国刑法修正案（十一）》亮点解读"，载《北京日报》2021年1月6日。

林喜芬："论量刑建议制度的规范结构与模式——从《刑事诉讼法》到《指导意见》"，载《中国刑事法杂志》2020年第1期。

刘华敏、施红、高苏山："论认罪认罚从宽制度中被追诉人反悔权行使机制的构建"，载《上海法学研究——上海市青浦区检察院文集》。

刘荣军："程序正义视野下的检察机关'案-件比'制度"，载《人民检察》2020年第9期。

刘少军："性质、内容及效力：完善认罪认罚从宽具结书的三个维度"，载《政法论坛》2020年第5期。

刘子阳："24年前一起悬案被核准追诉——最高检解读周涛抢劫杀人案成功追诉五大关键点"，载《法制日报》2017年5月19日。

龙宗智："论坦白从宽"，载《法学研究》1998年第1期。

龙宗智："中国法语境中的检察官客观义务"，载《法学研究》2009年第4期。

龙宗智："刑事诉讼指定管辖制度之完善"，载《法学研究》2012年第4期。

龙宗智："检察机关办案方式的适度司法化改革"，载《法学研究》2013年第1期。

龙宗智："'以审判为中心'的改革及其限度"，载《中外法学》2015年第4期。

龙宗智："辩护律师有权向当事人核实人证"，载《法学》2015年第5期。

龙宗智："检察机关内部机构及功能设置研究"，载《法学家》2018年第1期。

龙宗智："司法的逻辑"，载《中国法律评论》2018年第4期。

龙宗智："试论建立健全司法绩效考核制度"，载《政法论坛》2018年第4期。

龙宗智："刑事再审案件的审理方式与证据调查——兼论再审案件庭审实质化"，载《法商研究》2019年第6期。

龙宗智："完善认罪认罚从宽制度的关键是控辩平衡"，载《环球法律评论》2020年第2期。

龙宗智："余金平交通肇事案法理重述"，载《中国法律评论》2020年第3期。

龙宗智："新《人民检察院刑事诉讼规则》若干问题评析"，载《法学杂志》2020年第5期。

龙宗智、符尔加："检察机关权力清单及其实施问题研究"，载《中国刑事法杂志》2018年第4期。

龙宗智、苏云："刑事诉讼法修改如何调整证据制度"，载《现代法学》2011年第6期。

卢建平："余金平交通肇事案事实认定与法律适用争议评析"，载《中国法律评论》2020年第3期。

栾福成："被告人认罪认罚后又上诉原因与对策分析"，载《检察日报》2020年7月28日。

马明亮："认罪认罚从宽制度中的协议破裂与程序反转研究"，载《法学家》2020年第2期。

马贤兴："依托'捕诉一体'降低'案-件比'"，载《人民检察》2020年第6期。

马运立："审判中心视域下量刑证据相关问题探析"，载《法学论坛》2017年第3期。

"在认罪认罚从宽制度中发挥主导作用"，载《检察日报》2019年5月20日。

苗生明、周颖："认罪认罚从宽制度适用的基本问题——《关于适用认罪认罚从宽制度的指导意见》的理解和适用"，载《中国刑事法杂志》2019年第6期。

闵春雷："认罪认罚案件中的有效辩护"，载《当代法学》2017年第4期。

闵丰锦："检察主导抑或审判中心：认罪认罚从宽制度中的权力冲突与交融"，载《法学家》2020年第5期。

牟绿叶："我国刑事上诉制度多元化的建构路径——以认罪认罚案件为切入点"，载《法学研究》2020年第2期。

秦长森："以'刑事合规'破解单位犯罪归责难题"，载《检察日报》2020年8月25日。

秦宗文："认罪认罚案件被追诉人反悔问题研究"，载《内蒙古社会科学（汉文版）》2019年第3期。

沈德咏："我们应当如何防范冤假错案"，载《人民法院报》2013年5月6日。

"深刻认识'案-件比'蕴含的司法规律"，载《检察日报》2020年11月9日。

史卫忠等："核准追诉中的若干实务问题考察"，载《人民检察》2016年第10期。

史兆琨："最高检下发4起认罪认罚案件适用速裁程序典型案例认罪认罚案件要善用多用速裁程序"，载《检察日报》2020年10月14日。

史兆琨："最高检下发8起检察机关补充侦查典型案例规范补充侦查切实提升办案质效"，载《检察日报》2020年11月30日。

孙长永："认罪认罚案件的证明标准"，载《法学研究》2018年第1期。

孙长永："认罪认罚案件'量刑从宽'若干问题探讨"，载《法律适用》2019年第13期。

孙长永："比较法视野下认罪认罚案件被告人的上诉权"，载《比较法研究》2019年第3期。

孙长永："认罪认罚从宽制度实施中的五个矛盾及其化解"，载《政治与法律》2021年第1期。

孙远："'一般应当采纳'条款的立法失误及解释论应对"，载《法学杂志》2020年第6期。

田力男、杨振媛："认罪认罚反悔后有罪供述适用问题探究——以'司法契约'理论下有罪供述撤回为切入点"，载《公安学研究》2019年第4期。

童建明："充分履行检察职责努力为企业发展营造良好法治环境"，载《检察日报》2020年9月22日。

万毅："认罪认罚从宽程序解释和适用中的若干问题"，载《中国刑事法杂志》2019年第3期。

万毅："论检察官在刑事程序中的主导地位及其限度"，载《中国刑事法杂志》2019年第6期。

汪海燕："认罪认罚从宽制度中的检察机关主导责任"，载《中国刑事法杂志》2019年第6期。

王恩海："认罪认罚后辩护人能否做无罪辩护？"，载《上海法治报》2020年8月19日。

王登辉："降低未成年人刑事责任年龄的基本问题研究"，载《西南政法大学学报》2020年第 4 期。

王景龙："中国语境下的自白任意性规则"，载《法律科学（西北政法大学学报）》2016 年第 1 期。

王敏远、顾永忠、孙长永："刑事诉讼法三人谈：认罪认罚从宽制度中的刑事辩护"，载《中国法律评论》2020 年第 1 期。

王牧、张萍："核准追诉制度实务问题研究"，载《法学杂志》2018 年第 3 期。

王胜华："降低刑事责任年龄的立法构想和配套举措"，载《重庆社会科学》2018 年第 3 期。

王洋："认罪认罚从宽案件上诉问题研究"，载《中国政法大学学报》2019 年第 2 期。

王迎龙："认罪认罚从宽制度下轻罪冤假错案的防范"，载《人民法院报》2019 年 2 月 14 日。

王志祥："'南医大女生被害案'的追诉时效问题研究"，载《法商研究》2020 年第 4 期。

魏东、李红："认罪认罚从宽制度的检讨与完善"，载《法治研究》2017 年第 1 期。

魏晓娜："以审判为中心的刑事诉讼制度改革"，载《法学研究》2015 年第 4 期。

魏晓娜："审判中心视角下的有效辩护问题"，载《当代法学》2017 年第 3 期。

魏晓娜："依法治国语境下检察机关的性质与职权"，载《中国法学》2018 年第 1 期。

魏晓娜："结构视角下的认罪认罚从宽制度"，载《法学家》2019 年第 2 期。

魏晓娜："冲突与融合：认罪认罚从宽制度的本土化"，载《中外法学》2020 年第 5 期。

魏晓娜："完善认罪认罚从宽制度：中国语境下的关键词展开"，载《法学研究》2016 年第 4 期。

吴康忠、吴冰清："应对翻供策略之探讨"，载《中国刑事警察》2020 年第 1 期。

吴思远："论协商性司法的价值立场"，载《当代法学》2018 年第 2 期。

吴思远："我国控辩协商模式的困境及转型——由'确认核准模式'转向'商谈审查模式'"，载《中国刑事法杂志》2020 年第 1 期。

熊秋红："比较法视野下的认罪认罚从宽制度——兼论刑事诉讼'第四范式'"，载《比较法研究》2019 年第 5 期。

熊秋红："审判中心视野下的律师有效辩护"，载《当代法学》2017 年第 6 期。

熊秋红："认罪认罚从宽制度中的量刑建议"，载《中外法学》2020 年第 5 期。

熊秋红："'案-件比'质量评价指标体系的学理观察"，载《人民检察》2020 年第 9 期。

《刑事诉讼法解释》起草小组："《关于适用刑事诉讼法的解释》的理解与适用"，载《人民司法》2021 年第 7 期。

徐日丹："依法规范量刑程序确保量刑公开公正——'两高三部'相关部门负责人就规范量刑程序意见答记者问"，载《检察日报》2020 年 11 月 6 日。

徐远太、黄美容："认罪认罚从宽制度的改革进路——以反悔机制的构建为视角"，载《山东法官培训学院学报》2018 年第 4 期。

闫召华："听取意见式司法的理性建构——以认罪认罚从宽制度为中心"，载《法制与社会发展》2019 年第 4 期。

闫召华："辩护冲突中的意见独立原则：以认罪认罚案件为中心"，载《法学家》2020 年第 5 期。

闫召华："检察主导：认罪认罚从宽程序模式的构建"，载《现代法学》2020 年第 4 期。

闫召华："'一般应当采纳'条款适用中的'检''法'冲突及其化解——基于对《刑事诉讼法》第 201 条的规范分析"，载《环球法律评论》2020 年第 5 期。

闫召华："论认罪认罚案件量刑建议的裁判制约力"，载《中国刑事法杂志》2020 年第 1 期。

杨立新："非传统销售方式购买商品的消费者反悔权及其适用"，载《法学》2014 年第 2 期。

杨立新："认罪认罚从宽制度理解与适用"，载《国家检察官学院学报》2019 年第 1 期。

易延友："最佳证据规则"，载《比较法研究》2011 年第 6 期。

于潇："墙内开花墙外也香"，载《检察日报》2021 年 2 月 9 日。

臧德胜："科学适用刑事诉讼幅度刑量刑建议"，载《人民法院报》2019 年 8 月 29 日。

张保生、阳平："证据客观性批判"，载《清华法学》2019 年第 6 期。

张斌："三论被告人承担客观证明责任——应用于刑事辩解和刑事推定的知识论阐释"，载《证据科学》2009 年第 2 期。

张斌："'一般应当'之'应当'与否——兼论《刑事诉讼法》第 201 条的理解与调整"，载《中国人民公安大学学报（社会科学版）》2020 年第 2 期。

张建升、关仕新："集思广益凝聚共识助力实施认罪认罚从宽制度——'国家治理现代化与认罪认罚从宽制度研讨会'主题研讨会专家观点撷要"，载《检察日报》2020 年 9 月 9 日。

张建伟："'捕诉合一'的改革是一项危险的抉择？——检察机关'捕诉合一'之利弊分析？"，载《中国刑事法杂志》2018 年第 4 期。

张建伟："以'案-件比'为核心的案件质量评价指标解析"，载《人民检察》2020 年第 9 期。

张建伟："协同型司法：认罪认罚从宽制度的诉讼类型分析"，载《环球法律评论》2020 年第 2 期。

张军："关于检察工作的若干问题"，载《国家检察官学院学报》2019 年第 5 期。

张军："最高人民检察院工作报告——2020 年 5 月 25 日在第十三届全国人民代表大会第三次会议上"，载《检察日报》2020 年 6 月 2 日。

张军："最高人民检察院关于人民检察院适用认罪认罚从宽制度情况的报告——2020 年 10 月 15 日在第十三届全国人民代表大会常务委员会第二十二次会议上"，载《检察日报》2020 年 10 月 17 日。

张军："认罪认罚从宽：刑事司法与犯罪治理'中国方案'"，载《人民论坛》2020 年第 30 期。

赵恒："量刑建议精准化的理论透视"，载《法制与社会发展》2020 年第 2 期。

赵恒："法官参与认罪认罚案件具结活动的模式和法律制度前瞻"，载《政治与法律》2021 年第 1 期。

张明楷："三角诈骗的类型"，载《法学评论》2017 年第 1 期。

张宁："认罪认罚案件中被追诉人反悔问题分析"，载《汕头大学学报（人文社会科学版）》2020 年第 1 期。

张钰："认罪认罚从宽案件中有效辩护的标准"，载《天水行政学院学报（哲学社会科学版）》2020 年第 4 期。

郑未娟："认罪认罚从宽背景下的法律援助值班律师制度"，载《政法学刊》2018 年第 2 期。

钟政："认罪认罚案件量刑建议工作机制研究——以构建大数据量刑建议系统为视角"，载《贵州警官职业学院学报》2018 年第 6 期。

周洪波："证明责任分类的体系重构"，载《法制与社会发展》2020 年第 3 期。

周强："关于在部分地区开展刑事案件认罪认罚从宽制度试点工作情况的中期报告——2017 年 12 月 23 日在第十三届全国人民代表大会常务委员会第三十一次会议上"，载《人民法院报》2017 年 12 月 24 日。

周新："公安机关办理认罪认罚案件的实证审思——以 G 市、S 市为考察样本"，载《现代法学》2019 年第 5 期。

周新："认罪认罚被追诉人权利保障问题实证研究"，载《法商研究》2020 年第 1 期。

朱孝清："论量刑建议"，载《中国法学》2010 年第 3 期。

朱孝清："'核准追诉'若干问题之我见"，载《人民检察》2011 年第 12 期。

朱孝清："刑事诉讼法实施中的若干问题研究"，载《中国法学》2014 年第 3 期。

朱孝清："再论辩护律师向犯罪嫌疑人、被告人核实证据"，载《中国法学》2018 年第 4 期。

朱孝清："深入落实认罪认罚从宽制度的几点建议"，载《人民检察》2020 年第 18 期。

朱孝清："检察官客观公正义务及其在中国的发展完善"，载《中国法学》2009 年第 2 期。

朱孝清："检察机关在认罪认罚从宽制度中的地位和作用"，载《检察日报》2019 年 5 月 13 日。

最高人民检察院："关于认真贯彻十三届全国人大常委会第二十二次会议对《最高人民检察院关于人民检察院适用认罪认罚从宽制度情况的报告》的审议意见的通知"，载《检察日报》2020 年 12 月 11 日。

纵博："认罪认罚案件中口供判断的若干问题"，载《中国刑事法杂志》2019 年第 6 期。

左卫民："如何通过人工智能实现类案类判"，载《中国法律评论》2018 年第 2 期。

左卫民："量刑建议的实践机制：实证研究与理论反思"，载《当代法学》2020 年第 4 期。

左卫民："有效辩护还是有效果辩护？"，载《法学评论》2019 年第 1 期。

［英］杰奎琳·霍奇森："法国认罪程序带来的检察官职能演变"，俞亮译，载《国家检察官学院学报》2013 年第 3 期。

三、 规范性文件

《中华人民共和国宪法》。

《中华人民共和国刑事诉讼法》。

最高人民法院《关于适用〈中华人民共和国刑事诉讼法〉的解释》。

《人民检察院刑事诉讼规则》。

《公安机关办理刑事案件程序规定》。

最高人民法院、最高人民检察院、公安部、国家安全部、司法部《关于在部分地区开展刑事案件认罪认罚从宽制度试点工作的办法》。

最高人民法院、最高人民检察院、公安部、国家安全部、司法部《关于适用认罪认罚从宽指导的指导意见》。

最高人民法院、最高人民检察院、公安部、国家安全部、司法部《关于规范量刑程序若干问题的意见》。

《法律援助值班律师工作办法》。

北京市高级人民法院、北京市人民检察院、北京市公安局、北京市国家安全局、北京市司法局《关于开展刑事案件认罪认罚从宽制度试点工作实施细则（试行）》。

天津市高级人民法院、天津市人民检察院、天津市公安局、天津市国家安全局、天津市司法局《关于开展刑事案件认罪认罚从宽制度试点工作实施细则（试行）》。

《上海市刑事案件认罪认罚从宽制度试点工作实施细则（试行）》。

中共山东省委政法委员会、山东省高级人民法院、山东省人民检察院、山东省公安厅、山东省国家安全厅、山东省司法厅《关于在认罪认罚从宽制度试点工作中加强协作配合的意见》。

沈阳市中级人民法院、沈阳市人民检察院、沈阳市公安局、沈阳市司法局《关于刑事案件认罪认罚从宽制度试点工作的实施意见（试行）》。

《长沙地区刑事案件认罪认罚从宽制度试点工作实施办法（试行）》。

黑龙江省高级人民法院、黑龙江省人民检察院、黑龙江省公安厅、黑龙江省司法厅《适用认罪认罚从宽制度办理刑事案件实施细则（试行）》。

后 记

　　本书由我和我的博士生李松杰共同完成。如果说 2020 年在中国政法大学出版社出版的专著《认罪认罚从宽制度研究》是关于认罪认罚从宽制度的理论著作，那么该本著作则偏重于实施中的实务问题，尤其是实践中存在较大争议的问题。两本著作之间可谓是姊妹篇。这本书也算是一个师生篇，既是师徒情感的见证，也是李松杰在四川大学法学院攻读博士期间的青春印记。

　　之所以持续对认罪认罚从宽制度问题进行研究，一则是因为兴趣使然；二则是作为一项新制度，难免存在诸多值得研究的问题，较容易产生"问题意识"。随着年龄的增长，渐感"老之将至"，因此会有一种时不我待的感觉。为了不让自己白来世间走一遭，必须早做事、多做事、做好事。多出点思想的载体——著作和论文，也算给这个世界做出的一点贡献，留下的一份痕迹。

　　今年是中国共产党成立 100 周年，"学党史、悟思想"必须结合本职工作进行。我时常想，当年的战争、革命年代，先烈们需要"抛头颅、洒热血"，而作为今天的一名学者则无须拿生命做学问，只需"绞尽脑汁做学问"，风刮不住，雨淋不到，冬夏皆有空调。在这样一种舒适的环境中，更应珍惜来之不易的学习和生活，理应作出更大、更好的学问，为司法文明和进步做出贡献，才无愧于我们生活的这个时代。

　　学者，是社会的良心，应该坚守我们的精神家园。做人与做学问是一致的。如果以诚待人，写文章时也必然会讲真话。虽然讲真话会有一些风险，但是"真善美"是人类永恒的追求，社会的文明进步需要敢于讲真话的学者。没有批判和真实的声音，社会不可能进步，国家治理也不可能实现现代化。

　　"纸上得来终觉浅，绝知此事要躬行。"本书是我带领博士生到司法实务部门和律师事务所调研的产物。我始终认为，"问题意识"是写作的起点，培养"问题意识"，一靠大量阅读，二靠调研。如果两者均不具备，写出的文章多半是"无病呻吟"。"理论总是灰色的，实践之树常青。"也许本人曾多年在法院工作的缘故，因此比较关注实务问题，尤其是实务部门人员困惑的问题。当年之所以继续攻读硕士学位和博士学位，很大程度上是因为自己的理论功底不足，迫切需要"充电"，以对经手的案件进行学理上的解释。

我的博士导师龙宗智教授，是我学术的领路人，其低调的处事风格、谦和的品格和严谨的治学态度，都是我学习的榜样。草拟的文章，每每发于他指导，他总是耐心地给出中肯的建议，要么是"流于表面化，深度不够"，要么是"问题不聚焦，缺乏新意"。当时虽有受打击的感觉，但过后一想，这也许是我之大幸，这种"高标准、严要求"不正可以督促自己在学术上行稳致远吗？对师恩，我无以为报，所以将这本书首先献给我的恩师，以感谢老师的培养之恩。

中国人民大学法学院的陈卫东教授，是我非常敬佩的老师，我们也是"亦师亦友"的关系，感谢陈老师在百忙中慷慨作序，使本书增色不少。中国政法大学出版社的丁春晖编辑为本书的出版发行付出了艰辛的劳动，借此机会表达敬意和谢意！

世界并不太平，新冠肺炎疫情还在全球肆虐。在这个非凡的时代，我们应做出非凡的贡献。我经常问自己："什么是你的理论贡献？"学者就应该为这个时代和社会贡献自己的智识，遗憾的是，过往的日子蹉跎了岁月，在本该在校园读书的年纪参加了工作，忙于各种事务，包括一些不必要的应酬。虽然我对中国的司法现实有近距离观察，但是白白流逝的时光，让我现在追悔莫及。假如再年轻一次，我肯定会多读书，多读经典名著，让自己"博雅"一点。如今，这种遗憾只能让我的学生去弥补。每次我都勉励学生多读书，身高相貌是父母给的，先天的东西我们无法改变，但"腹有诗书气自华"，通过后天的努力，可以让自己变成一个有情趣的人。诉讼法学专业很容易让人成为技术型的工匠，我更希望我的学生们成为有人文情怀的人，一个有良知和懂得感恩的人，一个智商和情商兼具的人。

李松杰博士作为我的学生，希望他永葆学术情怀，"让写作成为一种习惯"，"让思考成为一种生活方式"。不负韶华，以梦为马，在未来的生活和学术之路上健康、快乐，走得更稳，走得更好！

韩　旭

2021 年 11 月